수업 차이화하기

보편적 학습설계와 통합교육 수업 계획

Jacqueline S. Thousand · Richard A. Villa · Ann I. Nevin 공저
민천식 · 권택환 · 조태곤 · 권영활 · 박외곤 · 하성수 · 오명섭 · 이태형 · 김경일 · 박준태 공역

Differentiating Instruction (2nd ed.)
Planning for Universal Design and Teaching for College and Career Readiness

학지사

Differentiating Instruction: Planning for Universal Design and Teaching for College and Career Readiness, Second Edition

by Jacqueline S. Thousand, Richard A. Villa and Ann I. Nevin

역자 서문

새천년에 들어서면서 통합교육은 우리나라 특수교육에서 화두가 되었고, 많은 특수교육 전문가는 수많은 통합교육 관련 이론을 쏟아 내놓았다. 진정한 통합교육은 물리적 통합을 넘어 교육과정의 통합이 이루어져야 한다고들 했지만, 20여 년이 지난 지금, 일반학급에 있는 특수교육 대상 학생들은 여전히 교실에서 소외되고 있다. 또한 교육과정이 통합되기 위해서는 일반교사들의 통합교육에 대한 이해가 있어야 가능하지만, 여전히 특수교육 분야에서만 통합교육을 외쳐 왔고, 급기야 우리나라 특수교육 분야는 분리교육의 효율성을 강조하기에 이르렀다.

역자는 완전통합교육의 주창자로서 일반초등학교 예비 교사와 현직 교사들에게 통합교육의 가능성뿐 아니라 당위성을 교육해 왔다. 실제적으로 교육과정을 통합하기 위한 방안에 대해 고민을 해 오다가, 통합교육을 함께 공부해 온 초등교사와 특수교사 자격증을 동시에 소유하고 있는 세미나 모임 회원들과 이 책을 공부해 왔다. 그리고 교육과정 통합을 현실적으로 가능하게 하는 데 분명한 도움을 줄 수 있을 것이라는 믿음에 이 책을 번역하기로 결정했다.

이 책의 제목은 'Differentiating Instruction'으로 지금까지는 일상적으로 '차별화된 교육 또는 수업'이라고 사용되어 왔다. 그러나 이번에 번역을 하면서 용어에 대한 분명한 정의가 있어야 한다는 의견이 있었다. 더군다나 특수교육 분야에서는 차별을 금지해야 한다는 의미에서 「장애인차별금지법」을 강조하면서 수업을 차별화해야 한다는 말에는 모순이 있다. 때문에 differentiating이 가진 원래의 의미인 '차이화'로 사용하기로 했다. 그리고 instruction은 teaching과 learning, 즉 교수와 학습이 이루어지는 수업을 의미한다. 따라서 'Differentiating Instruction'을 '수업 차이화하기'로 번역하고, 이 책의 제목으로 사용하기로 했다.

■ 이 책의 개관

이 책은 모두 15장으로 구성되어 있다. 1장은 차이화 수업을 해야 하는 이유와 두 가지 접근 방법에 대해 안내하고 있고, 2장부터는 차이화 수업을 어떻게 할 것인가에 대한 과정을 안내하는 내용으로 구성되어 있다. 특히 2장은 교사들이 재조정(retrofit) 접근을 사용하는 다양한 학생들의 학교생활에 대해 안내하고 있으며, 3장은 보편적 학습설계(UDL) 접근을 통하여 차이화된 수업을 설계하고, 수행하고, 평가하는 방법에 대해 논의하고 있다.

4장에서는 교사가 가르치는 학습자에 관한 정보(fact)를 수집하는 방법에 대한 지침을 제공하고 있고, 5장은 학습 내용을 차이화하기 위한 접근 방법에 대해 논의하고 있으며, 6장은 학습 결과를 차이화하거나 어떻게 하면 학생들이 그들이 알고 있는 것을 보여 줄 것인가를 논의하고 있다. 7장은 수업 과정을 차이화하기 위한 방법을 세분화하고 있다.

8장에서는 협력 계획의 중요성을 강조하는데, 그럼으로써 9장에서 UDL 접근을 사용하여 수업을 차이화하기 위한 협력교수를 논의하고 있다. 10~13장에서는 2장에서 소개한 학생들을 포함한 4개의 다른 시나리오를 통해 수업의 차이화를 위한 UDL 접근을 실험적으로 제시하고 있다. 즉, Kevin(10장)의 초등 4학년 사회, Rosa(11장)의 중학교 수학, Tina(12장)의 중학교 과학, 그리고 Chang(13장)의 고등학교 언어학 등이다. 14장에는 UDL 렌즈를 통해 대수학II 단원을 개발하여 차이화된 수업을 시작하는 교육팀을 설명한다. UDL 렌즈는 다양한 배경, 기술 및 개념 이해, 흥미 및 학습자의 학습 선호도를 신중하게 전제하고 예상한다.

15장은 기본적인 가정을 요약하고 수업을 차이화하는 데 필요로 하는 작업을 유지하기 위한 조언을 제안하고 있다.

이 책을 읽은 교사 및 관리자 모두에게 다른 사람과 협력적으로 일을 하는 데 재조정 및 UDL 접근이 더욱 다루기 쉬운 차이화된 수업을 할 수 있도록 도움이 될 것이라 희망한다. 이 책 전반에 걸쳐 차이화된 수업을 설명하기 위한 한 방법으로써 표와 그림을 활용하고 있는데, 이것은 교재 정보를 시각적으로 이해하기 쉽도록 하기 위해서이다. 또한 교재의 구성에는 교재 스캐폴딩(scaffolding)이 내포되어 있으며, 각 장에 제목, 소개, 요약, 표로 제시되어 있는 것이 특징이다. 특히 이 책은 교사들이 학습자들을 위해 교재 스캐폴딩 기술을 어떻게 사용하고 있는지에 대한 모형을 제공함으로써, 독자들이 선택하고 이해하는 데 도움을 줄 수 있을 것이다.

이 책이 출판되기까지 통합학급 그리고 특수학급에서 개인 아동의 적절한 교육을 위해 함께 고민하고 공부해 온 대구교육대학교 통합교육 세미나 팀 구성원들의 노고에 감사드리며, 특히 이 책의 소중함을 인정해 주시고 출판을 허락해 주신 학지사 김진환 사장님을 비롯하여 관계자 모든 분께 심심한 감사의 뜻을 표한다. 모쪼록 이 책이 우리나라 일반학교 교실 현장에서 통합교육의 어려움을 겪고 있는 많은 선생님의 고민을 조금이나마 덜어 줄 수 있는 교육과정의 통합을 위한 자료가 되기를 간절히 바란다.

2019. 9.

역자 대표 민천식 배상

저자 서문
독자를 위한 편지

동료들에게

우리는 이 책의 두 번째 판을 여러분과 공유할 수 있게 되어 매우 기쁩니다. 많은 분들과 마찬가지로, 우리는 수년간 끊임없이 노력하여 학생들의 요구를 자극하고, 관련시키고, 충족시켜 왔습니다. 때로는 매우 성공적이었고, 또 어떤 때에는 우리가 원하는 것보다 덜 효과적이었습니다. 이 책에서는 초·중·고등학교에서 수업을 차이화하는 데 사용되었던 두 가지 접근 방식을 공유하고자 합니다. 우리(또는 동료)가 차이화를 위해 재조정 접근법(retrofit approach)이나 보편적 학습설계 접근법(universal design for learning approach)을 사용했을 때 교사와 학생 모두 성공을 거두어 왔습니다. 또한 여러분이 효과적으로 가르치고 있음을 알 때 느끼는 '흥분감(rush)'을 억누를 수 없을 것입니다.

우리는 우리가 과거에 처음 교사 경력을 시작할 때 교실에 있던 학생들보다, 오늘날의 학생들이 훨씬 다양하다는 것을 알고 있습니다. 우리가 학생이었을 때나 교사 경력을 막 시작했을 때 교사를 효과적으로 만들었던 많은 실제(인간관계, 효과적인 수업, 내용 숙달, 교실 관리, 자료 사용 및 계획)는 유지되고 있습니다. 그러나 오늘날 우리 직업의 역사에서 다른 어느 시기보다 효과적인 교사가 더 많이 필요합니다. 왜일까요?

오늘날의 효과적인 교사는 학생들이 교육과정의 핵심내용을 쉽게 습득할 수 있도록 수업을 차이화해야 할 뿐만 아니라 훨씬 더 많은 것을 해야 합니다. 학생들이 생활하는 공동체의 다양한 배경과 생활환경으로 학생들을 끌어들이고 격려해야 합니다. 효과적인 교사는 계획과 교수에서 다른 사람들과 협력해야 하며, 접근을 촉진하고 학습자에게 동기를 부여하기 위해 교육공학을 사용해야 합니다. 학생들은 자립과 자기결정에 대해서 준비를 해야 합니다. 마지막으로, 효과적인 교사는 학습자가 서로를 지원하여 문제를 해결하고 정보를 수집하고 분석할 수 있는 기회를 제공해야 합니다. 오늘날의 교사들은 효과적인 수업 전략을 채택하고 이 책에서 설명된 수업을 차이화할 수 있는 재조정과 보편적 학습설계 접근법을 활용함으로써 앞서 제시한 모든 것을 성취할 수 있습니다.

차이화된 수업의 성공 가능성은 다른 사람들과 협력하여 내용을 배우고, 차이화를 계획하고 가르치며, 가르치는 단원의 성공 여부에 대해서 되돌아보고, 교수 효과를 개량 및 개선하기 위한 접근 방식으로 다시 설계할 때 향상됩니다. 차이화된 수업의 목표를 달성하기 위한 협력 계획과 교수를 위한 전략들이 이 책의 모든 곳에서 제공됩니다.

우리는 평생 학습자라는 기쁨을 경험하는 행운을 가졌습니다. 여러분 또한 그 기쁨을 경험하기를 바랍니다. 우리는 여러분이 이 책에서 찾아볼 수 있는 전략과 접근법으로 무장하여 여러분의 학습 계획과 실행에 이 기술들을 적용할 때 '교육의 성취감'을 느낄 것이라고 확신합니다. 또한 여러분의 학생들이 성공하는 것을 볼 때, 여러분 자신을 보다 효과적인 교사로 보게 될 것이라고 확신합니다. 이 책에서 제공하는 정보를 사용하면서 어떻게 하면 모든 학생에게 가장 효과적인 선생님이 될 수 있는지에 대해서 여러분이 우리에게 계속 알려 주시기를 부탁드립니다.

차례

01 수업의 차이화, 왜 지금인가

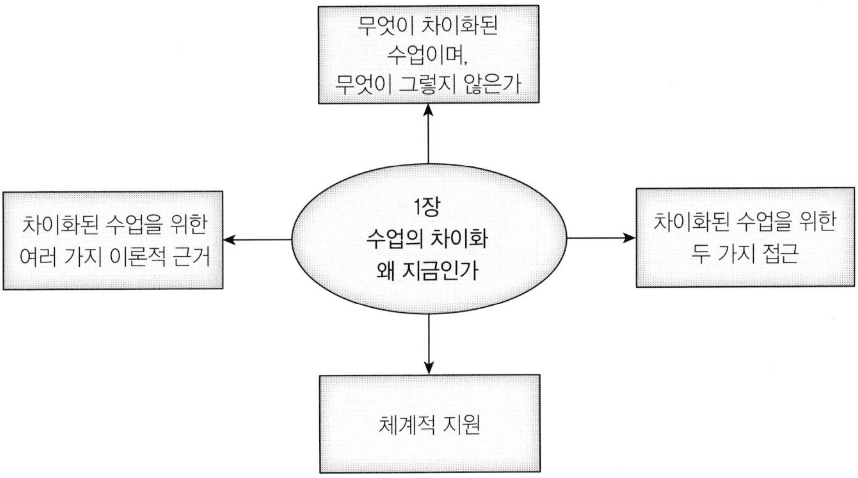

[그림 1-1] 1장의 내용체계

학습이란 새로운 상황을 다루기 위해 준비하는 과정이다.

—Alvin Toffler, 미국 작가 및 미래학자

우리는 왜 이 책을 쓰기로 결정했는가? 우리는 학급 교사, 특수교사, 영어 학습 전문가, 수학 및 문학 지도자, 교육과정 코디네이터, 행정가, 사서 교사 및 교사 교육자들을 위해 이 책을 썼다. 여러분이 점점 더 다양해지는 학생들의 요구를 충족시킬 수 있는 귀중한 자원을 제공하기를 원했기 때문이다. Alvin Toffler의 유명한 말처럼, 우리는 당신 자신과 학생들이 새로운 상황에 대처할 준비를 하기 위해 끊임없이 학습하고 있다고 믿는다.

무엇이 차이화된 수업이며, 무엇이 그렇지 않은가

차이화된 수업(differentiated instruction)은 평균 학습자를 대상으로 한 표준화된 수업이 아니다. 차이화된 수업은 학생들이 바쁘게 지내도록 하기 위해 여분의 과제물을 추가하지 않는다. 차이화된 수업은 모든 학생이 같은 일을, 같은 방법으로, 같은 시간에 하는 것이 아니다. 차이화된 수업은 ① 선택된 내용, ② 채택된 수업 과정, ③ 주어진 평가, 그리고 ④ 이러한 접근 방식에 어려움을 겪고 있는 학생들에게 전문화되고 표준화된 시험과 보다 제한적인 서비스를 제공하는 전통적인 접근이 아니다.

이와 반대로, 차이화된 수업은 마음의 틀이며, '하나의 크기로는 모두에게 적합하지 않기(one size does not fit all)' 때문에 교사가 학생의 차이에 적절한 수업을 해야 한다는 전제에 기초한 교수 철학으로 설명된다(Willis & Mann, 2000).

차이화된 수업은 학생들이 배우고 교사들이 가르치는 방법에 변화를 주기 위해 교실에서의 일들을 흔드는 방법이다. 국립 일반 교육과정 접근 센터(National Center on Accessing the General Curriculum: NCAC)의 연구원에 따르면 다음과 같다.

> 수업을 차이화하는 것은 학생들의 다양한 배경 지식과 준비도, 언어, 문화, 학습 및 관심 분야의 선호도를 인식하는 것이며, 책무성 있게 반응하는 것이다. 차이화된 수업은 같은 학급에서 다른 능력을 가진 학생들을 가르치고 배우는 과정이다. 수업을 차이화하는 의도는 각 학생들에게 학습 과정을 도와주고 충족시킴으로써, 각 학생의 성장과 개인의 성공을 최대화하려는 것이다(Hall, Strangman, & Meyer, 2011, 2장).

요약하자면, 차이화된 수업은 교수, 학습 활동을 적용하고 수정하는 과정을 통해 개인차에 반응하며, 학생들이 교실에서 행하고 산출하기를 요구하는 것이 무엇인가에 대해 교사가 학생에게 집중하는 방법으로 정의될 수 있다(Universal Design for Learning, 2013).

이러한 정의가 암시하는 것으로서 수업의 차이화는 다음의 네 가지 설계에 집중하거나 과제를 계획할 때에 결정해야 할 관점을 요구한다.

1. 학습자에 대한 정보 수집
2. 내용과 도구 차이화하기
3. 산출과 도구 차이화하기
4. 학습 과정 차이화하기

다행스럽게도, 우리는 교사, 교사 교육자 및 개별화 수업과 차이화된 수업 옹호자로서의 경험을 통해 수업을 차이화하는 것에 대해 계속 배우고 있다. 수년 동안 서로 다른 많은 교육자들과 협력하며 일한 것뿐만 아니라 각자 서로 함께 일해 온 우리의 작업은 심리학과 교육과정 양쪽의 원칙을 통합해 왔는데, 이는 교사가 학생의 독특한 요구를 다룰 수 있도록 해 왔다. 모든 학교에서 유치원생부터 초 · 중 · 고등학생들을 대신하여 수업의 차이화를 주창하는 많은 이유가 있지만, 다음에서 논의하는 논점에는 차이화된 수업의 이점에 대한 자신의 실천과 신념, 느낌을 뒷받침하는 정보가 집중되어 있다.

차이화된 수업의 근거

차이화된 수업이 지금 구현되어야 하는 최소 다섯 가지의 이유가 있다. [그림 1-2]와 같이, 차이화된 수업은 교사가 ① 다양한 학습자의 요구를 충족시키고, ② 법적 명령을 이행하며, ③ 민주적 가치를 구현하는 데 윤리적이고, ④ 교육의 많은 잘못된 신념을 불식시키는 데 도움이 되며, ⑤ 모든 학생을 가르치는 데 더욱 효과적이다. 다음의 각 근

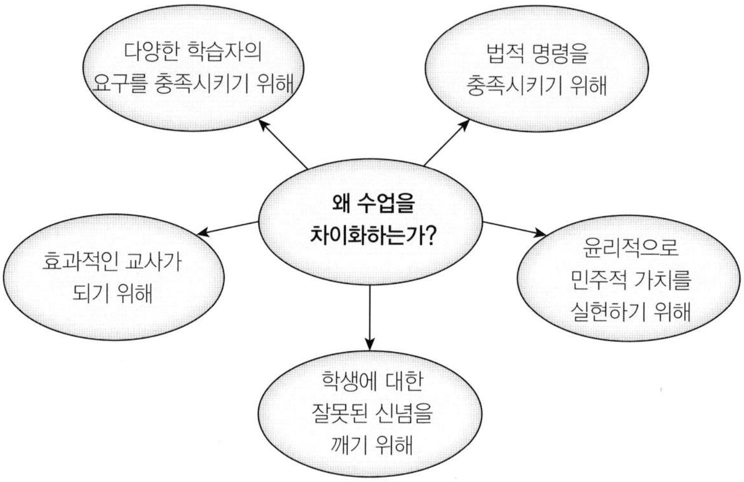

[그림 1-2] 차이화된 수업을 위한 여러 가지 근거

거를 설명할 때, 당신은 이러한 이유에 어느 정도 동의하는지 또는 동의하지 않는지 스스로에게 질문하라. 차이화된 수업을 위한 당신 자신의 이유를 추가해도 좋다.

근거 #1: 다양한 학습자의 요구 충족

교실에 있는 아이들의 다양한 요구를 어떻게 충족시켜 줄지를 고민하는가? 그렇다면 당신은 혼자가 아니다. 미국 교실의 인구 통계는 다양성의 증가를 반영하고 있다. 더군다나 미국 전역의 교실에서 민족, 문화, 인종 및 언어적으로 다양한 아동이 증가하고 있다. 이민 정책 연구소(Migration Policy Institute) 2010 보고서에 따르면, 2007~2008학년도에 미국 공립학교(12학년까지)에 등록된 학생은 4,990만 명이며, 이 중 10.7% 또는 530만 명이 넘는 학생이 영어학습자였다.

미 국립교육통계센터(The National Center for Educational Statistics, 2013)에 따르면, 2020년까지 미국의 유치원부터 초 · 중 · 고등학교에 등록된 학생의 약 52%가 아프리카계 미국인, 아시아/태평양 출신, 라틴계 미국인, 아메리칸 인디언/알래스카 원주민, 또는 둘 혹은 그 이상의 인종으로 구성된 이민자, 이주 및 출산 등의 패턴으로 나타난다. 더군다나 문화적으로나 언어적으로 다양한 가족의 장애아동 수가 1992년 33%에서 2007년에는 41.3%로 증가했던 것을 생각해 보라(Paige, 2004; U.S. Department of

Education, 2008). 2009~2010학년도 동안 648만 명의 학생이 장애학생을 위한 연방정부 지원 프로그램 봉사활동에 참여했다(U.S. Department of Education, 2012).

다시 말해, 미국의 교실에는 다양성이 있다고 확실하게 말할 수 있다. 차이화된 수업은 교사가 다양한 특성을 지닌 아이들의 요구를 충족시키도록 도와줄 수 있으며, 공학기술은 교육자가 차이화할 수 있도록 도와준다(〈표 1-1〉 참조).

〈표 1-1〉 차이화된 수업 과제의 내용, 과정 및 결과 요구의 효율적 접근을 위한 웹 기반 보조공학 자원 샘플

명제	인터넷 주소
AAC 기술 연결 (보완 대체 의사소통)	www.aactechconnect.com
공학 매트릭스	www.techmatrix.org
인피니테크	www.myinfinitec.org
장애학생을 위한 공통 핵심 응용	www.corestandards.org/assets/application-to-students-with-disabilities.pdf

근거 #2: 법적 명령 충족

당신은 교직의 모든 법적 요구를 어떻게 충족시키는지 생각해 본 적이 있는가? 흔히 「아동낙오방지법」(NCLB, 2001)이라고 불리는 「초중등교육법」(ESEA)의 재승인과 「장애인교육향상법」(IDEIA, 2004) 같은 법적 의무사항에는 수업을 차이화할 것을 요구하는 내용이 충분히 들어 있다. 「아동낙오방지법」과 「장애인교육향상법」은 모두 엄격한 학업과 일반 교육과정 및 평가에 전적으로 참여자로서 장애학생 수를 증가시키는 통합교육을 촉진한다. 2001년 「초중등교육법」에 명시된 목표는 자녀가 낙오되지 않도록 책임성과 유연성을 가지고 선택함으로써 성취의 오차를 줄이자는 것이다. 「장애인교육향상법」에서 설명한 것과 마찬가지로, 「초중등교육법」의 높은 기준과 학생 성과에 대한 요구사항은 더 나은 수업과 학습, 학습 기회의 평등성, 그리고 모든 아동의 수행능력에 대한 수월성 향상을 유도하려는 조건을 조성하기 위한 것이다. 「초중등교육법」은 모든 학습자(예: 빈곤층 학생, 영어 언어 학습자인 학생, 장애학생)에 대한 자료의 분리와 검토를 요구함으로써 모든 학생들의 책무성을 강조한다.

또한 「초중등교육법」은 교사들에게 그들이 가르치는 모든 분야에서 질적으로 높은 자격 기준을 충족할 것을 요구한다. 그 결과, '교육과정 전문가(Masters of Curriculum)'(예: 교실 교사)와 '접근 방법 전문가(Masters of Access)'(예: 특수교육 교사, 영어학습 교사, 영재 및 재능 교사)로 정의되는 두 유형의 협력교사가 가르치는 교실 수업에서 공부하는 장애학생의 수가 증가하고 있다(Villa, Thousand, & Nevin, 2013).

IDEIA는 장애학생이 공립교육 체제에서 다른 모든 학생들에게 가르치고 있는 것과 동일한 일반 교육과정에 참여할 기회를 갖도록 요구한다. 당신은 '일반 교육과정은 무엇을 의미하는가?'라고 질문할지도 모른다. 미국 정부의 일간지인 『연방 관보(Federal Register)』는 규칙 및 규정에서 일반 교육과정을 "비장애아동에게 적용되는 교육과정"(Federal Register, 1999, p. 1470)으로 정의하고 있다. 이것은 교육과정 내용만이 아니라, 과정과 결과를 포함한 전체 교육 경험으로 이어지고 있다. 장애가 없는 학생이 이미 즐기고 있는 정보, 교수 및 평가의 모든 것에 대한 접근을 의미한다. 미 교육부 특수교육 및 재활서비스 부서는 "일반 교육과정에 대한 접근은 특수교육에서 예외적으로 간주되어서는 안 되며, 일반 교육과정이 보다 쉽게 접근할 수 있게 되면 모든 학생이 유익을 얻는다."(Federal Register, 1999, p. 1470)고 강조하고 있다.

수업을 차이화하기 위해 학급 교사가 협력교수를 할 필요는 없지만, 차이화된 과제를 공동으로 계획하고, 구현하고, 평가할 수 있는 동료가 있으면 확실히 도움이 된다. 「초중등교육법」에서 요구하는 차이화된 수업 실제와 결합되고 IDEIA의 조기 중재단에 의해 지원된 협력교수 방식을 통한 일반교사들과 언어와 학습에 차이가 있는 학생들의 통합은 오늘날의 표준 기반 교실에서 교사를 실제로 도와야 한다. 모든 학생은 가장 효과적인 교수 전략, 교육공학 및 자료, 현재 인식되고 있는 수업 형식을 배우고 사용하기 위한 교사를 필요로 한다. 교사들은 파트너십을 위한 협력교수를 통해 정보와 전문 지식을 교환함으로써 목표를 달성할 수 있다. 요약하면, IDEIA와 「초중등교육법」의 핵심은 장애를 가졌거나 가지지 않은 학생과 영어 학습 학생, 불우한 학생으로 생각되는 모든 학생의 성취를 높이는 것이다. 따라서 법은 교사 및 기타 학교 요원들(예: 특수교육자와 말 및 언어치료사, 영어 학습 교사, 영재교육교사, 사서 교사와 같은 관련 서비스 담당자)이 고립된 전문가로서 더 이상 효과적이지 않다는 개념을 강화하는 경향이 있다.

더군다나 거의 모든 주에서는 대학 및 취업 준비를 위해 전국 공통 핵심 국가 표준을 채택했다(National Governors Association Center for Best Practices & Council of Chief State School Officers, 2010). 국가 지도자들과 함께 전국의 부모, 교사, 학교 행정가 및 전문가들은 국가 표준의 공통 핵심을 개발하기 위한 노력을 주도해 왔다. 많은 영어 언어 학습자의 특수교육자와 교사들은 학년 수준의 교육과정 표준을 숙달하지 못하고 있으며, 많은 일반교육 교사들이 다양한 학습자를 위한 학습을 용이하게 하는 기술이 없음에도 불구하고, 특수교육의 협력적 전달 모형과 영어 언어 발달 서비스(공통 핵심 국가 표준을 충족시키기 위해 학생들에게 도움이 되도록 함께 일하는 일반교육 교사들과 함께 계획하는 시간을 포함하여)는 필수적이다. 협력교수는 모든 학생들을 위해 다계층지원시스템(multi-tiered system of support: MTSS)에서 다양한 수준의 차이화된 수업/중재를 제공할 수 있는 학교 직원들의 능력을 향상시킨다.

근거 #3: 윤리적으로 민주적 가치 실현하기

차이화된 수업의 활용을 지원하기 위한 도덕적이고 윤리적인 주장이 있는가? 그렇다. 사실, 차이화된 수업은 미국 교실에서 민주주의를 향한 지속적인 진보를 촉진할 수 있다. 여성, 미국 원주민, 아프리카계 미국인, 라틴계 미국인, 능력이 다른 민족을 포함한 많은 집단이 교육을 받기 위해 노력해 왔다. Blankenship과 Lilly(1981)가 지적한 바와 같이, "역사적으로 교육은 엘리트를 위해 존재해 왔고, 교육 실제 또한 엘리트 지향을 반영해 왔다."(p. 18)

교사들이 수업을 차이화할 때 의식적으로든 양심적으로든 모든 학생들에게 더욱 접근하기 쉬운 수업의 내용, 과정, 결과를 만들게 되는데, 학생들의 인종, 성별, 민족, 언어, 혹은 다른 능력과는 관계가 없다. 문화적으로 수용되는 수업과 평가 기술을 통하여, 교사들은 자신들의 학생과 공동체의 문화적·언어적 강점을 수용하는 차이화된 수업 단원을 설계할 수 있다(Dill & Boykin, 2005: Duda & Utley, 2006a, b; Webb-Johnson, 2003).

차이화된 수업은 민주사회의 교육 개념으로부터 도출된 보다 큰 개혁운동의 일부로 고려될 수 있다. Apple과 Beane(1995)이 설명한 바와 같이, 민주적 교실은 자기 자신을 학습 공동체의 참여자로서 바라보는 학생과 교사로 구성된다. 그들의 성격과 본성에 따라 이들 공동체는 다양성을 가지며, 그러한 다양성은 문제점이 아니라 가치를 갖게 된다. 이와 같은 공동체는 연령과 문화, 민족, 성별, 사회경제적 지위, 포부, 그리고 능력의 차이가 있는 사람을 포함한다. 이러한 차이는 공동체를 풍부하게 만들고, 그것을 바라보는 관점의 범위를 확대할 것이다. 이러한 차이를 근거로 하여 어느 연령의 사람을 분리하거나, 특정 집단에 고정관념을 갖게 하는 명칭을 활용하는 것은 단지 분열을 가져오게 하고, 공동체의 민주적 본성을 훼손시키는 지위체제를 만들게 된다. 미국 교육부 장관 Arnie Duncan은 선언문에서 미국의 민주주의적 가치 실현을 위한 투쟁의 역사를 상기할 때 다음과 같은 견해를 강조하였다.

> 대통령이 지적한 바와 같이, 시민 권리 운동에 대한 이야기는 우리의 학교에서 기록되었습니다. 왜냐하면 어린이의 신성한 잠재력을 드러낼 수 있는 교육보다 더 강력한 무기는 없으며, 더 나은 기회를 가진 통로도 없기 때문입니다. 인간 자유의 핵심 요인으로서 평등한 교육의 기회와 같은 시민의 권리는 없습니다(U.S. Department of Education, 2010).

미국에서 민주주의적 가치는 연방 법률, 학교 체제의 사명 선언문, 그리고 의사결정을 내리고 효과적으로 성인의 여러 역할을 할 수 있는 민주사회의 시민이 되도록 학생을 도우려는 명시적 목표에 포함되어 있다. 차이화된 수업을 사용하는 교사들은 학생들에게 선택을 하고, 집단에서 문제를 해결하고, 생각의 갈등을 다루기 위한 기회를 제공한다. 다양한 차이가 있는 학생들은 효과적인 목소리를 낼 수 있다. 학생들에게 교실에서의 힘과 조절 능력이 주어진다면, 문제 행동을 예방하고 학습 수준을 향상시킬 수 있다.

근거 #4: 학생에 대한 잘못된 신념을 버리기

당신은 오늘날 교육에 만연한 여러 가지 잘못된 신념의 진실에 대해 의문을 가지는가?

비록 제2언어로 영어를 배우거나 장애가 있거나 또는 가난한 환경을 가진 학생들은 성취도 평가에서 또래들과 비교하여 낮은 점수를 보인다는 연구 자료들이 있지만, 그들이 배울 수 없는 것은 사실이 아니다. 교사들(그리고 가족들)은 종종 우리가 학생들을 분류한 명칭이나 학생들이 갖고 있을 것으로 생각되는 능력과 장애 등에 대한 우리의 인식을 기반으로 학생들의 성취 정도를 가정하기도 한다.

그러나 학생들과 그들의 잠재력에 대한 이러한 가정은 잘못된 것일 수 있다. 예를 들어, 역사를 통하여 보면 우리는 뇌성마비 또는 자폐증을 가진 사람이나 청각장애인을 포함해 우리와 다르게 행동하는 사람들은 학습하는 것이 불가능하다고 가정해 왔다(Crossley, 1997). 역사적으로 교육자들은 여자 아이, 유색인종, 그리고 제2언어로 영어를 배우는 학생들의 학습 잠재력에 대해 거짓된 입증을 함으로써, 그들에게 피해를 주는 부정적 가정을 제안해 왔다.

언어 능력, 사회적 또는 경제적 계급, 인종, 능력, 장애와 같은 분류에 근거해서 개인을 가정하는 것은 위험하며, 특히 터널 시야(tunnel vision)로 이끌 수도 있다. 터널 시야는 개인의 강점이나 능력을 보지 못하게 하고 개인의 장애만 보도록['장애 확산(disability spread)'으로 기술된 현상] 한다(Van der Klift & Kunc, 2002, p. 26). 학생이 가진 강점과 능력이 무시될 때, 강점과 능력이 학생의 학습을 지지하고 동기화하도록 활용될 수 있는 방법들에 대한 기대를 저버리거나 무시하기 쉽다.

차이화된 수업은 영어 학습자들은 배울 수 없다는 잘못된 신념을 해결하는 데 도움을 줄 수 있다. 장애를 가진 학생, 유색인종 학생, 그리고 가난한 학생이 배울 수 없다는 잘못된 신념을 제거할 수 있다. 미국의 모든 교사는 성공적으로 차이화된 수업을 가르침으로써, 언제든지 이러한 학생들에 대한 잘못된 신념을 제거할 수 있다. 차이화된 수업은 이러한 잘못된 신념을 어떻게 제거할 수 있는가? Pardini는 'Journal of Staff Development'의 2006년 논문에서 한 사례를 보고했는데, 미네소타주 세인트폴에 있는 공립학교에서 영어교사와 일반교사가 2년 동안 모든 학년 수준의 수업을 차이화하기 위해 협력지도를 한 결과, 영어 학습자의 성취도 차이는 읽기에서 7%, 수학에서 4% 감소했으며, 또한 이 학습자들은 TEAE라는 숙련도 검사와 Emerging Academic English 측정 검사에서 또래 학생들을 능가했다.

요약하면, 교사가 차이화된 수업을 사용한다는 것은 보조적 도움이나 지원을 필요로 하는 학생의 요구를 해결하기 위한 과정을 활용하는 것이며, 교사가 가르치고 있는 수업의 효과를 평가할 수 있도록 제안된 과정을 활용하고 있는 것이다. 즉각적인 피드백은 교사에게 추가적인 도움이 필요한 학생, 보다 도전적인 과제를 필요로 하는 학생, 그리고 난이도가 높은 다음 단계로 이동할 수 있는 학생들을 알 수 있게 해 준다.

근거 #5: 효과적인 교사 되기

학생들을 위한 개별화 지원을 할 수 있는 능력이 증가되고, 수업의 효율성이 높아진 다양한 학습자에 대한 긍정적인 학업 및 행동 결과를 보여 주는 연구 증거로 인해 많은 사람이 차이화된 수업을 채택했다. 통합교육 공립학교에 대한 심층 연구에서 Hehir와 Katzman(2012)은 학생들의 학습 차이를 환영하고 수용하는 통합교육 환경이 모든 학생의 학업 성취 수준을 높이고, 보다 헌신적이고 만족스런 교사를 만든다는 것을 발견했다.

차이화에 대한 보편적 학습설계(UDL) 모형과 접근법(Rao, Wook, & Bryant, 2014)을 지원하고 문맹 퇴치, 수학, 과학 및 사회 기술과 관련된 학문적 효과를 보고하는 새로운 연구 기반이 있다(Lieber, Horn, Palmer, & Fleming, 2008; Marino, 2009). Browder, Mims, Spooner, Ahlgrim-Delzell과 Lee(2009)의 추가 연구에 따르면, UDL 기반 중재를 하는 동안 중증 장애를 가진 학생 3명의 자립할 수 있는 반응이 증가되었다는 것을 발견했다. 또한 새로운 연구 기반은 교사가 보편적 설계 원칙을 사용하여 평가를 설계하면 장애학생이 실제로 알고 있는 결과에 대해 더 공정하고 정확한 결과를 기대할 수 있음을 지적했다(Dolan, Hall, Banerjee, Chun, & Strangman, 2005; Thurlow, Elliott, & Ysseldyke, 2003).

협력교수는 수업을 차이화하는 효과적인 방법 중 하나이다. Scruggs, Mastropieri와 McDuffie(2007)가 수행한 협력교수에 관한 질적 연구의 결과는 일반교사와 특수교사들 간의 협력이 장애 유무에 관계없이 학생들의 수업의 질과 지원에 도움이 된다는 것을 보여 주었다. 장애 유무에 관계없이 학생들은 효과적인 협력의 성인 모형으로부터 도움을 받았고, 협력학급에서 수업을 받은 학생들은 보다 협조적이라고 인식되었다. 장애학생은 일반교육 협력교수 교실에서 긍정적인 동료 모형에 대한 관심과 접근성이 향상되어 혜택을 보는 것으로 나타났다. 협력교사들 스스로가 동료의 전문 분야(예: 내용 숙달, 교실 관리, 교육과정 적응)에서 능력을 향상시키는 기술 교환을 확인했다.

차이화된 수업과 협력교수가 결합될 때, 그 결과는 높은 이해관계 평가에 대한 학생의 성취도를 증가시키는 데 영향을 미친다. 다른 연구자들은 초등학생과 중학생 모두를 위한 협력교수 환경에서 발생할 수 있는 차이화에 대해 설명해 왔다(예: Cramer, Nevin, Salazar, & Landa, 2004; Cramer, Nevin, Voigt, & Salazar, 2006; Dieker & Murawski, 2003; Garrigan & Thousand, 2005).

교사는 차이화된 수업에 대해 무엇을 말해야 하는가? 교사가 차이화된 수업을 설명할 때, '차이화된 수업, 보다 작은 단위로 교육과정 나누기, 그리고 교육과정 도식화'를 통해 학급에 있는 다양한 학습자의 요구에 대처한다(Cramer & Nevin, 2007).

교사는 교실에서 직접 활동, 협동학습 집단, 또래교수, 그리고 보다 많은 시각 기자재와 같은 것을 차이화된 수업 과정에서 어떻게 활용하였는지 설명한다. 또한 제2언어로 영어를 활용하는 학습자(ESOL)에게 읽기와 쓰기를 위해 오디오 교재와 영어를 활용하는 것에 대해서도 설명하고 있다(예: 문장 띠와 단어 벽).

차이화된 수업은 교육과정 내용의 제시에서 새로운 배열을 시도함으로써 일반교사와 특수교사 모두에게 용기를 북돋워 주며, 교사는 수업의 차이화가 학생과 교사 모두에게 더욱 재미있고 동기부여가 되는 학습 환경을 조성한다고 보고한다. 차이화된 수업을 수행하면서 겪은 그들의 경험을 보고한 고등학교 교사들의 고백을 살펴보자. 어떤 특수교육자는 학생들이 학급에서 다양한 교육자를 가지게 되어 즐거워했다고 강조했다. "그것은 전체 수업 시간에 단 한 명의 교사가 있을 때 발생할 수 있는 단조로움과 표현 방법을 변경할 수 있게 해 준다." 일반교육자가 보고한 것처럼, 모든 학생의 개별적 학습 요구에 대한 수업 반응성은 '학생들이 서로를 돕고, 서로를 가르치며, 자신의 재능을 공유하는 활동에 참여하는 곳에서 직접 경험'을 통해 일어날 수 있다고 설명하였다. 또한 부가적으로 "학생들은 일대일 지원이 배정될 때 성과는 훨씬 더 우수할 수 있다."고 제안하였다. 모든 면담자는 자신들이 '학생의 정서적 · 학문적 · 물리적 요구에 대한 민감성이 증가하였음'을 경험하였고 차이화된 수업은 '학생이 성공할 수 있는 보다 많은 기회'를 제공할 수 있다고 설명하였다(Villa, Thousand, Nevin, & Liston, 2005).

협력교수에 참여한 초등학교 교사들도 유사한 결과를 보고하였다. Salazar과 Nevin (2005)은 협력교수의 실행은 일반학생과 함께 일반학급에서 효과적으로 교육받을 수 있는 장애학생의 비율이 증가하는 결과를 주도하였다고 설명하였다. 이 연구는 협력교수 학급에 재학하고 있는 장애학생의 학년 초 자료와 성취도 자료를 반별로 보고하였다. 일반교사와 특수교사는 통합교육의 성공을 위한 중요한 요인으로서 차이화 수업 접근을 활용하도록 교사 연수의 필요성과 차이화 수업의 중요성을 제안하였다.

교사들이 차이화 수업 기법을 활용하여 협력하는 교실에서는 아동에게 무슨 일이 일어나는가? 자신의 학생들이 4학년에 진급했을 때 3학년에서부터 함께한 협력교사 팀의 심층 사례 연구에 대한 추후 연구에서, Cramer 등(2006)은 학생의 성취에 대한 교사 협력의 효과를 설명하였다. 학교 교직원의 주장에 따르면, 플로리다주 읽기 성취도 평가에서 학생들의 점수는 일반학생뿐만 아니라 장애학생들도 읽기와 사회적 기술에서 높은 성취도를 보였다고 제안하였다.

한 교사의 설명에 따르면, "우리는 차이화 수업에 대한 책무성을 공유한다." 그는 "협력교수는 학생들에게 유익하다. 다른 성인 교사와 함께 활동하는 것이 항상 쉬운 것은 아니지만, 협력교수는 학생들에게 매우 효과적이기 때문에 교사들에게 협력교수를 실시하는 것이 불편할지라도 나는 그 교수법이 매우 가치 있다고 생각한다."고 하였다(Cramer, Nevin, Salazar, & Landa, 2006).

비슷하게, 캘리포니아 학교에서 차이화 수업을 활용한 협력교사들은 장애학생과 일반학생 모두에게 문식력에서 학문적 효과가 있음을 보고하였다. Garrigan과 Thousand(2005)는 우수 학생, 학습부진 학생 그리고 영어 학습 학생의 학습 요구를 충족시키기 위하여 설계된 원리를 활용하여 개발된 컴퓨터 보조 수업 프로그램으로 일하였다. 협력교사로부터 구성된 차이화 수업은 장애학생과 일반학생에게 문식력의 향상이 가능하게 만들었다. 즉, "……장애학생으로 분류된 4명의 문식력 성취 수준이 협력교수 중재의 5개월 동안 역동적으로 증가하였다. ……사전-사후 중재 차이는 그들의 낮은 출발점 성취 수준을 고려할 때 기대 수준 이상이었다."(Garrigan & Thousand, 2005, p. 59)

교사들이 차이화된 수업을 사용할 때, 영재학생에게는 어떤 일이 일어났는가? Tomlinson은 학생들이 특정 학년 수준에 도달하기 위해 갖게 되는 '계단'이기보다는 보다 높은 수준에 도달할 수 있도록 하는 '학급 에스컬레이터'를 만드는 방법으로 차이화된 수업을 소개하고 있다(Hess, 1999, p. 24에서 인용). 차이화된 수업에서, 교사들은 우수한 학생들을 포함한 다양한 학습자에게 잘 맞는 수업이 되도록 학습을 위한 다양한 방법을 제공한다(Gregory & Chapman, 2007; Tomlinson, 1995, 1999). 2005년 연구 보고에서 Rock, Gregg, Ellis와 Gale(2008)은 수학에서 차이화된 중재를 받은 학생들이 차이화된 수업을 받지 않은 동료들보다 시험 점수가 훨씬 더 높았다고 결론지었다.

재조정과 보편적 설계: 차이화된 수업을 위한 두 가지 접근

교사들은 차이화된 수업을 어떻게 실행하는가?

우리는 차이화된 수업이 아닌 것을 설명함으로써 이 질문에 대답하고자 한다. 교육과정은 모든 학습자들에게 동일하게 제공될 때 차이화되지 않는다. 교육과정을 동일하게 제공하는 것은 특정 학생을 위한 질문의 난이도가 다양하게 구성되거나, 보다 어려운 과제를 제시하거나, 일찍 과제를 수행한 학생들에게 다른 활동을 제공하는 것과 같은 조정을 포함하지 않는다.

차이화된 수업은 개별 학생의 요구를 충족시키고 성장을 지원하기 위하여 교육자가 학습 활동, 내용 요구, 평가 방법 그리고 학습 환경을 다양화하는 과정이다. 차이화된 수업을 수행할 때, 교사는 개별 학생들의 요구를 충족하기 위하여 학습 경험을 다르게 계획한다. 교사는 개별화된 학습 목표를 개발하고, 교육과정 내용을 규정하고, 학습 활동을 구조화하고, 학생들이 목표를 성취하는 방법을 선택할 수 있도록 다양한 평가 방법을 활용한다. 차이화된 수업을 활용하면 동일한 학급 내에 있는 다양한 능력의 학생들을 위한 교수와 학습 방법을 개발하는 것이 가능하다. 교사는 학생들의 기능 수준에서 개별 학생을 지도하고, 그에 따라 학습 과정에서 평가함으로써 학생의 성장과 개별적 성공을 최대화할 수 있다. 교사는 그들의 파트너 교사들에게 교육과정의 적합화와 수정을 활용할 수 있도록 제안하고 가르침으로써 특수교사가 개별화 수업에서 익혀 온 훈련, 기능, 지식을 일반교사의 교육과정에 대한 기능과 지식에 결합되게 한다.

그 외 교직원(영어 학습자를 가르치는 교사, 읽기 교사, 언어 치료사, 학교 심리학자, 영재학급 교사, 경제적으로 어려운 학생을 지도하는 교사, 상담교사 등)은 차이화된 수업 단원을 개발하는 데 그들만의 전문 지식과 기능을 더할 수 있다.

〈표 1-2〉에서 볼 수 있는 것처럼, 교사는 ① **재조정** 또는 ② **보편적 학습설계**의 두 가지 주요한 접근을 통하여 수업을 차이화할 수 있다.

차이화된 수업에 대한 논의에서 재조정 과정의 통합은 주도적 접근이기보다는 반응적이기 때문에 차이화에 관한 모든 개념과 결합시켜서는 안된다. 재조정은 처음부터 학생들에 관한 사실을 수집하기보다는 교육과정이 잘 운영되지 않는다는 것을 인식하고 내용, 과정 및 결과 요구사항을 개조하고 재개념화하거나 재설계하기로 결정할 때 일어난다(예: 휠체어를 탄 사람이 접근할 수 있도록 경사로를 새롭게 만든 오래된 건물을 생각해 보라).

〈표 1-2〉 차이화된 수업의 두 가지 접근

반응적 재조정	진취적인 보편적 학습설계
내용 및 자료 요구	학습자(들)에 대한 정보 수집
과정 요구	차이화를 위한 UDL 원리를 적용함으로써 모두를 위해 접근 가능한 학습 환경을 설계하라.
결과 및 사정 요구	내용 및 자료 요구
학습자에 대한 사실(들)	결과 및 사정 요구
학습자들에 대한 정보와 학급의 내용, 과정, 결과 요구 사이의 어떤 불일치를 해결하기 위해서 불일치를 발견하고 차이화된 수업을 사용하라.	과정 요구

기존에 있는 교육과정과 방법을 재조정하는 것은 대부분의 교사가 장애학생의 요구를 충족시키기 위해서 하는 노력이다. 그러나 이는 학생을 기존에 있는 프로그램에 맞추기 위한 정보에 더해 해결책을 찾기 위한 시도이다. 우리는 이 책의 독자들이 차이화 수업을 실시하는 데 있어 다양한 수준에 있다는 것을 알고 있다. 재조정은 차이화에 관하여 생각하기 시작한 여러분에게 시작을 위한 과정과 위치를 제공하고 있다. 또한 우리는 여러분의 학생을 다른 환경에 보내기보다는 차라리 재조정 접근을 활용하고자 하는 여러분의 결정을 격려한다(2장은 초 · 중 · 고등학교 수업에서 재조정 접근법의 활용을 설명하고 있다).

재조정 접근법과는 다르게, 보편적 학습설계는 부가적 비용이 거의 없거나 전혀 없이 가능한 한 많은 사람이 상품, 의사소통 그리고 물리적 환경을 활용할 수 있도록 구성하기 위해 건축가, 상품 설계자들, 엔지니어, 환경 설계 연구자로부터 개발되고 활용된 보편적 설계 원리의 교육적 적용이다. 특수교육 응용공학센터(Center for Applied Special Technology: CAST, 2008)는 보편적 설계를 "적응이나 특수 설계를 필요로 하지 않고 가능한 한 최대한 모든 사람이 사용할 수 있는 제품과 환경을 설계"하는 것으로 설명하고 있다. 여기에 보편적 학습설계는 특별한 환경 또는 개인들을 위해 수정에 대한 요구를 최소화하는 학습 경험의 창출에 대해 언급할 때 사용될 것이다(Meyer & Rose, 2002; Udvari-Solner, 1996; Universal Design for Learning, 2013). 매일 우리 학급에 들어오는 학생들의 준비도, 다양한 흥미와 학습양식의 독특한 수준 덕분에, Tomlinson(1999)은 장애학생, 부적응학생, 영재학생뿐만 아니라 '일반적으로 평균적'인 학생을 위한 의미 있고 효과적인 차이화 수업을 촉진하기 위해 교육과정 개발, 수업 실행, 그리고 사정을 설계함으로써 수업에서의 활용을 장려하고 있다. 이러한 방법으로, 차이화된 수업을 위한 보편적 설계 접근은 모든 학생에게 개별화된 목표의 약속을 확대하도록 보일 수 있다.

Hall과 Mengel(2002)에 따르면, 차이화 수업을 활용하는 교사는 학생들의 다양한 배경지식, 준비 수준, 언어 기능, 학습 선호도, 흥미에 수용적으로 인식하고 반응한다. 보편적 학습설계 접근의 활용은 교육과정이 수정 없이 활용될 수 있도록 기자재와 환경을 구성하고 설계한다. 3장부터 7장까지는 특수교육 응용공학센터에서 개발되고 위스콘신 대학교의 Udvari-Solner(1996)가 교사 교육을 위해 안내한 단계별 과정을 소개한다. 이러한 과정은 모든 학생에게 여러 가지 자료 제시 수단, 참여 방법, 그리고 표현 방안들을 제공하도록 보편적 학습설계 원리들을 적용하는 데 도움을 제공할 것이다. 보편적 설계 접근을 시도하기 위해 교사는 먼저 학생들에 관한 정보를 모으고, 세 가지 교육과정 접근 관점, 즉 내용, 과정, 결과에 관해 생각한다(Tomlinson, 1999).

내용 접근 설계 관점은 무엇을 가르치고, 학생들이 무엇을 배우고, 알고, 행할 수 있기를 원하는가에 대한 것이다. 교사들은 교육과정 내용 설계 관점에서 접근을 촉진시킬 수 있는 방법을 고려할 때, 직업과 대학 준비도 기준을 전면 또는 중심에 두어야 한다. 내용의 핵심 요소는 다양한 수준의 학습자에게 내용을 소개할 적절한 도입 지점을 결정하는 것이다. 여기서 교사는 교과목 간에 교육과정을 통합하는 방법을 고려하거나 교육과정의 부분으로 책무성, 중재, 자기결정의 교수를 포함하는 방법을 고려할 것이다. 내용 설계 관점은 무엇을 가르칠 것이며, 학생들이 시연해야 할 지식 수준, 숙련도 수준,

사용된 자료 등을 포함하므로 다차원적이다.

결과 접근 설계 관점은 학생들이 학습한 것을 표현하는 방법과 그들의 결과를 평가하는 방법에 관한 것이다. 이 시점에서 교사는 학생들의 학습 선호도가 그들이 학습한 것과 진정한 평가 접근에 따라 표준화 사정을 강화하는 방법을 보여 주는 데 어떻게 활용될 수 있는지를 고려할 것이다.

과정 접근 설계 관점은 어떻게 학생들이 그들이 배우고 있는 것에 대해 이해하도록 하는가에 관한 것이다. 스캐폴딩 지원이나 조사 기반 수업 실습뿐만 아니라 다양한 과제 형태와 배열이 모든 사람에게 접근 가능하도록 선택된다. 여기서 교사들은 공학기술과 또래 중재 수업 접근이 수업 속에 통합될 수 있는 방법을 생각해 볼 것이다.

〈표 1-2〉는 재조정 접근과 보편적 학습설계 접근 사이의 차이점과 공통점을 요약한 것이다. 기본적이고 가장 현저한 차이점은 재조정 과정은 수업 계획이 이미 완성되고, 수업이 진행되고, 그리고 학생과 교사가 모두 수업이 성공적이지 못하다고 본 후에 시작된다는 것이다.

반대로, 보편적 학습설계 접근은 학습자에 관한 사실을 가지고 시작하여, 학습자의 특성에 맞도록 내용, 과정, 결과를 설계함으로써 재조정의 요구를 줄이도록 한다. 전형적으로 계획 단계는 교사가 학생을 '알아 가기' 시작하는 단계에서 보다 집중적이다. 그러나 학생 집단의 증가된 유동성에 따라 교사는 1년 내내 '새로운 학생'을 다루기를 기대할 수 있다. 그러므로 학생을 알기 위해 지속적인 과정을 갖는 것이 필요하다.

교사가 차이화 교수에 보편적 학습설계를 활용할 때, 그들의 교육과정이 다양한 학급의 모든 학생의 요구에 기반하여 설계된다는 것이 확실해진다. 교육과정은 일상적인 물리적, 정서적 또는 인지적 장벽의 극복 없이, 또는 특정 집단으로 이름 붙이지 않고, 다른 학생들로부터 고립됨 없이 자신의 능력과 강점을 활용하여 교육과정에 의미 있는 접근을 가질 수 있도록 교과목을 제시하는 수단으로 구성되었다.

보편적 학습설계에 따라, 교사는 신체적, 감각적, 인지적 장애를 가진 학생도 다른 학생과 같은 단원의 일부 또는 전체를 학습하도록 하는 것이 가능할 것이다. 교사의 관점에서 적합화가 이루어진 교육과정을 가지는 것은 시간과 에너지를 절약할 수 있다. 적합화 또는 교수적 수정이 제공되지 않았을 때, 교사는 학생들을 지도하는 데 보다 많은 어려움을 경험하거나 또는 모든 과목을 스스로 적합화함으로써 재조정을 위해 재분류하여야 한다.

차이화된 수업을 위한 체계적 지원

행정적인 리더십과 지원은 차이화된 수업의 유익한 결과를 달성하는 기본이다. 유익한 결과는 학교장, 교감, 수업 코치가 체계적인 전문성 개발을 위해 일할 때, 코칭 및 멘토링 기회가 차이화에 대한 학습적 접근을 위해 학습 재조정과 보편적 학습설계가 수립될 때, 또한 기본 일정이 교사들과 다른 학교 구성원들이 계획과 교수에서 협력할 수 있도록 정해질 때 증가한다. 코칭 및 멘토링을 돕기 위해, 이 책의 사례 연구 섹션 소개는 교육자가 수업을 차이화할 때 교육자를 관찰하고 코칭하기 위한 실험 계획안(protocol)을 제공한다. 10~15장에 제공된 사례 연구를 읽으면서, 여러분은 실험 계획안을 어떻게 사용할 수 있는가? 이 장에 소개된 보편적 학습 계획을 설계한 교육자에게 제공되는 전문성 개발을 발견할 수 있는가?

학교장, 교육청 직원, 학년 수준의 팀 리더, 특수교육 책임자, 부서 의장 및 교사 지도자들은 교사들이 다음과 같이 할 때 그들의 수업 차이화 능력을 높일 수 있도록 변화를 촉진시키는 데 성공한다.

1. 수업 차이화를 위해 협력 계획과 문제 해결을 위한 비전을 세우라.
2. 차이화된 수업이 일반적인 주요 직업 및 대학 표준 준비도, 통합교육, 협력교수, 중재 반응(Response to Intervention)과 다중 계층형 지원 시스템(Multi-Tiered Systems of Support) 및 협력 계획과 문제 해결과 같은 기타 주도적인 모범 사례들과 어떻게 관련되는지 교직원이 알도록 하라(Villa & Thousand, 2011).
3. 수업의 차이화를 위해 교육자의 기능과 자신감을 개발하라.
4. 모든 학습자의 요구를 충족시키기 위한 새로운 접근법을 배우고 구현하도록 교육자를 장려하는 의미 있는 인센티브를 창출하라.
5. 인적 자원을 재구성하고, 계획하고, 확장하라.
6. 비전, 기술, 인센티브 및 자원을 확보하기 위한 구체적인 활동과 단계별 조치 계획

을 수립하라.

다음의 〈표 1-3〉은 수업 차이화를 촉진하기 위한 추가 행정적 조치 사례를 제공한다.

〈표 1-3〉 수업 차이화를 촉진하기 위한 행정적 조치

차이화 수업의 명확한 근거 공식화
모든 직원이 협력 계획 및 차이화 수업에 참여할 수 있도록 직원의 역할(즉, 교실 교사 및 지원 담당자의 직무 설명) 재정의
협력을 위한 기본 일정 수립(예: 공통 계획 및 점심시간)
차이화 수업을 위한 접근 방법을 배우도록 직원을 돕는 전문가 지원 단체 설립
공통 개념적 틀, 기술, 배분을 창출하는 전문성 개발 기관 도입, 코스 및 워크숍, 멘토링 및 또래 코칭 시스템, 작업 섀도잉, 임상 감독 및/또는 실제에 탁월한 베테랑 교사와 차이화된 수업을 시작한 교사와의 짝을 통해 협력 계획, 창조적인 문제 해결 및 차이화에 대한 교육 제공
수업을 차이화하는 방법에 대해 재조정 및 보편적 학습설계를 사용하는 교사들의 성취에 대한 학교와 공동체 교육
차이화를 위한 인센티브 제공(예: 성취도 인식, 추가교육 제공, 서로의 차이화된 수업 관찰을 위한 공개 시간 제공, 회의 참석, 차이화된 수업 전략 및 과정이 포함된 프레젠테이션)

02 일반 교육과정에 적용한 재조정 틀

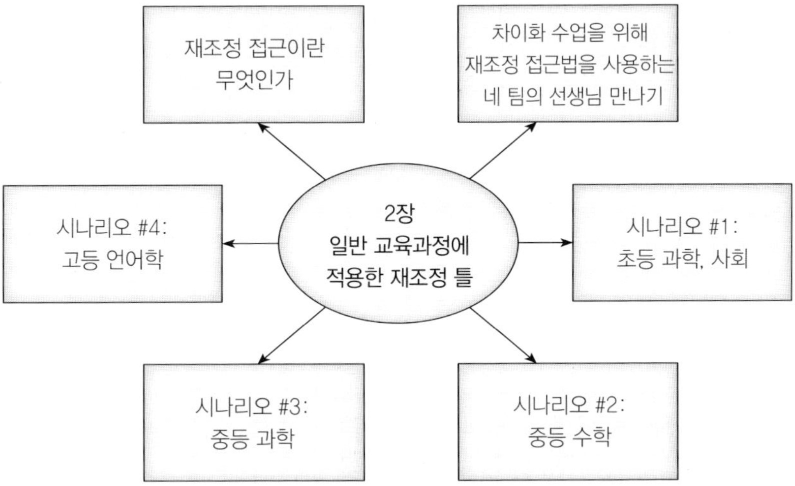

[그림 2-1] 2장의 내용체계

학습 결과는 내용 기준(content standards) 안에서 '핵심 개념(big ideas)'과 핵심 과정의 이해라는 측면에서 고려되어야 한다.

—Wiggins and McTighe, 작가 겸 교육혁신가

교실에 있는 학생들의 유형은 갈수록 더 다양해지고 있다. 교육자들은 한때 학습 선호도가 다르고 학업, 의사소통, 행동에 차이를 가진 학생들을 교실과 프로그램에서 분리하여 배치하는 데 익숙했지만 지금은 그들의 교실 안으로 차이를 가진 학생들을 어떻게 흡수할 것인지, 그리고 공통 핵심 교육과정의 내용과 기준으로부터 차이를 가진 학생들의 접근을 어떻게 가능하게 할 것이며 발전시킬 수 있을지에 대해서 고민하고 있다. 모든 학습자가 공통 핵심 국가 기준(Common Core State Standards) 안에서 핵심 개념을 파악하고 핵심 수업 과정을 경험하는 것을 가능하게 하는 교사로서의 책임을 우리는 믿는다(Wiggins & McTighe, 2005, 2012; Duguay, Massoud, Tabaku, Himmel, & Sugarman, 2013).

이 장에서 여러분은 다음 질문에 대한 답을 찾을 수 있다.

- 일반 교육과정 접근을 위해서 재조정 접근 사용에 대해 여러분은 무엇을 알아야만 하는가?
- 교실 교사는 재조정 접근을 사용하여 수업을 어떤 방식으로 차이화하는가?

재조정 접근이란 무엇인가

재조정 접근은 학생들의 수준이 다양한 학급에서 학습자들의 다양한 요구를 충족시키려는 교육자에 의해 사용된 두 가지 접근 중의 하나이다. 재조정 접근은 전통적으로 교육의 내용, 과정, 그리고 결과에 일반 학생을 접근시키는 방법과 특정 학습자의 기능 사이의 불일치를 바로잡는 방법들을 고안해 내는 부분에서 교육자를 돕는다.

'retrofit(재조정)'이라는 단어가 건축에서 파생되었기 때문에 건축으로부터 용어의 뜻을 유추해 보는 것은 용어의 뜻을 분명히 하는 데 도움이 된다.

1960년대에 지어진 학교 건물을 생각해 보자. 그 건물은 모든 학습자에게 접근이 가능하도록 건축되었는가? 물론 그 대답은 '아니요'이다. 그래서 오늘날 그 건물은 출입구 확장, 화장실 배치의 변화, 엘리베이터 추가 등의 재조정 수행이 적용될 수 있다. 그러나 재조정 접근에서는 그 건물이 처음 건축될 때 수행되었던 많은 양의 작업을 다시

해야 하기 때문에 많은 노동력, 자료(materials), 시간, 비용이 필요하게 된다.

이와 유사하게, 학생들이 학급에 들어와서 일반 교육과정으로의 접근이 허용되지 않는 기존의 환경과 맞닥뜨릴 때(예를 들어, 3학년 읽기 수준에서 독립적으로 읽을 수 있는 학생이 6학년 읽기 수준의 교과서와 맞닥뜨렸을 때) 교육자는 재조정 접근을 적용할 필요가 있다. 재조정 접근에서, 교사는 학생들의 교육과정 접근을 돕기 위해서 기존의 교육과정, 수업 및 평가 방법을 바꾼다. 특정 자료들과 수업 전달 및 학생 평가에 있어서 전형적인 방법을 적용하는 기존의 환경을 가진 학급으로 들어온 학습자를 돕기 위해서 교육자는 조정과 수정을 한다. 재조정 접근은 학생들의 성공을 촉진시키기 위해서 교사의 교육을 조정하는 것으로, 항상 사후 대응식 접근(reactive approach)이다.

학습자와 학급의 요구 사이의 불일치를 바로잡기 위한 재조정 접근을 극대화하기 위해 교육자는 특정 학생들에 대한 정보를 내용, 과정, 결과에 대한 학급의 요구와 비교해야 한다. 학생들에 대한 정보를 수집할 때, 교사는 학생의 약점은 물론 강점을 파악하고 고려해야 한다. 역사적으로 많은 교육자는 학생들의 인지된 손상에 대한 정보를 수집해 왔다. 이는 앞서 동일한 학생에 대한 긍정적인 정보의 수집은 무시하고 경시해 왔음을 보여 준다. 교육자가 단지 학생들의 인지된 손상에 대해서만 관심을 기울인다면 배우는 데 어려움을 겪는 누군가를 교육하거나 동기를 유발하는 데 필요한 일체의 정보를 가지지 못할 것이라고 우리는 주장한다.

학급의 요구와 함께 (학습양식, 선호도, 흥미와 다중지능이론과 같은 도구를 통해) 학생의 강점에 대한 정보를 수집함으로써 교육자는 잠재적인 불일치를 확인하고 해결하는 데 필요한 정보를 가지게 된다. 학업, 행동, 사회, 운동 및 의사소통 문제로 인해 학습자가 인지하는 것이 어려울수록 학습자의 학습을 촉진시키기 위해서는 학습자의 강점, 흥미 및 학습 선호도를 발견하고 사용하는 것이 더 중요하다는 것을 우리는 경험적으로 알고 있다. 〈표 2-1〉은 재조정 접근을 통해 어떠한 잠재적인 불일치를 발견하고 다루는 것을 돕기 위해 한 팀이 수집하고 사용할 수 있는 자료를 보여 준다. **학습자와 학급 요구에 대한 정보 수집**이라는 제목의 빈 양식은 정보 수집을 돕기 위해서 이 책의 〈부록 A〉로 제공하고 있다.

학습자와 학급 요구에 대한 정보 간의 불일치를 다루기 위한 재조정 접근의 힘을 설명하기 위해서, 우리는 여러분에게 협력교수 네 팀과 각 팀에서 배우는 데 어려움을 겪

〈표 2-1〉 학습자와 학급 요구에 대한 정보 수집

학습자에 대한 정보	학급 요구에 대한 정보
강점 배경지식과 경험 흥미 학습양식 다중지능 중요한 관계 기타: 기타:	내용 요구 내용은 학습자에게 어떻게 이용되는가? 과정 요구 교사는 학습자의 학습을 촉진하기 위해서 어떤 과정을 사용하는가?
목적 이 학습자는 학교 학습, 의사소통, 움직임, 영어 습득, 그리고/또는 사회정서적 기능과 관련된 어떤 특별한 목적을 가졌는가? 이 학습자에 대한 특별히 염려되는 점이 있는가?	결과 요구 학습자들은 그들이 학습한 것을 어떻게 보여 주는가? 학습자들은 어떻게 평가점수를 받는가?

고 있는 한 명의 학생을 소개한다. 우리는 학습자에 대한 정보를 검토하고 누적된 정보를 적용하여 내용, 과정, 결과 요구의 재조정을 통해 각 팀이 불일치를 어떻게 해결하는지에 대해 논의한다.

결과적으로 네 팀 모두는 차이를 가진 학습자들 각각이 일반학급에서 성공적으로 참여하고 배울 수 있도록 학습자에 대한 정보를 하룻밤 사이에 바꿀 수는 없지만 내용, 과정, 결과 요구를 조정할 수 있다는 것을 깨달았다. 〈표 2-2〉는 네 팀의 협력교수 교사들의 관계와 팀별로 관심을 두는 각각의 학생들을 한눈에 소개한다.

〈표 2-2〉 협력교사들과 학생들에 대한 정보

협력교사들	학년	교과	학생
Gleason(학급담임교사) Villalobos(특수교사)	4	과학, 사회	Kevin
Jupp(수학교사) Dondero(영재교육교사)	중학교 단계	수학	Rosa
Swanson(학급담임교사) Tac(언어치료사)	중학교 단계	과학	Tina
Griffith(학급담임교사) Lang(영어교사)	고등학교 단계	언어학	Chang

시나리오 #1: 초등 과학, 사회

Gleason 교사는 4학년 과학과 사회를 가르친다. 그는 8년 동안 학생들을 가르쳐 왔으며, 최근에는 다른 지역에서 전근을 와서 새로운 초등학교에서 첫해를 시작하고 있다. Gleason은 이전 학교에서 약간의 협력교수 경험을 가지고 있으며, 새 학교에서는 협력교수가 큰 부분을 차지한다고 말한다. Gleason은 동료 교사인 Villalobos와 협력관계를 맺고자 기대한다.

Villalobos 교사는 10년 동안 이 학교에서 근무하고 있는 특수교사이다. 그녀는 지난 5년 동안 이 학교에서 계획 작성과 협력교수에서 일반교육 교사와 함께 활발하게 협력해 오고 있다. 그녀가 5년 동안 협력해 온 다양한 교사들은 자발성(willigness)과 협력교수 능력, 그리고 어려움을 겪는 학습자들을 위한 조정능력에서 차이가 있었다.

첫 번째 계획협의에서 Villalobos는 Gleason에게 학급에서 염려되는 학생들에 대해 물어보았다. Gleason은 몇 명 학생의 이름을 말했는데, 특히 Kevin에 대해서 염려를 했다. Kevin은 자주 교실 밖으로 나가고, 숙제를 절대 해 오지 않으며, 어떤 활동에 있어 참여를 거부하여 학급에서 낙오되고 있었다. Gleason은 과학 시간과 사회 시간에 Kevin에게서 동일한 문제 행동을 보고 있다고 말한다.

Villalobos는 Gleason에게 Kevin이 할 수 있는 것과 어떻게 학습하는지, 학교에 관해서 좋아하는 것, 학급에서 어떤 학생이 친구인지, 어떤 종류의 활동이 학습에 도움이 되는지, 그리고 그의 흥미와 강점은 무엇인지를 물어본다. Gleason은 이 학교에서의 경력이 상대적으로 짧기 때문에 Kevin에 대해서 잘 알지 못함은 물론 이러한 질문들에 답하기는 어렵다고 대답했다.

Gleason은 Villalobos에게 Kevin이 장애를 가졌거나 지능이 낮은 것은 아닌지 물었다. Villalobos는 Kevin이 실제로 학습장애를 가졌고, 특수교육을 받기에 적합하다고 대답했다. Villalobos는 Gleason에게 인지된 손상보다는 Kevin의 강점에 중점을 둠으로써 해결책을 찾도록 장려한다. Villalobos는 Kevin이 어려움을 겪고 있는 부분에만 집중한다면 Kevin의 학습을 돕는 데 충분한 정보를 가지지 못할 것이라고 언급한다. Villalobos는 Kevin의 강점, 흥미, 그리고 그가 가장 잘 배우는 방법에 대한 정보를 수집할 것을 제안한다. 그들은 이 접근을 수용하고 다음 모임을 약속했다.

다음 모임에서 그들은 Kevin의 강점을 포함한 수집된 정보의 결과와 그들이 염려스러워 하는 점에 대해서 논의했다. Villalobos는 Gleason에게 읽기, 소집단 사회적 기술, 그리고 스트레스 관리법에 대한 Kevin의 개별화 교육 계획(IEP) 목표를 보여 주었다. 그들은 이러한 목표가 Kevin이 배워 가야 하는 것에 기초하여 그에게 적절하다는 점에 동의했다. Villalobos는 Gleason에게 Kevin이 수업 내용을 어떻게 활용하는지, 가르치기 위해서 Gleason이 사용하는 과정, 그리고 학급의 학생들이 배우는 것을 어떻게 표현하는지 묘사해 달라고 부탁했다. 그런 뒤 협력교사들은 〈표 2-1〉의 질문들을 해결하고, 〈표 2-3〉에 제시된 4개의 칸에 이러한 정보들을 요약했다.

〈표 2-3〉의 처음 두 칸은 〈표 2-1〉의 '학습자에 대한 정보'와 '학급 요구에 대한 정보'의 양식을 축약한 것이다. 세 번째 칸은 협력교사가 Kevin에 대한 정보와 학급 요구에 대한 정보 사이에서 잠재적인 불일치를 알아보는 것이다. 네 번째 칸은 불일치를 해결하기 위한 생각을 기록하기 위함이다.

Kevin과 학급 요구에 대한 정보를 검토한 후, Gleason과 Villalobos는 여러 개의 불일치를 언급했다.

여러분은 어떤 불일치를 확인할 수 있는가? 〈표 2-3〉의 세 번째 칸에 여러분이 관찰한 불일치를 자유롭게 적어 보라.

불일치를 기록한 후 Gleason과 Villalobos는 Kevin에 대한 정보와 학급의 내용, 과정, 그리고 결과 요구 간 각각에서 불일치에 대한 최소한 세 가지의 가능한 해결책을 브레인스토밍하는 것에 동의했다. 다음 질문에 대해서 여러분 자신만의 해결책을 열거하는 것은 연습에 도움이 된다. 〈표 2-3〉의 네 번째 칸에 다음의 질문에 대한 여러분의 생각과 답을 자유롭게 기록하라.

- 여러분은 불일치를 해결하기 위해서 어떤 방법으로 Kevin의 강점을 사용할 수 있는가?
- 여러분은 Kevin의 숙제를 완료하지 못함과 할당된 숙제의 유형과 양 사이의 불일치를 어떤 방법으로 해결할 수 있는가?
- 여러분은 Kevin이 교실 밖으로 나가는 패턴을 어떤 방법으로 다룰 수 있는가?

〈표 2-3〉 Kevin을 위한 학생과 학급 정보 요약

학생에 대한 정보 이름: Kevin	학급/수업에 대한 정보 과목: 과학과 사회	학생 정보와 학급/수업 정보 사이의 불일치	정보들 사이의 불일치에 대한 잠재적인 해결책
강점/흥미: • 우표 수집 • 부모의 감독하에 조부모와 직접 만나거나 대화 용도로 아이폰을 사용하기 • 이야기하기(스토리텔링) 학습양식: • 청각적 학습자 다중지능: • 시각/공간 지능 • 대인관계 지능 중요한 관계: • Jose와 Francisco, 모두 같은 교실에 있음 기타: • 더 어린 학생들과 잘 어울림 • 리더 역할을 좋아함 • 선택이 주어졌을 때 좋은 의사결정자 목표/관심사: • 2학년 수준에서 독립적으로 읽기와 쓰기 • 좌절감을 느낄 때 그만두기 • 읽기 활동에서 참여하는 것을 거부 • 퀴즈나 시험에서 실패 • 숙제를 하지 않는 것	내용 요구: • 과학과 사회 교과서 모두 4학년 읽기 수준 • 교사의 강의에 따라 학생들은 교과서의 줄 이쪽저쪽을 소리 내어 읽기 과정 요구: • 교사 강의 • 소리 내어 읽기 • 교과서 문제에 짧은 대답을 쓰고 독립적으로 대답하기 • 이전에 학습한 내용을 복습하기 위해 한 달에 하루 소집단 활동하기 결과 요구: • 시험 • 교사가 고안한 퀴즈 • 본문의 문제에 대한 짧은 답 쓰기, 끝내지 못한 숙제는 수업 중에 완성하기 • 각 학생들이 과학과 사회 각각에서 독립적으로 보고서에 대한 주제 정하기 학생 평가: • 현재 숙달 기준에 대한 퀴즈와 시험 • 교사에 의해서 검토된(점수를 표시한) 숙제와 보고서		

- 여러분은 소리 내어 읽기와 연관된 과업 요구와 시험과 퀴즈에서 Kevin의 낙제점을 나타내는 독립적인 연구 보고서 사이에서의 불일치를 어떤 방법으로 해결할 수 있는가? (시험과 퀴즈에 대한 과제 요구는 조정이 필요할 수 있다.)

Gleason과 Villalobos에 의해서 브레인스토밍 된 해결책 목록은 〈표 2-4〉와 같다.

브레인스토밍 활동에 따라 Gleason과 Villalobos는 Kevin의 흥미를 파악하고, 그의 강점을 활용하는 것을 분명히 하기 위해서 그들이 브레인스토밍한 목록과 Kevin의 강점을 비교한다. 또한 그들은 Kevin의 학습 선호도를 드러내는 방식으로 학습하도록 허락하고 그가 그렇게 학습하기를 원한다.

〈표 2-4〉에서 Kevin의 강점과 브레인스토밍한 목록을 검토해 보라.

〈표 2-4〉 4학년 과학과 사회 수업에서 Kevin과 내용, 과정, 그리고 결과 요구 사이에서의 불일치를 해결하기 위해 브레인스토밍한 해결책

숙제를 하지 못하는 경우

1. Kevin에게 숙제를 부과하지 않기
2. 숙제(homework)를 '집에서 재미있게(home fun)'로 이름을 바꾸기
3. 내용에 접근할 수 있도록 텍스트 음성 변환(TTS) 소프트웨어를 사용하기
4. 숙제를 하지 않는 이유를 물어보기
5. Kevin이 읽을 수 있는 자료를 숙제로 제공하기
6. 오디오로 녹음된 질문을 들려주고 답을 구술하도록 하기
7. 수업 전, 점심시간, 또는 방과 후에 숙제 모임이나 숙제를 함께 할 친구를 통한 지원을 제공하기
8. Kevin이 숙제를 선택할 수 있도록 숙제 메뉴를 만들기
9. 만일의 사태에 대비한 계약을 맺고 숙제를 해 오는 것에 대해 보상하기
10. 숙제 검토를 제공하기
11. Kevin에게 전화를 해서 질문에 대한 공동의 답변을 기록하는 숙제 친구를 지정하기
12. 학생-부모-교사 협의회 열기
13. 스마트폰으로 조부모에게 전화를 해서 그의 숙제를 구술하도록 하기

좌절감을 느낄 때 교실 밖으로 나가는 경우

14. Kevin이 좌절감을 느낄 때, 학급을 떠나는 것을 정당화할 수 있는 역할 부여하기
15. 호흡, 맥박 수, 손바닥의 식은땀을 점검하는 법을 가르치고, 좌절로 이끄는 것에 대해서 생각할 수 있도록 그리고 그것을 바꿀 수 있도록 좌절을 느낄 때의 신호를 만들기
16. 초기 일주일 동안 네 번 정도 학급에서 나가는 것을 허락하고 점차 학급에서 나가는 시간을 줄이기
17. 학급 내에서 더 많은 리더십 역할을 부여하기
18. 학급을 나가는 것보다 학급 내에 그가 갈 수 있는 타임아웃 공간을 만들기
19. 더 협동적인 모둠 배치를 구성하기

너무 어려운 교과서를 소리 내어 읽는 경우

20. 줄 이쪽저쪽을 소리 내어 읽는 것을 멈추기

21. Kevin에게 읽도록 할당된 내용을 미리 연습하도록 하기
22. Kevin이 내용을 훑어보고 편안하게 읽을 수 있는 부분 선택하기
23. 짝과 함께 읽을 수 있도록 자리 마련하기
24. '읽기 공부 모임' 활용하기
25. 함께 읽거나 따라 읽기
26. 읽을 차례가 되었을 때 지금까지 읽은 것을 쉽게 바꾸거나 요약하도록 요청하기
27. 내용 영역에서 읽기 가르치기
28. 누가 언제 읽을지에 대한 예측을 하지 못하도록 읽을 학생을 랜덤으로 부를 역할을 부여하기
29. 텍스트 음성 변환(TTS) 소프트웨어를 사용하기

과제를 스스로 작성하기 어려운 경우

30. 짝 또는 모둠 결과로서 보고서 부과하기
31. 발표 형식 변화—소리 내어 읽기 또는 파워포인트 발표 허용, 포스터 또는 다른 시각적 발표 자료 만들기
32. Kevin이 더 어린 학생들에게 그가 배운 것을 가르치도록 하기
33. 모임 만들기—실행한 부분을 검토하기 위해 1년 동안 정기적으로 만나기

시험과 퀴즈에서 낙제점을 받는 경우

34. Kevin에 대해 구술평가하기
35. 부족한 지식에 대해서 책임지게 하기
36. 시험과 퀴즈의 양을 줄이기

과제 수행을 거부하는 경우

37. 이러한 활동을 하지 않는 이유를 Kevin에게 물어보기
38. 그가 과제 수행에 참여하는 것을 거부하는지 알아보기 위해 자료를 수집하기
39. 짝 그리고 모둠 활동 늘리기
40. 하고 싶지 않은 날에는 하나의 과제만 선택하도록 하기
41. 과제를 다양화하고 다양한 강점이 있는 학생들이 강점을 활용할 수 있는 기회를 가질 수 있도록 선택권 부여하기

- Kevin의 어떤 강점이 Kevin에 대한 정보와 학급 요구에 대한 정보 사이의 불일치를 해결하는 데 사용되는가?
- Gleason의 학급에서 Kevin의 학습을 지원하기 위해 그의 강점과 학습 선호도를 사용하기 위한 전통적인 방법은 무엇인가?

교육자들이 Kevin을 위해 해결책을 논의함으로써, Gleason은 Kevin의 장애 유형과 IQ 점수를 알고 있는 것이 Kevin과 학급 요구 사이의 불일치를 해결하는 데 도움을 줄 수 없다고 Villalobos에게 말한다. 그는 Kevin에 대해서 교육자들이 가지고 있는 강점 기반(strength-based)과 목표 관련(goal-related) 정보와 함께 학급에서 내용, 과정, 그리고 결과 요구를 비교하는 것은 Kevin의 어려움을 해결하는 데 필요한 정보를 제공해 왔다고 한다.

그리고 Villalobos와 Gleason은 그들의 브레인스토밍 목록에서 Kevin을 도울 수 있는 가장 좋은 전략을 선택하는 규준(criteria)을 개발한다. 학급 요구에서 합의, 수정, 또는 변화에 대해 '좋다(good)'고 판단하기 위해 여러분은 어떤 규준을 개발할 수 있는가?

Villalobos와 Gleason은 다음 규준을 개발했고 그들의 목록을 적용했다.

- 합의는 합리적이고 관리 가능한 것인가?
- 아이디어는 학생들에게 자율권을 부여하고 굴욕감을 주지 않는 것인가?
- 아이디어는 학급에서 다른 학생들의 학습에 대한 영향에 대해 중립적 또는 긍정적인가?
- 아이디어는 적용하기 쉬운가?
- 아이디어는 학생들로부터 만들어지거나 인정받은 것인가?

다섯 번째 규준—아이디어가 학생들로부터 만들어지거나 인정받은 것인지 여부—이 반드시 사용되도록 하기 위해서, Gleason은 그와 Villalobos가 Kevin을 만나 브레인스토밍 목록을 공유하고, Kevin에게 어떤 아이디어가 자신에게 도움이 될 것이라 생각하는지 물어보고, 그가 가지고 있는 다른 추가적인 생각을 들어볼 것을 제안한다. Gleason은 강점 기반 재조정 접근을 소개해 준 Villalobos에게 감사를 전하고, 행동으로 옮길 수 있는 '짧은 목록'을 만들기 위해 Kevin을 만나고 싶어 한다. Villalobos는 브레인스토밍 목록의 제안들이 실행될 수 있는 공학 도구와 자원에 대해서 조언을 구하기 위해서 공학 컨설턴트인 Dave Hohulin과 그들의 브레인스토밍 목록을 공유한다. Dave Hohulin이 제공한 제안은 〈표 2-5〉와 같다.

〈표 2-5〉 Kevin과 학급 요구에 관한 정보 불일치를 해결하기 위한 잠재적인 공학 자원

내용에 접근할 수 있도록 텍스트 음성 변환(TTS) 소프트웨어를 사용하기	
자료명	Narrator (Windows 8) Dictation and Speech (Mac OSX)
주소	Windows 8 Ease of Access, Mac OSX System Preferences
설명	텍스트 음성 변환(TTS)은 디지털 텍스트를 소리 내어 읽는 기능이다. Windows와 Mac 컴퓨터 모두에는 기본 텍스트 음성 변환 기능이 내장되어 있다. 단어 또는 텍스트 섹션을 하이라이트하기와 클릭 또는 키 조합을 통해 하이라이팅된 텍스트가 소리 내어 읽힌다. 합성 음성(synthesized speech)의 속도, 성별, 비율은 개별 컴퓨터의 설정에 따라서 결정된다. 일부는 교육부 IT부서에서 관리한다.
특징	텍스트 음성 변환, 합성 음성, 클릭에 의한 활성화, 키 조합에 의한 활성화
사용방법	Windows Narrator 사용방법: http://youtu.be/1_1wdYdoVvA Mac Dictation and Speech 사용방법: http://etc.usf.edu/techease/4all/vision/how-can-i-use-text-to-speech-in-mac-os-x/#accessvid
비용	무료
운영체제	Mac/WINDOWS
읽을 수 있는 자료를 숙제로 제공하기	
자료명	Wikipedia (Simple English)
주소	http://simple.wikipedia.org/wiki/Main_Page
설명	Wikipedia에는 다양한 언어로 제공되는 많은 기사가 있다. 이러한 '언어' 중 하나는 Simple English이다. Wikipedia Simple English 홈페이지에 따르면 Simple English 형식의 기사가 111,991개 있다. 이 형식은 기본 영어 어휘와 짧은 문장으로 정보를 제공한다.
특징	기본 영어 어휘, 짧은 문장, 다양한 주제
사용방법	앞에서 언급한 웹페이지의 '검색창'에 검색어를 입력한다. 각 페이지의 왼쪽 상단 모서리에 Simple English 로고가 있다. Wikipedia의 Simple English 구역에 있는지 확실하지 않은 경우 'Simple English'를 찾을 때까지 검색어를 입력하고 페이지의 왼쪽 열을 아래로 스크롤한다(많은 언어가 여기에 나열되어 있다). 아직 선택하지 않은 경우, Simple English를 클릭한다.
주의사항	Simple English에는 10만 개 이상의 기사가 있지만 모든 주제가 이러한 형식으로 제공되는 것은 아니다.
비용	무료
운영체제	웹 기반

Kevin에게 오디오로 녹음된 질문을 들려주고 답변을 구술하도록 하기

자료명	Vocaroo
주소	http://vocaroo.com/
설명	카세트 플레이어, VCR 또는 DVD 레코더에서 '녹화'를 누르면 Vocaroo를 사용하는 법을 알 수 있다. Vocaroo는 사용자가 '녹음' 버튼을 클릭하고 음성을 말하고 녹음 내용을 듣고 녹음 내용에 대한 링크를 이메일로 보내 웹사이트에 삽입하거나 QR 코드를 만들 수 있는 웹사이트이다. 이 링크는 교사, 학부모 및 학생에게 이메일로 보내거나 학급 웹페이지에 게시할 수 있다.
주의사항	Vocaroo에서 마이크 접근 권한을 요청할 수 있다. 이것은 사이트를 사용하기 위해 필요하다.
특징	디지털 음성 녹음, 오디오 파일의 이메일 링크, 오디오 파일 생성, QR 코드 생성
사용방법	http://youtu.be/69XuFVhc9H4
비용	무료
운영체제	웹 기반

Kevin에게 전화해서 질문에 대한 공동의 답변을 기록하는 숙제 친구를 지정하기
스마트폰으로 조부모에게 전화를 해서 Kevin의 숙제를 구술하도록 하기

자료명	Skype
주소	http://www.skype.com/en/
설명	Skype는 각 사용자가 음성 또는 음성과 영상으로 의사소통할 수 있게 해 주는 화상 통화 응용프로그램이다. 대화 중, 그룹 통화 참여 및 파일 공유를 하는 동안에 '채팅'에서 할 수 있는 추가적인 기능을 제공한다.
특징	영상, 화상통화, 음성, 파일 공유, 채팅
사용방법	http://www.gcflearnfree.org/skype
비용	무료
운영체제	Mac/WINDOWS/iOS/Android

숙제의 주제와 관련된 우표를 찾거나 디자인하기

자료명	Stamp Template Download
주소	http://www.eduplace.com/monthlytheme/pdf/stamplg.pdf
설명	이 링크는 EduPlace.com에서 온라인으로 볼 수있는 PDF에 대한 링크이다. 학생들이 자신의 디자인과 색칠로 채울 수 있는 빈 '우표'를 제공한다.
특징	PDF, 다운로드 가능, 종이/연필
사용방법	해당 없음

비용	무료
운영체제	웹 기반, 무료 Adobe Reader 어플리케이션(https://get.adobe.com/reader/)이 필요함
Kevin에게 읽도록 할당할 내용을 미리 연습하도록 하기	
자료명	Vocaroo-QR Code Feature
주소	http://www.vocaroo.com
설명	Vocaroo는 사용자가 자신의 목소리를 녹음하고 녹음에 대한 링크를 이메일로 보내거나 웹페이지에 업로드할 수 있도록 한다. 또한 Vocaroo는 녹음을 QR 코드로 저장하는 옵션을 제공한다. 소리 내어 읽어야 하는 구절은 교사나 동료가 다시 녹음하고, QR 코드로 변환하고 인쇄하여 소리 내어 읽을 구절 옆에 붙여 놓을 수 있다. 이는 적절하고 유창한 예시를 제공하게 되는 것이다.
특징	디지털화된(녹음된) 음성, 오디오 파일에 대한 이메일 링크, 오디오 파일 생성, QR 코드 생성
사용방법	http://youtu.be/TAUmv-D4xV0
비용	무료
운영체제	웹 기반
발표 형식 변화–소리 내어 읽기 또는 파워포인트 발표 허용, 포스터 또는 다른 시각적 발표자료 만들기	
자료명	Blabberize
주소	http://blabberize.com/
설명	Blabberize는 사용자가 이미지를 업로드한 후 이미지 위에 '입'을 그리고, 목소리를 녹음하여 업로드한 이미지가 '말하는' 동영상으로 만들 수 있는 웹 도구이다. 예를 들어, 학생이 복어에 대한 보고서를 제출하는 대신, 복어 이미지를 올린 후 입을 더하여 복어 자체에서 나오는 것처럼 구두 보고서를 제출할 수 있다. 이 비디오는 학급 웹페이지에 포함하거나 이메일을 통해 전송된 링크로 연결될 수 있다.
특징	디지털화된(녹음된) 음성, 삽입된 비디오, 창의적
사용방법	http://youtu.be/FEtUu1r8Pe4
비용	무료
운영체제	웹 기반
Kevin이 더 어린 학생들에게 그가 배운 것을 가르치도록 하기	
자료명	TarHeel Reader
주소	http://www.tarheelreader.org

설명	TarHeel Reader는 장애가 있는 학생과 성인, 교사 및 기타 관련 서비스 직원이 작성한 '서적'이 들어 있는 웹사이트이다. 이 책에는 사진이나 그림과 함께 주제의 서로 다른 측면에 대한 간단한 문장이 들어 있다. 기본적인 텍스트 음성 변환은 각 도서에 내장되어 있다. 간단한 탐색과 책의 구조는 중증 장애를 가진 학생도 핵심 교육과정에 접근할 수 있게 해 준다. 이 사이트에는 또한 어린 학생에게 적합한 자료가 있다.
특징	텍스트 음성 변환, 간단한 탐색, 다양한 주제/과목, 언어 옵션
사용방법	http://youtu.be/MF3yGOW3KQs
비용	무료
운영체제	웹 기반
Kevin에 대해 구술평가하기	
자료명	WordTalk
주소	http://www.wordtalk.org.uk
설명	WordTalk는 Windows용 Microsoft Word의 플러그인[1]이다. Word 문서에 저장된 모든 텍스트는 제어판 음성 설정에서 선택한 합성 음성(synthesized voice) 및 음성 속도(rate of speech)를 활용하여 소리 내어 읽혀진다. Word Talk는 개별 단어, 문장 또는 단락으로 읽을 수 있으며 음성 텍스트를 MP3 파일로 저장할 수 있다.
특징	합성 음성, MP3 생성, 텍스트 음성 변환, MS Word 플러그인
사용방법	http://www.slideshare.net/paulhami/word-talk
비용	무료
운영체제	Windows

출처: Dave Hohulin, M.S., Vice President of Infinitec Services, a program of United Cerebral Palsy Seguin of Greater Chicago. 허락하에 사용.

시나리오 #2: 중등 수학

Jupp 교사는 단독으로 가르치기를 좋아하는 베테랑 중학교 수학교사이다. 모든 학생들이 우수한 자격이 있는 교사에게 접근하도록 하는 「초중등교육법(Elementary and Secondary Education Act)」의 요구를 준수하려는 학교 수준의 목표(school district's goal)에 도달하기 위해서, 그는 학급에 더욱 다양한 그룹의 학생들을 환영하고, 뿐만 아니라

1) 역자 주: 컴퓨터 시스템의 기능을 확장할 수 있는 소프트웨어이다.

협력 계획과 협력교수를 통해 그와 그의 학생들을 돕기 위해서 학교 직원의 지원을 환영한다.

영재학생들과 활동할 수 있는 자격을 갖춘 교사인 Dondero는 이 지역에서 다양한 직업을 가지고 있다. 그는 Jupp와 함께 협력교사로 배정되었다. Dondero는 행정가, 부모, 학생, 그리고 학부에서 가장 유명한 긍정적인 전문가이긴 하지만 아직까지 협력교수는 하지 않았다. 그래서 그는 Jupp와의 협력교수에 대해 약간의 두려움을 갖고 있다.

함께 가르치기 시작한 지 3일이 지난 후에, 그들은 Rosa가 학급 전체를 방해하고 교사들의 시간 또한 상당한 양을 빼앗으며, 학급 숙제를 잘 하지 않는다는 것을 발견했다. 교실에 두 명의 선생님이 있을 때 한 명이 가르칠 때 다른 한 명은 Rosa를 지도하기로 했다. 그들은 Rosa에 대한 정보를 수집하여 불일치가 존재하는지 알아보기 위해서 그들의 내용, 과정, 결과 요구와 그녀의 정보를 비교하기로 결정했다. 그들은 정보를 수집하기 위해서 Kevin의 협력교사들이 사용했던 것과 동일한 4개의 칸 형식을 사용했다(〈표 2-6〉 참고).

자료를 검토한 후에 그들은 몇 개의 불일치를 발견했다. 그들은 Rosa의 방해 행동이 감소하고, 모든 학생들의 학습 경험이 향상되기를 기대하면서 약간의 내용, 과정, 결과 요구를 변화시키기로 결정했다.

- 어떤 불일치가 확인되는가? 〈표 2-6〉의 세 번째 칸에 여러분이 찾은 불일치를 자유롭게 기록해 보라.
- 협력교사들은 각각의 불일치를 어떤 방법으로 해결할 수 있는가? 〈표 2-6〉의 네 번째 칸에 불일치를 해결하기 위한 여러분의 생각을 자유롭게 기록해 보라.

〈표 2-6〉의 정보와 그들 스스로의 불일치 목록을 사용하여 Jupp와 Dondero는 〈표 2-7〉에서 브레인스토밍한 생각을 나열하였다.

- Jupp의 수학 수업에서 Rosa에게 실행하는 아이디어를 판단하기 위해 여러분은 어떤 규준을 사용할 것인가?

• 여러분의 규준을 만족시키면서 Rosa의 흥미와 강점들을 활용하는 아이디어에는 무엇이 있는가?

공학 컨설턴트인 Dave Hohulin은 〈표 2-7〉의 브레인스토밍 목록에 있는 항목 중 일부를 구현하는 데 사용될 수 있도록 〈표 2-8〉의 공학 자원 목록을 팀에게 제공했다.

〈표 2-6〉 Rosa에 대한 학생과 학급에 대한 정보 요약

학생에 대한 정보 이름: Rosa	학급/수업에 대한 정보 과목: 수학	학생 정보와 학급/수업 정보 사이의 불일치	정보들 사이의 불일치에 대한 잠재적인 해결책
강점/배경지식과 경험: • 최근 니카라과를 다녀옴 흥미와 특기: • 스페인어와 영어의 이중 언어 사용이 가능함 • 유머감각 • 이해심 • 더 어린 학생들과 잘 어울림 다중지능: • 언어 지능 • 음악/리듬 지능 • 신체/운동 지능 중요한 관계: • 가장 가까운 친구 Chris는 한 번도 같은 학급인 적이 없음 • 할머니(abuela) 기타: • 칠판 활동하기를 거부 • 감정 폭발은 그와 다른 사람들을 위험에 빠뜨림, 물건을 던짐(예: 손톱광택용 에머리보드, 매니큐어, 펜) • iPod 몰래 듣기 • 몸치장하기(예: 교실에서 매니큐어 칠하기) • 이중 언어로 욕하기 • 지역사회에서 새로움	내용 요구: • 교사 강의 또는 칠판 위나 프로젝터에서 교사와 학생의 설명에 활용 가능한 내용 • 영어로 된 검인정 수학 교과서 과정 요구: • 교사는 해결할 새로운 자료를 모델화하기 • 학생 봉사자는 칠판에 답을 적을 수 있도록 선택하기 • 2~3명의 높은 성취도를 지닌 학생들은 대개 즉각적이고 공개적인 수정이 가능하도록 선생님이 칠판에서 해결한 것과 유사한 문제 해결의 모델화로서 선택된다. • 학생들은 학급에서 숙제로 부과된 미완성의 부분에 대해 학급에서 독립적인 연습을 시작한다. 결과 요구: • 주 4일, 책 내용 중 순서를 뒤섞은 문제를 풀기(하루에 20문제) 학생 평가: • 금요일에 주간 퀴즈 • 단원 평가 • 주(시, 도) 단위 수학 평가		

목표/관심사: • 충동 통제의 어려움 • 학생들 또는 어른들로부터 좌절을 느낄 때 사회적 기술을 잊음 • 쉽게 좌절함 • 활동을 완수하는 데 어려움 • 두 학년 아래의 영어 읽기 • 잦은 이동으로 인한 낮은 수학 실력 (2~3년 낮은 수준의 실력)			

〈표 2-7〉 중등 수학 수업에서 Rosa와 내용, 과정, 그리고 결과 요구 사이에서의 불일치를 해결하기 위해 브레인스토밍한 해결책

1. Rosa 행동의 의사소통 의도를 파악하기 위해서 그녀와 그녀의 할머니 만나기
2. Rosa에 대한 할머니의 행동계약 만들기
3. 계약은 행동 성공의 여부에 따라 그녀가 방과 후에 iPod을 어디에서 들을 것인지에 대한 요소를 포함시키기
4. 학급 전체를 위해 Rosa에게 방과 후 음악을 들을 수 있는 시간을 제공하기
5. Rosa에게 읽을 수 있는 낮은 수준의 수학 교과서를 제공하기
6. 그녀의 학년 수준에 맞는 스페인어로 된 교과서를 제공하기
7. 수업시간 동안 수학에 도움을 줄 수 있는 스페인어를 말할 수 있는 개인지도 학생을 배정하기
8. 수학 시간에 Chris의 자리를 옮겨 Rosa 옆에 앉히는 것을 고려하기
9. 협력적인 학습 활동 모둠에서 작은 역할을 시작하도록 하기
10. 모둠 활동 동안 모둠을 위해 학생들이 선택한 음악을 들려주기
11. 능숙하고 지원적인 학생을 전략적으로 Rosa 옆에 앉히기
12. Rosa가 준비할 수 있도록 칠판 문제를 미리 교사와 함께 연습하기
13. 교실 앞으로 그녀의 자리를 옮기기
14. 선행사건, 행동의 빈도, 결과를 파악하기 위해 협력교사를 통해 Rosa를 관찰하기
15. 학생들이 배운 음악적 특성으로 다가가는 방법을 보여 주기 위해서 대안적인 방법을 고려하기 (예: 신체/운동감각 또는 랩과 같은 음악을 통해 방정식 해법 보여 주기)
16. iPod, 화장품, 향수와 관련된 학급 규칙 정하기
17. Rosa에게는 이해심이 있으므로 향수에 민감하거나 알레르기를 가진 학급 동료에게 향수가 미치는 부정적인 영향에 대해서 대화를 나누기
18. '공손한' 언어에 대한 학급 규칙을 정하기
19. 숙제를 계속 해 나가도록 적어도 짧은 기간 동안에는 Rosa를 위해 학교 숙제를 줄여 주기
20. 학생들의 활동을 기록하고 보여 주기 위해서 학생들이 사용할 수 있는 화이트보드를 준비하기
21. 숙제 모둠을 만들고 문제 수 구분하기(예: 네 명의 학생으로 이루어진 각 모둠은 5개에서 20개의 해결할 문제를 배정받고, 다음날 숙제 검사 시간 동안 모델화하고 설명하는 것을 준비한다.)
22. 협동학습 모둠을 통해 사회적 기술이 교수 속으로 스며들도록 하기
23. 일부 수업은 팟캐스트로 제공하기

〈표 2-8〉 Rosa와 학급 요구에 관한 정보 불일치를 해결하기 위한 잠재적인 공학 자원

Rosa에게 읽을 수 있는 낮은 수준의 수학 교과서를 제공하기	
자료명	A Maths Dictionary for Kids
주소	http://www.amathsdictionaryforkids.com/dictionary.html
설명	수학 어휘는 일부 학습자에게 어려운 과제이다. 이 사이트는 많은 수학 용어의 단순화된 정의와 함께 수학 '용어 사전'을 제공한다. 가독성 수준이 낮지는 않지만 용어를 단순화하면 개념을 더 쉽게 이해할 수 있다.
특징	수학, 용어 사전, 사전, 용어 설명
사용방법	http://www.slideshare.net/paulhami/word-talk
비용	무료
운영체제	웹 기반
Rosa의 학년 수준에 맞는 스페인어로 된 교과서를 제공하기	
자료명	Google Translate
주소	https://translate.google.com/
설명	Google Translate는 텍스트 부분을 영어에서 스페인어로 번역하는 무료 웹 서비스이다. Rosa의 수학 교과서의 어려운 구절은 더 나은 이해를 위해 번역될 수 있다.
특징	번역, 영어, 스페인어
사용방법	http://www.slideshare.net/paulhami/word-talk 간단하게 페이지의 왼쪽에 텍스트 부분을 입력하거나 복사한다. 그런 다음 페이지의 오른쪽에 번역할 언어를 선택한다.
주의 사항	이 번역은 직접적인 문법적 번역이 아니라 통계적 일치를 기반으로 한다. 따라서 모든 번역 결과가 정확한지 확인한다.
비용	무료
운영체제	웹 기반
Rosa가 준비할 수 있도록 칠판 문제를 미리 교사와 함께 연습하기 일부 수업은 팟캐스트로 제공하기	
자료명	Educreations
주소	http://www.educreations.com https://translate.google.com/
설명	Educreations을 통해 사용자는 가상 화이트보드에 글쓰기 또는 그리기를 하고 자신의 목소리에 대한 내레이션을 녹음할 수 있다. 재생하면 내레이션된 비디오로 나타난다. 이 비디오는 Educreations 웹사이트 또는 무료 iPad 앱에서 생성 및 재생되거나 학급 홈페이지에 탑재하거나 선생님에게 이메일로 보낼 수 있다. 이 사이트는 정답뿐만 아니라 정답에 도달하기 위해 활용한 과정 및 단계를 설명하고 공유함으로써 학생들에게 수학 문제를 해결하는 방법을 제공한다. 이것은 학생 스스로 자신의 과정에서 생긴 오류를 더 정확하게 바로잡을 수 있도록 돕는다.

특징	화이트보드, 녹음된(디지털화된) 음성, 다양한 페이지
사용방법	http://youtu.be/oer20QtZdMo http://www.slideshare.net/paulhami/word-talk
비용	무료
운영체제	웹 기반, iPad

학생들이 배운 음악적 특성으로 다가가는 방법을 보여 주기 위해서 대안적인 방법을 고려하기(예: 신체/운동감각 또는 랩과 같은 음악을 통해 방정식 해법 보여 주기)

자료명	Flocabulary AutoRap App by Smule
주소	http://www.flocabulary.com https://itunes.apple.com/us/app/autorap-by-smule/id524299475?mt=8 https://play.google.com/store/apps/details?id=com.smule.autorap
설명	Flocabulary는 구독 기반 웹사이트로 랩 및 힙합 스타일로 학업적인 개념을 설명하는 비디오를 포함하고 있다. Flocabulary는 Rosa가 수학 개념을 (말글로 반복하여) 배우는 교실의 도구로써 또는 자신의 노래에 대한 샘플로써 사용할 수 있다. Smule에 의한 AutoRap은 사용자가 자신의 내레이션을 녹음할 수 있게 해 주는 iOS 및 Android용 앱이다. 앱은 녹음 내용을 자동 조정 랩 노래로 변환한다. 또한 사용자는 자신의 랩을 녹음할 수도 있다.
특징	음악, 랩, 힙합, 녹음된 음성, 비디오, 학업적인 내용
사용방법	http://youtu.be/4NGwK-KkKCg
비용	Flocabulary: 구독 기반, 사용자에 따라 다름 Smule에 의한 AutoRap: 무료, 인앱 구매 포함
운영체제	웹 기반, iPad

개념(general ideas): 텍사스 주립 대학 영어 학습자용 수학 웹사이트

URL	http://www.tsusmell.org/index.htm

영어 학습자를 위한 수학교육 교사 지도서

URL	http://www.tsusmell.org/downloads/Products/Classroom%20Resources/MELL_TeachersGuide.pdf
설명	이 놀라운 자료에는 영어 학습자에게 수학 기술을 가르치고 있는 교사를 돕기 위해 개발된 수업 계획 예시, 온라인 비디오 교육 및 기타 수백 가지 자료가 포함되어 있다.

출처: Dave Hohulin, M.S., Vice President of Infinitec Services, a program of United Cerebral Palsy Seguin of Greater Chicago. 허락하에 사용.

시나리오 #3: 중등 과학

2년 동안 중학교에서 과학을 가르쳐 온 Swanson 교사는 확고하게 교육과정 내용을 숙달해 왔다. 그러나 그녀는 훈육법을 확립하고 내용에 대한 학생들의 학습을 용이하게 하는 데에는 큰 어려움을 가지고 있었다. 그녀는 낮은 시험 성적, 전문기관에 매일 하는 훈육 의뢰, 학급에 대한 부모와 관리자의 불평불만, 그리고 하루가 끝날 때마다 느끼는 급격한 소진 등을 염려하고 있다. 그녀는 이전의 학급에서 대부분의 학생에게 가르쳤던 것과는 차이가 있는 과학 과정을 가르치고 있다. 올해 그녀는 더 나은 훈육법을 확립하고, 더 효과적인 교수를 이루기 위해서 협력교사를 배정받은 것뿐만 아니라 이전에 가르쳐 왔던 어떤 학생들보다 더욱 분명한 장애를 가진 학생 Tina를 배정받았다는 소리에 무척 속상하다.

Tac 교사는 Swanson과 함께 협력교수로 배정된 언어치료사이다. 그녀는 과거 중학교에서 수학, 과학 교사와 함께 협력교수를 해 보았다. 그녀는 의사소통, 인지, 학업, 움직임 그리고 행동 등에 어려움을 가진 다양한 학생들을 가르쳐 본 경험이 있다. 또한 Swanson이 전문가와의 협력교수에 대한 경험이 없다는 것을 알고 있다.

첫 번째 계획 협의에서 Swanson은 Tina와 같은 학생이 일반교육 학급에 있어서는 안 된다고 말했다. Swanson은 과거 많은 학생을 가르쳐 본 경험에 비추어 볼 때, 이러한 학생들은 아마도 Tac이 우연히 만날지도 모르는 '벙어리 학생 그룹'이라는 것을 Tac과 공유했다. Tac은 Swanson이 왜 그렇게 느끼는지 물어보았다. Swanson은 "그들은 그저 평범하고 느리다."라고 하면서 모든 것을 여러 번 되풀이해서 반복해야 한다는 것을 말했다. 교사들은 Tac이 며칠 동안 학급을 관찰함으로써 천천히 협력교수 여행을 시작하기로 결정했다.

두 번째 계획 협의에서 Tac은 그녀의 관찰뿐만 아니라 그녀가 수집한 평가 자료를 공유했다. 그들은 함께 〈표 2-9〉에서 제시된 정보를 검토했다. Tac은 Tina와 학급의 내용, 과정, 결과 요구에 대한 정보 사이의 불일치를 해결하기 위해서 제시된 정보 중 두 가지를 재조정 접근으로 적용할 것을 제안했다.

- 여러분은 Tina의 특성과 과학 수업에서 학급 요구 사이의 어떤 불일치를 확인할 수 있는가? 〈표 2-9〉의 세 번째 칸에 여러분이 발견한 불일치를 자유롭게 기록해 보라.
- Swanson과 Tac은 각각의 불일치를 어떤 방법으로 해결할 수 있는가? 〈표 2-9〉의 네 번째 칸에 각각의 불일치를 해결하기 위한 여러분의 생각을 자유롭게 기록해 보라.

비록 회의적일지라도 Swanson은 Tina를 위한 수업 차이화를 위해 재조정 접근을 하려고 노력하는 데 동의한다. 그들은 Tina, 그녀의 아버지, 그리고 Tina와 오랜 시간 관계를 맺어 온 Tina의 수업 도우미 중 한 사람을 만나는 것에 동의했다. Tina의 아버지는 Tina가 재빨리 정보를 습득하는 학생임을 설명했고, 수업 도우미가 그 사실을 확인시켜 주었다. 그러나 Tina는 컴퓨터에서 두세 문장을 만들어 내기 위해서 10분 또는 그 이상 앉아 있는 경우도 있었다. Tina가 익숙하고 편안해하는 아버지와 수업 도우미가 옆에 앉아 자신의 어깨에 한 손을 올려 두고 있지 않으면 타이핑하지 않았다. 이에 대해 Tina의 아버지는 과거에 많은 교육자가 그녀가 말을 하지 않고, 눈을 마주치지 않으며, 손을 비틀고 몸을 흔들었기 때문에 Tina의 능력에 대해 부적절한 추정을 했었기 때문이라고 설명한다.

Tina의 아버지는 Tina에게 의사소통 시스템을 제공하기 위한 성공적이지 못한 이전의 시도들(예: 수화, 커뮤니케이션 북, 보드)을 설명한다. 그러나 촉진된 의사소통(Facilitated Communication; http://disabilitystudies.syr.edu/what/fcinstituteresearch.aspx 참고)을 실행했을 때 Tina는 단어를 타이핑하기 시작했고, 처음에는 그녀의 아버지와 함께 있을 때만이었지만 이후에는 믿을 만한 교사나 전문직 보조원과 함께 있을 때도 가능했다. 처음에 활용한 방법은 Tina가 타이핑할 수 있도록 손목을 잡고 자판을 쳐 보게 하는 것이었다. Tina가 그러한 도움 없이 타이핑하는 것을 배울 때, IEP 팀은 그녀의 IEP 목적에 그것을 추가하였다. 이 시점에서, Tina는 아직도 독립적으로 타이핑을 하지는 못하지만 점차 진전되고 있다. 타이핑할 때 Tina의 손목을 잡고 자판을 쳐 보게 하는 것 대신에, 이제는 보조원(도우미)이 그녀의 어깨에 손을 올려 두기만 해도 되었다.

〈표 2-9〉 Tina에 대한 학생과 학급에 대한 정보 요약

학생에 대한 정보 이름: Tina	학급/수업에 대한 정보 과목: 과학	학생 정보와 학급/수업 정보 사이의 불일치	정보들 사이의 불일치에 대한 잠재적인 해결책
강점/배경지식과 경험: • 일반 교육과정에 대한 접근이 제한된 독립학급에 미리 배정되었음 • 의사소통 시스템을 발전시키기 위한 이전의 시도들(예: 커뮤니케이션 보드, 수화)은 성공하지 못함 흥미: • 인터넷 검색을 즐김 • 음악과 시를 좋아함 학습양식: • 청각적 · 다감각적 학습자 • 촉진적 의사소통을 사용 • 휴대용 프린터가 있는 컴퓨터 사용 • 늦은 응답 시간 다중지능: • 언어 지능 • 논리/수학 지능 • 음악/리듬 지능 중요한 관계: • 그녀가 오랜 시간 동안 신뢰 관계를 맺고 있는 아버지와 두 명의 수업 도우미 기타: • 자료를 재빨리 잡기 • 말을 하지 않음 • 촉감에 방어적이고 닿는 것을 좋아하지 않음 • 손을 비틀고 몸을 흔드는 행동을 자주 함 • 다른 사람들과의 제한된 눈 마주침 • 시험을 두려워함 • 숙제를 싫어함 목표/관심사: • 교우 관계를 확립하기 위해 많은 기회를 제공하기 • 보조공학을 통한 의사소통 향상(예: voice to speech) • 지루하거나 좌절하거나 스트레스를 받을 때 성질을 냄	내용 요구: • 교사 강의 • 교과서 읽기 과정 요구: • 강의 • 학생은 강의 노트를 적음 • 학습지의 광범위한 사용 • 학생들에게 쓰여진 메모나 이해를 위한 질문 없이 7~10단계 과제가 배정됨 • 조작적 활동 없음 • 투영기(projects) 없음 • 모둠 활동 없음 결과 요구: • 생각할 시간이 없는 속사포 질문 • 시험과 퀴즈의 빈번한 사용 • 경쟁적인 목표 구조(예: 상대평가) 기타: • 학급에서의 잦은 방해 행동 • 학생들이 내용 또는 부과된 과제를 이해하지 못했다고 말할 때마다 반복적인 내용 설명 • 학생들이 계속적으로 설명을 요구할 때, 교사는 참을성을 잃고 화를 냄(즉, 소리침) • 학생들은 교사의 인내 부족을 즐기는 것처럼 보임 • 학생들이 과제를 이해하지 못하는 것인지 의도적으로 교사가 좌절감을 느끼게 하려는 것인지 분명하지 않음		

〈표 2-10〉 중등 과학 수업에서 Tina와 내용, 과정, 그리고 결과 요구 사이에서의 불일치를 해결하기 위해 브레인스토밍한 해결책

1. 학급을 위해 LCD 프로젝터 준비하기. 학습지, 퀴즈, 시험지 등을 Tina의 컴퓨터로 검색하고 그것을 프로젝터에 연결하기
2. 다음날 수업에서 Swanson이 물어볼 수 있는 최소한 두 가지 이상의 질문을 Tina에게 숙제로 제공하기. Tina가 수업 중에 질문에 답을 하고 싶어 할 때 Tina의 답을 타이핑하여 모든 사람들이 읽을 수 있도록 스크린에 투영하기
3. Tina를 포함한 학생들이 어떤 것이 맞고 틀린지 나타낼 수 있도록 신호(사인, 표시)를 통해서 빠르게 응답할 수 있는 질문을 하기
4. 질문을 했을 때와 학생들이 대답하는 사이에 3~5초의 기다리는(생각하는) 시간을 도입하기
5. 그녀에게 더 복잡한 문제가 주어질 것이라는 확신을 주지 않고 Tina가 완료할 것이라 예상되는 학급 활동과 숙제의 양을 줄이기. 그러나 Tina에게 더 정교한 질문들을 할 것을 확실히하기
6. 학급의 소리가 Tina에게 너무 크다면, 그녀가 헤드폰에서 차이화된 또는 풍부한 활동에 대해서 들을 수 있는 청각적 학습장소로 옮기기
7. 이동 경로를 염두에 두고 Tina가 어디에 자리를 배정받을지 어떤 학생이 그녀 옆에 앉을 것인지에 대하여 전략적으로 생각하기
8. 학습지 활동의 양을 줄이기
9. 조작적 활동과 짝과 모둠 활동의 빈도를 늘리기
10. 상대평가(규준 지향)를 사전 설정한 숙달도에 대한 평가(준거 지향)로 바꾸기. 학급에서 평가 지침서를 만들기. Tina에게 다른 지침이 필요할 것인지, 그녀의 IEP 안에 그것을 포함시킬 것인지 이후에 결정하기
11. 학급 규칙을 개발하고 학생들과 함께 규칙 위반에 대한 결과를 만들기. 그녀 자신을 포함하여 학급 규칙에 대한 학생들의 준수를 감시하는 역할을 Tina에게 배정하기
12. 구두 의사소통을 향상시키는 추가적인 도구를 탐구하기 위해서 보조공학 평가를 추구하거나 계획하기

협의 이후, Swanson은 아마 Tina가 학급에 성공적으로 참여할 것이라고 인정한다. Swanson과 Tac은 Tina와 학급 요구 사이의 불일치를 해결하기 위해서 그들의 초기 목록에서 새로운 생각 몇 가지를 추가하였다. 이러한 생각들을 검토한 후, Swanson은 모든 학생에게 이익이 되고 대안적인 접근 선택을 제공할 것(예: 학생들에게 질문한 후 기다리는 시간을 제공하는 것)이라는 생각에서 〈표 2-10〉에서 나열된 전략 중 네 가지 전략을 우선 적용하기로 했다. 그녀는 3주 뒤에 긍정적인 결과에 매우 고무되었고, 남아 있는 8가지 전략을 실행하기 위한 방법을 이해하기 위해서 Tac과 함께 작업하는 것에 동의했다.

8가지 전략 모두를 실행한 6주 뒤, Swanson은 "솔직히 느릴 뿐"과 같은 말로 학급에 대해 설명하는 것을 멈추었다. 심지어 그녀는 다음의 내용을 알리기 위해서 교장실로 특별히 발걸음하였다.

> 나의 학급에 Tina가 있다는 것은 나의 전문적인 성장에 있어 나에게 한 번도 일어난 적 없었던 최고의 일이 되었다. Tina의 급우들과 그녀가 의사소통하는 법을 알아보는 것은 매우 흥분되는 것이다. 지금 우리 모두는 그녀가 얼마나 똑똑한지 알고 있다. Tina를 위해 더 나은 교사가 됨으로써, 나는 나의 학생 모두를 위한 더 나은 교사가 될 것이다.

시나리오 #4: 고등 언어학

Griffith 교사는 내용에 대해 열정을 가진 베테랑 고등학교 영어교사이다. Griffith는 자신의 학급에 Lang 교사를 협력교사로서 환대하며 받아들였지만 내용에 대해서 동일한 숙달에 이르지 못한 Lang이 어떻게 자신과 학생들을 도울지 궁금해했다. Griffith는 영어와 스페인어가 유창했다. 이에 Griffith는 항상 스페인어를 구사하는 영어 학습자를 가르쳐 왔다.

영어 학습자 경험이 있는 교사인 Lang은 고등학교 근무는 처음이다. 그녀는 초등학교와 중학교 모두에서 근무했었다. 과거에 Lang은 특별한 주의가 필요한 학생들의 요구를 충족시키기 위해서 '선별적(pull-out)' 그리고 상담과 협력교수와 같은 통합적 접근 모두에서 학생들을 가르쳤었다.

Chang은 전쟁으로 파괴된 동남아시아의 나라에서 최근 미국으로 온 16세 이민자이고, 양부모와 함께 생활하고 있다. Chang은 영어 습득에 느렸지만, 그의 양부모는 Chang이 선별적 프로그램에 배치되기를 원하지 않았다. Chang은 학교에 등록했고, Griffith의 영어 수업에 배정되었다. 일주일 동안 Chang을 관찰한 뒤 Lang과 Griffith는 Chang이 수업에서 제시되는 정보를 이해할 수 없을 것이라는 결론을 내렸다.

학교의 교장은 학생들에 대한 문제 해결에 노력을 기울이도록 10~15분 동안의 교사 협의를 도입했다. 각각의 협의에서 교육자들은 그들이 노력을 기울여야 하는 학생들에 대한 정보와 학급 요구를 어떻게 비교하면 되는지에 대한 정보를 나누었다. 이러한 교사협의는 특정 학생들을 위한 수업 차이화에 관한 의견을 나눌 수 있는 분위기를 조성한다. 이에 Griffith와 Lang 모두 교사협의에서 Chang에 대한 동료들의 생각을 살펴볼 큰 기회라고 생각했다. 그래서 Griffith와 Lang은 교사협의에서 동료들에게 〈표 2−11〉의 정보를 수집하고 제시하였다.

교사협의에서 교장은 Griffith와 Lang이 도전적인 시나리오를 그들의 동료에게 자발적으로 제시한 것에 대해 감사를 표현했다. 모두 〈표 2−11〉에서 제시된 것과 같이 불일치와 브레인스토밍한 해결책을 확인할 수 있는 칸을 포함한 복사본을 받았다. 정보를 빠르게 검토한 뒤, 교사들은 3~4명의 팀으로 나뉘었다. 각각의 팀은 읽고 불일치를 논의하는 데 2분을 보내고, 표의 세 번째 칸의 불일치에 대한 그들의 생각을 기록했다.

- 여러분은 어떤 불일치가 확인되는가? 〈표 2−11〉의 세 번째 칸에 여러분이 찾은 불일치를 자유롭게 기록해 보라.

그런 뒤 팀원들은 불일치를 해결하기 위한 브레인스토밍 활동과 네 번째 칸에 해결책을 기록하는 데 추가적인 5분의 시간을 보냈다.

- 그들은 각각의 불일치를 어떤 방법으로 해결하고 있는가? 〈표 2−11〉의 네 번째 칸에 불일치를 해결하기 위한 여러분의 생각을 자유롭게 기록해 보라.

할당된 시간이 끝나고, 브레인스토밍한 목록은 Lang과 Griffith에게 제시되었다. 그들의 동료들에 의해 만들어진 100개 이상의 다른 생각들에 대한 검토에 따라 Lang과 Griffith는 수업에서 내용, 과정, 그리고 결과 요구를 바꾸기 위해 12가지 방법(〈표 2−12〉에서 보여지듯이)을 선택했다.

〈표 2-11〉 Chang에 대한 학생과 학급에 대한 정보 요약

학생에 대한 정보 이름: Chang	학급/수업에 대한 정보 과목: 국어	학생 정보와 학급/수업 정보 사이의 불일치	정보들 사이의 불일치에 대한 잠재적인 해결책
강점/배경지식과 경험: • 최근 전쟁으로 파괴된 동남아시아로부터 옴 흥미: • 축구, 레슬링, 배구, 체조 • 카드놀이, 미술회화 학습양식: • 해독을 위해서 음운 구조에 의존함 다중지능: • 자연친화 지능 • 논리/수학 지능 • 대인관계 지능 • 시각/공간 지능 • 신체/운동 지능 중요한 관계: • 같은 나라에서 온 두 명의 친구 • Johnson 교사-생활지도 상담자 • 그의 양부모 기타: • 청각적 정보처리의 어려움 • 영어 학습자 • 매우 운동적임 • 유머스러움 • 위대한 인격, 그래서 그가 실제 그러한 것보다 더 학업적으로 유능해 보임 • 교사와 학생들에게 인기 있음 • 영어 습득, 읽기와 쓰기 능력의 증가	내용 요구: • 학생들은 숙제로 고전 소설(예: 『동물농장』)을 독립적으로 읽기 • 교사와 작가는 관용구와 비유적인 언어를 사용하기 개념적 요구: • 상징주의 이해 • 실생활에서 주제 만들기 • 추상적인 어휘 과정 요구: • 교사는 지난밤 읽기 숙제에 근거하여 학생들에 대해서 속사포 같은 질문으로 수업을 시작함 • 강의와 학급 전체 논의 • 학생들은 수업에서 읽어야 할 선택된 구절을 배정받음 결과 요구: • 교사의 직접적인 질문에 답하기 • 에세이 시험 • 학급 전체 논의에 참여		

〈표 2-12〉 고등 국어 수업에서 Chang과 내용, 과정, 결과 요구 사이에서의 불일치를 해결하기 위해 브레인스토밍한 해결책

1. 그래픽(만화의 형태로 된) 소설 사용하기
2. 낮은 읽기 수준의 『동물농장』 버전을 확보해 사용하기
3. Chang이 『동물농장』의 묘사를 비디오나 만화를 통해 보도록 허락하기
4. 내용을 검토하고 학습을 강화하기 위해서 협력적인 학습 모둠의 구조 형성하기
5. 각 질문 후 생각할 시간을 주고 난 뒤 그들의 답을 동료들과 함께 논의를 가지고, 그런 뒤 질문에 답을 할 학급의 누군가를 선정하기
6. 책을 지원하기 위해서 더 시각적으로 사용하기
7. Chang이 책의 내용을 삽화로 그리도록 허락하기
8. 관용어, 비유적인 언어, 그리고 어려운 어휘는 미리 가르치기
9. 단어 벽(word wall)[1]을 만들기
10. 책 내용을 논의할 때 Chang의 동물 지식을 사용하기
11. 책에서 표현된 전체주의 정부와 그의 삶을 관련짓도록 Chang을 격려하기
12. Chang과 다른 학생들이 책에서의 장면을 실연하도록 하기

공학 컨설턴트인 Dave Hohulin은 Lang과 Griffith에게 브레인스토밍 목록에 있는 항목 중 일부를 구현하는 데 사용할 수 있는 〈표 2-13〉의 공학 자원 목록을 제공했다.

1) 역자 주: 단어 벽은 패들렛(padlet) 프로그램을 통해 디지털 벽에 만들어지는 스티커 메모의 배열을 말한다.

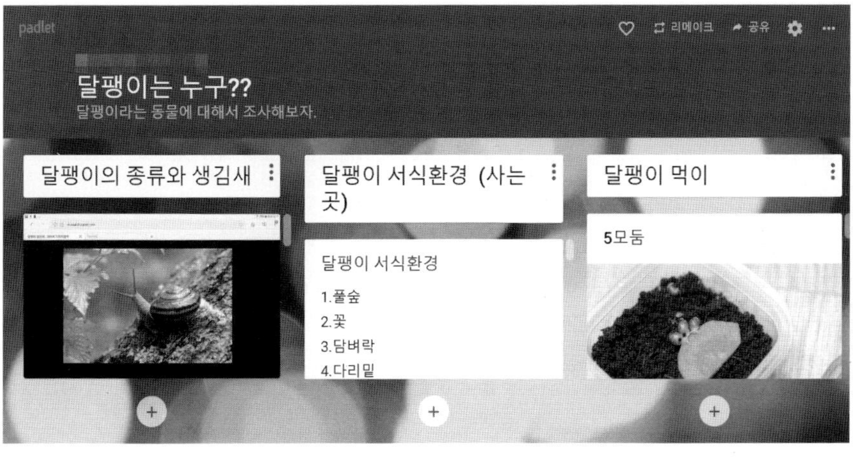

〈표 2-13〉 Chang과 학급 요구에 관한 정보 불일치를 해결하기 위한 잠재적인 공학 자원

그래픽(만화의 형태로 된) 소설 사용하기	
자료명	TumbleBookCloud
주소	http://tumblebookcloud.com/
설명	TumbleBookCloud 웹사이트: TumbleBookCloud는 모든 읽기 수준의 학생과 성인에게 엄청난 범위의 콘텐츠에 대해서 접근을 제공하는 전자책, 향상된 소설, 그래픽 소설, 비디오 및 오디오 북의 온라인 모음이다. 이 웹사이트의 그래픽 소설은 페이지에서 내레이션되는 부분이 하이라이팅되는 동안 다른 부분을 흐리게 한다. 이를 통해 사용자는 소리 내어 읽히는 섹션에 집중할 수 있다. 또한 이야기의 음향 효과, 음악 및 각색은 학생들의 관심을 쉽게 유지한다.
특징	그래픽 소설, 문학, 내레이션
사용방법	http://www.verona.k12.wi.us/page.cfm?p=6272 http://www.slideshare.net/paulhami/word-talk
비용	가입된 공공 도서관의 회원은 무료, 학교 건물당 499달러, 기타 다양하게 조직된 가격으로 이용 가능
운영체제	웹 기반
Chang이 『동물농장』의 묘사를 비디오나 만화를 통해 보도록 허락하기	
자료명	Shmoop
주소	http://www.shmoop.com/animal-farm/
설명	Shmoop은 재미있는 방법으로 학업 내용을 제공하는 디지털 출판사이다. Shmoop은 수학, 문학, 시험 준비에 이르기까지 학생들이 접근하기 쉬운 방법으로 정보를 제공한다. 웹사이트에 포함된 대부분의 문학작품은 책의 첫 페이지에 책에 대한 비디오 개요를 담고 있다. 또한 각 작품은 학생에게 친숙한 모국어로 요약되어 있다.
특징	문학, 비디오, 학생에게 친숙한 모국어, 유머, 학업 내용 http://www.slideshare.net/paulhami/word-talk
비용	대부분의 기능이 무료
운영체제	웹 기반
Chang이 책의 내용을 삽화로 그리도록 허락하기	
자료명	Sketchbook Express/Sketchbook Mobile Express
주소	https://itunes.apple.com/us/app/sketchbook-express/id410871280?mt=8 https://play.google.com/store/apps/details?id=com.sketchbookexpress https://itunes.apple.com/us/app/english-idioms-illustrated/id413057971?mt=8

설명	SketchBook Express 및 Sketchbook Mobile Express는 iOS 및 Autodesk의 Android 앱으로 사용자가 iPad 또는 Android 기반 태블릿에서 일러스트레이션 및 그림을 만들 수 있다. 스타일러스를 사용하면 이러한 그림이 상당히 복잡해질 수 있다. 이 이미지는 사진 갤러리에 저장하거나 이메일로 보낼 수 있다. 그런 다음 프레젠테이션 소프트웨어나 웹 도구를 통해 더 많은 사람들과 공유할 수 있다.
특징	그림, 일러스트레이션 http://www.slideshare.net/paulhami/word-talk
비용	무료, Pro 버전에 대해서는 유료
운영체제	iOS, Android
관용어, 비유적인 언어, 그리고 어려운 어휘는 미리 가르치기	
자료명	English Idioms Illustrated
주소	https://itunes.apple.com/us/app/english-idioms-illustrated/id413057971?mt=8
설명	English Idioms Illustrated는 수백 가지의 영어 관용어에 대한 설명과 일러스트레이션을 제공하는 iOS 앱이다. 삽화는 사용자가 관용어의 의미를 알아내는 데 도움이 된다.
특징	영어, 관용어, 일러스트레이션, 정의, 용어 설명 http://www.slideshare.net/paulhami/word-talk
비용	처음 20~30개의 관용어에 대해서는 무료, 추가적인 관용어 팩은 인앱 구매를 통해 사용 가능
운영체제	iOS
단어 벽 만들기	
자료명	Padlet
주소	http://www.padlet.com https://itunes.apple.com/us/app/english-idioms-illustrated/id413057971?mt=8
설명	사용자는 Padlet을 사용하여 가상의 스티커 메모를 만들어 디지털 벽에 배치할 수 있다. 이러한 스티커 메모에는 텍스트, 이미지 또는 심지어 비디오 내용까지 포함될 수 있다. 그것들은 여러 가지 방법으로 이동 및 배열될 수 있으며 인터넷 연결이 있는 모든 컴퓨터에서 접속 및 수정될 수 있다. Chang은 자신의 가상 단어 벽에 새롭거나 익숙하지 않은 단어를 추가하고 자신의 필요에 가장 잘 부합하는 방식으로 배열할 수 있다. Chang은 컴퓨터나 모바일 장치를 통해 교실 밖에서 접근할 수 있다.
특징	스티커 메모, 어휘, 단어, 텍스트, 가상 벽, 이미지, 비디오 http://www.slideshare.net/paulhami/word-talk
비용	무료
운영체제	웹 기반, iOS, 그리고 Android

출처: Dave Hohulin, M.S., Vice President of Infinitec Services, a program of United Cerebral Palsy Seguin of Greater Chicago. 허락하에 사용.

수업을 차이화하기 위한 방법으로서 재조정에 대해 당신은 무엇을 알고 있는가

학생 특성과 내용 기준, 교육과정, 수업, 그리고 평가 과정 사이의 불일치로 간주되는 어려운 문제를 해결하기 위해서 고민하고 있는 협력교수 네 팀을 연구하면서 시간을 보내고 있는 지금, 우리는 다음 네 개의 질문에 숙고하여 대답하도록 여러분을 이끈다.

질문 #1

여러분은 학습자와 학급의 내용, 과정, 결과 요구 사이의 불일치를 해결하려는 재조정 접근을 통해서 협력교수 네 팀이 각각 성공적으로 전략을 개발했다고 생각하는가?

질문 #2

여러분은 각 팀이 특정한 학급 또는 활동뿐 아니라 미래의 활동과 다른 학급에서의 이러한 다양한 학습자 또한 지원할 수 있는 생각들을 나열했다고 생각하는가?

질문 #3

여러분은 각 팀이 개인적인 작업으로 홀로 생각을 도출하지 않고 협력적으로 작업을 수행함으로써 생각을 도출했다고 생각하는가?

질문 #4

여러분은 각 팀이 단순히 개별 학습자에게만 제한되지 않는 생각과 전략을 구상했다고 생각하는가? 즉, 각 팀이 만들어 낸 해결책이 그들의 학급은 물론 다른 학습자들의 학습을 향상시킬 수 있도록 구상했다고 생각하는가?

학생들의 요구를 해결하기 위해서 재조정 접근을 사용해 온 교육자로서 우리는 여러분 역시 네 개의 질문에 '예'라고 대답했기를 기대한다. 만약 그렇다면 여러분은 일반 교육과정으로 접근을 가능하게 하는 재조정 접근 사용에 대한 다음 네 가지 필수적인 교육에 대한 여러분의 숙달을 인정할 수 있다.

- 수업 차이화를 위한 재조정 접근을 통해서 학생과 학급의 내용, 과정, 결과 요구 사이의 불일치를 바로잡는 것이 가능하다.
- 여러분이 만들어 낸 해결책들이 향후 활동에서 학생들을 지원하기 위해서 활용될 수 있기 때문에 시간이 지날수록 쉬워진다.
- 학생과 내용, 과정, 결과 요구 사이의 불일치를 성공적으로 재조정하기 위한 열쇠는 창조와 협력이다.
- 차이가 있는 학생은 우리의 직접적인 관심이 필요한 학생일 뿐만 아니라 일반교육 학급에 있는 광범위한 학습자에게도 적용 가능한 효과적인 해결책을 협력하여 개발할 수 있는 힘을 주므로 우리에게 선물이다.

이 장을 마치며 우리는 마지막 질문을 제안한다. 여러분이 네 가지 시나리오를 검토했을 때 '이것은 단지 한 학생에 대한 것이고 나에게는 학습에 어려움을 가진 학급의 많은 학생이 있지 않은가?' 또는 '우리가 이 세상에서 줄곧 그래 왔다면(한 학생에 대한 것) 이것은(모든 학생에 대한 것) 위대한 일이 될 것이다'라고 생각할 수 있을 것이다.

많은 교육자는 재조정 접근의 힘을 인정하지만 불일치를 가진 많은 학습자를 위해 이 접근을 적용하기 위한 시간을 찾는 것에 그들의 염려를 표현했다. 그래서 이 책의 남은 부분에서는 일반 교육과정으로 접근을 가능하도록 하는 대안적인 방법, 즉 각각 개별 학생들에 대한 불일치를 확인하고 다루는 일 없이 모든 학생을 위한 수업 차이화 방법을 여러분에게 보여 줄 것이다. 보편적 학습설계(Universal Design for Learning: UDL)로 알려진 이 접근법은 교육자에게 가장 협력적이고 시간 효율적인 방법으로 다양한 학생이 속한 학급 전체의 요구를 해결하도록 할 것이다.

03 일반 교육과정에 적용한 보편적 학습설계

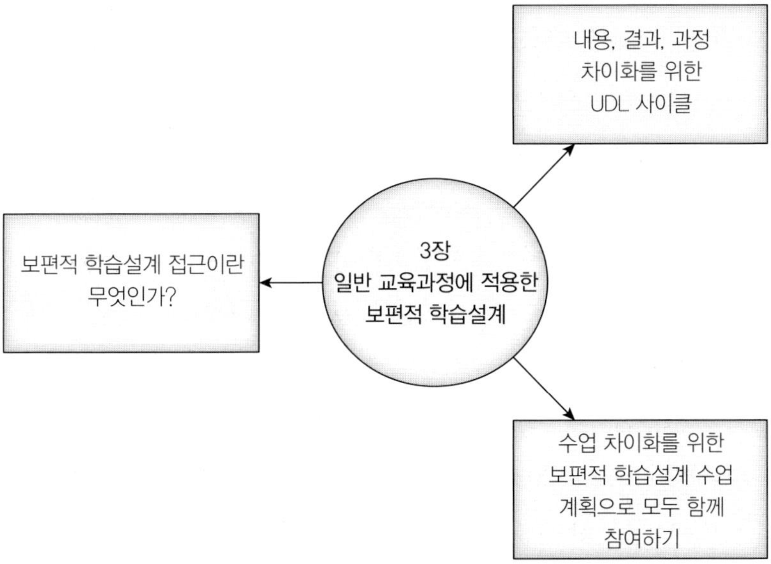

[그림 3-1] 3장의 내용 체계

구성할 수 있는 가장 중요한 태도는 학습으로 가는 열정 그것이다.

–John Dewey, 철학가 겸 교육혁신가

이 장에서 여러분은 다음 질문에 대한 답을 찾을 수 있다.

- 왜 보편적 학습설계(UDL)가 차이화 수업을 위한 재조정 접근의 좋은 대안인가?
- UDL에서 설계 중점은 무엇인가?
- 교사들은 UDL을 활용하여 학습 계획을 어떻게 설계할 수 있는가?

전체적으로, 우리는 학생들을 교육과정으로 접근하도록 돕는 **재조정** 또는 대안적인 교육과정과 수업 방법을 통해 최상으로 활동하는 교사들과 많은 경험을 가지고 있다. 2장의 재조정 시나리오들에서 나타낸 것처럼, 교육자는 일부 학생에 대한 정보 수집 이후 학생 개개인의 개별화된 조정과 수정을 개발하기 위해 그들의 가치 있는 시간과 창조적인 노력을 부여한다는 것을 발견할 수 있다. 이렇게 값비싼(시간과 노력에서) 재조정 접근은 정부의 휠체어 출입 가능 요구 이전에 설립된 건축물을 개선하는 것 또는 단층(斷層)선 근처에 설립된 건축물의 지진설비를 개선하는 것과 유사하다. 이러한 상황들처럼, 교사들은 이미 존재하는 구조(다르게 학습하는 학생들에게 맞춰서 결코 설계될 수 없는 구조) 속에서 학생들을 맞추려는 시도를 통해 해결책들을 찾아왔다.

국가 및 지역 교육과정 기준과 점차 다양해지는 학습자의 요구에 따라 교사는 직업 및 대학 준비 상태 기준(영어 성취 기준과 같은 기타 기준)과 수업 및 단원을 재조정할 필요 없이 학급에 속한 모든 학생의 교육적 요구 둘 모두를 해결하는 의미 있는 학습 활동을 어떻게 가장 효율적으로 설계할 수 있는가?

보편적 학습설계란 무엇인가?

재조정에 대한 대안적인 접근법은 **보편적 설계**(universal design)로 알려진 설계 접근법이다. "보편적 설계는 수정에 대한 필요성 또는 특정 상황을 위한 특별한 설계 없이 사용될 수 있는 그런 방법에 있어서의 창조 및 결과의 설계 그리고 환경을 언급하는 개념이다."(Fortini & Fitzpatrick, 2000, p. 581) 인도 모퉁이에 있는 경사진 경계석(curb cuts)[1]은 보편적 설계의 예이다. 경사진 경계석은 인도가 이미 건설된 이후에 추가하

1) 역자 주: 경사진 경계석(curb cuts)은 인도 모퉁이에 있는 돌을 비스듬히 깎아 휠체어가 지나갈 수 있도록 해 준 돌을 말한다.

기 위해서 비용이 드는 것이지만 처음부터 설계된 것이라면 결과적으로 비용이 든 것이 아니다. 경사진 경계석은 본래 휠체어가 인도로 접근하도록 설계된 것이지만 지금은 또한 유모차와 스케이트보드의 접근을 쉽게 해 주었고, 그리고 달리는 사람들과 모든 인도 사용자의 잘못된 발 디딤을 감소시켜 주었다.

보편적 학습설계(Universal design for learning: UDL)는 내용, 결과, 과정(예: 경사진 경계석)에 필요한 적응이 이미 수업에 짜여져 있기 때문에 특정 학생을 위한 특별한 조정과 수정에 대한 필요성 없이 교육과정에 접근할 수 있도록 하는 교육에서의 보편적 설계 개념의 적용을 말한다(Burgastahler, 2009; Center for Applied Special Technology, 2008; National Center on Universal Design for Learning, 2010). UDL은 교육자들에게 문제로서보다는 학생 자체로서 그리고 강점으로서 학생들의 다양성을 바라볼 수 있는 방법을 제공한다.

모든 학습자의 접근을 용이하게 해 주는 능동적인 접근법에 대해서 논의할 때 문헌에서는 보편적 수업설계(universal instructional design: UID; Goff & Highbee, 2008)와 수업의 보편적 설계(universal design of instruction: UDI)라는 용어가 제시된다(Rao, Wook, & Bryant, 2014). 세 가지 틀(UDL, UID, UDI) 모두 보편적인 수업(universal lessons)을 개발할 때 교육자들은 내용 및 자료, 결과물 및 평가의 개발, 그리고 학생들이 학습한 내용을 이해할 수 있도록 도와주는 학습 과정에 대한 접근을 용이하게 하는 여러 가지 옵션을 고려해야 한다고 강조한다. UID 및 UDI 틀에는 교실 분위기, 학생들 간의 상호작용, 학생과 교사 간의 상호작용, 의사소통에 대한 기대와 같은 다른 요소도 포함된다. 우리의 경험에 비추어 보면, UDL, UID 및 UDI 원리를 사용하는 교사는 모든 학습자를 위해서 교육과정에 대한 접근성을 높인다. 이 책의 나머지 부분에서 우리는 단순화와 이해의 용이함을 위해 UDL, UID 및 UDI 틀의 모든 원리와 지침을 포괄하는 용어로 UDL을 사용한다.

이 장에서 UDL 원리를 적용하기 위한 수업 계획 사이클(cycle)을 소개하고 또한 학생들이 교육과정에 더 쉽게 접근할 수 있도록 협력교사들이 재조정으로부터 보편적 설계로 옮겨가는 데 사용할 수 있는 보편적 학습설계 계획안을 소개한다. 여러분은 수업 계획 사이클과 수업 계획 형식을 검토하면서 앞서 정의된 대로 UDL, UID 및 UDI의 기본 원칙을 감지할 수 있겠는가?

우리는 협력교사들이 때때로 수업 전에 학생 요구와 교육과정 운영의 불일치를 맞닥뜨리지 않을 수 있기에, 수업이 시작된 후에 특별한 조정을 개발할 필요가 있다는 것을 인정한다. 결론적으로, 우리는 이때가 교육과정의 재조정이 필요한 시점이라는 것을 깨닫게 된다. 그러나 수업을 재조정할 필요성이 커진 만큼 이와 대비되어 교사들은 차이가 있는 학습자를 교육하기 위해 보편적 설계 원리를 사용하여 수업을 만드는 경험을 하게 된다. 또한 교사가 모든 학생의 학습을 지원하기 위해서 수업 전에 자동적으로 '경사진 경계석'을 수업과 통합하기 때문에 보편적 학습설계 계획에 요구되는 시간도 감소한다(예: 공학, 스캐폴딩된 수업, 다중지능이론, 그리고 증거 기반 실제). 학습 계획에 대한 보편적 설계 접근을 채택하는 것은 교사와 학생 모두에게 더 많은 성공을 보장하는 적극적인 접근이다.

내용, 결과, 과정 차이화를 위한 UDL 사이클

교육자들이 UDL 틀을 적용하는 출발점은 학급에서 다양한 학습자에 대한 정보를 수집하는 것이다. 이 정보들을 이용해 사전에 마음속으로 자료, 방법, 평가 선택지들을 고려하고 만든다. [그림 3-2]는 차이화 수업을 위한 UDL 수업(Lesson) 계획 사이클의 기본적인 4개의 설계중점(design points)—학생 정보, 내용과 자료, 결과와 평가, 과정—을 보여 준다.

이 사이클은 교사들이 다른 방법으로 그들의 연구에 대해서 생각하도록 돕는다. 학습자에 대한 정보 수집을 한 뒤에, 교육자들은 세 가지 추가적인 뚜렷한 '접근 설계중점'—내용, 결과, 과정—에 대해서 생각하게 된다(Tomlinson, 2001a).

- **내용** 접근 설계중점은 우리가 무엇을 가르치는지, 학생들이 무엇을 배우길 바라는지, 어떤 자료와 공학이 사용되는지에 있다.
- **결과** 접근 설계중점은 학생들이 무엇을 배웠는지와 어떻게 접근할 수 있었는지를 설명할 수 있는 방법에 있다.
- **과정** 접근 설계중점은 학생들이 배운 것을 이해하는 방법과 일치시키는 방법으로

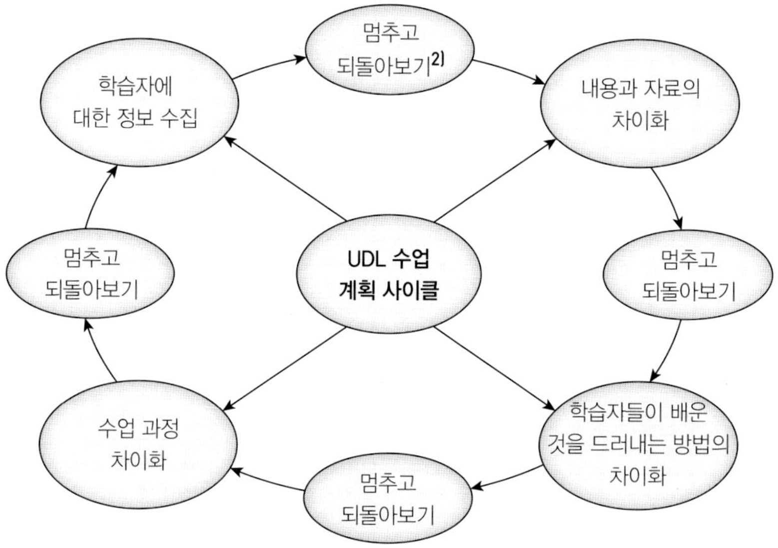

[그림 3-2] UDL 수업 계획 사이클

교사가 학급 학습 활동을 구성하는 방법에 있다.

보편적 학습설계 수업 계획안의 활용은 다양한 내용 표현, 학생들이 배운 것을 표현하거나 발표하는 다양한 방법, 학생들의 학습을 촉진시키는 다양한 방법을 제시하기 때문에 자연스럽게 수업 차이화로 이끌 것이다. 〈표 3-1〉은 이러한 네 가지 설계중점이 계획, 실행, 그리고 보편적 설계로 차이화된 효과적인 수업에 대한 평가를 지도하기 위해 활용하기 쉬운 수업 계획안 안으로 옮겨진 것을 보여 준다. 수업의 실행 단계에서 수업(그리고 계획)에 참여하는 사람이 한 명보다 더 많다면, 즉 여러 명의 강사(일반교사, 특수교사, 언어치료사, 영어발달 전문가, 예비교사, 또는 보조교사-교사나 전문직 종사자의 감독 아래에서 일하는 학교 직원)가 수업에 참여할 수 있는 공간이 있다면, 차이화에 대한 인식은 더 쉽게 그리고 효과적으로 될 수 있음에 주목하라. 빈 양식의 UDL 수업 계획안은 이 책 뒤쪽의 〈부록 B〉에서 볼 수 있다.

---

2) 역자 주: '멈추고 되돌아보기'란 UDL 수업을 설계하기 위해 정보 수집, 내용, 결과, 과정으로 이어지는 단계 사이에서 특별히 고려해야 할 사항이 있는지 단계의 진행을 멈추고 살펴보는 상황을 의미한다.

〈표 3-1〉 보편적 학습설계 수업 계획안

<table>
<tr><th colspan="2">계획 단계</th></tr>
<tr><td colspan="2">수업 주제와 단원명: ____________ 내용 영역(들): ____________
성취기준: ____________</td></tr>
<tr><th colspan="2">단계 #1: 학습자 정보</th></tr>
<tr><td colspan="2">우리의 학생은 누구이며 그들은 어떻게 배우는가?
학생들의 다양한 강점, 언어, 문화적 배경, 학습양식, 그리고 흥미는 무엇인가?
학생들의 다양한 다중지능(즉, 언어, 논리/수학, 시각/공간, 음악/리듬, 신체/운동, 대인관계, 자기성찰, 자연친화)은 어떠한가?
학생들이 사용하는 의사소통 양식(예: 보조공학)은 무엇인가?

특정 학생에 대한 멈추고 되돌아보기
내용, 결과, 또는 학습 과정에서 차이화가 필요한 특성을 가진 학생이 있는가?</td></tr>
<tr><th>단계 #2: 내용(학생들은 무엇을 배울 것인가?)</th><th>단계 #3: 결과
(학생들은 자신의 성취를 어떻게 표현할 것인가?)</th></tr>
<tr><td>학업적 그리고/또는 사회적 목표는 무엇인가?
어떤 내용 기준이 다루어지는가?
차이화 고려사항
개념과 내용을 어떠한 순서로 가르칠 것인가?
협력교사들이 내용 접근을 가능하게 하기 위해서는 어떠한 다단계 그리고/또는 다감각적 자료가 필요한가?
모든 학생이 내용에 의미 있게 접근하기 위해서는 어떤 다단계 목표가 필요한가?</td><td>학습 결과는 어떤 방법으로 나타낼 수 있는가?
차이화 고려사항
학생들이 그들의 이해를 표현할 수 있는 다양한 방법은 무엇인가?(예: 다중지능, 다단계 그리고/또는 다감각적 수행)
학생들이 산출한 실제적 결과에는 무엇이 있는가?
교사들이 결과를 평가하기 위해 사용하는 기준은 무엇인가?</td></tr>
<tr><td>특정 학생에 대한 멈추고 되돌아보기
독특하거나 다단계적인 목표나 자료가 필요한 학생이 있는가?</td><td>특정 학생에 대한 멈추고 되돌아보기
알고 있는 것을 표현할 때 특별한 방법을 요구하는 학생이 있는가?</td></tr>
</table>

단계 #4: 수업 과정(학생들은 수업에 어떻게 참여할 것인가?)

수업 방식	수업 배치	수업 전략	사회적 · 물리적 환경	협력교수 접근
고려사항 강의? 활동 기반? 실험(체험)? 상황극/역할놀이? 그룹 조사? 발견학습? 컴퓨터/웹 기반? 자기주도학습? 코너학습? 범교과 주제 수업? 봉사학습? 지역 기반 수업?	고려사항 협동학습 구조? 또래학습? 짝 활동 개별 활동? 전체 활동? 기타?(개인지도, 소그룹 지도, 개별 지원)	고려사항 연구 기반 전략? 분류체계의 활용? (예: Bloom) 다중지능이론의 적용? 예술과 통합?	고려사항 교실 배치? 교실 밖 공간의 사용? 사회적 규범? 교수 책무성과 자기관리? 긍정적 행동 지원? 환경적 대안?	선택사항 지원적 교수? 평행교수? 상보적 교수? 팀티칭? 협력교사로서의 학생?(예: 또래교수, 수업 배치에 있어 협동학습 구조)

특정 학생에 대한 멈추고 되돌아보기

특정 학생의 요구에 적합한 교수 전략은 무엇인가? 특정 학생의 요구에 적합한 지원 시스템(예: 보조공학), 도움(예: 개별 지원, 단서, 계약), 편의(예: 상담)는 무엇인가?

실행 단계

협력교사? ____________ ____________ ____________ ____________

수업 날짜? ____________

협력교사들은 수업 전, 중, 후에 무엇을 수행하는가?

협력교사명				
수업 전, 내가 수행할 구체적인 일들은 무엇인가?				
수업 중, 내가 수행할 구체적인 일들은 무엇인가?				
수업 후, 내가 수행할 구체적인 일들은 무엇인가?				

반성 및 평가 단계
학생들은 어떻게 수행했는가? 계획된(또는 부수적인) 차이화 전략을 통해 학생들의 요구가 어느 정도 충족되었는가? 다음 수업의 설계에 대한 조언은 무엇인가? 협력수업을 한다면, 협력교사들은 언제, 어디서, 그리고 어떻게 계획, 실행, 보고, 그리고 수업 결과에 대한 평가를 하는가?

설계중점 #1: 학습자에 대한 정보 수집

모든 교육자들에게 있어 교육과정과 수업 차이화의 과정은 학생들을 알기 위한 정보 수집으로 시작된다. 학생의 사회적·학업적 능력, 강점, 학습 선호도, 흥미, 문화적 배경, 그리고 언어에 대한 긍정적인 프로파일을 개발하는 것은 필수적인 첫 단계이며, 학생들에 대한 이러한 정보가 효과적인 수업을 위한 적절한 전략을 보여 줄 수 있다. 학습 선호도는 모든 학생에게 있어 강점에 대한 이해와 발견을 위해 도움이 되는 틀을 제공한다. 4장에서 학생들의 다양한 강점과 학습 특성을 알아내는 데 다중지능이론(Gardner, 1983, 1997)의 개념과 전략들이 어떻게 사용될 수 있는지 설명한다.

학생들에 대한 정보 수집은 각 학생이 정보에 가장 잘 접근할 수 있도록 의사소통하는 방식을 고려하는 것이다. 예를 들면, 소리 내어 읽기, 듣기, 또는 움직임에 어려움을 가진 학생들이 학습에 접근하는 데 도움을 줄 수 있는 점자 또는 어휘 확장 의사소통 장치와 같은 보조공학의 사용을 말한다. 제2언어로서 영어를 학습하는 다른 학생들은 모국어뿐만 아니라 영어에서 복합적인 시각, 청각, 또는 운동감각적 표현을 통한 내용의 스캐폴딩을 요구할 수도 있다.

UDL 수업 계획 사이클은 학습자에 대한 정보 수집이 협력교사의 고려사항과 수행의 첫 번째 단계로서 [그림 3-2]의 좌측 상단에 나타난다. 또한 〈표 3-1〉에서 나타난 보편적 학습설계 수업 계획안 실행 단계의 첫 번째 단계로서 나타난다. 수업 계획 사이클과 수업 계획안 모두에서 나타난 것처럼 교사들—특히 보편적 설계 원리 적용이 익숙하지 않은 교사들—은 모든 학생에 대한 **멈추고 되돌아보기**를 실행하고 특정 학생에게 추가적으로 개별화된 특정 지원이 필요한지 고려해야 한다(4장은 학습자에 대한 정보를 얻는 방법에 대한 더 많은 정보를 제공한다).

설계중점 #2: 내용과 자료의 차이화

두 번째 설계중점인 내용은 두 가지 측면을 가지고 있다. 첫 번째 측면은 가르칠 것,

즉 어떤 단원(lesson) 또는 제재(unit)에서 다루어질 기준에 중점을 둔다. 〈표 3-1〉의 수업 계획안에서 제시한 것처럼, 이러한 기준 또는 목표는 사실상 사회적일 뿐만 아니라 학업적일 수 있다. 물론 목표는 공공 정책 또는 국가나 시·도 기준에 의해 영향을 받는다. 거의 모든 시·도는 어떤 단원 또는 제재의 **내용**에 대해서 규준을 통해 교사들에게 제공하는 대학과 취업 준비를 위한 공통 핵심 국가 기준(Common Core State Standards)을 채택한다.

이러한 규준을 고려해 볼 때, 이후 넓은 지침으로부터 의미 있는 수업을 만들기 위해서는 학생들의 학업적 그리고 사회적 필요를 고려해야 한다. 학생들에 대한 정보(예: 학습 양식 프로파일, 과거 학습 경험, 사전 지식, 그리고 현재 흥미와 특기)는 학급 구성원으로서 다층적 목표를 설계함에 있어 매우 유용하다.

내용의 '가르칠 것' 측면이 결정되면, 내용 차이화 고려사항은 우선순위가 된다. 한 가지 **차이화 고려사항**은 수업 **자료**에 중점을 둔다. 자료는 학생들이 정보에 접근하고 내용에 대한 그들의 이해를 설명하는 것으로서 수단(방법)이다. 교과서와 같은 전통적인 자료는 좁은 범위의 접근을 제공한다. 결과적으로, 좀 더 넓은 범위의 학생에게 다가가고 가르치기 위해서 자료는 난이도와 복잡성 측면에서 **다층적**이고, 형태에서는 다양하며 **다감각적**일 필요가 있을지도 모른다(예: 잡지, 웹 기반 정보 자원, 상호작용 컴퓨터 프로그램, 지역사회 전문가 인터뷰). 자료가 더욱 다양하고 풍부할수록 교사가 학생들의 참여를 더 쉽게 유도할 수 있다.

또 다른 중요한 **내용 차이화 고려사항**은 우리가 학생들에게 바라는 내용 숙달 범위와 정도이다. 이것은 한 학생으로부터 그다음으로까지 상당히 다양할 것이다. 즉, 모든 수업, 단원 또는 학급 내에서 그것은 쉽게 **다층적 목표**가 될 것이다. 예를 들면, 학급의 모든 학생은 동일한 교육과정 내용에 참여할 수 있지만 중점은 개별 학생에 따라 더 또는 덜 복잡할 수 있다. 교사는 내용의 완성도나 속도의 증가 또는 감소한 비율을 얻을 수 있다. 또한 교사는 숙달 정도, 질적 수준, 또는 교육과정 요구사항의 양에 있어 차이화된 기대도 얻을 수 있다. 모든 학생은 학습 결과의 중요한 내용들(틀린 부분, 부족한 부분)에 대해서 책임을 질 수 있는 반면에 어떤 학생들은 추가적인 학습의 결과 또는 더욱 정교한 내용 적용에 대해서 책임을 질 수 있다. 결과적으로, 학생들은 유사한 내용에 중점을 둘 수 있지만 어떤 학생들은 더 기능적인 적용을 할 수 있다(Udvari-Solner, 1996,

1998; Udvari-Solner & Kluth, 2008).

자료와 목표 둘 모두에서 차이화를 설명하기 위해 대부분의 학생을 위한 교육과정 목표가 학습 결과와 그날에 대한 느낌을 요약한 두 구절을 작성함으로써 일상 경험을 분석하고 종합하는 것인 4학년 수업의 예를 고려해 보자.

예를 들어, 평범한 지능과 신체적 장애를 가진 학생 Joel은 의사소통을 위해서 글쓰기보다는 그림 상징을 사용한다. 그리고 아직 복잡한 문장을 만들지 못한다. 그의 목표는 그의 학습일지 서문을 쓰기 위해서 이름과 날짜 도장을 사용하는 것이고, 하루 동안 일어났던 활동을 표현하는 그의 일지에 하나의 그림 상징을 선택하여 붙이는 것이다. 그는 학습일지를 급우들과 대화를 시작하기 위해서 사용한다. Joel의 목표가 같은 내용(학습일지)과 관련되었지만 덜 복잡하고 의사소통에서 그의 기본적인 방식의 사용을 진전시키기 위해서 조정되었다는 것을 명심하라. 5장은 내용 차원과 내용 설계중점에서 차이화하기 위한 방법들에 대한 더 많은 정보를 제공한다.

〈표 3-1〉과 [그림 3-2]에서 제시된 것처럼, 교육과정 목표를 선택하고 차이화 고려사항을 따져 본 후에 교사들, 특히 보편적 설계 원리를 수업 설계에 적용하는 데 익숙하지 않은 교사들이 더욱 개별적인 목표 또는 자료를 모든 학생들이 필요로 하는지 결정하는 것과 멈추고 되돌아보기를 유도하는 것에 주의를 기울이는 것이 이 중점에서 중요하다.

설계중점 #3: 결과 또는 학생들이 배운 것을 드러내는 방법의 차이화

학생들이 배울 것에 대한 내용 설계중점은 학생들이 그들의 학습을 표현하고 전달하는 방법의 결과 설계중점과 관련된다. 결과 접근과 학습 결과의 평가는 학생들이 교육과정에 대한 그들의 이해를 표현하는 다양한 수단을 개발하고 제공하는 것을 협력교사들에게 요구한다. 여기에서 학습 선호도 정보(예: 다중지능이론)는 새로운 관점에서 평가와 학습 결과들에 대한 중요한 관점을 제공한다. 다중지능이론에서 Gardner(1983, 1997, 2000, 2004)는 우리가 "이 학생은 얼마나 영리한가?"를 물어야만 한다고 제안한다. 이 질문은 모든 학생은 영리하지만 각 학생들은 다른 관점에서 영리하다고 간주한다

(6장은 교사가 학생들이 최상의 그리고 가장 정확한 방법으로 그들의 지식을 설명하기 위해서 학습 결과뿐만 아니라 평가 도구를 정의하는 데 활용할 수 있는 방법들을 요약하였다).

결과 설계중점에서, 교사들은 학습 결과를 고려하고 다층적 평가, 참 평가, 수행 평가를 준비한다. 참 평가는 학생들이 수행하거나 생산하기를 기대할 때, 또는 실질적인 학습 요구를 표현하도록 기대할 때 발생한다. 교육과정 기반 평가, 학생 작품 모음집과 포트폴리오, 개별 학습 계약, 그리고 구술(demonstrations)은 참 평가의 또 다른 예이다. 수행 평가는 학생들이 '옳다'라는 답변을 성취하기 위한 다양한 방법 또는 접근을 허용하는 개방적이고 실생활적인 적용이고, 학생들의 특별한 경험과 흥미를 반영할 수 있다. 참 수행 평가의 예는 학생들이 과학적인 방법에서 참 또는 거짓 평가를 완성하는 것이 아닌 부양의 원리에 대한 실험을 수행할 때 과학적인 방법으로 설명하기를 기대할 때이다.

모든 설계중점이 그러하듯이, 학생들이 알고 있는 것을 드러낼 수 있는 방법을 차이화한 방법을 통해 교사들(특히 보편적 설계 원리를 수업 설계에 적용하는 데 익숙하지 않은 교사들)이 어떤 학생이 학습한 것을 설명하는 개인화된 방법을 여전히 필요로 하는지 아닌지를 결정할 수 있도록 하기 위해서 멈추고 되돌아보기를 해야만 한다는 것을 우리는 되풀이해서 말하고 싶다.

설계중점 #4: 과정 차이화

UDL 사이클의 네 번째 설계중점인 과정은 학생들에게 교육과정에 참여하는 다양한 방법을 제공하기 위해서 수업 과정에 중점을 둔다. 대부분의 교사는 넓은 범위의 수업 과정을 가진 것처럼 보인다. 이 책에서 우리는 학습자들의 학습과 성취와 관련된 교사들의 선택이 가지는 힘을 설명하기 위해서 엄선된 과정을 요약한다.

앞서 〈표 3-1〉 보편적 학습설계 수업 계획안의 '수업 과정' 부분에서 제시된 것처럼 학습에 참여하는 학생의 접근을 증가시키기 위한 조직적인 수업 접근법을 5개의 범주로 분류했다.

- 수업 방식
- 수업 배치
- 수업 전략
- 사회적 · 물리적 환경(또는 학급 분위기)
- 협력교수 접근

5개 분류 각각에서, 교수 과정 선택에 대한 결정을 안내하기 위한 고려사항은 다음과 같이 논의된다(더 자세한 내용에 대해서는 7장에서 언급한다).

수업 방식

수업 방식은 교사가 학생들에게 정보를 전하는 방법과 학생들이 학습에 참가하는 방법을 나타낸다. 가장 자주 사용된 수업 방식은 설명방법(expository mode, 직접교수법)으로서 강의 또는 설명, 또는 안내된 연습이라고 알려져 있으며, 교사가 이야기꾼의 역할을 한다. 교사들은 그들의 배치에서 선택하는 방법에 있어 넓은 범위의 수업 방식을 가지고 있는데, 즉 학제 간 또는 주제적 접근, 자기주도적 학습, 탐구중심 학습, 발견학습, 중심 또는 스테이션식 학습, 컴퓨터 기반 학습, 학생 토의, 소크라테스식 대화, 게임, 상황, 역할놀이, 활동 기반 경험적 또는 지역사회 중심 학습, 학생들이 그들의 지식을 발견하고 구성하기 위한 구성주의 원리의 사용, 범교과 주제 통합 단원, 실물교재(예: 실제 물건)를 사용하여 조작하는 방법, 인터넷 활용, 봉사학습을 통한 학교와 지역사회의 연계, 그리고 지역사회 기반 프로젝트 등이 그것이다.

앞에 나열한 수업 방식은 자연적으로 다감각적 경험과 더 활동적이고 상호작용적인 것을 허용하기 때문에, 전통적인 강의 또는 설명, 안내된 연습 접근에서 잘 반응하지 못하는 학생들을 성공적으로 참여시키기 위한 더 많은 선택권을 제공한다.

수업 배치

사이클에서 이 선택중점과 관련된 고려사항은 학생을 그룹화하는 배치 또는 방법에 중점을 둔다. 수업 배치는 학생들이 홀로 또는 짝과 함께 공부할 것인지, 소집단의 급우들과 함께 협력적으로 조작할 것인지, 또는 대집단의 한 부분으로 기능할 것인지를 가리킨다. 대부분의 학급에서 수업적 그룹화는 학급 전체 학습과 독립된 자습—학습과 언어의 다양성을 가진 학생들 또는 더 적극적인 참여를 필요로 하는 학생들이 종종 문제를 제기하는 배치—에서 계속된다. 협동학습과 또래교수와 같은 소집단 또래중재학습은 교육과정에 학생들의 접근을 증가시키는 가장 효과적인 두 가지 수업 배치이다 (Fuchs, Fuchs, Mathes, & Martinez, 2002; Fuchs et al., 2000; Fuchs & Fuchs, 2007; Johnson & Johnson, 1989, 1996, 2002, 2009; McMaster, Fuchs, & Fuchs, 2002).

교사는 하루나 일주일 내내 다양한 수업 배치의 계획적인 균형을 조직한다. 이러한 배치는 협동학습 모둠, 짝 학습, 또래교수 또는 통합연령 튜터, 독립 또는 개별 학습, 교사 주도 소집단 또는 대집단 또는 전체 학급 수업, 일대일 수업, 교사-학생 수업(예: 읽기 모임)을 포함한다. 협력적인 모둠 학습 구성과 짝 학습과 또래교수 배치는 또한 협력교수 접근과 관련하여 고려될 수 있고 9장에서 더 자세하게 설명되어 있다.

수업 전략

수업 전략 선택에 영향을 미치는 고려사항은 전략의 효과성을 문서화한 연구의 유용성을 포함한다. '곧 있을 수업에서 증거 기반 전략을 사용할 수 있는가?' '다양한 흥미를 가진 학생들로부터 활동적인 학습을 보장할 수 있는 학습 선호도 이론의 개념을 어떻게 적용할 수 있는가?' '학생들의 다양한 재능을 드러내기 위해서 교과를 어떻게 통합할 수 있는가?' '인지적 · 정서적 · 신체적 학습 목표에 대한 분류법을 어떻게 포함할 수 있는가?'와 같은 방식으로 자신에게 물어보라.

사회적 · 물리적 환경 또는 학급 분위기

사회생태학적 관점에서 학급의 사회적 분위기와 물리적 환경 조건은 행동, 상호작용, 그리고 학생들의 학습에 크게 영향을 미친다. 중요한 환경적 설계 결정은 수업이 이루어지는 장소, 교실의 물리적 배치, 조명, 소음 정도, 좌석, 물리적 위치, 학습 자료에 대한 접근성 등의 요인을 포함한다. 학급을 다스리는 사회적 규칙은 학습과 활동 수준을 설정하고, 접근 가능한 상호작용을 안내하는 환경 조건의 필수적인 부분으로 구성된다.

전형적인 사회적 규칙의 예시는 학생들이 질문에 답하려면 손을 들고 시켜 주기를 기다릴 것을 요구하는 것이다. 어떤 학생들은 학급의 평상시 조건을 따르는 것이 어려울 수도 있다. 이러한 학생들을 위해서 조명, 소음 정도, 시각과 청각 방해 요소, 좌석과 교실 배치, 자료에 대한 접근 가능성은 학습에 장벽이 될 수 있으며 조정할 필요가 있다. 사회적 분위기 또는 사회적 규칙에 있어 변화를 추구하는 것은 안정된 수준의 학생 개입보다 더 강력한 효과를 나타낼 수 있다.

예를 들어, 움직임(예: 운동감각적 학습자, ADHD 학생) 또는 사회화(예: 구어, 언어적 학습자)가 필요한 학생들은 학급의 움직임과 사회화와 관련된 규칙의 융통성으로부터 혜택을 받는다. 학생들에게 행동에 대한 책임감과 의무를 다할 책임감을 갖도록 하는 것뿐만 아니라 유연하고 '대응할 수 있게' 되도록 명쾌하게 가르치는 것은 학급 분위기를 개선하는 또 다른 방법이다.

협력교수 접근-수업 차이화를 위한 하나의 효과적인 선택

최근 연구는 협력교수가 수업의 차이화와 모든 학생의 교육과정 접근 제공을 촉진한다고 제안한다. 이 촉진은 교사 대 학생 비가 증가하는 것, 다양하고 전문화된 지식 그리고 협력교사들의 수업 접근법에 학생들의 접근을 제공하는 것, 그리고 협력교사들이 연구로 입증된 교수 접근을 더 순조롭게 활용하는 것이 가능해지는 것으로 인해 이뤄진다(Villa, Thousand, & Nevin, 2013).

수업 차이화를 위한 협력교수는 적어도 네 가지 접근을 포함한다.

- 지원적 협력교수(supportive co-teaching): 한 교사가 교수적인 역할을 이끌 때, 다른 교사가 학생들 사이를 돌면서 지원을 제공하는 것이다. 예를 들면, 보조 협력교사는 학생들이 공부할 때 보고 들으며, 필요하다면 도움을 제공하기 위해서 개입하지만, 주도교사는 전체 수업을 계속 진행한다.
- 평행 협력교수(parallel co-teaching): 두 명 또는 그 이상의 사람이 학급의 다른 부분

에서 학생들의 다른 그룹과 함께 공부하는 것이다. 스테이션식 교수[3]와 협력적인 모둠을 감독하는 것은 이 접근의 예이다.

- **상보적 협력교수(complementary co-teaching)**: 협력교사가 다른 협력교사에 의해서 제공된 교수를 향상시키는 것이다. 한 명의 협력교사가 다른 사람들의 설명을 쉽게 바꾸어 표현하거나 필기 기술의 예시를 만들 수 있다.
- **팀 협력교수(team co-teaching)**: 전통적으로 교사가 홀로 해 왔던 것—계획, 교수, 평가, 학급의 모든 학생을 위해서 책임을 떠맡는 것—을 두 명 또는 그 이상의 사람들이 하려고 하는 것이다.

9장에서는 지원적, 평행, 상보적, 그리고 팀 협력교수 접근에 대한 상세한 설명과 예시를 제공한다.

협력교수 역할에서 학생들을 포함하는 것은 협력적인 모둠 학습, 짝 학습과 또래교수자의 교육적 배치를 통해서 학습 과정에서 수업 차이화를 제공할 수 있다. 협력교사(Villa, Thousand, & Nevin, 2010a), 특히 협력적인 모둠 학습과 또래교수 배치(Fuchs et al., 2000; Fuchs et al., 2002; Fuchs & Fuchs, 2007; Johnson & Johnson, 1989, 2009)로서 학생들에게 혜택을 문서화하는 풍부한 연구 기반이 있다.

예를 들어, 협력적인 모둠에서 학생들은 더욱 자주 그리고 열린 의사소통, 다른 관점에 대한 깊은 이해, 그리고 내용과 서로 다른 내용 사이의 분명한 차이화된 관점을 경험한다. 또래교수는 학습을 개별화하는 것을 돕고 튜티로서 응답할 더 많은 기회를 제공받고, 평상시 교사주도 수업에서보다 학업적인 내용을 행할 수 있다. 또래교수와 협동학습은 영어 언어 학습자의 성취에 있어 특히 효과적이다(Faltis, 1993; Walter, 1998).

3) 역자 주: 학생들이 동시에 여러 과제를 학습할 수 있는 환경이 조성된 수업 방식으로, 여러 개의 학습 과제를 각각 다른 위치에 배치한 후, 학생들이 모둠으로 나누어 다른 위치로 옮겨 가며 여러 개의 학습 과제를 수행하는 교수법이다.

특정 학생을 위한 수업 전략과 지원에 대한 '멈추고 되돌아보기'

[그림 3-2]와 〈표 3-1〉에서 제시된 것처럼 수업 방식, 수업 배치, 수업 전략, 사회적 · 물리적 환경, 그리고 협력교수 접근을 선정한 이후에 여러분은 멈추고 되돌아보기를 신속히 행해야 함을 명심하라.

이 선택중점에서 여러분의 학습자들에 대한 정보는 다시 검토되고, 특정 학생이 수업 선택지에서 아직 추가되지 않은 특별한 교수 또는 지원 전략을 필요로 하는지 결정하라. 이것은 UDL 계획을 실행하기 전, 설계자가 특정 학생을 위한 개별화를 가능하게 하기 위해서 학급 전체를 반영할 것을 요구하는 마지막 순간이다. 멈추고 되돌아보기에 시간을 내어 학습자의 정보를 고려하는 것은 보편적 원리를 사용하여 수업을 개발하는 데 제한된 경험을 가진 교사에게 특히 중요한 단계이다.

추가 교수 전략(additional teaching strategies)은 교육자가 ① 지시, 단서, 유도, 그리고 바른 피드백을 주고, ② 이해를 점검하고, ③ 질문을 하고, ④ 행동을 관리하고, ⑤ 물리적 지원을 제공하는 외부적이고 내부적인 방법이다. 특정 학생 교수 전략은 이미 구조화된 수업 전달의 기술적인 측면을 넘어서는 기법을 포함하고, 수업의 내용과 특정 학생의 문화, 가정, 그리고 지역사회의 삶을 의미 있게 연결하는 전략을 포함할 수 있다 (Udvari-Solner, 1996).

어떤 학생은 다른 학생들에게 전형적으로 제공되는 것보다 지원 전략—높은 수준의 도움, 개입, 또는 감독—이 필요할 수 있다. 학생들은 일대일 감독을 계속 필요로 하지는 않는다. 추가적인 지원이 타당하게 만들어질 때, 자연적 지원—일반교육 교사와 급우들에 의해서 제공될 수 있는 도움—이 더 나아질 수 있다. 추가적인 교수 자원(예: 전문직 보조원)은 가끔씩 필요할 수 있지만 단지 독립성을 증가시키는 분명한 목표를 가지고 가능하다면 추가적인 교수 지원을 줄이고, 학생들에게 자기관리를 가르치거나 학급의 자연적 지원 시스템 속으로 되돌아가는 지원으로 이동시키는 전략을 모델화할 필요가 있다.

차이화 수업을 위한 방법으로서 협력교수를 결정한 경우, 〈표 3-1〉에 제시된 보편적 학습설계 수업 계획안과 〈표 3-2〉에 제시된 축약안은 모두 협력교사에게 차이화를 촉진시키기 위해 수업 전, 중, 후에 각 교사별로 할 일을 계획하고 기술하도록 한다. 축약안(〈표 3-2〉)을 사용한 협력교사의 피드백은 차이화된 협력교수 수업에 대한 계획, 실행 및 반성을 신속하게 이끌 수 있는 작지만 완전한 지침임을 나타낸다.

보편적 학습설계 수업 계획으로 모두 함께 참여하기

재조정 접근과 같이, UDL은 모든 학생들을 위해 교육과정 접근이 용이하도록 하는 새로운 방법을 고안해 내기 위해서 교사들에게 협동적이고 창조적인 기질과 행동을 보이기를 요구한다. 이 장 전체에서 언급된 보편적 학습설계 수업 계획안(〈표 3-1〉과 〈표 3-2〉에서 제시된 두 가지 변형이 있음)은 교사 간의 협업 및 창의적인 사고를 촉진하고 UDL 수업 계획 사이클([그림 3-2])의 의사결정 단계를 열거하기 위한 효과적인 도구이다.

수업 계획안은 교사가 네 가지 설계중점(즉, 학생, 내용, 결과, 과정) 각각의 필수 질문에 대해 생각할 수 있는 방법을 제안하고 각 설계중점에서 고유하거나 개인화된 지원이 필요한 개별 학생에 대해서 **멈추고 되돌아보기**를 제안한다.

차이화된 수업은 두 명 이상의 협력교사에 의해 이상적으로 만들어지고 수행될 수 있기 때문에 '수업 과정'의 5열 중 하나에는 교수 팀이 사용할 수 있는 네 가지 유형의 협력교수 배치가 포함된다.

또한 수업 계획 양식은 **실행 단계**로 안내한다. 여기서 협력교사는 각 협력교사의 내용의 전달 및 평가가 계획대로 이루어지도록 수업 전, 중, 후에 수행할 작업을 결정해야 한다. 이 질문에 대답하는 방법을 공동으로 결정하면 협력교수 사업의 모든 구성원이 자신과 각자의 교육적 역할과 책임에 대해 분명히 알 수 있다.

수업 계획안은 교사가 수업을 차이화하려는 노력의 효과를 반성하고 평가할 때 고려해야 할 질문(즉, 학생은 어떻게 했는가? 계획된 또는 부수적인 차이화 전략을 통해 학생들의 요구 사항이 어느 정도 충족되었는가? 다음 수업 설계를 위한 권장사항은 무엇인가?)을 포함하는 반복된 **계획-분석-반성 사이클**의 **반성 및 평가 단계**로 끝난다. 교사가 협력교수를 하는 경우, 이런 질문들을 접하고 공동으로 반성할 수 있으며, 의사소통, 계획, 실행, 보

〈표 3-2〉 축약된 협력교수 보편적 학습설계 수업 계획안

계획 단계

수업 주제와 단원명: ______________________ 내용 영역(들): ______________________

단계 #1: 학생 학습자에 대한 정보

단계 #2: 내용(학생들은 무엇을 배울 것인가?)	단계 #3: 결과 (학생들은 자신의 성취를 어떻게 표현할 것인가?)

단계 #4: 수업 과정(학생들은 수업에 어떻게 참여할 것인가?)

수업 방식	수업 배치	수업 전략	사회적 · 물리적 환경	협력교수 접근

실행 단계

수업날짜? ______________________

협력교사? ______________ ______________ ______________ ______________

협력교사들은 수업 전, 중, 후에 무엇을 수행하는가?

협력교사명				
수업 전, 내가 수행할 구체적인 일들은 무엇인가?				
수업 중, 내가 수행할 구체적인 일들은 무엇인가?				
수업 후, 내가 수행할 구체적인 일들은 무엇인가?				

반성 및 평가 단계

고 및 수업 결과에 대한 평가를 할 수 있다.

물론 교사는 수업을 진행하면서 수업 중 학생의 수행을 관찰하고 그들의 결과물 및 수행을 검토하면서 학생들에 대한 새로운 정보를 얻는다. 또한 이 정보를 통해 교사는 다음 수업을 시작할 때 차이화 결정을 더욱 효과적으로 할 수 있다. 수업 계획 사이클의 유익하고 반복적인 특성은 [그림 3-2]에 나와 있으며 수업 계획 단계는 사이클의 '학습자에 관한 정보 수집' 단계로 되돌아간다. 교사들이 차이화를 위한 노력의 부분으로서 공동 계획 또는 협력교수를 하는 경우, 수업에 대한 협력 계획을 가장 효과적이고 효율적으로 만들기 위한 제안은 8장에 요약되어 있다.

04 학습자에 관한 정보 수집

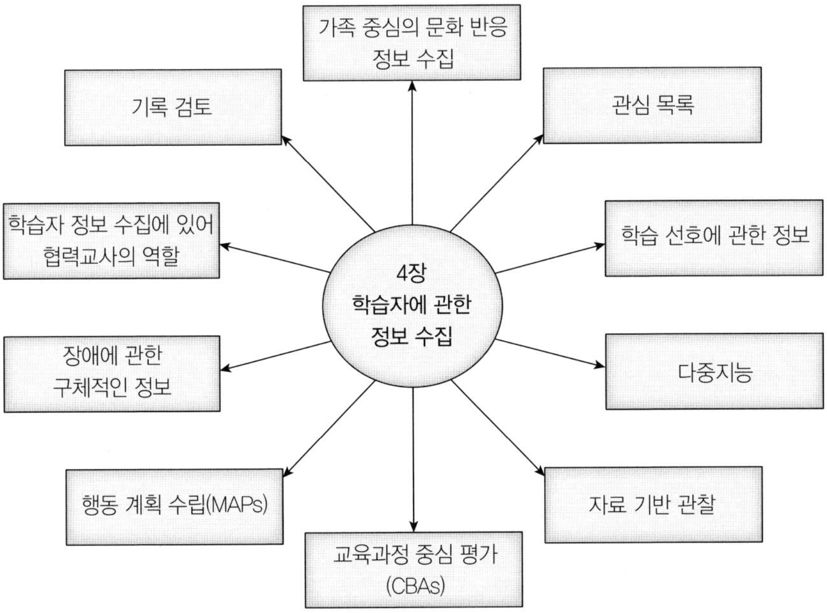

[그림 4-1] 4장의 내용 체계

훌륭한 교사의 재능은 다른 사람에게서 탁월함에 대한 깨달음을 불러일으키는 것이다.

–Greta Nagel 출판, 『The Tao of Teaching』

교육과정, 수업, 평가를 차이화하는 과정은 학생들을 아는 것에서 시작된다. 보편적 설계 접근을 적용하는 교사는 다양한 능력의 학생들이 섞여 있는 교실에서 학생들이 다양한 문화, 언어, 의사소통, 사회–정서, 학습 강점, 차이화 요구 등을 갖고 있다는 것을 알고 학생에 관한 정보를 수집하고 고려해야 한다. 일부 학생은 영재교육을 받고 있으며, 일부 학생은 의사소통과 학습을 위해 보조공학을 사용해야 하며, 일부 학생은 영어를 공부하고 있으며, 일부 학생은 장애를 가지고 있고 특별한 지원, 편의 및 조정을 담고 있는 개별화 교육 계획(IEP)을 가지고 있을지도 모른다. 이러한 정보와 신체에 관한 정보의 수집 및 사용은 교사가 학생들의 적극적 참여를 위한 비전을 수립하고 효과적인 교수, 동기유발, 차이화를 위한 적절한 전략을 밝히도록 도와준다.

수업 설계에 있어 보편적 설계 원리를 사용한 경험이 풍부한 교사는 모든 학생에 관한 특별한 정보를 수집할 필요가 없을지도 모른다. 왜냐하면 학생의 다양성을 위한 계획을 세웠다고 가정하기 때문이다. 그런데 보편적 설계를 적용하는 교사 중에서 효과적으로 차이화된 수업을 설계하는 데 있어서 초기 단계에 학습자에 대한 정보를 수집하는 것이 중요하지 않다고 말하는 교사를 아직 만나지 못했다.

학생들에 대한 정보를 수집하기 위해 교사들은 어떤 전략을 사용할 수 있는가?

다양한 전략이 있으나 이 장에서 기술하고 설명할 학습자 정보 수집 전략에는 기록 검토, 가족 중심의 문화 반응 정보 수집, 관심 목록, 다중지능이론 개념에 기초한 평가, 기능 행동 평가를 포함하는 관찰 등이 있다. 그 밖의 전략에는 협력그룹에서 학생들의 활동 관찰(monitoring), 교육과정 중심 평가, 행동 계획 수립(MAPs) 과정(Falvey, Forest, Rosenberg, & Pearpoint, 2002; Villa, Thousand, & Nevin, 2010b)과 장애에 관한 구체적인 정보 수집 등이 있다. 이 장은 학생 정보 수집에 있어 교사의 역할을 탐색하는 것으로 끝난다. 이 책의 10~14장에 기술된 사례 연구 및 수업 계획에 학습자에 관한 정보를 수집하기 위한 많은 전략이 제시되어 있다.

기록 검토

대부분의 교사가 학생을 파악하는 가장 일반적인 방법은 학생의 누가기록 검토일 것이다. 기록에는 과거의 보고서 카드, 규칙 위반에 관한 사건 보고서, 특별한 교육 요구를 가진 학생의 개별화 교육 계획(IEP), 504 계획(장애학생 편의 시설에 관한 정보), 영어 언어 학습자의 언어 숙달 수준, 주 또는 지역의 표준화된 평가에 기반한 비중 있는 평가 결과, 학생의 포트폴리오에서 나온 대표적인 작품 등이 있다.

학생 기록의 검토는 교사가 미처 파악하지 못한 학생의 과거 수행의 단편을 제공할 수 있으며 교사가 개별 학생에 관해 더 알아야 할 것에 관한 전반적인 아이디어를 제공할 수 있다(예: 학생의 보완 표현 의사소통 체계는 키보드 오버레이 및 텍스트 음성 변환 소프트웨어가 있는 iPad를 사용하여 타이핑하는 것을 포함함).

교사는 기록을 검토할 때 기록이 학생에 관한 모든 것을 말해 주지는 않으며 학교에서 학생의 과거 수행에 영향을 주었던 요소를 알려 주지는 않는다는 것을 명심해야 한다. 게다가 새로운 교사와 학습 환경을 접할 때 학생이 어떻게 행동하고 수행할 것이라는 예상이나 편견을 가지게 하는 기록을 따르지 않아야 한다.

가족 중심의 문화 반응 정보 수집

Neal, McCray, Webb-Johnson과 Bridgest(2003) 그리고 Webb-Johnson(2003)은 교사들이 학교 환경뿐만 아니라 사회 환경에서도 다문화, 다민족 학습자를 관찰해야 한다고 하였다. 이때 문화와 관련 있는 학습 선호에 관한 몇 가지 놀랄 만한 결과가 나타날 수 있다. 예를 들어, Dill과 Boykin(2005)은 아프리카계 미국인 학생은 시험이나 개인 활동보다 문화적으로 정렬된 학습 구조[공동(협력적) 학습 구조]에 참여할 때 현저하게 교재를 더 잘 상기한다는 것을 발견하였다.

교사들은 익숙하지 않은 환경(학생의 집, 교회, 이발소 등)을 접할 때, 다문화 학습자를 이해하고 긍정적으로 소통할 수 있는 문화적 소양이 깊어진다. Duda와 Utley(2006a, b)는 교직원이 공동체 문화에 관해 학교에 정보를 줄 수 있는 문화 정보 제공자(예: 부모, 가족 구성원, 공동체의 다른 사람들 등)와 면담할 것을 권장한다. 왜 학생들에게 가족의 전통과 문화적 규범에 관해 질문하지 않는가? 이러한 방식으로 수집된 정보를 통해 교사는 학생의 문화적 배경과 경험 및 이해를 교육과정에 반영할 수 있다. 공립학교 일반교육에서 완전통합교육을 받는 심각한 장애가 있는 학생의 부모인 Buswell과 Schaffner(2002)는 학생들의 참여, 동기유발, 이해, 평가를 위한 가장 좋은 방법을 이해하기 위해 가족의 시각에서 의도적인 탐색과 실제적인 청취가 중요함을 강조하였다. 그들이 강조하는 것과 같이 개별적 접근은 (학생과 부모뿐만 아니라) 교육자들에게 "소수문화의 경계선을 허물고 서로 소수문화의 고정관념을 부술 수 있도록"(p. 17) 하는 학생의 특별한 정보(가족 특성, 문화적 특성)를 제공한다.

관심 목록

교사는 학생들의 관심사와 좋아하는 것, 집에서 사용하는 언어, 학습 선호 등을 알기 위해 관심 목록을 만들 수 있다. 이러한 조사 결과는 교사가 교육과정에 대한 접근성과 상호작용을 높이기 위해 학생들의 독특하고 공통된 관심사를 이해하도록 도와준다. 교사는 수업에 사용되는 내용과 자료의 차이화, 학습 동기유발, 교수 활동의 차이화, 학생들이 배운 것을 표현하는 방법의 차이화를 위한 기반으로서 이러한 관심사를 사용한다.

예를 들어, Ritter과 Morris(2005)는 학습자에 관한 요소를 찾는 하나의 방법으로 교사가 관심 목록을 활용하는 방법을 제시하였다. 그들은 2년 차 중등 수학교사가 자료 분석, 도식화를 바탕으로 하나의 수업 단위로 교육과정을 시작하는 방법을 묘사하였다. 교사는 학생과 관련된 정보, 특히 〈표 4-1〉에 제시된 목록을 통해 제공되는 정보를 사용하여 중학생의 선천적 호기심을 개념화하였다. 교사는 관심 목록에서 가져온 다양한 자료 세트를 학생들에게 제공하고, 신분 확인 양식을 없애고, 엑셀 스프레드시트 작성을 지도하고, [그림 4-2]처럼 자신의 그래프 만들기를 지도하였다. 이 방법에서 교사는 학생들에게 수학 기준 관련 기술을 가르치는 동시에 학습자에 관한 더 예리한 통찰력을 발달시켰다.

〈표 4-1〉 학생 관심 목록 예시

이름 ______________ 날짜 ______________
성별 ______________ 생년월일 ______________
말할 수 있는 언어 ______________
태어난 곳 ______________
도시 국가

운동 경기
즐겨 보는 운동 경기 ______________
즐겨 하는 운동 경기 ______________
학교에서 하는 운동 경기 ______________

예술
좋아하는 창조 예술의 유형 ______________
연주할 수 있는 악기 ______________

자유 시간
주말에 즐겨 하는 일 ______________
방과 후에 즐겨 하는 일 ______________

예능
좋아하는 TV 쇼 ______________
좋아하는 영화 ______________
좋아하는 유명인 ______________
좋아하는 노래 ______________
좋아하는 음악 장르 ______________

일반적인 사항
자신에 관해 가장 좋아하는 것 ______________
자신에 관해 가장 싫어하는 것 ______________
가장 잘할 수 있는 것 ______________
가장 못하는 것 ______________

가족과 집
기르고 있는 애완동물 ______________
형제 관계 ________남 ________여 중 ________째
가족들이 집에서 주로 사용하는 언어 ______________

집에 필요한 것이 모두 있다.	예	아니요
학교에서 돌아왔을 때 집에 항상 누군가 있다.	예	아니요
평소 잠드는 시간 ______		
내가 하는 집안일 ______		
이웃을 알고 있다.	예	아니요
숙제		
숙제를 좋아한다.	예	아니요
공부할 때 먹는 것을 좋아한다.	예	아니요
공부할 때 음악 듣는 것을 좋아한다.	예	아니요
공부할 때 주변의 소음에 신경이 쓰인다.	예	아니요
선호하는 숙제 장소 ______		
학교		
혼자 책 읽는 것을 좋아한다.	예	아니요
좋아하는 책 ______		
좋아하는 과목 ______		
싫어하는 과목 ______		
좋아하는 교사(모든 학년) ______		
남아서 과제를 하라는 말을 (자주, 가끔, 전혀 아니다) 듣는다. (1개만 동그라미 하시오.)		
(짝과 함께, 소집단에서, 혼자서) 활동하는 것을 좋아한다. (1개만 동그라미 하시오.)		
나의 활동에 항상 최선을 다한다.	예	아니요
성적을 매긴다는 것을 알 때 더 열심히 활동한다.	예	아니요
도움이 필요할 때 도움을 요청하는 것이 편하다.	예	아니요
나는 정보를 (들을 때, 볼 때, 손으로 조작할 때) 공부가 잘 된다. (1개만 동그라미 하시오.)		
가장 집중이 잘 되는 자리는 (앞자리, 뒷자리, 상관없음)이다. (1개만 동그라미 하시오.)		
자라서 되고 싶은 것 ______		
종합적으로 나는 학교를 좋아한다.	예	아니요

출처: Ritter, S., & Morris, S. (2005, August). *Meeting the needs of diverse learners in the general education class*. 허락하에 사용.

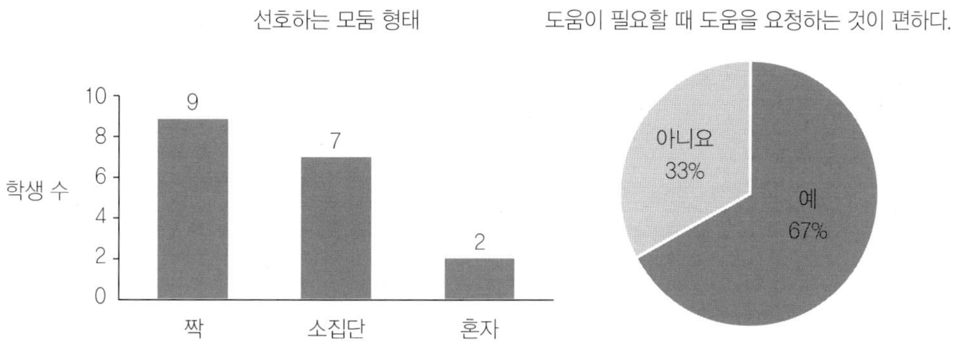

[그림 4-2] 학급 흥미를 나타내는 학생 생성 그래프

출처: Ritter, S., & Morris, S.(2005, August). *Meeting the needs of diverse learners in the general education class.* 허락하에 사용.

학습 선호에 관한 정보

학습양식과 사고양식

학습양식이란 학생이 학습 맥락에서 자극에 응답하고 사용하는 일관된 방식을 말한다. Gregory와 Chapman(2002)은 교사가 학생들에 대해 알 수 있도록 도와주는 학습과 사고의 다양한 분류체계를 요약하고 비교하였다. Dunn과 Dunn(1987)의 학습양식 모형에서 교사는 소리, 빛, 자극, 과제 구조(예: 독립적, 자기주도적, 협력적 등)와 같이 학습에 영향을 주는 요소뿐만 아니라 청각, 시각, 촉각, 운동감각 양상 측면에서 학생에 관해 생각할 것을 제안하였다.

Kolb(1984)는 학생들은 적응자, 수렴자, 융합자, 확산자 등 네가지 방법 중 하나로 학습을 경험한다고 개념화하였다.

Gregorc(1982)의 사고양식 분류체계는 학생이 세계를 **인지하는** 방법(즉, 구체적, 추상적)과 세계를 **정리하는** 방법(즉, 순차적, 무작위적) 두 가지 관점에 기초하여 구체적-무작위적, 구체적-순차적, 추상적-무작위적, 추상적-순차적으로 학생을 분류하였다.

McCarthy(1990)의 4Mat 모형은 학습(교수) 양식을 창의적(경험), 분석적(개념화), 상식(적용), 역동적(창조) 등 네 가지 유형으로 분류하였다.

학생들의 학습 방법을 평가하고 분류하는 이러한 접근법은 모두 동일한 목표를 가지고 있다. 이러한 접근법은 교육자가 교실에서 다양한 학생 집단의 학습 요구를 충족시킬 수 있게 한다(Gregory & Chapman, 2013, p. 28).

Sternberg는 개인이 지닌 능력보다 능력을 사용하기 위해 선택하는 방법에 대한 선호와 관련된 학습양식을 강조하는 사고양식 이론인 정신자치제 이론을 제안하였다. 정신자치제 이론은 입법 기능, 행정 기능, 사법 기능과 같은 선호를 포함한다(Sternberg, 1997a, b).

이 이론에서 사람들은 일반적으로 구체적인 선호를 보인다. 예를 들어, 입법적 선호를 가진 사람은 아이디어를 만들어 내고 자신의 방법으로 실행하기를 선호한다. 행정적 선호를 가진 사람은 다른 사람이 만든 안내를 따르고 자신의 일에 다른 사람의 아이디어를 사용하는 것을 선호한다. 사법적 선호를 가진 사람은 다른 사람의 아이디어를 평가하기를 좋아한다. 사람들은 이러한 양식 중 어느 하나만 있는 것이 아니라 몇 가지가 섞여 있다. 정신자치제 이론에는 11가지 양식이 모두 포함되어 있어 여러 가지 형태로 수업을 차이화할 수 있다.

다중지능

Howard Gardner의 다중지능(MI)이론(Armstrong, 2009; Gardner, 1983, 1997, 2000, 2004)의 개념은 모든 학생의 정보 수집, 이해, 동기유발, 강점 발견을 위한 유용한 틀을 제공한다. 다중지능이론은 모든 학생들이 [그림 4-3]의 MI 피자 그림과 〈표 4-2〉에서 설명한 것과 같이 최소한 8가지 지능의 집합체를 가지는 것으로 본다.

각각의 범주로 학생들이 분류되는 학습양식 이론, 사고양식 이론과 대조적으로 다중지능이론에서는 개인에게 특별한 방법으로 기능하는 서로 다른 비율 또는 프로파일의 8가지 지능을 모두 가지고 있다고 하였다. 교육에 있어 다중지능이론은 교육자들에게 지능이 고정적인 것이 아니라는 것을 상기시켰다. 한 사람의 약점 지능 영역은 발전할 수 있는 기회를 주고 연습할 때 강화될 수 있다. 학생의 강점 지능 확인은 학생들의 주의를 집중시키고 새로운 정보의 학습을 도와주기 위해 교육자가 강점 영역을 사용하게 한다.

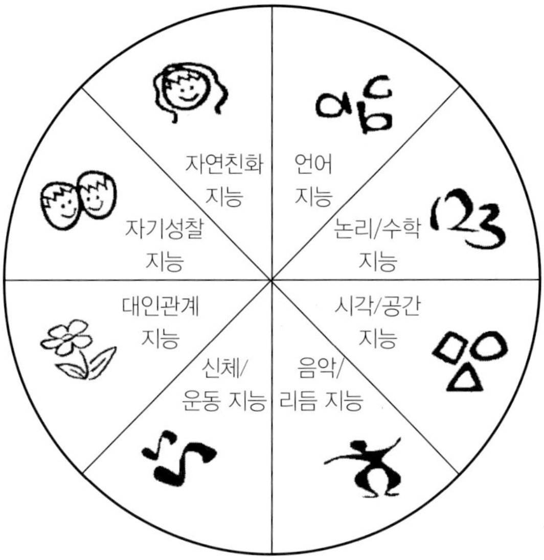

[그림 4-3] MI 피자

출처: Armstrong, *Multiple Intelligence 2/e*, copyright © 2000. 허락하에 재판[교육과정 개발 및 관리감독 협회(The Association for supervision and Curriculum Development)는 건전한 정책을 지지하고 학습자의 성공을 이끌기 위한 모범 사례를 공유하는 전 세계적인 교육자 커뮤니티이다. 더 알고 싶다면 www.ascd.org의 ASCD를 방문하라].

많은 다중지능 연구가 이루어졌다. 구글을 이용한 인터넷 검색 결과, 주요 단어 '다중지능 연구'에 대한 천만 가지 결과가 검색되었다(2014년 9월). 웹 기반 도구(http://psychologytoday.tests.psychtests.com/take_test.php?idRegTest=3209)는 연구 기반 절차로 입증되지는 않지만 자신의 다중지능을 스스로 검사할 수 있는 직관적인 알맞은 방법을 제공한다. 타당한 연구 절차에 따른 개발과 타당하고 신뢰할 수 있는 프로파일 생성 과정 기록(www.miresearch.org 참고) 때문에 다중지능 발달 검사 척도(MIDAS)는 다중지능의 창시자인 Howard Gardner에 의해 지지되었다. MIDAS는 청소년용과 성인용이 있다. Armstrong(2009)은 학생과 성인을 위한 다중지능 목록과 평가 체크리스트를 제공한다. 학생에 관한 다중지능(MI) 평가 정보를 수집하는 비공식적인 다른 방법이 있다. 이러한 방법에는 관찰, 기록 검토, 학생 및 부모, 다른 교사와의 면담, 일화적인 기록, 학생들이 다중지능을 어떻게 표출하는지 관찰하기 위한 활동과 센터 설립 등이 포함된다.

〈표 4-2〉 다중지능이론의 정의

1. 언어 지능-단어 지향적이다. 소리, 구조, 의미, 단어의 기능에 민감하다. 이야기, 쓰기, 읽기, 언어 활용(유머, 말장난, 수수께끼)과 관련성을 보인다.
2. 논리/수학 지능-개념 지향적이다. 논리적, 수적 규칙을 인지하는 능력을 가진다. 가설을 발견하거나 실험하기 위한 과학적 또는 수적 본성을 가진다.
3. 시각/공간 지능-이미지와 그림 지향적이다. 세상을 시각적으로 인지하고 시각/공간적 지각으로 변화를 수행한다. 예술적, 디자이너, 독창적 본성을 상상하고 보여 준다.
4. 음악/리듬 지능-리듬과 선율 지향적이다. 리듬, 음높이, 음색, 음악적 표현의 다양한 형식을 인식하고 생산한다. 음악에 의해 활기를 띠거나 진정된다.
5. 신체/운동 지능-신체 지향적이다. 자기표현을 위해 몸의 움직임을 사용한다(연기, 춤, 마임). 운동 경기에 뛰어나고 주변 환경을 해석하기 위해 촉각을 사용하며 소근육 운동 능력을 요하는 물체를 정교하게 다루거나 생산한다.
6. 대인관계 지능-사회 지향적이다. 뛰어난 중재 및 리더십 기술을 가지고 다른 사람들을 지도하며 다른 사람의 감정, 기질, 자극을 알아차린다.
7. 자기성찰 지능-지각성을 지향한다. 자신의 감정을 통찰하고 접근하며 의지가 강하고 스스로 동기를 부여하며 혼자 하는 활동을 선호한다.
8. 자연친화 지능-자연을 분류하는 능력을 가진다. 자연에 존재하는 것에 대한 뛰어난 지식과 민감성을 가지고 있다. 자연과 관련시켜 규칙을 설명하는 능력이 있다.

기능 행동 평가와 협동그룹 관찰을 포함하는 자료 기반 관찰

자료 기반 관찰

교사는 종종 교실 활동, 쉬는 시간 동안 학생들을 관찰한 것과 학교 안에서의 상호작용을 기반으로 판단한다.

교사가 관찰 과정을 발전시킬 수 있도록 하는 몇 가지 지침이 있다.

1. 목표 행동은 관찰할 수 있는 방법으로 정의되어야 한다. 이는 학생의 명시적인 행동을 의미한다.
2. 교사는 관찰 자료를 수집하는 데 사용할 도구를 확인한다(예: 체크리스트, 기계식

카운터, 타이머 등).

3. 교사는 자료를 수집할 방법을 결정한다. 즉, 빈도 기록하기(예: 행동의 발생이 관찰된 시간을 집계), 표본 추출(예: 행동 발생 여부를 10분 간격으로 기록하기), 지속시간(예: 행동이 발생했을 때 스톱워치를 작동시키고 행동이 중단되었을 때 스톱워치 멈추기) 등이다.
4. 교사는 관찰자의 편견을 줄이기 위해서 행동을 동시에 관찰할 다른 관찰자를 마련하고 자료를 수집하는 방법을 설명한다(예: 누가, 언제, 얼마 동안, 얼마나 자주).

예를 들어, Shuflitowski(2005)는 'R'로 언급되는 학생의 주의집중 행동에 관해 관심을 가지고 있는 교사와 함께 일하는 학교 심리학 인턴사원이었다. 그들은 학급 전체가 참여하는 읽기와 언어 과목 동안 R의 '소리 지르기' 행동의 빈도를 동시에 측정하기로 하였다. 관찰할 수 있는 용어(행동 동사 사용)로 행동을 명확하게 정의하였고 행동이 가장 많이 일어날 것 같은 기록 시간을 선택하였다. '소리 지르기'를 전체 수업 시간 동안 교사를 향한 직접적인 구두/언어적 표현으로 정의하였다(수업 시간 동안 반 친구들에게 말하는 것은 포함하지 않는 것으로 명시하였다). Shuflitowski는 시계, 펜, 연필, 자료 추적을 위한 표(〈표 4-3〉)를 사용하였고 [그림 4-4]의 그래프 형식으로 자료를 표시하였다.

10일간 수집된 자료를 바탕으로 R의 '소리 지르기' 행동은 8~10회 발생하였고 30분 동안 평균 9회 발생하였다는 것을 확인하였다. 네 번째 관찰 회기 동안 학급 담임은 화이트보드에 공개적으로 '소리 지름'이라고 기록함으로써 중재하였다. R이 자신의 행동에 대한 피드백에 반응할 것을 제안한 날에는 '소리 지름'이 6회 기록되었다. 30분 동안 6회의 비율은 여전히 수업 방해(매 5분마다 1회의 수업 방해)로 고려된다. Shuflitowski는 R의 '소리 지르기'를 줄이는 체계적인 중재 과정을 개발하기 위해 교사와 협력하여 자료 수집 결과를 이용하였다.

다양한 절차를 시행하여 학생들을 직접적으로 관찰할 때 교사는 풍부한 정보를 얻을 수 있다. 예를 들어, 나눗셈 알고리즘을 사용하는 수학 문제를 푸는 학생에 대한 관찰은 교사가 학생이 과정에 관해 알고 있는 것과 모르는 것을 확인하도록 도와줄 수 있다. 교실 보물찾기 놀이를 완성하기 위해 지시를 따를 때 학생을 관찰하는 교사는 기능적인 읽기 능력에 대한 비형식적인 참 평가를 얻을 수 있다.

〈표 4-3〉 R의 30분 동안 '소리 지르기'의 빈도 표

회기	시간: 30분 간격	빈도 수
1	9:00~9:30	10
2	9:00~9:30	9
3	9:00~9:30	10
4	9:30~10:00	6
5	9:30~10:00	10
6	9:00~9:30	9
7	9:00~9:30	8
8	9:30~10:00	8
9	9:00~9:30	9
10	9:30~10:00	9

관찰자 간 일치도

회기	시간	관찰자에 의해 관찰된 빈도 수
7	9:00~9:30	8

IOA=100%

출처: Shuflitowski (2005). 허락하에 사용.

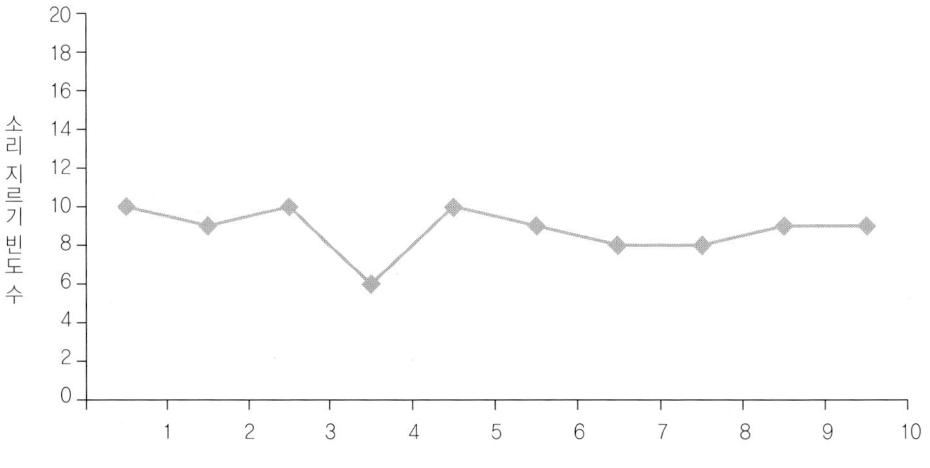

[그림 4-4] Shuflitowski의 R의 '소리 지르기' 행동에 관한 그래프

출처: Shuflitowski (2005). 허락하에 사용.

교사는 교육 기술 및 WebQuests와 같은 인터넷 활동이 필요한 수업을 하는 동안 학습자의 상호작용을 관찰하여 학습자의 선호에 대한 정보를 수집한다. 예를 들어, Skylar, Higgins와 Boone(2007)은 학습장애 학생의 성공을 높이기 위해 WebQuests를 채택했다.

기능 행동 평가

Thomas Armstrong(2009)은 "나는 학생들의 가장 발달된 지능을 확인하는 방법 중 하나로 학생들이 학급에서 어떻게 문제행동을 하는지 관찰하는 것이라고 종종 교사들에게 익살스럽게 제안한다"(p. 21)라고 언급하였다. 즉, 규칙을 어기는 학생은 배운 것에 관해 사회적이고 감정적인 의사소통을 하고 있거나 다중지능의 요구가 교실이나 더 큰 세계에서 충족되지 않고 있다고 여겨질 수 있다.

한 학생이 규칙을 어겼을 때, 기능 행동 평가(functional behavioral assessment: FBA)로 알려진 자료 기반 평가의 한 유형은 하나의 행동이 한 학생에게 제공할 의사소통의 의도, 기능, 목적을 결정하도록 돕는다. 예를 들어, 반 친구를 반복적으로 발로 차는 학생에 관한 관찰은 또래와 상호작용을 시작하기 위한 몇 가지 행동을 가지고 있고, 발차기 행동은 주의를 끌고 다른 사람과의 대인관계와 관련된 접촉을 얻는 것이라는 것을 보여 준다.

물론 한 번의 관찰은 발차기의 기능이 주의를 끌고 대인관계와 관련된 접촉을 얻는 것인지 아닌지 결정하기 위한 정확한 정보를 제공하지는 못한다. 행동이 일어나는 상황과 행동의 관련성을 결정하기 위해서 평가 정보를 다양한 자료(예: 학생 면담, 학생 관찰, 가족과 이전 및 현재 교사와의 면담)와 시간, 환경으로부터 수집해야 한다. 평가 과정은 선행 사건-행동이 일어나게 된 상황(예: 일시, 장소, 가까이 있는 사람, 과제 요구, 스트레스 요인)과 행동에 따른 결과를 포함한다(Horner, Albin, Todd, Newton, & Sprague, 2011; O'Neil, Horner, Albin, Sprague, Storey, & Newton, 1997). 기능 평가로부터 정확한 정보가 주어졌을 때 예상되는 행동의 기능, 목적, 의사소통의 의도를 제기할 수 있으며 바라지 않는 행동을 줄이고 사회적으로 적절한 대체 행동을 강화하기 위한 긍정적 지원 계획을 세우는 것이 가능하다(예: 사회적 접촉을 시작하는 방법으로 발차기 대신 반 친구들에게 놀자고 요청하는 방법을 가르치기).

교사는 학생의 행동을 이해하기 위해 기능 평가와 기능 분석 접근을 사용함으로써 바라지 않는 학생 행동을 영구 특성이 아닌 단지 행동으로 보는 경향이 있다. 또한 학생 행동은 충족되지 않는 요구에 대하여 도움을 청하는 비명으로 간주하며, 연구에 의해 일시적인 효과를 보인다고 입증된 처벌보다는 긍정적 교수 반응을 사용하는 경향이 있다(Kagan, Kyle, & Scott, 2004; Villa, Thousand, & Nevin, 2010a, b).

협동그룹 학습 관찰

협동그룹 학습(cooperative group learning) 절차는 학습 활동에 참여하는 학생에 관한 정보를 수집하기 위한 형성적, 누가적 방법을 포함한다. Johnson과 Johnson(1996)에 의해 언급된 바와 같이 협동그룹 학습은 학급 생활의 진행 중인 부분이 되는 형성적 학생 평가 과정(즉, 학생에 관한 정보 수집)을 위한 기회를 제공한다. 정보를 수집하는 방법으로서 협동그룹 학습 관찰의 이점은 〈표 4-4〉에서 요약된다.

예를 들어, 격려를 표현하는 비언어적 방법에 대한 협동그룹 수업을 가르친 후 교사는 어떤 비언어적 격려가 더 강조될 필요가 있는지 결정하기 위해서 학생들에게 자기평가 양식(〈표 4-5〉 참고)을 완성하도록 요구할 수 있다.

〈표 4-4〉 협동학습과 학습자에 대한 정보 수집

다양한 양식을 사용하라. 협동그룹에서의 학습은 개인주의적 또는 경쟁적으로 혼자서 활동할 때는 사용할 수 없는 평가 절차를 따른다.
다양한 결과를 발견하라. 협동학습 그룹은 교사가 비판적 사고, 추론의 수준, 교수 기술(과학 실험을 안내하는 것과 같은)의 수행, 지식을 의사소통하는 능력, 대인관계 및 소집단 기술, 자부심, 자기 효능감, 과제 집중력 등을 평가할 수 있게 한다.
정보의 자료를 모으라. 협동학습은 교사평가뿐만 아니라 자기평가, 동료평가를 제공한다.
학생들이 가장 잘 학습할 수 있는 상황을 설정하고 평가에 사용되는 지시문을 만들고 활동에 관해 의사소통하라. 이것은 학생들이 더 높은 양질의 활동을 만들어 내고 피드백을 이해하고 학급 친구의 활동을 평가하도록 돕는다.
학생들이 평가와 경험 발표로부터 학습할 가능성을 증가시키라. 평가에서 자신과 다른 사람의 활동 정확도, 질, 양에 대한 논의가 필요할 때 학습은 강화된다.
평가 과정에 영향을 미치는 교사의 편견 가능성을 줄이라. 교사뿐만 아니라 여러 사람에 의한 빈번한 표본 추출 및 평가는 평가를 위한 광범위한 자료의 기반, 기준 적용에 있어 광범위한 관점, 일어날

수 있는 일관된 해석 패턴에 대한 가능성 등을 제공한다.

개별 결과뿐만 아니라 그룹을 평가하라. 그룹의 과학적이고 극적이며 창조적인 프로젝트에 대한 평가가 요구될 시기가 있다.

이상적인 수업 방법에 적합한 평가 절차를 만들라. 수업과 평가 절차는 서로 반대되는 것이 아니라 협력하도록 정렬되어야 한다. 협동학습은 교육에서 목표로 하는 더 높은 성취와 다양한 중요 결과를 이끌어 내는 경향이 있다.

출처: Johnson & Johnson (2002).

교육과정 중심 평가

교육과정 중심 평가(curriculum-based assessments: CBAs)는 명시된 교육과정을 통해 진행하기 때문에 구조화된 학생 관찰 양식을 제공한다. 교육과정 중심 평가는 교육과정 내용을 반영하여 교사에 의해 구성되고 특별하게 설계된 준거참조평가이다. 특별한 요구를 가진 학생에 대해 교사가 교육적 판단을 할 수 있는 권한을 주지 않는 전통적인 심리교육 진단 기술의 대안으로서 교육과정 중심 평가(CBAs)가 관심을 얻고 있다.

〈표 4-5〉 사회적 기술에 관한 비형식적인 평가의 예

학생의 사회적 기술 평가 양식

1. 비언어적 격려를 얼마나 잘 사용하는가? 동그라미 하시오.

☺잘함　　(^_^) 보통　　(#_#) 못함

2. 선호하는 격려 신호에 동그라미 하시오.

엄지 세우기

O.K.

손뼉치기(하이파이브)

3. 그 밖에 비언어적 격려를 사용하는 곳은 어디인가?

교육과정 중심 평가는 공통 핵심 국가 기준 또는 검증된 다른 기준과 관련된 학생의 기능 수준과 특별한 강점을 확인하고 학생의 발달을 관찰한 자료를 제공한다. 여러 연구에서 교육과정 중심 평가는 개별 학생의 수준, 학급의 수준, 학교와 지역의 수준에서도 사용될 수 있다는 것을 밝혔다(Gansle et al., 2004; Hall & Mengel, 2002; Idol, Nevin, & Paolucci-Whitcomb, 1999; VanDerHayden & Burns, 2005). 6장에서 교육과정 중심 평가에 관해 더 상세하게 보여 준다.

행동 계획 수립

행동 계획 수립(MAPs)은 학생의 미래에 관한 창조적인 계획을 세우기 위하여 학생과 다양한 관계를 가진 사람들(예: 부모, 형제자매, 이웃, 친구, 교사, 학급 친구, 관리자 등)로 구성된 집단이 학생의 강점, 흥미, 그리고 기타 학업적 · 사회적 · 정서적 특성에 대해 알고 있는 것을 강조하여 제시하는 방법론의 하나이다(Villa et al., 2010a, b).

행동 계획 수립 회의는 1시간 정도로 짧을 수도 있다. 회의의 대상 학생은 행동 계획 수립 회의를 위한 참여자 목록을 결정한다. 중립적 조력자는 참석자를 환영하고 과정을 설명하며 〈표 4-5〉의 8가지 질문으로 집단을 안내하고 회의의 속도를 조절한다.

과정의 공식적 기록은 참여한 모든 사람이 볼 수 있도록 만들어서 보여 준다(예: 신문 용지, 문서 프로젝터로 투영된 용지, LCD 프로젝터에 연결된 컴퓨터로 투영된 문서). 각 단계에서 대상 학생과 부모, 형제자매같이 대상 학생과 가장 가까운 사람들은 회의에 참여하고 있는 전문가보다 먼저 말을 한다.

행동 계획 수립 절차는 학생과 가족의 목소리를 교육자에게 전달함으로써 가족과 교육자 사이에 신뢰를 형성하는 데 도움을 주며, 표준화된 평가 또는 이 장에서 설명한 다른 방법으로 얻을 수 없는 학생에 관한 중요한 정보를 제공한다. 행동 계획 수립은 학급의 어떤 학생에게도 사용될 수 있다. 많은 교사들이 학생-부모-교사 회의의 일환으로 학급의 모든 학생을 위한 행동 계획 수립의 미니 버전을 개발하였다. 몇몇 주(states)는 행동 계획 수립의 구성요소를 개별화 교육 계획(IEP) 과정의 부분으로 통합하였다.

〈표 4-6〉 8가지 주요한 행동 계획 수립 질문

1. 행동 계획 수립은 무엇인가?
행동 계획 수립은 사람들이 현재 위치에서 목표로 하는 곳에 도달하도록 돕기 위해 설계된다.

2. 개인의 내력과 이야기는 무엇인가?
개인과 가족은 내력 또는 이야기를 설명하도록 요구된다.

3. 꿈은 무엇인가?
꿈은 행동 계획을 개발하기 위한 목표를 확인하기 때문에 여러 면에서 과정의 가장 중요한 단계이다. 다시 말해, 그 사람과 가족 구성원이 제일 먼저 말하고 다른 참여자는 목표 목록을 추가한다. 진행자는 단어와 신체 언어에 있어 개인적인 기준에 의거한 판단을 피해야 한다.

4. 악몽은 무엇인가?
이 질문은 대상 학생과 가족이 피하고 싶은 두려움과 우려를 참여자들이 이해하도록 돕는다. 종종 이 단계는 강하거나 슬픈 감정과 반응을 이끌어 낸다. 이 과정의 전반적인 관점은 악몽을 피하고 꿈에 도달하는 것이기 때문에 이러한 정보는 중요하다.

5. 그 사람은 누구인가?
이 단계에서 참가자는 브레인스토밍을 하고 행동 계획 수립의 대상을 설명하는 단어 목록을 생성한다. 진행자는 자주 주제에 대한 설명어를 그룹화한다. 대상자는 자신에 대하여 설명하고 목록에서 3개의 선호하는 단어를 집도록 요구된다.

6. 재능, 강점, 소질은 무엇인가?
여기서 학습자의 영재성에 특별한 역점을 둔다. 초점은 단지 학업에 있는 것이 아니라 학습자의 강점과 흥미를 확인하도록 설계되는 것이다.

7. 그 사람의 요구는 무엇인가?
참여자는 학습자가 꿈에 도달하고 악몽을 피하도록 돕기 위해 어떤 자원과 지원이 필요할지 고려해야 한다. 결집된 자원과 지원들은 그 사람의 학업, 의사소통, 행동, 생물학적, 건강, 안전, 보안 등에서의 요구에서 고려될 필요가 있다.

8. 행동 계획은 무엇인가?
마지막 단계는 누가, 무엇을, 언제 꿈을 현실화하고 악몽을 회피하는지를 포함하는 계획 개발이다.

출처: Villa, R. A., Thousand, J. S., & Nevin, A. I. *Collaborating With Students in Instruction and Decision Making: The Untapped Resource* copyright © 2010. Corwin의 허락하에 재판.

장애에 관한 구체적인 정보

교사는 장애의 여러 가지 다른 면에 관하여 배웠지만 장애 관련 정보를 가장 잘 활용하기 위해서 최신 정보를 얻는 것이 중요하다. 많은 일반교육자는 장애학생이 실제로 할 것으로 예상되는 것에 대한 어떤 정보도 드러나지 않는다고 보고한다. 특수교육자들은 종종 장애에 대한 깊이 있는 지식을 가지고 있지만 학생들이 일반 교육과정에 접근하도록 하는 수업을 설계하는 데 강점 기반 관점을 드러내지 않는다.

게다가 교육자는 종종 학생 개인의 학습보다 장애 수준에 지나치게 초점을 둔다. 통합과 차이화를 처음 접하는 교사는 "이 학생의 장애 또는 지능(IQ)은 무엇인가?"라고 묻는다. 반대로 이질 학급의 학생들의 다양한 요구에 직면한 경험이 있는 교사는 개별 학습자에 관한 정보를 요청하는 경향이 있다(예: "Arden에 대해 말해 줄 수 있나요?"). 경험이 있는 협력교사는 장애 항목 내의 동질성이 불가능하고 학생에 관한 특별한 정보는 가르치고 학습하는 데 유익하다고 말한다.

장애에 관한 구체적인 정보를 수집할 때, 다양한 관점은 학습자가 할 수 있는 것과 없는 것에 관한 중요한 자료를 제공한다는 것을 기억하라. 예를 들어, 부모와 가족 구성원 면담은 집이나 공동체 환경에서 학생들이 어떻게 기능하는지 설명하는 일화를 보여 줄 수 있다.

특정 장애에 대한 교육적 함의를 설명하는 ERIC(Educational Resources Information Clearinghouse)과 같은 옹호 웹사이트에서 장애의 구체적인 정보를 얻을 수 있다. 우리는 교사와 부모에게 이와 같은 정보를 지나치게 일반화하는 것을 막고 식별된 장애학생의 인성과 개인의 강점 및 특성에 대한 시각을 잃지 않도록 주의해야 한다고 권고한다. 우리는 종종 의학적 조건, 한 장애의 문제적 측면, 장애 범주를 나타내는 약어(용어)[예: 정서장애(ED), 학습장애(LD), 시각장애(VI)]에 초점을 맞추는 경우가 종종 있다. 학생을 나타내기 위해 라벨링하는 것은 학생들을 물건 취급하고 비인간적으로 만든다. 뇌성마비를 가지고 있지만 가족치료사이자 세계적으로 유명한 장애 권리 옹호자인 Kunc는 이러한 비인간적인 현상을 '장애의 확장' 또는 장애를 복합적인 사람의 일부분 및 전체의 작은 부분으로 보기보다는 장애를 사람으로 보는 것으로 나타낸다(Kunc & Van

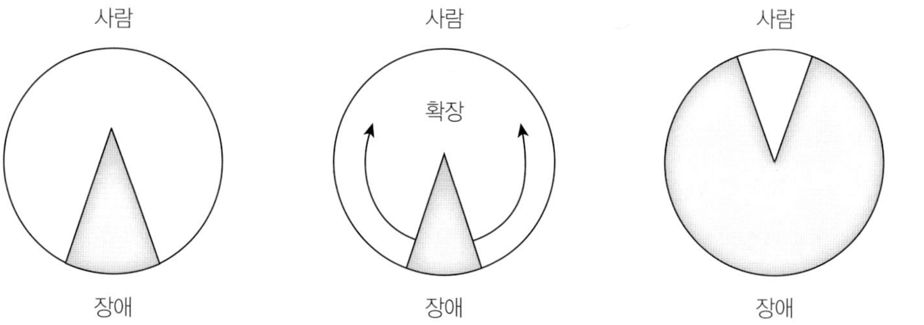

[그림 4-5] 장애 확장 현상의 시각적 표현

출처: Kunc, N., & Van der Klift, E. (1994). *Hell-bent on helping: Benevolence, friendship, and the politics of help*. Retrieved from http://www.broadreachtraining.com/articles/arhellbe.htm. 허락하에 사용.

der Klift, 1994). [그림 4-5]는 이러한 현상의 시각적 표현을 나타낸다.

물건 취급하고 비인간적인 낙인 찍기의 영향은 문제가 있기 때문에 2004년의 「장애인교육향상법(Individuals with disabilities Education Improvement)」은 이름 먼저 말하기(이름으로 먼저 개인을 나타내고 나서 기술어로 장애 또는 특성을 첨가하는 것) 사용에 대한 특별한 지침을 포함하였다. 예를 들어, 2장에서 만난 협력교사 Gleason과 Villalobos는 Kevin을 "학습장애를 가진 4학년, Kevin"으로 나타내기보다 "Kevin, 학습장애를 가진 4학년"으로 나타내었다.

학습자 정보 수집에 있어 협력교사의 역할

때때로 학생과 협력교사 모두 파트너의 전문 지식으로부터 이익을 얻으므로 차이화된 수업을 위해 협력교수를 우선적으로 선택한다. Morrocco와 Aguilar(2002)는 장애학생이 이질 학급에 소속되어 있는 한 도시 중학교의 학교 전체 협력교수 모델 연구에서 내용 영역 교사와 특수교육자 사이의 협력교수 활동을 설명하였다. 이 연구는 그들이 가르쳤던 협력교사를 직접 관찰한 것이며, 일반교사가 내용 수업을 더 많이 하였고 반면에 특수교사는 개별화된 지도와 지원으로 수업을 보완했다. 그러나 두 사람 모두 학습자의 특성을 평가하고 집단 학습자에 대한 정보를 수집하는 것을 포함한 모든 학습 활동에 참여하였다.

협력교사는 전문가의 전문 지식에 기초한 학생 정보의 다른 유형을 수집하는 데 동의할지도 모른다. 예를 들어, 일반교사는 주 전체의 주요 평가를 관리, 채점, 기록하도록 명시적으로 교육되는 반면, 특수교사는 개별화된 기준 참조 검사를 관리, 평가 및 보고하거나 기능 행동 평가를 수행하기 위한 명시적인 준비를 갖추도록 교육을 받는다. 이러한 유형의 평가는 교사가 학습자와 관련된 정보를 수집하는 데 도움이 된다.

학습자에 대한 정보 수집을 위한 분업은 여러 차원에서 이루어 질 수 있다. 예를 들어, 두 협력교사는 비형식적인 읽기, 흥미, 학습 선호 목록을 선택하고 각 교사는 학급의 절반을 평가한다. 학교의 다른 직원도 포함될 수 있다. 예를 들어, 학교 사회복지사 또는 진로상담사는 교실 상호작용을 관찰하거나 형식적인 계획서를 사용하여 협력교사들이 학생들의 사회적 기술 숙련도를 평가하는 것을 돕는다. 언어치료사는 학급 토의를 하는 동안 학생 간의 대화 유형을 관찰하고 기록하며 학급의 일상에서 학생들의 구어와 문자 언어를 강화하기 위한 지침을 제공한다. 핵심은 차이화 내용, 결과물, 학습 과정을 위한 기능적인 결정이 일어날 수 있도록 협력교사들은 지원할 학생에 관한 정보 수집 방법을 학교의 다른 직원들과 공유하고 배분한다는 것이다.

멈추고 되돌아보기

교사가 학생에 관해 알 수 있는 다양한 방법에 대해 살펴보았으므로 3장 〈표 3-1〉의 보편적 학습설계 수업 계획안으로 돌아가라. '학습자에 대한 정보'라고 이름 붙여진 부분에 집중하라. 특정 학생에 관한 정보를 수집했을 때 자신에게 "내용, 결과 또는 학습 과정에서 차이화를 요구하는 특성을 가진 학생이 있는가?"를 질문할 수 있다. 보편적 학습설계 사이클의 다음 단계로 넘어가면서 학생의 특성에 맞게 조정하는 방법에 대해 생각하고 동료에게 당신의 계획을 제안하기 위해 준비하고 가르치고 있는가? 이 질문에 만족스럽게 대답했다면 보편적 학습설계 사이클의 다음 단계로 진행할 시간이다. 5장은 내용의 차원 및 내용과 자료가 학생의 다양한 신체에 접근할 수 있는 방법을 설명한다.

05 학습 내용의 차이화

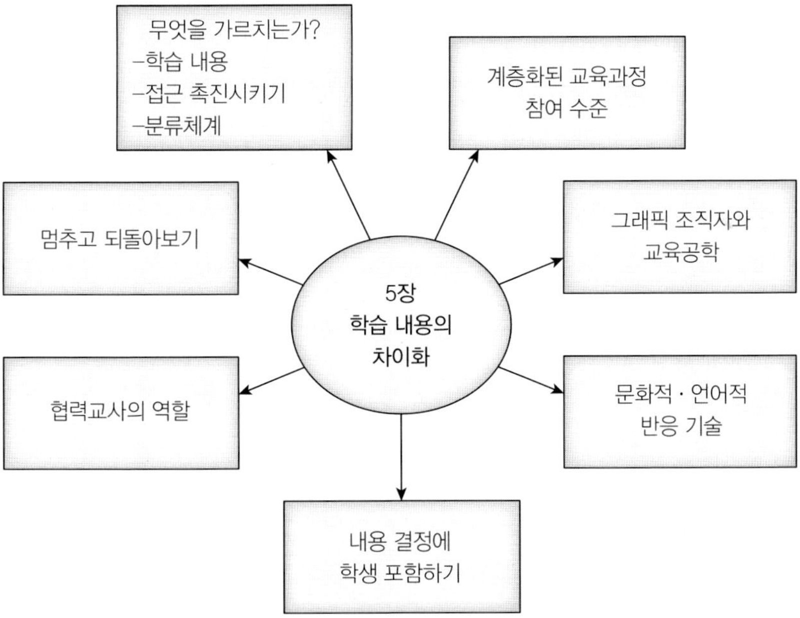

[그림 5-1] 5장의 내용 체계

우리는 거꾸로 일을 한다. 우리는 먼저 기술 획득에 관해 생각하고 그것을 가지고 할 수 있는 유용하고 흥미 있는 것을 찾는다. 합리적이고 최상의 방법은 어떤 가치 있는 행동을 시작하고 그것을 하고자 하는 강한 욕구에 의해 움직이며 필요한 기술을 얻는 것이다.

-John Holt, 미국 작가 및 교육자

이 인용문은 교육과정과 단원 개발에 대한 역설계 접근의 창시자인 McTighe와 Wiggins(2012), Wiggins와 McTighe(2005)의 철학뿐만 아니라 보편적 학습설계의 철학과 절차를 반영한다. 즉, 교육과정과 수업 계획은 가치 있고 바라는 결과(지속되거나 다른 과제 및 환경으로 전이될 수 있는 가치 있는 지식과 행동, 이해)를 인식하는 것으로부터 시작된다. 이 장에서 당신은 다음 질문에 대한 대답을 찾을 것이다.

- 교사는 어떤 방식으로 직업 및 대학 준비 기준에 접근하고 수업의 내용을 준비할 수 있는가?
- 수업 내용을 차이화하기 위한 교사의 역할은 무엇인가?

현재 당신은 어떤 방법으로 학생들이 교육과정 기준과 수업 내용에 접근하게 하는가? 당신은 학생들에게 수업 내용을 말하는가? 당신은 학생들에게 과제 읽기를 시작하기 위해 교과서의 특정 페이지를 펴라고 하는가?

4장에서 학습자에 관해 수집한 정보로부터, 학생들에게 이러한 접근법을 따르도록 요구했을 때 모든 학생이 원하는 방식으로 반응할 가능성이 거의 없음을 발견했다. 이것이 당신이 보편적 학습설계 수업 계획 사이클과 이 장의 내용에 관심을 가지는 이유이다. 이 장에서 당신은 내용을 생각하는 방법과 수업 내용에 대한 학생의 접근을 이끌어 내는 방법의 확장에 대해 배울 것이다.

내용이란 무엇인가

접근 설계중점의 두 번째 요소인 내용은 다양한 관점을 가진다. 내용은 무엇을 가르치는지, 학생들이 입증할 이해 · 지식 · 숙달의 수준이 어느 정도인지, 모든 학생이 학습할 수 있게 하는 데 필요한 맥락, 자료, 차이화는 무엇인지 등을 포함한다. 주 또는 그 밖의 교육과정 기준은 수업 또는 단원 내용에 관한 전반적인 지침을 제공하지만 전반적인 지침으로부터 의미 있는 학습 경험을 만들어 내기 위해서 학생의 학업 및 사회적 요구가 고려되어야 한다. 4장에서 논의한 몇 가지 접근법을 사용하여 학습자에 관한 정보를 수집하는 이유이다.

내용은 어디에서 오는가? 오늘날 대부분의 주에서 내용은 대학 및 취업 준비를 위해 공통 핵심 국가 기준(CCSS)에 의해 정의된다. 기준은 전국 수학교사 협의회, 전국 사회 연구 협의회, 전국 영어교사 협의회, 전국 과학교사 협회 등 전문 기관과 차세대 과학 기준, 캘리포니아 교육부의 새로운 영어 언어 개발 기준 및 체계(2014)의 영향을 받는다. 대부분의 교사는 이러한 기준을 각 학년 수준에 대한 교육과정 범주와 계열로 정의한다. 교육과정의 범주와 계열은 그것이 달성되었을 때 졸업 후 삶에 있어 성공을 이끌어 내는 사전에 정의될 수 있는 지식과 정보가 있다는 추정에 기초한다(Poplin & Stone, 1992).

수업 계획은 이러한 중요한 기준을 반영한다. 그러나 기준은 교육과정 전체가 아니라 결과이다. 교사는 특정 기준을 다룰 때 수업에서 학습자를 안내하는 필수 질문을 한다(Wiggins & McTighe, 2012). 그런 다음 교사는 학습자가 교육과정과 관련된 용어 및 주요 개념, 이해, 기술을 배우기 위해 접근할 수 있는 다양한 자료(예: 교사의 강의, 조사할 웹사이트, 독서 과제, 숙제 같은 안내된 또는 독립된 연습)를 마련한다. 역사적으로, 이러한 내용 전달 방법에서 학생들은 교육과정을 배우지 않았을 때 낙제 점수를 받았으며, 많은 경우에 일반교육 교실에서 분리되어(예: 특수교육 교실) 수업을 받았다(Stainback & Stainback, 1996). 반대로, Casbarro(2013)는 보편적 학습설계를 사용하여 학생들이 기준에 성공적으로 접근하고 달성하도록 돕기를 제안한다.

내용 접근을 촉진하는 방법

다행스럽게도 학교 재구성과 교육과정 개정은 학생들이 다양한 수단으로 내용에 접근하도록 하는 방법에 있어 내용에 관해 생각하는 것이 가능하게 만들었다. 예를 들어, 이전 장에서 배운 것처럼 학생의 학습 수행에 관한 정보는 내용 접근을 설계하기 위한 중요한 맥락을 제공한다. 〈표 5-1〉은 하나의 틀로써 다중지능이론을 이용하여 학습자를 위한 내용 접근을 가능하게 하는 몇 가지 방법을 보여 준다(Silver, Strong, & Perini, 2000).

내용 차이화는 분류체계, 그래픽 조직자와 기술, 계층화된 교육과정과 학생 참여의 차이화된 수준, 문화적 반응 기술, 교육과정에 대한 학생의 관심을 사용함으로써 가능하다. 이 장의 나머지는 내용 접근을 제공하는 방법을 탐색하고 내용에 대한 합리적인 접근을 만드는 데 있어 협력교사의 다양한 역할을 검토하는 것으로 끝맺는다.

〈표 5-1〉 다중지능이론을 이용한 내용 차이화

지능	내용 접근의 예시	
언어 지능	• 구두 표현 • 담화 • 책 • 신문 • 인터넷 설문	• 녹음기 • 보고서 • 녹음된 책 • 텍스트 음성 전환 소프트웨어 • 더 큰 활자
논리/수학 지능	• 계산기와 다른 장치 • 수학 조작물 • 개요 서술하기 • 연대표/시간표	• 실험실 실험 • 퍼즐 • 공식 • 수학 놀이
시각/공간 지능	• 그래프 • 개념도 • 그래픽 조직자 • 비디오 • 파워포인트 프레젠테이션 • 카메라	• 레고 블록 • 포스터 • 주소 • 만화 • 색으로 강조 • 디지털 장치-반전 배경 및 글꼴 색
신체/운동 지능	• 현장 학습 • 건축 장비 • 손을 사용한 촉감 학습 • 다감각 학습 • 조작물 • 역할놀이	• 연기 • 협동학습 • 실험 • 스포츠/놀이 • 스포츠 장비
음악/리듬 지능	• 사람, 책, 나라, 역사적 사건에 관한 노래 • 랩 • 방울 • 리듬	• 기억 장치 • 시 • 악기 • 녹음기

자연친화 지능	• 식물 • 동물 • 현장학습	• 자연의 요소 식별 및 자연과의 관계 • 원예 장비 • 동식물연구가 장비(예: 쌍안경)
대인관계 지능	• 짝과 생각을 공유하는 활동 • 현명한 협동그룹 학습 • 역할놀이 • 토론	• 협력교수 • 보드게임 • 역할놀이를 위한 소품 • 단체 물품
자기성찰 지능	• 저널 • 수첩	• 자기성찰 자료 • 프로젝트 자료

분류체계와 목표: 사용과 오용

분류체계(taxonomy)는 위계적 순서에 따라 정리된 목록을 포함하는 목표를 세우기 위한 분류 계획이다. 전통적인 시험에 전문화된 심리학자들은 많은 교육 목표의 애매한 관계 때문에 분류체계를 개발하였다.

가장 널리 알려진 분류체계는 학습 인지 영역에 있는 Bloom의 교육 목적 분류체계이다(Bloom, Englehart, Furst, Hill, & Krathwohl, 1956). 그 후에 교육공학의 발전과 인지발달이 어떻게 진행되는지에 대한 최신 연구를 반영하여 분류가 업데이트되었다. [그림 5-2]에서 볼 수 있듯이, 기억과 이해와 같은 하위 사고 기술에는 인식하기, 서술하기, 말하기와 같은 동작 동사가 포함된다. 디지털 또는 기술 역량을 반영하는 동사에는 강조 표시, 북마크, 블로그 일기, 논평 등이 포함된다. 이와 대조적으로 평가와 같은 고차원 사고 기술은 확인하기 또는 비평하기와 같은 동작 동사와 네트워킹이나 베타 검사와 같은 공학 기술을 의미한다. 고차원 사고 및 창조의 가장 진보된 형태는 설계하기, 구성하기 또는 발명하기와 같은 동사와 촬영, 애니메이션, 팟캐스팅과 같은 공학 기술로 표현된다.

또한 분류체계는 정서 및 정신운동의 결과를 위해 개발되었다. 정서 영역을 위한 분류체계는 가치와 행동에 초점을 맞춘다(Krathwohl, Bloom, & Masia, 1964). 정신운동 영역의 분류체계는 신체적 능력과 기술에 초점을 둔다(Simpson, 1972). Tomlinson(2002)

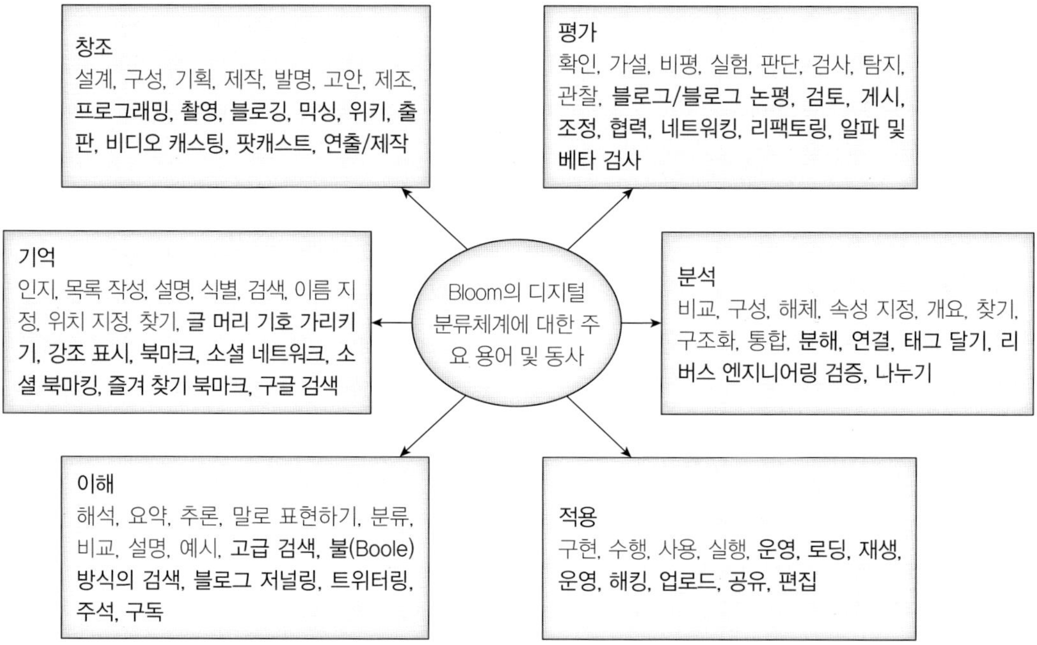

[그림 5-2] Bloom의 디지털 분류체계에 대한 주요 용어 및 동사

출처: Andrew Churches' 2008 Ed Tech 470 class. Andrew는 21세기 교수 및 학습 관련 교육자이다. 허락하에 사용.
주: 처음 나열된 요소는 기존 동사로 인식되며 굵게 표시된 요소 집합은 새로운 디지털 동사이다.

은 〈표 5-2〉에 제시된 예인 Taba(1962)의 지식 목록이 교육과정의 유형과 양뿐만 아니라 다양한 학습자에게 기대되는 지식을 명확하게 하는 분류체계로 이용될 수 있다고 제안하였다.

수업 목표, 공부할 단원, 특수교육을 받을 수 있다고 확인된 학생들의 개별화 교육 프로그램을 세울 때, 교육자들은 분류체계를 사용한다. 교육 목표의 교수적 이익에 관한 연구 보고서(Marzano, Pickering, & Pollock, 2001)는 교사가 목표를 명확하게 적어 주고 목표가 장애학생에게 적절한 수준일 때 더 잘 배운다는 것을 지적하였다. 글로 제시된 목표에 시각적 · 청각적 예시를 보강했을 때 높은 성취 또는 낮은 성취 학생보다 보통 성취 학생이 글로 제시된 목표로부터 더 많은 것을 얻는 것으로 보인다.

기대되는 내용 결과를 선택하고 전달하기 위한 분류체계의 사용은 학습자에게 가치가 있다. 학습 내용에 대한 학생의 접근을 차이화하기 위해 분류체계를 사용하는 데 있어 두 가지 주의사항이 있다.

〈표 5-2〉 Taba의 지식 목록

지식 목록	정의	예
사실	특정한 세부사항, 증명할 수 있는 정보	대통령은 행정부의 수장이다.
내용	공통 요소를 가진 목록	국가는 행정부, 입법부, 사법부
원리	본질적인 진리, 법칙 또는 두 가지 이상의 개념 사이의 관련성을 설명하는 원칙	입법부는 법을 만든다. 사법부는 법이 헌법에 일치하는지 결정한다.
기술	기술, 공식, 방법, 장비 등의 사용에 있어 능숙한 능력	법안이 법으로 만들어지는 방법 설명
행동	신념, 기질, 가치	시스템 점검과 행정부, 입법부, 사법부 사이의 균형을 위해 공감을 발달시켜라.
문제 해결, 전환, 적용	바로 이해할 수 없는 목적을 달성하기 위해 지식을 사용하는 능력	행정부, 입법부, 사법부 사이에 갈등이 있을 때 도달해야 하는 문제를 검토하라.

첫째, 목표를 설정하기 위해 분류체계를 사용할 때 전체 학급에 대해 하나의 목표보다 다양한 목표를 만든다. 수십 년간 예비 교사들은 Bloom의 분류체계에 기초한 목표를 쓰는 방법을 배워 왔다. 그러나 이러한 수업은 수업이나 단원에서 다양한 학습자를 위해서 수업 목표를 차이화하는 몇몇 교사에 의해 이루어졌다. 이것은 교사가 수업 당 하나의 목표를 설정하는 수업 계획 양식에 관한 수업 또는 학교구 요구사항을 공식화하도록 가르침을 받았기 때문일 수 있다. 반면에 보편적 설계 관점은 교사가 학생들의 내용 접근의 복잡성과 다양성에 맞게 목표를 차이화할 것을 권장한다.

둘째, 학생들에게 하나 이상의 목표를 제시하는 것이 의도적 학습을 증가시키고 우연적 학습을 감소시킨다는 발견과 관련이 있다(Melton, 1978). 따라서 학생들에게 하나의 목표를 강조하는 것은 질문, 가설 설정, 발산적 사고가 원하는 교육과정 및 결과가 아니라고 의사소통함으로써 학생들의 사고를 제한할 수 있다. Gronlund(1995)와 다른 학자들은 구체적인 수업 목표(Mager, 1997)가 정보 학습을 촉진할 수도 있으나 상위의 복합적인 학습을 용이하게 하지는 못한다고 하였다. 실제로 1984년에 Bloom은 자신의 분류체계를 사용한 지 25년 이상이 지난 후에 수업 및 평가의 자료와 방법이 "분류체계 지식의 가장 낮은 범주를 벗어나는 경우가 거의 없다."고 애석해하였다. Reeve, Deci와 Ryan(2004)은 15,000개의 유치원부터 고등학교의 학급이 포함된 교실 관찰 연구에서 학생들에게 주어진 질문 중 3%만이 더 높은 수준의 사고가 필요하다는 것을 발견했다.

우리의 특정한 관심은 이러한 현상이 특수교육을 받을 수 있는 학생이나 영어 학습자에게 지속된다는 것이다. 그에 반해서 높은 수준, 실생활 적용은 학습을 의미 있고 유용하게 만든다.

요약하면 교육자는 영재학생이 종합과 평가 목표를 가지는 데 반하여 장애학생과 영어 학습자가 오직 지식과 이해 목표만을 갖도록 학생들을 분류하는 분류체계의 사용을 피해야 한다. 예를 들어, 교육자는 논리적이고 효과적이며 정신운동 체계의 다양한 수준에서 내용을 경험하도록 하는 분류체계를 사용해야 한다.

분류체계(지식 목록)가 내용과 목표 개발과 관련이 있지만 우리는 분류체계가 학습 절차와 결과물을 차이화하는 데 유용하다는 것을 발견하였다. 그래서 6장에서는 결과물과 결과물에 접근하는 방법을 차이화하는 방법을 묘사하는 효과적인 분류체계의 사용을 다시 논의할 것이다. 그리고 7장에서는 수업 절차를 차이화하는 방법을 설명할 것이다.

계층화된 교육과정 참여 수준

계층화된 교육과정(Nunley, 1998)은 교사들이 내용을 구조화하도록 하여 학생들이 다른 복잡한 수준을 수행하는 동안 중요한 개념과 기술에 초점을 맞출 수 있게 한다. 활동의 초점은 모든 학생에게 동일하지만, 학생들은 의미 있게 개인의 수준에서 수행하도록 요구된다. 계층화된 교육과정의 예는 교사와 학생들이 학습자는 어떤 내용을 학습하는가, 학습한 것을 어떻게 보여 줄 것인가, 학습이 일어나는 기간은 얼마인가를 최소한으로 명시하는 계약을 작성하는 경우이다.

교육과정 내용에 대한 차이화된 접근의 다른 예로 과학 수업에서 학생들이 읽을 수 있는 색인이나 다른 언어(예: 스페인어로 된 과학 교과서)로 된 다양한 교재 자료를 제공하는 경우가 있다. 계층화된 교육과정의 다른 보기는 교사가 상호작용을 위해 설계된 다양한 학습 자료를 포함하는 학습의 중점을 구성할 때 볼 수 있다. 학습의 중점이 학생이 오디오 버전을 듣는 동안 인쇄된 교재를 따라가는 듣기 중심일지도 모른다. 다른 보기는 학생이 조작하도록 다양한 물건이 제공되는 손을 이용한 활동이다(즉, 학생들은 문제를 풀기 위해 필요한 정보를 포함하는 퍼즐을 맞춘다).

Schumm, Vaughn과 Harris(1997)는 몇 가지 다른 방법으로 교육과정의 계층화를 개념화하였다. 3계층 피라미드 설계에서 교사는 (아래층에) 모든 학생을 위한 이해와 지식의 핵심, (중간 층에) 대부분의 학생을 위한 추가적인 이해와 지식, 그리고 (위층에) 일부 학생을 위한 또 다른 이해와 지식을 수립한다.

분류체계와 마찬가지로 일부 학생(예: IEP가 있는 학생, 언어 능력이 발달한 학생)이 제한된 콘텐츠 또는 하위 수준의 인지 작업으로 격하될 수 있으므로 우리는 계층화된 교육과정 접근법을 사용할 때 주의할 것을 권장한다. 이 책의 예에서 볼 수 있듯이, 대부분은 아니지만 높은 기대와 지원이 제공된다면 학생들은 가장 높은 수준의 사고에 도달할 수 있다고 설명한다.

Giangreco, Cloninger와 Iverson(2011)은 교육과정 내용에 접근하기 위한 학생 참여를 4개 수준(동일한, 다층적, 교육과정 중첩, 대안적인)으로 제시하였다(〈표 5-3〉의 각 수준의 서술 참고). 교사는 참여할 학생의 능력을 과소평가하는 것을 피하기 위해서 참여 수준을 결정하기 전에 학습자에 대한 정보를 먼저 수집해야 한다고 충고하였다. 교사는 '다른 사람과 동일하게 행하기' 참여 수준으로 시작하고 내용에 대해 학생이 접근할 수 있도록 필요한 선택 목록을 계속해서 줄여 가라고 조언하였다.

〈표 5-3〉 내용에 대한 참여 수준

참여 수준	설명
동일한 수준	아마도 작은 수정으로 학급의 다른 학생들과 기본적으로 같은 내용에 접근
다층적 수준	학생은 같은 교육과정 영역에 포함되지만 개인의 요구에 기초한 다양한 수준에서 다른 목적을 추구한다. 예를 들어, 대부분의 학생은 나눗셈을 학습하는 반면에 몇몇 학생은 빼기를 학습하고 연습한다.
교육과정 중첩 수준	학생들은 같은 수업을 받지만 다른 교육과정 영역에서의 목표를 추구한다. 예를 들어, 과학 수업에서 다른 학생들은 과학 목표를 추구하는 반면에 한 학생은 운동 범위, 의사소통, 사회화에 목적을 두고 활동한다.
대안적인 수준	학급 학생들이 추구하는 것과 관련 없는 목표에 관해 활동한다. 이는 일반교육 교실이나 대안적 환경에서 일어날 수 있다(예: 학습 센터).

그래픽 조직자와 교육공학을 사용한 내용 차이화

그래픽 조직자는 시각 학습 방식을 가진 학습자의 요구를 충족시키고 다른 학생들의 학습을 향상시킨다. 그래픽 조직자는 학생들이 강연의 내용에 집중하도록 하는 방법이나 강의 전체를 요약하는 방법으로 이용할 수도 있다. 또한 그래픽 조직자는 내용이 상호 연관되는 다양한 방법을 학습자에게 보여주는 데 이용할 수 있다. 가장 자주 사용하는 그래픽 조직자는 절차와 과정을 보여주는 순환 도표, 비슷한 점과 다른 점을 강조하는 벤다이어그램, 개념 사이의 관련성을 보여주는 개념 지도가 있다.

일반적으로 교육공학은 시각적 영상과 그래픽 조직자에의 접근을 제공한다. 예를 들어, 교사뿐만 아니라 학생들도 개요를 다양한 도표로, 도표를 개요로 전환하는 데 사용할 수 있는 소프트웨어 프로그램인 Inspiration이 있다. Udvari-Solner, Thousand, Villa, Quiocho와 Kelly(2005)는 공학이란 컴퓨터와 소프트웨어 이상의 것이라고 언급하였다. 사실, 공학은 거의 매일 새로운 모습을 보여 준다. 교육에서 공학은 계산기, 비디오카메라, 북 리더기, VCR, 휴대용 컴퓨터와 사무용 컴퓨터와 같은 컴퓨터, iPad, iPhone 및 Apple 이외의 제품과 응용 프로그램, 프린터와 스캐너와 같은 주변 장치, 워드 프로세서와 데이터베이스, 스프레드시트, 프레젠테이션 같은 일반적인 소프트웨어, 컴퓨터 보조 수업 도구를 포함한다. 또한 이메일, 원격 교육, 소셜 미디어 사이트(예: 페이스북) 같은 쌍방향 멀티미디어에 이용되는 통신망이 포함된다. 그리고 평범한 프로그램(예: 단어 예측, 철자법 및 문법 '확인', 텍스트 음성 변환 및 음성 텍스트 변환 소프트웨어, 의미 매핑 도구)에서부터 사용자 정의 응용 프로그램과 특수 응용 프로그램(예: '자동 채우기'가 관찰 결과를 기반으로 추천 및 권장을 제안하는 협력교사 관찰과 지도 응용 프로그램)에 이르기까지 급증하는 다양한 소프트웨어 응용 프로그램(apps)이 있다. 〈표 5-4〉는 내용 표현을 차이화하기 위한 추가적인 웹 기반 자료를 제공한다.

읽기에 어려움을 겪고 있는 학생이 교과서와 핵심 문헌을 소리 내어 읽는 컴퓨터를 사용함으로써 학년 수준의 자료에 접근할 수 있게 된 것은 평범한 일이 되었다(Center for Applied Special Technology: CAST, 2005). 소근육 운동의 발달 지연을 보이는 학생은 필기, 이야기, 자신의 생각을 손으로 쓰기보다는 타자로 칠 수 있도록 휴대용 키보드를 사용할 기회가 제공된다. 수학에 어려움을 가진 학생은 효과적이고 상호작용하는 매력적인 수학 소프트웨어를 가지고 활동하도록 허락된다. 쓰기 또는 작문에 어려움을 가진 학생은 문장과 단락 만들기를 도와주는 단어 예측 프로그램의 선택이 부여된다.

〈표 5-4〉 학습 내용 차이화를 위한 웹 기반 자료 예시: 표현이 다양한 수단

자료명	Adobe Reader
주소	https://www.adobe.com/products/reader.html
설명	Adobe Reader는 모든 개인용 컴퓨터의 90%에 설치되는 무료 응용 프로그램이다. 이 응용 프로그램은 일반적으로 쉬운 읽기와 기본 편집을 위해 PDF 문서를 여는 데 사용된다. 그러나 소리 내어 읽기(Read Out Loud)라고 하는 기본적인 텍스트 음성 변환 도구도 포함되어 있다. 주의 사항: 소리 내어 읽기 기능은 암호로 보호되지 않고 올바르게 태그된 파일에서만 작동한다. 이러한 조건 중 하나라도 충족되지 않으면 소리 내어 읽기는 단순히 '빈 페이지'라고 말한다.
특징	텍스트 음성 변환, Adobe, 무료, 교차 플랫폼(cross-platform)
사용방법	http://youtu.be/55ufOoCZRro
비용	무료
운영체제	Mac, Windows
자료명	Wiggle Works
주소	http://teacher.scholastic.com/products/wiggleworks/index.htm
설명	Wiggleworks는 2000년 미국 연방 읽기위원회(National Reading Panel Report) 보고서에서 강조된 다섯 가지 영역(음소 인식, 파닉스, 유창성, 어휘 및 독해)을 처리하는 독서 프로그램이다. 이러한 개념은 이야기를 소리 내어 읽을 수 있는 쌍방향 컴퓨터 기반 활동을 통해 학습된다. 학생들은 이야기를 하면서 자신의 목소리를 녹음할 수 있다. 또한 다양한 수준의 독자가 독서 개념을 더욱 강화할 수 있다.
특징	컴퓨터 및 도서 기반, 스캐폴딩된 독서 수준, 음소 인식, 파닉스, 어휘, 독해, 유창성
사용방법	http://www.montgomeryschoolsmd.org/departments/hiat/tech_quick_ guides/adobe_readout loud.pdf
비용	구매한 패키지에 따라 비용 다름
운영체제	Mac, Windows
자료명	QR Codes
주소	https://pinterest.com/shannon_p_long/qr-codes-in-the-classroom/

설명	Wikipedia에는 다양한 언어로 제공되는 많은 기사가 있다. 이러한 '언어' 중 하나는 Simple English이다. Wikipedia Simple English 홈페이지에 따르면 Simple English 형식의 기사가 111,991개 있다. 이 형식은 기본 영어 어휘와 짧은 문장으로 정보를 제공한다.
특징	기본 영어 어휘, 짧은 문장, 다양한 주제
사용방법	앞에서 언급한 웹페이지의 '검색창'에 검색어를 입력한다. 각 페이지의 왼쪽 상단 모서리에 Simple English 로고가 있다. Wikipedia의 Simple English 구역에 있는지 확실하지 않은 경우 'Simple English'를 찾을 때까지 검색어를 입력하고 페이지의 왼쪽 열을 아래로 스크롤한다(많은 언어가 여기에 나열되어 있다). 아직 선택하지 않은 경우, Simple English를 클릭한다. 주의 사항: Simple English에는 10만 개 이상의 기사가 있지만 모든 주제가 이러한 형식으로 제공되는 것은 아니다.
비용	무료
운영체제	웹 기반
자료명	QR Voice
주소	http://qrvoice.net/
설명	QR Voice는 사이트에 입력된 텍스트를 사용자 정의 QR 코드로 변환한다. 사용자는 최대 100자의 메시지를 입력할 수 있다. 이러한 QR 코드를 QR 코드 리더(예: i-Nigma, Google Goggles)로 스캔하면 텍스트를 소리 내어 읽는다.
특징	간단한 QR 코드 생성, 합성 음성, 100자 제한
사용방법	http://youtu.be/y14ws-A-yqY
비용	무료
운영체제	웹 기반
자료명	QR Stuff
주소	http://www.qrstuff.com/
설명	QR Stuff는 많은 QR 코드 생성 웹사이트 중 하나이다. 사용자는 웹사이트, 비디오, 텍스트, 가상 명함 등에 링크되는 QR 코드를 만들 수 있다.
특징	간단한 QR 코드 생성
사용방법	http://youtu.be/dRcEXEHwK-c
비용	무료
운영체제	웹 기반
자료명	ThingLink
주소	http://www.thinglink.com/
설명	ThingLink는 사용자가 이미지를 가져온 다음 '핫스팟'을 추가하여 해당 이미지를 쌍방향으로 만들 수 있게 한다. 핫스팟은 외부 웹사이트, 이미지 또는 비디오에 연결할 수 있다.

특징	간단한 QR 코드 생성
사용방법	http://youtu.be/dRcEXEHwK-c
비용	무료
운영체제	웹 기반
자료명	TarHeel Reader
주소	http://www.tarheelreader.org
설명	TarHeel Reader는 장애가 있는 학생과 성인, 교사 및 기타 관련 서비스 직원이 작성한 '서적'이 들어 있는 웹사이트이다. 이 책에는 사진이나 그림과 함께 주제의 서로 다른 측면에 대한 간단한 문장이 들어 있다. 기본적인 텍스트 음성 변환은 각 도서에 내장되어 있다. 간단한 탐색과 책의 구조는 중증 장애를 가진 학생도 핵심 교육과정에 접근할 수 있게 해 준다. 이 사이트에는 또한 어린 학생에게 적합한 자료가 있다.
특징	텍스트 음성 변환, 간단한 탐색, 다양한 주제/과목, 언어 옵션
사용방법	http://youtu.be/MF3yGOW3KQs
비용	무료
운영체제	웹 기반
자료명	Google Translate
주소	https://translate.google.com/
설명	Google Translate는 텍스트를 영어에서 스페인어로 번역하는 무료 웹 서비스이다.
특징	번역, 영어, 스페인어
사용방법	단순히 페이지의 왼쪽에 텍스트를 입력하거나 복사한다. 그런 다음 페이지의 오른쪽에 번역할 언어를 선택한다. 주의 사항:이 번역은 직접적인 문법적 번역이 아니라 통계적 일치를 기반으로 한다. 따라서 모든 번역 결과가 정확한지 확인한다. http://www.slideshare.net/paulhami/word-talk
비용	무료
운영체제	웹 기반
자료명	Shmoop
주소	http://www.shmoop.com/animal-farm/
설명	Shmoop은 재미있는 방법으로 학업 내용을 제공하는 디지털 출판사이다. Shmoop은 수학, 문학, 시험 준비에 이르기까지 학생들이 접근하기 쉬운 방법으로 정보를 제공한다. 웹사이트에 포함된 대부분의 문학작품은 책의 첫 페이지에 책에 대한 비디오 개요를 담고 있다. 또한 각 작품은 학생에게 친숙한 모국어로 요약되어 있다.

특징	문학, 비디오, 학생에게 친숙한 모국어, 유머, 학업 내용 http://www.slideshare.net/paulhami/word-talk
비용	대부분의 기능이 무료
운영체제	웹 기반

출처: Dave Hohulin, M.S., Vice President of Infinitec Services, a program of United Cerebral Palsy Seguin of Greater Chicago. 허락하에 사용.

교사와 그 외 학교 직원들이 특수 교과서를 채택할 때, 교육과정 접근을 차이화하여 학생들의 능력을 향상시키는 컴퓨터 보조 교육과정을 검토할 필요가 있다. 예를 들어, 학교의 실패로 인해 위험에 처한 학생의 성취도 데이터는 기술 기반 또는 강화된 수업 프로그램을 통해 성취도를 향상시킬 수 있음을 보여 준다[예: 특히 미국 교육청이 요구하고 교육 과학 연구소가 지정한 연구 증거 검사를 충족하는 프로그램: 정보센터(Clearinghouse)가 http://ies.ed.gov/ncee/wwc/default에서 찾은 저작물].

문화적 · 언어적 반응 기술을 이용한 내용 차이화

많은 연구는 아프리카계 미국인 학생들은 전국적으로 특수교육에 불균형적으로 배치되었고 라틴아메리카계/라틴계, 아메리칸 인디언 및 비표준 영어를 사용하는 학생들은 어떤 주에서 불규칙적으로 배치되었다는 것을 보여 준다(Artiles, Harry, Reschly, & Chinn, 2002; Artiles, Rueda, Salazar, & Higareda, 2005; Harry, 1994; Webb-Johnson, 2003). 과잉 대표성은 참여자 집단이 전체 인구 비율보다 상당히 더 큰 비율로 프로그램에서 나타날 때 존재하는 것으로 알려져 왔다. 특수교육에 있어 문화적 · 언어적으로 다양한 학생들의 과잉 대표성은 내용과 자료의 문화적으로 민감한 차이화를 보장하는 방법에 관한 영향을 증가시켰다.

게다가 오늘날 학교의 학생들은 나이, 성별, 인종, 민족, 언어, 문화, 관심사 등과 같은 여러 측면에서 다양하고 독특하다. Davis가 집계한 2008년 보고서에 따르면 유치원에서 12학년까지 약 7,990만 명의 학생 중 대다수가 비라틴아메리카계 백인(59%)이며, 다음으로 라틴아메리카계 학생(18%), 흑인 학생(15%), 아시아 학생(5%) 순이다. 반면에 비교 통계는 유치원에서 고등학교에 종사하는 풀타임 교사의 대다수가 하나의 언어를 사용하는 백인임을 보여 준다(http://nces.ed.gov/surveys/sass/tables/state_2004_18.asp). 이는 문화적으로나 민족적으로 다양한 문화유산을 가진 학생들이 하나의 언어를 사용하는 영어권 문화유산을 가진 선생님들에게 배운다는 것을 의미한다. 교사와 학생 모두 어떻게 문화적 역량을 얻을 수 있는가? Goode와 Jackson(2003)은 문화적 역량을 "다양성을 존중할 수 있는 역량, 예를 들어 자기평가 수행, 차이의 역동성 관리, 다른 문화 및 언어 유산으로부터 다른 사람들의 다양성과 문화적 맥락을 조정하는 능력"으로 정의했다(p. 2). 교사가 교육과정 접근을 불러일으킬 때 학생들에게 제기할 수 있는 질문은 "동일한 문화유산을 공유하지 않는 경우 문화적 반응과 존중하는 방법에 있어 어떻게 차이점을 평가할 수 있는가?"이다. 이 대화는 아동 및 그 가족과 문화적 반응과 책임감 있는 상호작용으로 확대될 수 있다.

같은 인종, 민족, 문화 또는 언어 배경을 공유하지 않는 교사를 가르쳐야 했던 문화적 반응과 책임감에 관한 연구로부터 무엇을 배울 수 있는가? 다행히도 텍사스 대학(예: Webb-Johnson, 2003), 캔자스 대학(예: Grossman, Utley, & Obiaker, 2003), 콜로라도 주립 대학(예: Klingner et al., 2004), 유럽 7개국의 공동 프로젝트(예: Bartolo et al., 2005), 플로리다 대학교(예: Daunci, Correa, & Reyes-Blanes, 2004) 등 세계의 많은 지역에서 연구자들이 해결책을 제공하려고 시도하고 있다.

예를 들어, 캘리포니아에 있는 문화적 · 언어적으로 다양한 두 학교에 관한 연구에서 Santamaria(2009)는 문화적 · 언어적으로 다양한 학습자들을 위한 차이화된 수업과 문화적 반응 교수의 결합이 어떻게 학습자가 극적인 성취를 얻을 수 있게 했는지를 보여 주었다. 문화적으로 다양한 초보 교사와 숙련된 교사에 관한 연구에서 Gudwin과 Salazar-Wallace(2009)는 정보를 표현하는 여러 방식을 사용하고 높은 기대치를 설정하는 것과 같이 내용에 접근하는 차이화된 방법에 어떻게 의존하는지를 설명했다. 그들은 또한 효과적인 문화 간 의사소통 방식을 개발하고 문화적으로 다양한 초임 특수교육자와 멘토의 소외와 고립을 줄이기 위해 협력학습의 협동적 학습 과정 구조를 사용했다. Grossman 등(2003)에 의해 분석된 연구는 유럽계 백인 학생들은 개인주의적 · 장독립적 · 구체적 학습자가 많은 반면에 유럽계 백인이 아닌 학생들의 학습방식은 참여적 · 또래지향적 · 장의존적 · 전체적 · 사색적 학습자가 많다고 하였다.

Daunci 등(2004)은 문화적으로 반응하는 교수법이 학생들의 배경, 학생들의 사고를 확장하는 능력, 존중 또는 공정성에 대해 교사가 생각하는 방식에 어떻게 영향을 줄 수 있는지를 설명한다. McIntyre와 Turner(2013)는 이와 같은 관점을 강조하면서 학생의 경험, 배경 및 흥미, 학습 내용 간에 유의미한 연관성을 만들기 위해 교육자에게 자기 교육(학생들의 유산, 의사소통 방식, 방언 등을 적극적으로 알기 위한)을 지시하였다. 교사는 학교와 가정의 의사소통의 다리 역할을 할 수 있는 문화 대사로서 이중 언어 보조교사와 같은 이중 언어 동료의 능력을 활용할 수 있으며 사회 구성원의 문화적 규범, 전통, 경험에 대해 교사에게 가르쳐 주어 학생들의 내용에 대한 접근성을 향상시킬 수 있다(Wenger, Lubbes, Lazo, Azcarraga, Sharp, & Ernst-Slavit, 2004).

Daunci 등(2004)의 연구는 "문화적 영향에 관한 지식과 민감성"의 주요한 태도로써 문화적 · 언어적 차이가 있는 학생들을 가르치는 교사의 능력을 확인하였다(p. 106). 학생들이 무엇을 제안하는지 들어 보라.

> 나는 내가 읽은 이야기 속에서 나와 같은 사람을 결코 본 적이 없다는 것을 선생님이 알았어야 했다. 만약 그녀가 그렇게 했다면 내가 나와 같은 사람들에 대해 읽을 수 있는 소설을 선택하는 시간을 가졌을지도 모른다. 나는 읽기를 좋아하고 학교가 더 좋았을지도 모른다.

고등학생에게 교사가 자신에 관해 알기를 원하는 것이 무엇인지 물었을 때 나온 이 말은 학생들이 읽는 문학이나 교과서에서 자신을 보는 것이 중요함을 강조한다(Udvari-Solner et al., 2005, p. 102). 문화적으로 영향을 받기 쉬운 내용과 자료의 차이화를 연습한 교사는 다인종 학생, 다문화 학생, 장애학생이 모든 내용 영역에 사용되는 매체에서 자신을 볼 수 있게 해야 한다. Webb-Johnson(2003)은 아프리카계 미국인 학생들을 가르치는 교사는 배우고 있는 내용 영역에 뛰어난 아프리카계 미국인을 강조한다는 것을 제시할 때 이러한 연습을 강조하였다. 과학 기준(science standards)이 발명과 관련 있을 때, 아프리카계 미국인 발명가와 과학자를 학생들에게 소개할 수 있다. 미국의 중서부와 서부 지역의 확대를 검토할 때, 교사는 학생들이 아프리카계 미국인 개척자가 발전에 있어 했던 역할에 관해 연구하고 학습하도록 준비할 수 있다.

수업의 내용과 자료에 대한 접근을 보장하기 위한 문화적으로 민감한 다른 방법은 역할놀이, 재연, 시뮬레이션을 포함한다. 공학 도구를 사용하면 내용을 양방향, 다중모드, 국제적으로 만들 수 있다. 전 세계의 교사와 학생 간의 교육과정에 대한 의사소통을 허용하여 교실을 국제적으로 확장할 수 있는 Skype, Google 행아웃, 트위터, Google 문서 도구와 같은 도구를 사용함으로써 교육 내용의 확장과 차이화 가능성을 고려하라(Barnett, 2003).

학생들이 시뮬레이션, 상호작용, 협동학습 기반 경험(예: 양방향 슬라이드 강의 대화, 짝 기술을 북돋워 주기 연습, 문제 해결 그룹 작업, 응답 그룹)에 참여하면 내용을 생생하게 가져와 교육과정 경험을 얻을 수 있다. 사실, 협동학습 전략은 문화적으로 민감한 것으로 나타났다. Johnson과 Johnson(2002)은 다른 문화와 민족의 전통에 관한 부족한 정보는 책 읽기를 통해 얻을 수 있다는 것을 주장함으로써 이 영역에 관한 연구를 요약하였다. 더 정확히 말하면, 학생은 다양성의 가치를 배우고, 그것을 창의적 문제 해결에 사용하고 다양한 모둠의 구성들을 알고 함께 작업하고 개별적 상호작용을 통해 다양한 또래와 함께 효과적으로 작업하는 능력을 발달시킨다.

영어 학습자를 지원하기 위해 이용되는 내용에 접근을 촉진하는 중요한 접근 설정을 **보호 수업**(sheltered instruction)이라고 한다(Echevarria & Graves, 2003; Echevarria & Short, 2010; Short, Echevarria, & Vogt, 2012). 보호 수업에서 교사는 정규 핵심 교육과정을 사용하고 같은 시간에 학생의 영어 발달을 촉진하는 동시에 이해할 수 있는 내용을 만들기 위해 교수 방법을 변화시킨다. 교사는 명확하고 직접적이며 간단한 영어와 내용 영역에서 의미 있는 입력을 전달하는 다양한 스캐폴딩 전략을 사용한다. 학생의 이전 지식에 새로운 내용을 연결시키고 학생들 사이에 협력이 요구되며 교육과정 자료를 통해 나선형으로 움직이는 학습 활동은 영어 학습자에게 영어로 말하는 또래에게 제공되는 내용에 대한 같은 접근을 제공한다. 동시에 이러한 학습 활동은 영어 학습자의 숙련도 수준에 맞게 수업을 조정하고 학생의 차이점을 존중한다. 〈표 5-5〉는 수업 중 내용 교육을 보호하기 위한 몇 가지 전략을 제공한다.

〈표 5-5〉 보호된 영어 기술의 예시

1. 몇 가지 주요한 아이디어에 초점을 두고 수업을 계획하라.
2. 긍정적 · 지원적 환경을 만들라.
3. 핵심 개념을 보여 주고 시연하고 검토하라.
4. 의도적이고 확실한 활동을 유지하라.
5. 학생들이 언어를 사용하고 연습할 기회가 있는 적극적인 참여를 사용하라.
6. 주요 개념에 관한 맥락을 제공하는 다양한 투입 형식을 사용하라. 예를 들면, 실물, 시연, 구체물 등이 포함된다.
7. 학생들의 배경지식과 경험에 접근하고 관련지으라.
8. 실생활 활동을 사용하라.
9. 말하는 데 있어 언어적 부담을 줄여라. 문장을 단순화하고 일시적 중지를 사용하라. 비언어적 단서로 메시지를 지원하라.
10. 더 접근하기 쉬운 교재를 채택하라. 예를 들면, 개요와 그래픽 조직자가 있다.

요약하면 내용을 이해하기 위한 문화적 · 언어적 반응 전략은 전통적으로 유색 인종 학생, 다문화 학생, 영어 학습자를 지원하기 위해 사용되었지만 일반교육 교실에서 다른 많은 학습자가 쉽게 이용할 수 있는 전략이기도 하다. 우리가 수년 동안 교사로부터 수집한 문화적으로 반응하는 내용 접근 전략에 대해서는 〈표 5-6〉을 보라. UDL, 보호 수업 및 다양한 학습자를 위한 문화적 · 언어적 반응 교수 방법에 대한 최근의 종합조사를 보려면 http://www.cde.ca.gov/ci/rl/cf/elaeldfrmwrkchptrs2014.asp에서 2014년 캘리포니아 교육부 '영어 교과/영어 발달 체계'(특히 9장 참고)를 보라. 영어 학습자를 위한 필수 과목에 접근하기 위한 추가적인 아이디어는 응용 언어학 센터 실무자 지침서를 참조하라(Duguay, Massoud, Tabaku, Himmel, & Sugarman, 2013).

〈표 5-6〉 추가적인 내용 차이화 전략

지시사항: 학생을 위해 수업 내용을 차이화해야 할 필요성을 생각할 때, 어떤 지원이 가장 방해가 되지 않으며, 필요한 만큼 특별하며, 가장 자연스러운 지원인지 확인하는 데 도움이 되는 이 체크리스트를 사용하라.

교과 차이화 제시

_____ 학생의 학습 방식/강점 지능을 가르쳐라.

_____ 언어 지능 _____ 논리/수학 지능 _____ 시각/공간 지능 _____ 자연친화 지능

_____ 신체/운동 지능 _____ 음악/리듬 지능 _____ 대인관계 지능 _____ 자기성찰 지능

_____ 개조되거나 전문화된 교육과정을 사용하라.

_____ 수업 강의나 토론을 오디오나 비디오로 기록하고 나중에 재생해 보라.

_____ 미국 수화 또는 전체 의사소통을 사용하라.

_____ 미리 작성된 메모, 개요, 시각적 선행조직자(예: 마인드 맵) 또는 순서를 제공하라.

_____ 반 친구의 메모 사본을 제공하라(예: 사진 복사, 휴대전화 또는 iPad의 사진).

잠재적인 기술 향상: 라이브스크라이브 펜

설명: 메모를 할 때 학급의 소리를 녹음하라. 펜의 펜촉에 내장된 작은 카메라가 특수 용지의 모든 펜 스트로크를 기록한다. 강의가 끝나면 펜으로 글의 아무 부분이나 가볍게 접촉할 수 있으며 그 순간의 오디오가 재생된다. 이 파일들은 학급 전체가 사용할 수 있도록 컴퓨터로 전송하거나 오디오를 별도의 MP3 파일로 저장하여 전송할 수도 있다.

http://www.livescribe.com

_____ 시연 및 모델을 제시하라.

_____ 조작물과 실제 물건을 사용하라.

잠재적인 기술 향상: National Library of Virtual Manipulatives

설명: (웹사이트에서) "모든 단계에서 수학을 배우고 이해하려면 학생의 참여가 필요하다. 말했듯이, 수학은 관중 스포츠가 아니다. 현재 진행 중인 수업에는 너무 많은 부분이 학생들을 적극적으로 참여시키지 못한다. 문제를 해결하는 한 가지 방법은 학생들이 연관성과 적용을 시각화하는 데 도움이 되는 조작 도구(manipulatives), 실제 물건을 사용하는 것이다. 이제 우리는 컴퓨터를 사용하여 같은 목표를 달성할 수 있는 가상 학습 환경을 만들 수 있다."

http://nlvm.usu.edu/en/nav/vlibrary.html

_____ 중요한 정보 또는 주요 아이디어를 강조하라.

잠재적인 기술 향상: Shmoop

설명: Shmoop은 문학, 베스트셀러, 과학과 역사와 같은 학술 주제에 대한 요약 및 중요한 부분을 제공한다. 학생에게 친숙한 모국어로 작성되어 있으며, 작품이나 구절의 주요 초점을 찾을 때 교사와 학생들을 도울 수 있는 많은 도구를 제공한다.

http://www.shmoop.com

_____ 사전 교수 어휘

잠재적인 기술 향상: Visuwords

설명: Visuwords는 사용자가 검색 필드에 단어를 입력하고 해당 단어, 정의, 동의어, 품사를 시각적으로 표시한다. 이 웹사이트는 단어 간의 관계에 대해 학습하는 환상적인 도구이다. 사용자는 새로운 단어를 두 번 클릭하고 화면 주위에서 품사를 움직여 각 '단어 웹'을 조작할 수 있다.

http://www.visuwords.com

_____ 어휘 파일(예: 단어 벽, 개인 사전)을 만들고 사용하거나 어휘 목록을 제공하라.

잠재적인 기술 향상: Microsoft Word/Google Docs

설명: 학생들은 자신의 맞춤 단어 목록을 입력할 수 있을 뿐 아니라 그 단어를 도형에 추가하거나 함께 첨부할 그림을 삽입할 수 있다. 단어가 도형에 추가되거나 글상자로 삽입되면 화면 주위를 이동할 수 있고 다양한 배열로 표시할 수 있다.

http://www.microsoft.com http://www.google.com

_____ 읽기 과제의 언어 수준 줄이기

잠재적인 기술 향상: Newsela

설명: Newsela는 정기 간행물의 최신 행사 기사를 제공하고 사용자가 5개의 다른 학년 중에서 하나를 선택하여 읽을 수 있는 구독 서비스이다. 모든 기사는 영어 과목에서 공통 핵심 국가 기준에 부합한다. 많은 사람들이 퀴즈를 이용할 수 있으며 유료 구독을 통해 교사는 기사를 찾고 학생들에게 배포하고 퀴즈 결과를 추적할 수 있다.

http://www.newsela.com

_____ 수업 또는 활동에서 앉는 시간을 줄이라.

_____ 일기 또는 학습 일지를 사용하라.

_____ 지시나 질문을 바꿔 쓰거나 말하라.

_____ 기본 언어로 주요 개념을 예습 및 복습하라.

잠재적인 기술 향상: Google Translate

설명: Google Translate(웹 버전 및 앱)를 사용하면 사용자가 검색 필드에 메시지를 입력하거나 말하면 여러 언어로 번역된다. 이 번역은 텍스트로 제공되며 오디오 파일로 재생될 수도 있다.

http://translate.google.com

자료 차이화

_____ 한 페이지의 자료의 양을 제한하라.

잠재적인 기술 향상: Text Compactor

설명: Text Compactor는 사용자가 붙여 넣거나 글을 입력하는 간단한 사이트이다. 그런 다음 슬라이더를 왼쪽이나 오른쪽으로 이동하여 표시되는 텍스트의 양을 결정한다.

http://www.textcompactor.com

_____ 글 및 기타 수업 자료를 기록하라.

잠재적인 기술 향상: Audacity

설명: Audacity는 사용자가 오디오를 녹음하고 조작(예: 스테레오 트랙 생성 또는 잡음 감소)하고 MP3 파일로 저장할 수 있는 무료 오디오 녹음/믹싱 프로그램이다.

http://audacity.sourceforge.net

_____ 보충 자료를 사용하라.

_____ 메모 작성 지원을 제공하라.

_____ 수업 노트를 복사하라.
_____ 검사 및 수업 노트를 컴퓨터로 스캔하라.
_____ 대형 인쇄물을 사용하라.
_____ 점자 자료를 사용하라.
_____ 커뮤니케이션 북이나 보드를 사용하라.
_____ 통신 응용 프로그램과 함께 컴퓨터/휴대용 장치(예: iPad)를 사용하라.
_____ 보조 기술 및 소프트웨어(예: 텍스트 음성 변환 소프트웨어)를 사용하라.
_____ 예습 및 복습을 위해 본문 및 자료 세트를 가정에 제공하라.

특수 장비 또는 절차

_____ 휠체어
_____ 스탠딩 보드
_____ 수정된 키보드
_____ 전환
_____ 워커
_____ 배치
_____ 음성 합성기
_____ 보완 대체 의사소통 장치

내용 결정에 학생 포함하기

우리는 "교육과정에 대한 인지적·감각적 접근은 학습을 위해 교육과정과 상호작용할 수 있는 학생으로부터 시작된다"(p. 6)라고 쓴 Orkwis와 McLane(1998)의 충고에 동의한다. 이는 내용 전달과 자료에 대한 접근은 학습자 측면에서 명확한 활동의 방식이 되어야 한다는 것을 의미한다. 학습자가 내용에 능동적으로 참여할 때, 학생들의 과제 시간이 늘어난다. 늘어난 과제 시간은 성취 향상과 관계가 있다(Gest & Gest, 2005).

Udvari-Solner, Villa와 Thousand(2005)는 학생들이 주제에 관해 알기를 원하는 내용을 능동적으로 확인하는 방법을 설명하였다. 그들이 제시한 시나리오에서 교사는 주제와 성취기준을 소개한다. 그리고 사전 지식을 유도하고 차시 또는 단원의 방향을 설정하기 위해서 교사는 주제에 관해 현재 알고 있는 것과 배우기 원하는 것을 보여 주기 위해 사용할 수 있고 학습한 것을 보여 주기 위한 방법인 'K-W-L'로 분류되는 3열의 그래픽 조직자를 소개한다. Carr와 Ogle(1987)은 학생들이 내용을 이해하고 요약하도록 지원하는 K-W-L 절차를 사용하는 방법을 설명하였다. 개별 회의에서 교사와 학생은 교육과정 기준과 학생 활동의 주안점을 선택하기 위해 학급의 관심 질문 목록을 검토한다.

내용 차이화에 있어 협력교사의 역할

교사는 다양한 이유로 협력교수를 결정한다. 가장 중요한 이유 중 하나는 협력교사가 교육에 관한 지식, 기술, 태도의 다른 설정을 학습자에게 준다는 것이다. 예를 들어, 당신의 협력교사는 2장에서 본 Jupp와 Dondero의 협력교수 팀과 유사한가? 만약 그렇다면 당신은 수학교사가 수학의 특별한 개념을 가르치는 데 있어 내용과 자료에 익숙한 반면에 특수교육자는 내용과 자료를 장애학생에게 더 잘 접근할 수 있도록 하는 전략에 더 익숙하다는 것을 볼 수 있다. 교사가 협력교수 접근이 필요한 수업을 선택했을 때, 내용 접근을 위하여 내용과 전략에 관한 자연적 분업이 나타난다.

몇몇 협력교사들은 역할의 경계를 허물어 내용과 자료의 차이화에 관한 정보를 수집하기로 결정하였다. 즉, 특수교육자는 자료와 내용의 대안을 모을 수 있고 수학교사는 내용과 자료를 제시하는 다른 전략을 모을 수 있다. 협력의 가장 중요한 요소는 누가, 언제, 무엇을 할 것인가에 관한 대화를 하는 것이다. 연결된 분업과 추가 정보를 가지고 협력교사들은 적절한 시기에 학습자에 관한 정보를 내용과 자료에 접목할 수 있다.

멈추고 되돌아보기

3장에서 제공된 수업 계획안 〈표 3-1〉을 다시 살펴볼 시간이다. '내용(학생들은 무엇을 배울 것인가?)' 부분에 초점을 맞추어라. 마음속으로 학생에 관해 수집한 자료를 가지고 모형의 내용 부분에서 나타난 질문을 고려해 보라. 자신에게 다음 질문을 하라. "학업적 또는 사회적 목표는 무엇인가?" "어떤 내용 기준(필수 과목, 영어 발달, 기타)이 다루어지는가?" "개념과 내용을 어떠한 순서로 가르칠 것인가?" "내용을 제시하는 데 있어 특별한 방법(예: 점자, 단순화된 교재, 그림으로 된 개념 설명 등)이 요구되는 특별한 학생이 있는가?" "학생이 내용에 접근할 수 있도록 어떤 다층적 또는 다감각적 자료를 지원하는가?" "다양한 학생들의 의미 있는 내용 접근을 위해 요구되는 다양한 목표가 있는가?"

이러한 질문을 고려할 때 학생들의 다양한 학습 선호에 어떻게 대처하려고 하는지 자신에게 질문하는가? 학급의 모든 학생들의 내용 접근을 촉진하는 분류체계, 그래픽 조직자, 공학, 다층적 교육과정, 다양한 학생 참여 수준, 문화적 반응 기술, 학생의 강점과 관심 등을 사용할 수 있는가?

필요한 조정과 개선을 이미 만들었다면 UDL 사이클의 다음 단계(차이화된 학생 결과물)로 진행할 준비가 된 것이다. 다음 6장은 학습한 것을 보여 주는 다양한 방법과 평가 방법을 학생들에게 어떻게 제공하는지에 관한 많은 아이디어를 제공한다.

06

학습 결과의 차이화와 평가

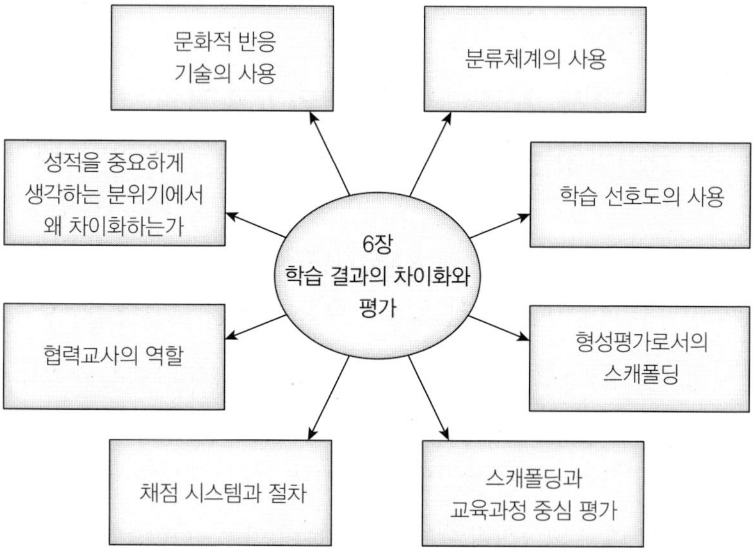

[그림 6-1] 6장의 내용 체계

측정하기 때문에 키가 성장하는 사람은 없다.

– Phillip Gammage, 교수 및 정책 전문가

보편적 학습설계의 단계들을 설명한 그림에서 알 수 있듯이, 교수 내용, 학습 결과, 학습 절차는 학습자들에 관한 정보와 서로 밀접하게 연결되어 있다. 앞 장들에서 학습자에 대한 정보를 모으고, 수업에 필요한 핵심 내용과 자료를 차이화하는 방법들에 대하여 파악했다면, 이제는 학생들이 어떻게 그들이 아는 것, 즉 수업의 결과를 보여 줄 수 있을지에 대하여 설명할 것이다.

이 장에서 여러분은 다음과 같은 질문에 어떻게 답할 수 있을지 알게 될 것이다.

- 왜 교사는 학습 결과물을 차이화해야 하는가?
- 교사는 어떤 방법으로 학습 결과물을 차이화하고 평가할 수 있는가?
- 학습 결과물을 차이화하고 평가하는 데 있어 교사의 역할은 무엇인가?

시험을 중요하게 생각하는 사회적 분위기 속에서 왜 평가를 차이화하는가

중요한 시험에서 학생의 성취도를 책임져야 하는 시대에, 왜 교사는 학생의 학습을 문서화할 수 있는 다른 방법들을 고려해야 하는가? 교사는 학생의 중요한 시험 성적을 관리해 주고 해석해 주는 책임뿐만 아니라 장애학생, 다문화 학생, 저소득층 학생, 영재학생, ELS 환경의 학생을 포함한 모든 학생이 학습 결과까지 도달하게 하는 책임도 있다.

학생의 결과물에 대해 대안적인 평가를 고려해야 하는 중요한 이유는, 한 번의 시험으로 모든 것이 결정되는 사회적 분위기에서는 교사들이 그들의 교수법을 바꾸기 어렵기 때문이다. 게다가 다른 방식으로 배우고 나타내는 기회를 충분히 가진 학생들은 1년에 한 번 실시되는 중요한 평가를 잘 수행할 수 있는 능력이 강화된다.

평가를 차이화하는 교사는 학생이 다양한 방법으로 그가 아는 것을 보여 줄 것을 권장한다. 결과물과 평가 절차를 차이화하는 중요한 이유는 학생이 교사가 가르친 것을 배우게 하기 위한 것이다. 차이화된 평가에서 모은 정보는 학생들의 다양한 요구가 반영된 더 좋은 수업을 설계하도록 도와준다.

평가를 차이화하는 또 다른 중요한 이유는 학습이 일어나는 것을 보여 줄 수 있는 다양한 기회를 가져 보는 것에 많은 장점이 있기 때문이다. 수업 중 이해한 개념들을 연설, 연기, 설명, 도표 등의 방법으로 나타낼 기회를 자주 가진 학생들은 그들이 아는 것을 다른 방법으로 보여 주는 것(예: 지필검사)에 대하여 덜 불안해한다.

예를 들어, VanDerHayden과 Burns(2005)는 유치원부터 6학년까지의 학생들의 수학 성취도를 추적하기 위해 교육과정 중심 평가 시스템을 마련했다. 2개월에 한 번씩 수합된 자료는 각 단계마다의 숙달 정도를 추적하기 위해 사용되었다. 특정한 교수 중재를 추적하기 위해서 자료를 매일 수집하기도 했다. 학생들은 이 프로그램으로 교육받은 후 1년 안에 유의미한 진전을 보였고, 학교도 이 프로그램을 수행한 후 Standford-9[1] 시험의 수학과목 결과가 유의미하게 증가되었다.

보편적 학습설계 원리에 따라 중요한 시험을 적용한 연구자들은 최상의 고무적 결과들을 몇 가지 보고하고 있다. 기술적으로 가능한 평가 시스템을 사용하고 스캐폴딩을 평가 항목에 통합함으로써 접근성이 향상되었다(Almond et al., 2010; Beech, 2005). Dolan 등(2005)은 학습장애를 가진 고등학교 10학년 학생들에게 미국 역사와 시민론 과목의 국가 차원 성취도 평가에서 2개의 동등한 형식을 제공하는 대조되는 방법을 연구했다. 한 학생 그룹은 종이와 연필을 이용한 전통적인 형태의 시험을 쳤고, 다른 그룹의 학생들은 선택적으로 글을 음성으로 변환할 수 있는 컴퓨터 기반의 시스템을 사용하여 시험을 쳤다. 시험 점수는 두 번째 시험의 점수가 유의미하게 상승한 것으로 나타났다. 그리고 학생들도 두 번째 시험 방식을 더 선호하는 것으로 나타났다. 이 연구는 장애학생의 지식을 더 공정하고 정확하게 평가하는 보편적 학습설계 평가를 설계할 때 디지털 기술의 이점과 유용성을 활용할 것을 권장하고 있다.

교사가 평가를 차이화해야 하는 이유는 성취 결과와 관련이 있다. 한 번의 시험이 모든 것을 결정하는 시대에서 차이화된 평가는 학생들이 시험에 통과될 가능성을 증가시킨다. 미국 교육부가 지원한 프로젝트 사업들을 통해 개발된 최신의 평가 자료들은 'Ideas that Work'(www.osepideasthatwork.org/udl/assessment.asp)라는 웹사이트에서 볼 수 있다. 여기서 우리는 공통 핵심 국가 기준을 측정하기 위해 더 똑똑하고 균형 잡

1) 역자 주: Standford-9은 유치원부터 12학년까지의 학생들의 교육과정 성취도를 평가하는 시험을 말한다.

힌 평가 시스템, 대학 및 진로평가 시스템 준비의 평가를 위한 파트너십(Partnership for Assessment of Readiness for College and Careers: PARCC)을 개발하려는 개발자들에 주목해야 한다. 그들은 더 정확한 평가 결과를 도출하기 위해 디지털 기술을 이용하여 더 실제적인 평가 과제들을 만들고 있다. 디지털 기술과 그것을 지원하는 인프라들은 ① 학생 평가 결과를 좀 더 빠르게 수합 및 가공해 주고, ② 교사에게 교육과정에 관한 학생 정보를 신속하게 제공하여 교실에 있는 동안 학생들에게 차이화 교수를 사용할 수 있게 한다. 〈표 6-1〉은 평가 방법과 평가 결과물을 차별하는 것을 지원하기 위한 많은 웹사이트를 보여 준다.

〈표 6-1〉 평가 결과물의 차이화를 위한 웹사이트: 표현과 활동의 다양한 방법

자료명	VoiceThread
주소	http://www.voicethread.com http://www.adove.com/products/reader.html
설명	VoiceThread는 UDL의 세 가지 원리를 구현하는 도구이다. 이 도구를 사용하면 온라인에서 슬라이드 쇼를 만들 수 있다. 슬라이드 쇼에 텍스트 또는 오디오 노트를 추가하거나 쇼에서 이미지를 그릴 수 있다. 게시된 슬라이드는 다른 사용자가 텍스트 메모, 음성 또는 비디오 형식으로 자신의 설명을 추가할 수 있다. 사용자는 주제에 대한 지식을 공유하고, 다른 학생의 작업에 대해 의견을 말하고, 다양한 미디어를 통해 질문에 대답할 수 있다.
특징	그림, 문자, 음성, 비디오, 슬라이드 쇼
사용방법	http://www.teachertrainingvideos.com/voiceThread
비용	유치원에서 12학년까지 사용료(1인): 1년 79$, 1월 15$
운영체제	웹 기반, iOS
자료명	Blabberize
주소	http://www.blabberize.com http://youtu.be/FEtUu1r8Pe4 Blabberize+Tutorial.pdf
설명	Blabberize는 사용자가 그림을 업로드하고, 그 그림에 '입'을 그려 목소리를 녹음해서 그림이 말하게 만들어 주는 웹 도구이다. Blabbers는 교실 웹페이지에 삽입할 수 있으며 Blabber 이메일로 보낼 수 있다. 사용자는 전통적인 글쓰기 방식에서 벗어나 재미있고 매력적인 도구를 사용하여 주제에 대한 지식을 공유할 수 있다.
특징	상호작용 그래픽, 음성 녹음, 맞춤 이미지, 비디오 출력

사용방법	http://youtu.be/FEtUu1r8Pe4 http://alabamalearningexchange.wikispaces.com/file/view Blabberize+Tutorial.pdf
비용	무료
운영체제	웹 기반
자료명	ReadWriteThink
주소	http://www.readwritethink.org https://pinterest.com/shannon_p_long/qr-codes-in-the-classroom/
설명	ReadWriteThink는 기술적으로 학생들의 학습을 향상시키기 위해 '하이브리드' 접근 방식을 제공하는 웹사이트이다. 온라인에서 학생들이 상호작용하며 쓰기를 할 수 있는 구조화된 양식들이 있다. 그런 다음 이메일로 보내거나 인쇄하여 추가 작문 작업의 기초로 사용할 수 있다. 글쓰기를 지원하는 도구에는 Compare and Contrast Maps, Comic Creater, Essay Map 및 다양한 단어 게임과 퍼즐이 있다.
특징	쓰기 지원, 온라인 도구, 프린트, 이메일, 쓰기 촉진, 게임, 퍼즐
사용방법	http://www.youtube.com/user/RWTnow?feature=watch
비용	무료
운영체제	웹 기반
자료명	LetMeType
주소	http://www.eduapps.org
설명	LetMeType은 무료 단어 예측 프로그램이다. 입력된 텍스트는 사용자 정의 사전에 자동으로 복사되고 교사는 주제별 텍스트를 쉽고 간단하게 복사하여 학생을 위한 맞춤식 단어 은행을 만들 수 있다. 학생들이 단어를 타이핑하면, 사용자 정의 사전에 학생들이 선택할 수 있는 목록으로 나타난다.
특징	단어 예측, 복사 및 붙이기, 단어 목록, 맞춤형 사전
사용방법	http://www.youtube.com/watch?v=bbO9k7d5P_U
비용	무료
운영체제	컴퓨터에서만 가능
자료명	Vocaroo
주소	http://www.vocaroo.com
설명	Vocaroo의 장점은 단순함이다. 녹음 버튼을 누르기만 하면 된다. 녹음을 하고, 멈추고, 사운드 파일에 대한 링크를 이메일로 보내거나 웹페이지에 삽입한다. 녹음이 끝나면 QR 코드를 쉽고 빠르게 만들 수 있다.
특징	음성 녹음, 이메일 파일, 내장 파일, 간단한 QR 코드 생성

사용방법	http://youtu.be/dBUsOrAXcLw
비용	무료
운영체제	웹 기반

출처: Dave Hohulin, M. S., Vice President of Infinitec Services, a program of United Cerebral Palsy Seguin of Greater Chicago. 허락하에 사용.

학습 결과의 차이화와 평가를 위한 문화적 반응 기술의 사용

Carol Thomas, Vivian Correa와 Catherine Morsink(1995)는 다문화 학생이 평가를 받을 때 받는 충격을 연구한 전문적인 연구자들이다. 그들은 교육자들이 시험의 형태와 목적이 다양함을 이해하고, 시험이 탈문화적인지, 특정 문화적인지, 영어 기반 시험의 번역물 형태인지, 다원적인지, 적용 가능한지 또는 다음 기술들에 근거한 역동성이 있는 시험인지 아닌지를 결정할 수 있어야 한다고 하였다.

- 문화적으로 자유롭고 공정한 시험은 문화와 관련 없이 성장의 측면을 측정하는 것이다.
- 특정 문화적 시험은 비주류 문화 내의 지식과 능력을 평가하는 대신, 주류 문화의 가치를 반영하는 학교 학습을 측정하는 것으로 제한된다.
- 언어 번역 시험에서는 시험 항목에 내재된 원래의 취지를 훼손하지 않아야 한다.
- 다원적 평가(pluralistic assessments)는 (주류 집단에 의해 규정된 정형적인 단일평가와는 반대로) 다양한 사람들에 기준이 되는 의료적 상태, 사회적 수행, 잠재적 학습을 측정한다.
- 적응 행동 평가(adaptive behavior assessments)는 사회 · 문화적 요구에 대처하는 학생들의 능력을 측정하며, 학업적 수행을 측정하지는 않는다.
- 역동적 평가(dynamic assessments)는 기술을 획득하기 위해 학생들에게 무슨 교수가 필요한지에 대한 정보를 제공해 주기 위해서 ['사전-사후 시험(pre-post testing)' 또는 '임상적 교수(clinical teaching)' 또는 '자료 기반 평가(data-based assessment)'라고 알려진] '시험-교수-시험'의 절차를 사용한다.

이와 같은 방법들처럼 문화적으로 민감한 평가들은 학생들의 올바른 변화를 위해 즉각적이고 정확한 피드백을 줄 수 있으며, 학생들이 알고 있는 것을 학생 개개인의 문화에 가장 적합한 형태로 나타낼 수 있도록 한다. 이것은 학생들이 실수를 적게 하고, 정확하게 배울 수 있게 도와준다. 지필시험의 대안적인 방법들은 종종 학생의 학습에 엄청난 깊이와 효과를 드러내게 할 수 있다. 예를 들어, 교사들은 인터뷰를 녹음하거나 교육적인 대화를 하도록 구성할 수 있다(예: Echevarria & McDonough, 1995). 학생들에게는 아는 것을 보여 주기 위해 시각적 결과물, 이야기나 노래를 창조하는 것을 권장할 수 있다.

Echevarria와 McDonough(1995)가 기술한 것처럼, **교육적인 대화**는 언어 발달의 기회를 촉진하는 방법이고, 전체 설명 중에서 핵심 주제를 알려 주며, 특별한 요구를 가진 학습자뿐만 아니라 ESL 환경의 학습자에게도 쉽게 적용할 수 있는 장점이 있다.

성공적인 학습자는 (학습에 어려움이 있는 학생들에 비해) 개인이 가지고 있는 배경지식과 배우게 된 지식들을 통합하고, 배운 것을 지속적으로 자기 모니터링하며, 생각들을 의미 있게 연결할 가능성이 높다. 이중 언어를 구사하는 학생과 특별한 요구가 있는 학생은 종종 기초가 되는 연결들을 가지지 않기 때문에, 그들이 배운 것을 이해하지 못한다. 교육적인 대화는 학생들이 배운 것을 연결하고, 분석하고, 곰곰이 생각해 보기 위한 학습 상황을 도입함으로써 학생들의 이해력을 촉진한다.

다음으로, 문화적으로 민감한 평가 실제는 동기유발의 형태로, 적은 경쟁요소를 지닌 게임 형식을 사용한다. 예를 들어, 창의적인 문제 해결을 권장하는 다른 방식과 함께 'Name That Tune'[2]과 'Jeopardy'[3]라는 텔레비전 게임의 형식을 따라 한 'Name that Equation'[4]은 차이가 있는 난이도와 복잡성이 가능하다. 게다가 게임 형식은 동기를 부여하고, 다양한 움직임의 차이를 가진 학생들이 모두 참가할 수 있으며, 교사나 또래가 도움을 줄 때 학생 각자의 잠재적인 학습 수준을 말하는 근접발달영역(Zone of Proximal Development: ZPD)을 활용할 수 있게 도와준다. 근접발달영역은 교사나 유

2) 역자 주: 노래를 듣고 노래의 제목을 맞추는 형식의 게임이다.

3) 역자 주: 참가자가 문제 영역과 난이도를 선택하고 문제를 푸는 형식의 게임이다.

4) 역자 주: 'Name that Tune'과 'Jeopardy'를 합쳐 놓은 형식의 게임이다.

능한 또래로부터의 도움이 있을 때와 없을 때 나타나는 특정한 능력 범위를 말한다 (Vygotsky, 1987).

학생들의 근접발달영역 내에서 효율적인 스캐폴딩[5]을 주기 위해서 교사는 교수–학습 과정 전반에 걸친 학생과 교사의 다양한 역할에 대해 인식해야 한다. 특히 교사 또는 친구는 학생을 위한 행동의 모델이 된다. 학생은 교사 또는 친구의 행동을 관찰하고 모방한다. 교사 또는 친구가 모델과 자극을 사라지게 한다. 학생들은 기술이 숙달될 때까지 (다른 사람들을 스캐폴딩하며) 상보적 교수를 연습한다. Vygotsky는 학생이 혼자 학습할 때보다 다른 사람의 도움을 받으면서 할 때 정신 발달이 더 잘 일어난다는 점을 강조한다.

Duda와 Utley(2006a, b)는 행동 양식, 논쟁하는 스타일, 질문하는 양식, 공유에 대한 태도, 리더십에 관한 믿음처럼 아프리카계 미국인, 유럽계 미국인, 아시아계 미국인, 라틴아메리카인, 아메리카 원주민 각각의 아이들에 따라 문화적으로 영향을 받는 행동들이 어떻게 다른지를 비교했다. 교사는 학생의 수행 정도를 평가할 때 앞의 요소들을 중요하게 생각하는 것이 좋다. Klingner와 Edwards(2006)는 문화적으로나 언어적으로 다양한 사람들을 평가하기 위한 증거 기반 방법들을 사용하는 것이 중요하다고 하였다. 교사들이 문화적 반응 교수 기술들을 습득했을 때, 학생들의 언어 구사 능력과 읽고 쓸 수 있는 능력을 정확하게 평가할 수 있다(Ortiz, 2001). Townsend(2002)는 문화적 반응 방법으로 설계하고 평가하는 것을 모르는 교사가 없어야 한다고 주장했다.

학습 결과와 평가를 차이화하기 위한 분류체계와 학습 선호도

분류체계를 이해하는 것은 학생들이 자신이 배운 것을 증명하기 위해 만들어 내는 결과물을 차이화하는 것을 도와줄 수 있다. 학생들에게 그들이 가지고 있는 지식, 이해, 적용, 분석, 종합, 평가의 단계들을 보여 주기 위한 완전한 기회를 주는 것은 교사들

5) 역자 주: 학습자에게 적절한 인지적 도움과 안내를 제공하여 학습을 촉진시키는 전략을 일컫는 말이다. '비계' '비계학습' 등으로 해석할 수 있다.

에게 매우 중요하다. 종종 교사들은 장애를 가진 학생이나 언어 발달 단계에서 표현언어 능력만을 가진 낮은 수준의 학생에게는 오직 지식과 이해의 수준만을 제공한다.

〈표 6-2〉 학습 결과를 차이화하기 위한 Bloom의 분류체계 사용

Bloom의 분류체계	학습 시연을 위한 다른 결과물의 예시
지식	플래시 카드, 수수께끼, 스크랩북, 그림, 퍼즐, 녹음하기, 모빌, 콜라주, 만화
이해	그림 사전, 팜플렛, 뉴스 이야기, 책 보고서, 도표, 수필, 게시판, 일기
적용	도표, 그래프, 모델, 요지경 상자(peep show), 전시, 인터뷰, 설문조사, 미니-센터(mini-center), 실험
분석	파워포인트 발표, 구술 보고, 비디오 준비, 스크롤, 수집품
평가	지필 보고서, 스크롤, 책 논평, 사진/그림 수필, 광고, 사설, 토론, 프로젝트
종합	시 창작, 노래, 게임, 연극, 연설

학습 결과와 평가를 차이화하기 위한 Bloom의 인지 분류체계의 사용

〈표 6-2〉는 Bloom, Englehart, Furst, Hill과 Krathwohl(1956)이 개발한 분류체계의 각 단계들에서 만들 수 있는 다양한 학습 결과물 목록을 보여 준다. Bloom처럼 분류체계를 사용하면, 우리는 인지적으로 다른 수준에 있는 학생들이 학습을 설명하는 방법들을 차이화할 수 있다. 예를 들어, 일부 학생들은 의미 있는 사건의 날짜를 기억하고 미리 준비된 타임라인에 입력하고(Bloom의 인지 분류체계의 지식 수준) 다른 사람들은 중요한 역사적 사건과 민권과 같은 '대주제'와의 관계를 설명(이해, 적용, 분석 수준)한다. 학생들은 그들이 배운 것을 어떻게 표현할 것인지를 선택할 수 있다. 예를 들어, 학생들은 보고서 쓰기, 연설, 파워포인트 발표, 팟캐스트, 비디오, 시연, 시, 노래 등을 준비하도록 선택할 수 있다. 교사들은 어떻게 Bloom의 분류체계에 있는 다양한 수준들에 대하여 학생들을 평가하는가?

상보적 교수(reciprocal teaching)는 다양한 수준의 인지적 어려움에 대한 **평가가 포함된** 교수-학습 절차의 한 가지 예시이다(Palinscar & Brown, 1984, 1988). 이 절차는 (과학이나 사회 연구 교재 등에서 정보를 얻기 위해 책을 읽는 것처럼) 읽기 이해력을 필요로 하는 어떠한 과제에도 유용하다. 상보적 교수는 4단계 절차의 명시적 교수가 필요하다. 학생들은 4단계를 완성하기 위해 짝을 이루어 공부한다. 첫 번째 단계가 자신이 읽은 부분의 요점에 관해 서로서로 질문을 하여 지식 기술을 획득하는 단계이다. 두 번째 단계는 요점 및 세부사항을 한 문장 또는 두 문장으로 간단하게 요약해 보는 이해 기술의 단계이다. 세 번째 단계인 분석 기술 단계에서 학생들은 정의하는 데 필요한 어떤 단어와 개념들을 명료화하고 확인한다. 네 번째 단계는 평가 기술적인 형태를 띠며, 학생들은 "다음엔 무슨 일이 일어날까?"를 서로에게 물으면서 정보를 기반으로 예상한다. 따라서 교사들은 단위 차시 동안 학생들의 다양한 인지적 수준(지식, 이해, 분석, 평가)에 대한 교수와 평가를 배치할 수 있다.

Carter(1997)의 보고에 의하면, 초등학교에서부터 고등학교까지 읽기 훈련 프로그램의 일환으로 상보적 교수를 경험한 학생들이 주에서 실시하는 시험의 읽기 이해 영역에서 급격한 발전을 보였다. 교수진 수준에서, 교사는 (직원의 발전을 목표로) 제2언어 습득 능력을 향상시키기 위해 상보적 교수를 사용했다.

평가를 차이화하기 위한 학습 선호도 개념 사용

학생의 학습방식을 알고 있는 것은 교사가 평가를 차이화하는 것을 도와준다. 예를 들어, 청각 선호의 학습방식을 가진 학생은 읽기 위주의 평가보다는 듣기 위주의 평가를 더 잘 수행한다. 교사는 학생들이 듣고, 보고, 행하면서 배우게 된 것을 보여 줄 수 있도록 다양한 기회들을 배치할 수 있다.

Sternberg(1997b)는 학생들의 사고 방식과 선호도를 이해할 수 있는 틀을 만들어 연구했다. 이 연구에는 미국의 고등학생과 외국 학생 199명이 참여했다. 학생들은 차이화 교수를 위해 몇 개의 그룹으로 나뉘었고, 기억, 분석, 창의성, 실행력과 관련된 활동 선호도를 기반으로 한 평가를 받았다. 평가에는 구술적인 객관식이나 정량평가적인 항목 또는 묘사적인 항목뿐만 아니라 분석적이고 창의적이며 실제적인 에세이 항목까지 포함했다. 이 보고서에서 Sternberg는 "각자의 능력에 맞는 형태를 강조하는 교수에 학생들을 노출시킴으로써, 학생들이 새로운 기술을 개발하고 발전시키는 동안에 자신들이 가진 강점을 활용하게 되었다"(p. 23)라고 적었다.

많은 교육자는 다중지능이론(Armstrong, 2009; Gardner, 1983, 1997, 2000, 2004)이 학

습 결과를 차이화하는 데 도움이 되어 왔다고 보고한다. 학생들은 자신의 강점 지능을 사용하여 자신이 배운 것을 보여 줄 기회를 얻게 되었다. 어떤 학생들은 랩이나 시, 노래들을 새롭게 만들어 내고, 다른 사람들은 모델 구상하기, 삽화 그리기, 단원의 일부분 가르치기, 배운 것에 관한 저널 쓰기, 독자적인 연구 수행하기 중 강점 지능에 맞는 한 가지 활동을 선택했다. CRESPAR[6] 소속의 Boykin, Albury, Tyler, Hurley, Bailey와 Miller(2005)는 랩이나 노래, 또는 다른 창조적인 표현 활동들이 문화적 · 언어적 방식의 차이를 극복하는 데 활용될 수 있다고 말한다. 〈표 6-3〉는 다중지능이론의 개념들이 학습 결과물을 차이화하는 데 어떻게 사용되는가를 보여 주는 몇 가지 예이다.

〈표 6-3〉 학습 결과물을 차이화하는 데 다중지능 개념의 이용

지능	결과물 예시
언어 지능	보고서, 토론, 문학, 지필시험, 십자말 풀이, 신문 기사
논리/수학 지능	공식 적용, 문제 풀기, 과학적 방법의 사용, 퍼즐, 실험, 계산, 패턴의 발견이나 발전
신체/운동 지능	역할연기, 스포츠 게임, 연극, 협동학습, 춤, 동작, 마임
시각/공간 지능	예술작품, 사진, 포스터, 파워포인트, 도표, 삽화
음악/리듬 지능	노래, 가볍게 두드리기, 랩 만들기, 시, 벨 연주
자연친화 지능	동식물 키우기, 정원 가꾸기, 자연 조사하기, 실험, 과학적 방법의 사용
대인관계 지능	학습 내용의 일부를 가르치기, 구술 표현, 동료 교수, 협동그룹 학습, 역할극, 토론
자기성찰 지능	일기 쓰기, 저널 쓰기, 일지 쓰기, 독립적 연구, 독서, 작문

학습 결과와 평가를 차이화하기 위한 Bloom의 분류체계와 다중지능 이론의 사용

분류체계와 학습자의 학습 선호도는 학습 결과물과 평가를 차이화하는 데 복합적으로 사용할 수 있다. 사회교사인 Bennevento와 특수교사인 Anderson은 장애학생

6) 역자 주: 위험에 처한 학생들을 위한 교육 연구 센터(the Center for Research on the Education of Students Placed At Risk)의 약칭이다.

을 지원하기 위해 사회를 함께 가르치고 모든 학생들의 수업과 평가를 차이화한다. 그들은 곧 학습할 미국 헌법 수업을 계획하고 있다. Bloom의 분류체계와 다중지능이론(〈표 6-2〉와 〈표 6-3〉에서 설명)에 대한 지식을 가짐으로써 학생들이 학습 목표를 어느 정도 성취했는지를 보여 줄 수 있는 학습 결과물 및 평가 방법을 〈표 6-4〉에 제시된 Bloom/다중지능 매트릭스를 사용하여 설계했다. 〈표 6-5〉는 단원에 대한 결과 매트릭스이다. 차이화된 학습 결과물 선택을 위해 다중지능이론과 Bloom의 분류체계를 기반으로 브레인스토밍하는 것은 학습 목표 성취 방법을 보여 줄 수 있는 선택권을 학생에게 주는 것이다. 협력교사들은 미국 헌법에 대한 학생들의 이해를 돕기 위해 매트릭스 메뉴에서 적어도 세 가지 학습 결과를 선택해야 한다는 데 동의했다. Bloom의 분류체계의 지식 및 이해 수준에서는 한 가지 선택지만 선택할 수 있다. 한 가지 학습 과제는 혼자 수행해야 한다. 두 번째 과제는 짝 또는 그룹과 수행해야 한다. 세 번째 과제는 혼자, 짝 활동 또는 그룹 활동 중에서 선택할 수 있다.

〈표 6-4〉 Bloom의 분류체계와 다중지능이론 학습 결과물과 평가 차이화 메뉴

학습 결과물의 차이화	학습 결과를 보여 주기 위한 차이화된 학습 결과물:					
	선택한 주제: (예: 태양계, 문학 작품) 학생에게 줄 의견:					
다중지능과 Bloom의 단계	지식	이해	적용	분석	평가	종합
언어 지능						
시각/공간 지능						
논리/수학 지능						
자연친화 지능						
음악/리듬 지능						
신체/운동 지능						
자기성찰 지능						
대인관계 지능						

스캐폴딩과 교육과정 중심 평가

형성평가는 학생의 성취도를 모니터링하고 스캐폴딩을 해 줄 수 있으며, 학습이론적 측면에서도 탄탄한 기반을 가지고 있는 차이화 수업 기법이자 보편적 학습설계(UDL) 기법이다. 교사가 학생들이 과제를 (끝마칠 때만이 아니라) 수행하는 중에도 긍정적 피드백을 제공하고, 사전 지식을 이끌어 내며, 학생들에게 학습의 전이와 자기평가 방법을 가르쳤을 때 학생들의 성취도가 높아질 수 있다. 교사는 학생이나 팀이 최상의 결과를 얻기 위하여 그래프 등의 자기 기록법을 이용하여 자주 모니터링하거나 형성평가적인 피드백을 해 주어야 한다. 결과를 그래픽으로 표현해 주면 매일매일의 발전 정도를 보여 주어 포트폴리오 평가나 학부모 면담에 사용할 수 있다.

형성평가로서의 스캐폴딩

학습자들이 문제 해결 학습과 형성평가 활동을 할 때 스캐폴딩 기술들을 제공할 수 있다(Shepard, 2005). 스캐폴딩을 사용한다는 것은 교사가 학생의 더 큰 능력을 생성하기 위하여 현재 학생이 이해하고 있는 수준의 지식을 이용하는 것을 말한다.

Vygotsky(1987)의 발달에 대한 사회문화이론은 인지적 발달이 두 번 일어난다고 가정한다. 첫 번째 발달은 다른 사람들과의 상호작용 속에서 일어나는 사회적인 측면에서의 발달이고, 두 번째 발달은 첫 번째 발달 다음에 오는 심리적 차원이나 내면적 차원의 발달을 말한다. 근접발달영역이라는 틀은 이것이 어떻게 일어나는지를 설명한다. Vygotsky는 근접발달영역을 어린이의 독립적으로 문제를 해결할 수 있는 능력과 어른이나 또래의 지도나 협력을 통해 문제를 해결할 수 있는 잠재적인 발달 사이의 영역이라고 설명한다.

스캐폴딩은 교사가 수업의 완전한 수행을 위해 힌트, 질문, 격려, 모델링 같은 다양한 요소들을 조절하여 근접발달영역을 창조하는 교수 전략이다. Shepard(2005)는 형성평가에서 교사가 가르치는 개념과 비슷한 개념을 가지게 되었는지, 기준을 가지고 현재의 수행 정도를 비교할 수 있는지, 학생의 격차를 줄이기 위한 작업을 수행할 수 있는

〈표 6-5〉 학습 결과물을 위한 Bloom의 분류체계와 다중지능이론의 통합 사례

다중지능과 Bloom의 단계	지식	이해	적용	분석	평가	종합
언어 지능	어휘와 관련된 지식들을 평가하기 전, 이전에 이해되지 않은 핵심 용어 사전을 만들기 최소 20개 항목의 정의를 포함하기	법안이 어떻게 법이 되는지 자신의 말로 설명하기		미국 헌법과 다른 나라(즉, 남아프리카공화국, 프랑스, 러시아, 칠레, 대만) 헌법의 공통점과 차이점 적기	10가지 헌법 개정안 중 당신에게 가장 중요한 것이 무엇이고 왜 그런지 1,000자 이상으로 설명하는 에세이 쓰기	
시각/공간 지능		기사에서 중요한 정보를 이용하여 헌법 핸드북 만들기 자신의 말로 나타내기 (인터넷에서 선택 또는 그려진) 핵심 내용 그래픽으로 나타내기	유럽 군주가 새롭게 형성된 민주주의 헌법 정부에 대해 어떻게 생각했는지 묘사한 정치 만화 그리기	미국과 다른 나라의 헌법의 공통점과 차이점을 파워포인트로 나타내기	대법원 판사가 가져야 할 자질을 시각적으로 표현하기	
논리/수학 지능		독립선언부터 주정부의 헌법 채택까지의 중요한 사건을 시간표로 만들기		미국과 다른 나라의 헌법의 공통점과 차이점을 표나 차트로 나타내기		
자연친화 지능			환경보호에 관한 아이디어를 지지하는 국회의원에게 편지 보내기			우리 학교에서 실천해야 할 환경 보호 계획 만들기 학생회에 제안서를 제출하고 통과시키기

음악/리듬 지능						미국 헌법과 관련한 랩, 시, 노래를 만들고 친구들 앞에서 불러 보기
신체/운동 지능		국회의원을 선출하기 위한 광고를 제작하기(상하원 의원의 직업 설명, 직업 요구사항, 책임을 포함해야 함)		권리장전을 설명하는 춤추기		미국 헌법을 이해하고 평가할 수 있는 보드게임 만들기(게임규칙이 포함되어야 함)
자기성찰 지능		헌법이 당신의 삶에 미치는 영향 10가지 찾기 시, 파워포인트, 일기, 저널, 수필, 편지 등의 다양한 표현 방법을 생각하기		(권리장전을 포함한) 헌법 수정안을 읽고 당신의 삶에 가장 중요한 세 가지를 선택하고, 왜 그런지 설명하기		
대인관계 지능		2~3명이 그룹을 지어 네 번째 헌법 수정안이 실생활에서 어떻게 사용되는지 보여 주는 TV 프로그램 대본 쓰기		당신이 언론인이라고 가정하고, 다음 선거에서의 진짜 후보를 인터뷰하기 위해 후보를 조사하고 질문을 만들고, 어떤 대답을 할지 예상하기		

지를 포함해야 한다고 말한다.

교육과정 중심 평가

교육과정 중심 평가(CBAs)는 교육과정에 대한 학생의 수행 수준에 대한 정보를 교사들에게 제공하는 형성평가로서, 학생의 근접발달영역 내에서 적절한 스캐폴딩과 교육을 가능하게 한다. 교육과정 중심 평가는 특별한 교육과정을 통해 진행되기 때문에 학생 관찰에 있어 훨씬 더 구조적인 형태라고 할 수 있다. 교육과정 중심 평가는 교육과정 내용을 반영하기 위해 교사가 구성하고 설계하는 준거참조검사(절대평가) 방식이다. 이러한 평가 시스템은 전통적으로 실시되어 온 '심리학적 교육 진단 기법'의 대안이라는 측면에서 많은 관심을 받고 있다. 기존의 '심리학적 교육 진단 기법'은 특별한 요구를 가진 학생들을 위한 교육적 의사결정을 내릴 주체인 교사에게 평가의 권한을 주지 않았다.

Hall과 Mengel(2002)은 폭넓은 교육과정의 영역이나 기능들을 측정하던 기존의 표준화된 성취 평가와 교육과정 중심 평가를 구분한다. 그리고 교육과정 중심 시스템은 교실에서 가르쳤던 특정한 기능을 평가하는 것을 추구한다. 몇 가지 교육과정 중심 시스템은 네 가지 공통적인 특징이 있다. 첫째, 학생들은 학생들이 배울 때 사용했던 준비물을 사용하여 직접 평가받는다(이것은 교육과정에서 필요한 항목들을 표본 추출하는 것을 포함한다). 둘째, 평가를 준비해야 하는 시간(1~5분)이 일반적으로 짧다. 그래서 교사들이 가르치는 동안에 평가를 위한 정보들을 수집할 수 있다. 셋째, (난이도 수준, 학습 계약의 이행 등) 변화를 줬을 때 학생들의 수행 정도가 어떻게 달라지는지 반복하여 관찰할 수 있다. 넷째, 학생들의 수행 정도를 모니터링하기 위해서 데이터들이 시각적인 그래픽으로 보여진다.

특히 교육과정 중심 평가는 유치원에서부터 고등학교까지의 학습장애, 영재, ADHD, 정서 · 행동장애, 언어 손상, 범죄 판결을 받은 소년, 학습 실패의 위험에 놓인 아이, 이중 언어 환경에 있는 학생들의 학습 진척 정도를 모니터링하고 평가하는 데 효율적으로 수행되어 왔다. 연구자들과 실무자들은 '직업 교육'이나 '방학 때 운영하는 교육과정'에서뿐만 아니라 읽기와 언어 학습, 과학, 사회, 산수, 일반 수학 같은 정규교육과정의 학습을 위해 교육과정 중심 평가를 사용할 것을 지속적으로 보고하고 있다 (Fuchs & Fuchs, 1999; Idol, Nevin, & Paolucci-Whitcomb, 1999; King-Sears, Cummings, & Hullihen, 1994).

Shinn(1998)은 교육과정 중심 평가의 기술적인 타당성을 연구했고, 1988년과 1998년 사이에 교육과정 중심 평가 시스템을 주제로 150편이 넘는 논문을 발표했다. 연구자들은 통합 환경뿐만 아니라 일반적인 교실 환경이나 특수학급 환경 같은 다양한 조건에서 어떻게 교육과정 중심 평가를 적용하고 수행할 것인지를 연구해 왔다. 또 많은 연구자는 학생의 수행 정도를 컴퓨터로 그래픽화하는 것과 컴퓨터로 채점하는 것, 여러 가지 측정에서 컴퓨터 기능의 발전, 컴퓨터 지원 등을 주제로 연구했다. 진단 도구로서 이와 같은 유형의 평가는 교사들의 오류 분석과 의사결정에 도움을 준다.

학생들의 평가를 위해 교육과정 중심 평가 절차를 사용하는 교사들은 이러한 절차를 지지하는 35년 이상의 많은 연구들을 찾을 수 있다(Clarke, 2009). 미국 교육부가 3R(읽기, 쓰기, 산수), 성취도 모니터링 도구, 교육과정 중심 의사결정의 예를 확인할 수 있는 웹사이트를 운영하고 있기 때문이다(국가 성취도 모니터링 센터 참고, http://www.icyte.com/system/snapshots/fs1/a/c/2/2/c229ccce55e36ad4c0121feb1589ffd57fee453/index.html).

평가 방법 차이화하기

전반적으로 학생들의 학습 결과에 대해 평가를 차이화하려는 교사는 기존의 임의적이고 주관적이었던 평가 방법과 절차들을 극복해야 한다. 일반교사나 특수교사 모두는 통합교육 환경 안에서 학생을 평가할 때 어떤 핵심 쟁점이나 도전에 직면하게 된다. 게다가 학교구의 평가 지침과 평가 기대를 충족하기 위해서 교사들은 학생의 학습을 지원해 주는 차이화된 교수법의 영향뿐만 아니라 평가 방법(규준참조검사와 준거참조검사)의 영향력을 고려해야 한다. 〈표 6-6〉에는 평가 시스템을 공정하고 차별 없이 만들 때 필요한 몇 가지 요구사항이 적혀 있다. 이것은 장애학생이나 어떤 특별한 형태의 교육적 요구를 가진 학생들이 장애나 독특한 교육적 요구와 상관없이 그들이 알고 있는 것을 보여 줄 수 있고, 그것을 평가받게 되는 것을 뜻한다.

〈표 6-6〉 공정하고 차별 없는 평가를 보장하기 위한 지침

1. 교육자는 학생들을 동등하게 취급하되, 만약 모든 학생에게 사용 가능할 경우 수정된 평가 시스템을 사용할 수 있다.
2. 내용의 숙달이 아닌 다른 이유로 일반교육 수업을 받는 학생들을 위해, 교사는 교실의 다른 사람들을 위해 사용하는 것과는 다른 평가 절차를 사용할 수 있다.
3. 학생의 순위를 매기거나 상을 수여하기 위한 지침이나 기준을 임의로 낮추거나, 장애학생의 평가를 제외할 수 없다. 가중치를 주는 것은 객관적 기준에 근거하거나 모든 학생에게 공개되고 접근 가능할 경우에 일어날 수 있다.
4. 교육자들이 모든 학생을 똑같은 방식으로 평가하지 않을지라도, 보고서나 성적 증명서에는 학생이 특수교육을 받았는지, 어떤 교수적 수정을 받았는지, 일반학급에서 수정된 교육과정을 공부했는지 등을 기록할 수 없다. 예를 들어, 모든 학생이 들을 수 있는 '체육실기'라는 과목은 기록이 가능하지만, 장애학생만이 들을 수 있는 '특수체육'이라는 과목은 기록할 수 없다.
5. 고등 교육 기관의 성적 증명서는 가족과 학생들의 서면 동의를 받아야 특수교육과정의 배치를 나타낼 수 있다.

출처: Salend, S., in *Teaching Exceptional Children, 37*(4), 28-34. Copyright © 2005 by The Council for Exceptional Children. 허락하에 사용.

우리는 등급(성적)이라는 것이 학교 안팎의 변동성 때문에 학생이 아는 것, 믿는 것, 할 수 있는 것에 대하여 아무것도 말해 주지 않는다는 것을 안다. 이러한 변동성과 주관성은 영재학생이 C나 D의 등급을 받는 것처럼 수수께끼 같은 상황을 초래하기도 한다. 그러한 의미에서 "Johnny가 X를 배웠니?" "Johnny가 무엇을 배웠니?" 같은 질문은 하지 말아야 한다고 했던 Nel Nodding(1992, p. 47)의 말에 동의하게 된다.

다음에서는 자신만의 평가 시스템을 개발할 때 더 많은 선택권을 보장하기 위하여 기존의 평가 시스템에 대한 대안들을 설명한다. 평가의 궁극적인 목적은 '교사가 각자 다르게 주어진 피드백을 통해 어떻게 더 잘 가르칠 것인가?'이다.

규준참조평가 절차의 대안

많은 학교는 모든 학생을 평가하기 위하여 하나의 평가기준을 사용한다. 많은 학교는 학생들의 수행 정도를 비교하기 위해 숫자나 글자 위주의 평가를 자주 사용한다. 이러한 평가 시스템에서 일하고 있는 교육자들은 행정적으로 이미 확고화된 A~F 평가 시스템으로 인해 평가 방법이 매우 제한적이라고 느낄 수 있다. 이러한 평가 시스템에서 일을 할 때, 교육자는 학생들의 성취도를 기록하고, 평가를 차이화하기 위한 전략들을 사용하기 위해 열린 마음과 유연성을 가지고 있어야 한다. 그리고 교육자가 성취도 평가의 다양성을 추구할지라도, 다양한 평가와 기록은 확실한 교육 목표와 표준화된 수행척도를 기반으로 해야 한다. Tomlinson과 McTighe(2006)는 보고서 형식이 ① 성취 목표, ② 목표의 성취 정도, ③ 작업 습관이라는 세 가지 요인을 고려해야 한다고 제안하고 있다. 이러한 방식의 기록 메커니즘은 학생들이 자신의 성취도와 노력 정도를 확실하게 알려 주는 방법이다.

예를 들어, 교사는 사전에 설정되어 있는 수준을 기초로 평가를 하고 난 뒤, 특정 과제나 특정 과정의 난이도를 수정할 수 있다. 학생들은 과제를 선택할 수 있으며, 과제의 난이도와 가중치를 곱한 값을 평가 점수로 받을 수 있다. 또 다른 방법으로는 다면적인 평가를 위해서 성취도, 노력, 난이도, 평가의 평균치나 가중치 같은 다양한 요소를 반영하여 점수로 평가를 받는 것이다. 만약 학생이 8학년(중학교 2학년) 과학을 배우는 과정에 있지만 5학년 교육과정에서 B를 받을 수 있는 것처럼, 규준참조평가(norm-referenced grading, 상대평가)를 학생 개개인의 요구에 맞출 수 있다. 또 학생의 학습을 지원해 주기 위한 교육적 수정을 위하여 부가 정보를 제공해 줄 수 있다(13장에서 Chang의 선생님들이 Chang의 친구인 인지적 차이를 가진 Maarten을 위해 평가 차이화하기라는 개념을 어떻게 적용했는지를 읽어 보라).

준거참조평가 시스템의 적용

준거참조평가(criterion-referenced grading, 절대평가) 시스템은 학생들의 수행 정도를 비교하는 것이 아니라 모든 학생을 수업 목표의 숙련 정도를 기반으로 하여 평가하는 것을 말한다. 교사는 나이에 적합한 교육과정에서의 기대 정도를 잘 이해시키며, 학생들의 상대적 위치를 보여 주는 데 기준이 될 수 있는 자료들을 제공해 주어야 한다(Tomlinson, 2011b). 점점 더 발전하는 능력을 보여 주는 방법으로 평정척도와 체크리스트 방법을 사용하기도 한다. 평정척도와 체크리스트 방법은 교수적 조정에도 도움이 된다. 교사는 학습 목표와 학습 활동, 교수적 조정, 결과물, 평가 절차를 개인에 맞게 결정하여 평가 계약을 사용할 수도 있다.

자기참조 시스템

포트폴리오 시스템은 자기참조평가의 한 예이다. 포트폴리오는 발전 정도를 구체화해 주는 루브릭[7]으로 발전된다. 루브릭은 학생들의 수행을 지속적으로 평가하는 것을 권장한다. 이러한 평가 방식의 한 가지 예가 학생의 개별화된 수업 목표, 교수적 조정, 수행기준, 평가 계획이 규정되어 IEP(개별화 교육 프로그램)에 따라 수업을 받는 특수학생을 평가하는 것이다. Pickett과 Dodge(2001)에 따르면, 루브릭은 학생들에게 평가를 위한 활동의 복잡한 요소들을 이해시킬 수 있는 실제적인 평가 도구이다.

루브릭의 세 가지 특징으로 ① 목표의 진술(수행, 행동 또는 질), ② 수행에서 평가하는 범위, ③ 수행의 특징을 들 수 있다. 평가에서 루브릭을 사용하는 것은 특별히 관찰과 측정이 가능한 측면에서 준거를 명확히 하도록 돕는다. 교수-학습의 질 확보를 위한 센터(the Centers for Quality Teaching and Learning, 2012)에서는 수준 높은 루브릭을 만들기 위해 명확하게 구분된 준거, 독특한 질적 수준 및 과제와 일치하는 수준의 복잡성을 포함할 것을 권장한다. 그리고 주관적이거나 모호한 표현을 사용하지 않으며, 학습을 안내하기 위해 학생들과 공유해야 한다. 이처럼 수준 높게 만들어진 루브릭은 학생들에게 자신의 과제의 무엇이 기대되는지와 어떻게 평가되는지 보여 주고, 수업에서 효율적인 피드백을 제공하며, 진도를 측정하고 기록하는 벤치마크를 제공한다.

불공평한 차별로부터 학생을 보호하기 위해 루브릭이 신뢰도와 타당도를 가지는 것은 중요하다. 게다가 루브릭은 문화적 반응 행위(culturally responsive practices)를 반영해야 한다. 여러분이 루브릭의 다양한 예시들을 볼 수 있는 많은 웹사이트에 들어가 보길 권장한다. 한 가지 예로, 교사 Rosa가 개발한 Rosa와 학급 구성원들이 '대수학' 수업의 20가지 주제의 성취도를 모니터링하기 위해 사용한 루브릭을 들 수 있다. Rosa의 수업 계획안은 11장에서 볼 수 있다.

교사는 학생의 학습 결과물 평가를 위한 루브릭을 처음부터 새롭게 작성할 필요는 없다. 온라인에 루브릭 데이터베이스(예: http://rubistar.4teachers.org/index.php의 rubistar)가 있기 때문이다. 교사는 이와 같은 가능한 자료를 탐색하여 사용하고, 개인의

7) 역자 주: 학습자의 학습 결과물이나 성취 정도를 평가하기 위하여 사용하는 사전에 공유된 기준을 말한다.

것으로 만들기를 권장한다.

결과 차이화에 있어 협력교사의 역할

4장(학습자에 관한 정보 수집)과 5장(학습 내용의 차이화)의 내용과 비슷하게, 학습 결과를 차이화하려는 협력교사들은 그들의 역할 또한 차이화해야 한다. 예를 들어, 협력교사는 지원적 교수, 평행교수, 상보적 교수, 팀티칭 중 원하는 것을 의도적으로 선택함으로써 협력교수를 차이화할 수 있다. (9장에 4가지 접근법이 자세하게 기술되어 있다.) 그들이 사용하는 접근법은 학생들이 결과를 개발하는 동안 그리고 이러한 학습 결과물을 평가하는 과정에서 취하는 행동 유형을 차례로 지시한다.

예를 들어, 지원적 교수는 한 명의 교사가 수업을 하면 다른 한 명의 교사는 학생들 사이를 돌아다니며 모니터링하고 '틀린 것을 고쳐 주는' 방식이다. 여기서 협력교사의 역할은 평가자이며, 추가로 수업을 해 주는 강사의 역할을 하게 된다. 평행교수는 평가의 상호작용을 위해 협력교사는 두 가지 학습 장소를 제공할 수 있다. 이 접근법은 학생들의 프로젝트 진척도를 확인하고 읽기 이해력을 기르기 위해 사용된다. 이 접근법은 평가를 할 때 협력교사 모두가 똑같은 책임을 가진다(11장에서 Rosa가 어떻게 이 접근법을 사용했는지 읽어 보라).

협력교사(또는 그 문제에 도움을 주는 교사)의 다른 역할은 평가 조정이나 수정을 포함하는 개별화 교육 프로그램(IEP)을 가진 학생의 대변자 역할이다. 이것은 장애학생의 장애가 평가에 방해를 받지 않는 방식으로 학생의 평가를 의도적으로 조정해 주는 것을 말한다. 협력교사가 이런 역할을 수행하기 위해서는 적은 수의 시험과목, 시간 연장, 서면 답변보다는 구술 응답 같은 평가가 제공되도록 행정기관이나 교육과정평가원 같은 곳에 청원을 해야 할 수도 있다. 주정부의 교육부는 IEP를 개발할 때 성취도 평가를 어떻게 조정할지에 대한 지침을 제공한다. 〈표 6-7〉은 과제와 평가 조정에 관한 일반적인 고려사항이다.

〈표 6-7〉 과제와 평가 조정의 적용 사례

설명: 과제 및 시험에서 학습 결과물을 차이화해야 하는 필요성을 고려할 때, 이 체크리스트는 최소의 간섭과 가장 자연스러운 지원을 하는 데 도움이 된다.

과제 조정 적용의 예

_____ 작은 단계(글/그림/말)로 나눠서 지시하기

_____ 루브릭 및 대체 루브릭 개발

잠재적인 기술 향상: Rubistar

설명: Rubistar는 말하기, 멀티미디어, 수학, 읽기, 작문, 만들기, 미술, 기술, 과학 및 음악 분야에서 교사의 루브릭 작성을 지원하는 웹사이트이다. 또한 교사는 Rubistar의 교사가 만든 루브릭 라이브러리를 통해 아이디어를 생성할 수 있다.

http://rubistar.4teachers.org/

_____ 시간이 제한된 상황에서는 보고 쓰기가 필요한 과제를 생략하기

_____ 구두 설명과 함께 글로도 안내하기

_____ 과제의 구두 설명을 보완하기 위해 그림과 영상을 사용하기

잠재적인 기술 향상: Picture It

설명: 사용자가 인터페이스에 텍스트를 입력하고 'Tree' 버튼을 클릭하면 해당 단어를 나타내는 기호가 텍스트에 표시된다.

http://www.suncastletech.com/pit.html

_____ 난이도를 낮춤 _____ 난이도를 올림

잠재적인 기술 향상: Newsela

설명: Newsela는 최신 웹사이트로서 신문을 이용한다. 기사 내용은 정보가 풍부하고, 영어 핵심 성취기준에 부합한다. 독자는 다섯 가지 다른 읽기 수준 중 하나를 선택할 수 있으며 이에 따라 텍스트가 변경된다. 기사에서 퀴즈를 출제할 수 있다.

http://www.newsela.com

_____ 과제 줄이기 _____ 지필 평가 횟수 줄이기

_____ 학생에게 과제를 읽어 주거나 기록해 주기

잠재적인 기술 향상: WordTalk

설명: WordTalk는 Microsoft Word용 무료 플러그인이다(Windows 전용). WordTalk를 사용하면 Microsoft Word 문서의 모든 텍스트를 큰 소리로 말하거나 나중에 Word에서 사용하기 위해 MP3 파일로 저장할 수 있다.

http://www.wordtalk.org.uk

_____ 이해도 확인을 위해 추가 단서 또는 프롬프트 확인하기

_____ 오디오 녹음 과제 또는 워드 프로세스 과제 허용하기

잠재적인 기술 향상: Google Docs

설명: Google Docs는 무료 온라인 플랫폼으로 학생이 클라우드에서 워드 프로세스 지정이 가능하게 한다. 이렇게 하면 인터넷에 연결된 모든 컴퓨터에서 해당 문서에 쉽게

액세스할 수 있으며 다른 사람들과도 공유할 수 있다.

학생들이 한 프로젝트에서 함께 작업하는 경우 여러 사용자가 동시에 Google 문서를 수정할 수 있다.

http://docs.google.com

_____ 출판된 워크시트나 책 사용하기

_____ 과제를 수행하기 힘들 때 (교과 과정에서 요구되는 다양한 수준에서) 다른 과제 또는 다양한 선택지를 제공하기

_____ 철자법, 문법 및 기타 오류는 무시하기 _____ 잘못 쓴 글씨 모양 무시하기

잠재적인 기술 향상: AT Bar Lite

설명: AT Bar Lite는 다운로드 또는 북마크 도구로, 웹페이지에 많은 접근성을 제공한다. 학생이 Google 문서에 있는 숙제 또는 퀴즈를 해야 하는 경우, 큰 소리로 읽고 싶은 부분을 강조 표시하고 스피커 아이콘을 누른다. 학생이 소리 내어 읽을 수 있도록 텍스트가 처리된다.

https://www.atbar.org/atbar-lite

과제 조정 적용의 예

_____ 구두 지시 또는 시험 문제 읽어 주기

_____ 그림 질문 사용하기

_____ 시험 질문 크게 읽기

_____ 과제에 나오는 단어 미리 살펴보기

_____ 실제 상황에서 적용 가능한 질문하기

_____ 개별적으로 시험 관리하기

_____ 짧은 대답을 사용하기 _____ 객관식을 사용하기 _____ 문제의 길이를 줄이기

_____ 시간 연장 _____ 오픈 노트 / 오픈 북 시험 사용

_____ 시각적으로 복잡하거나 혼돈을 줄 수 있는 형식을 수정하기

잠재적인 기술 향상: Google Forms

설명: Google Forms를 사용하면 온라인에서 작성 가능한 설문지를 만들 수 있다. 이 양식은 객관식 및 짧은 대답 가능성과 함께 온라인 퀴즈로 사용할 수 있다. 결과는 Google 스프레드시트에 표시된다.

http://www.google.com/google-d-s/createforms.html

멈추고 되돌아보기

한 번 더 3장의 〈표 3-1〉의 보편적 학습설계 수업 계획안을 보자. 그리고 '결과(학생들은 자신의 성취를 어떻게 표현할 것인가?)' 영역에 집중해 보자.

이 영역에 있는 질문들을 어느 정도 고려할지 스스로에게 물어보자. 학습 결과를 어떤 방법으로 표현할 것인가? 학생들의 이해를 위해 시연할 수 있는 다양한 방법(예: 학습 선호도, 다단계 그리고/또는 다감각적 수행)이 있는가? 학생들이 아는 것을 보여 줄 수 있는 실제적인 결과들이 그려지는가? 결과를 평가할 때 사용할 실제적 루브릭을 만들었나? 교사들이 결과를 평가하기 위해 사용하는 기준은 무엇인가? 준거는 분명하고, 모호하지 않으며, 공정하고, 문화적으로 민감한가?

어떤 특정 학생을 떠올려 보고 그 학생에 관해 수집된 정보들을 살펴보라. 그리고 스스로에게 질문해 보자. '알고 있는 것을 표현할 때 특별한 방법을 요구하는 학생이 있는가?' 학습 결과와 평가 방법을 차이화하기 위해 계획의 조정이 필요한가? 그렇다면 다음 단계로 진행하기 전, 필요한 조정과 개선을 수행하라.

07 수업 과정의 차이화

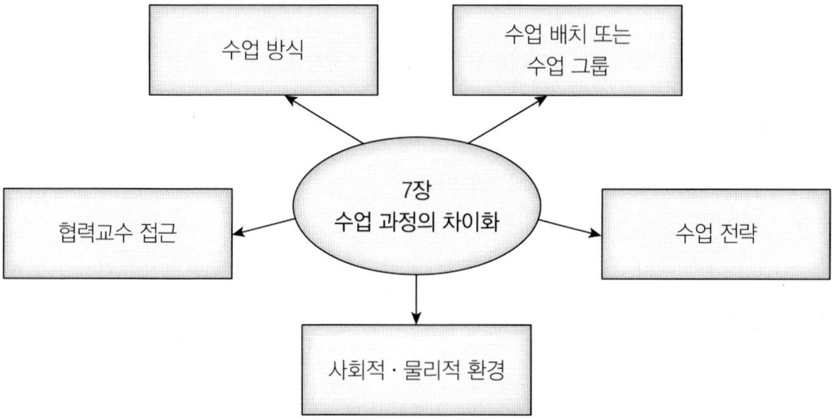

[그림 7-1] 7장의 내용 체계

교육의 목적은 사람들을 위해 결정을 해 주는 것이 아니라, 사람들이 확실한 결정을 할 수 있도록 만들어 주는 것이다.

-Peter McWilliams, 미국 작가

이 장에서는 학생들을 교육과정에 다양한 방법으로 참여시키기 위해 수업을 차이화하는 방법에 대하여 배우게 될 것이다.

우리는 차이화된 수업을 받은 학생들이 일반적인 교육과정에 더 잘 접근할 수 있다고 밝힌 연구 기반의 접근 방법과 전략들을 소개할 것이다. 우리는 3장에서 소개되었던 수업 절차에 따라서 수업 과정을 차이화할 수 있는 방법을 〈표 7-1〉과 같이 체계화하였다. 〈표 7-1〉은 교사가 각 수업을 차이화할 수 있도록 선택할 수 있는 과정 및 선택사항을 제공한다.

〈표 7-1〉 수업 과정을 차이화하기 위한 절차

수업 과정(학생들은 수업에 어떻게 참여할 것인가?)				
수업 방식	수업 배치	수업 전략	사회적 · 물리적 환경	협력교수 접근
고려사항 강의? 활동 기반? 실험(체험)? 상황극/역할놀이? 모둠 조사? 발견학습? 컴퓨터/웹 기반 ? 자기주도학습? 코너학습? 범교과 주제 수업? 봉사학습? 지역 기반 수업?	고려사항 협동그룹 학습 구조? 또래학습? 짝 활동? 개별 활동? 전체 활동? 기타(개인지도, 교사주도 소집단별 지도, 개인별 지원)	고려사항 연구 기반 전략? 분류체계의 사용? 다중지능이론의 적용? 예술과 통합?	고려사항 교실 배치? 교실 밖 공간의 사용? 사회적 규범? 교수 책무성과 자기관리? 긍정적 행동 지원? 환경적 대안?	협력교수 선택사항 지원적 교수? 평행교수? 상보적 교수? 팀티칭? 협력교사로서의 학생(또래교수, '수업배치'에 있어 협동학습 구조)
특별한 학생에 대한 멈추고 되돌아보기 특별한 학생의 요구에 적합한 교수 전략은 무엇인가? 특별한 학생의 요구에 적합한 지원 시스템(예: 보조공학), 도움(예: 개별 지원, 단서, 계약), 편의(예: 상담)는 무엇인가?				

수업 과정의 복합성(그래픽 조직자)

이 장은 ① 수업 방식, ② 수업 배치, ③ 수업 전략, ④ 사회적 · 물리적 환경, ⑤ 협력 교수 접근, 이렇게 다섯 가지 요소를 차이화하는 방법들을 설명할 것이다. 효율적인 수업 과정들이 수업을 차이화하는 데 도움이 된다고 주장하는 논문의 양은 방대하다. 따라서 여러 권의 책을 읽어야만 수업 과정을 차이화하는 과정을 자세히 이해할 수 있다. 우리는 교사가 학생들의 성취도를 향상시킬 가능성이 높은 교육 방법을 연구하고 선택할 책임이 있다고 믿는다.

수업 방식

수업 방식이란 교사가 학생들에게 정보를 알려 주는 방법이나 학생을 수업에 참여하는 방법으로 정의할 수 있다. 〈표 7-1〉의 수업 방식의 예시에서 알 수 있듯이, 강의식 수업처럼 교사 중심 또는 통제된 방법의 수업 방식부터 학생 중심, 상호작용식 수업법까지 매우 다양하다.

3장에서 언급했듯이, 다감각적이고 활동적이며 상호작용적인 수업 방식은 강의나 설명에 반응하지 않던 학생들을 더 활발하고, 더 성공적으로 수업에 참여하게 한다. 설명과 동료의 도움을 받는 컴퓨터 수업법은 학생들의 또래 간의 협력, 고차원적 사고 기술, 학업 시간을 향상시키는 수업 방식이다. 이 수업법을 하고 나면 학생들이 쉬는 시간, 수업 전, 방과 후 시간에 학업을 계속하기도 한다.

〈표 7-2〉의 9가지 수업 전략이 학생들의 성취도에 중요한 영향을 미친다는 것이 연구자들에 의해 확인되었다(Marzano, Pickering, & Pollock, 2001). 우리는 여러분이 수업에 사용할 수 있는 연구 지원 전략들을 효율적으로 통합하는 방법에 대하여 생각하는 것과 더불어, 이 전략들을 사용할지 말지에 대하여 더 많이 배우기를 권장한다. 〈표 7-2〉의 상세 버전을 이 책의 〈부록 C〉에 제시하였다.

모든 교사가 알고 있듯이 강의나 설명식 수업 방식은 내용을 알리는 데에 유용하다.

다행히도 수업의 일부분을 강의 형태로 진행할 때 활동적이면서 학생 참여를 이끌어내는 방법들이 있다. 〈표 7-3〉에서는 강의하는 동안 학생 참여를 높이는 몇 가지 기술을 나타내고 있으며, 이러한 각각의 기술을 언제, 어떻게 활용할지에 대한 아이디어를 기록할 수 있다. 각 기술은 Marzano 등(2001)에 의해 구분된 연구 기반 전략의 9가지 예(예: 유사점과 차이점, 요약, 비언어적 표현, 질문 등)이다. 당신은 강의나 설명식 수업에서 '흥미를 더하기' 위해 어떤 기술들을 생각하는가?

〈표 7-2〉 학생 성취를 증가시키는 최고의 9가지 연구 기반 전략

전략	전략 사용 시기
1. 유사점과 차이점 구별하기	
2. 요약하기와 필기하기	
3. 노력 강화하기	
4. 적절한 난이도의 숙제와 연습	
5. 비언어적 표현과 그래픽 조직자 사용하기	
6. 협동그룹 학습	
7. 목표 설정과 피드백 제공	
8. 가설 수립과 검증	
9. 단서와 질문, 선행 조직자 제공하기	

〈표 7-3〉 강의를 할 때 활동적으로 학생들을 참여시키는 기술의 예

기술	설명	사용 시기
2분 멈추기 (질문과 요약)	10~15분마다 멈추고, 핵심 내용과 학습자의 흥미를 확인하고, 학생들의 오류를 바로잡기 위해 질문을 한다.	
'생각하고 쓰기' 또는 '생각하고 그리기' (요약과 비언어적 표현)	앞과 같이 멈추고, 학생들에게 그림으로 요약하거나 제시된 내용에 대한 생각을 쓰라고 한다.	

결과 시작 문장 (요약)	핵심 부분에서 강의를 멈추고 학생들에게 '나는 ~을 배워서 놀랐다.' '나는 ~이 궁금하다'와 같은 문장을 완성하도록 요구한다.	
반응 도표 (요약과 비언어적 표현)	실물화상기를 사용하여 시각적 표현으로 나타낸다(예: 문학이나 역사의 인물 설명이나 역사적 사건, 이야기에 대한 감정적 반응).	
비교/대조 도표 (유사점과 차이점, 요약, 비언어적 표현)	흥미로운 개념이나 특성, 구별되는 차이점이나 독특한 특징을 보여 주는 벤다이어그램이나 그래픽 조직자를 사용한다.	

한 수업에서 하나 이상의 방식을 사용할 수 있으며, 특정 내용 영역에서는 특정 방식이 적합하다. 예를 들면, 조사학습이나 발견학습은 주로 과학 수업을 지원할 수 있는 수업 방식이다. 봉사 수업과 지역사회 기반 수업 방식은 사회적 · 역사적 조건을 조사하는 사회 수업에 적합하다(Karayan & Gathercoal, 2003; Kleiner & Chapman, 1999). 기술 및 웹 기반 또는 웹 강화 학습은 거의 모든 수업 방식에 적용할 수 있다(학습 과정 차이화를 위한 샘플 웹 기반 자료는 〈표 7-4〉 참고).

학습자의 새로운 이해를 충족시키기 위해 학습자의 대화 의도를 이해하고, 학습자에 맞춘 표현을 사용하는 교사는 학생과의 구조화된 대화를 통하여 언어 지능을 가진 학생의 언어 자원을 활용할 수 있다(Tharp & Gallimore, 1991). 학습자와 문화적으로 관련이 있는 또 다른 방식은 '긍정을 통한 부름 및 응답(Call and Response Through Affirmations)' 기법이다. 이 기법은 학생들이 그들이 배운 개념을 어떻게 적용할 것인지를 소리 내어 말하게 하는 방법이다. Foster(2002)는 아프리카계 미국인 학생과의 '긍정을 통한 부름 및 응답' 기법 사용을 설명하고 교사들에게 이 그룹의 학생들의 언어 자원을 간과하지 말 것을 주장했다. 예를 들어, 특히 말하는 자와 듣는 자 사이에 신속하고 유쾌한 언어적 상호작용을 하는 아프리카계 미국인들의 특성은 '부름 및 응답 형태'에서 교육적으로 사용될 수 있다. 교사가 학생들의 문화적 · 언어적 다양성을 활용하면, 각 문화의 고유한 기여도에 대해 더 깊은 이해와 함께 교실 전체의 질을 높이게 된다.

〈표 7-4〉 학습 과정의 차이화를 지원하는 웹 자료의 예

자료명	PollEverywhere
주소	htt://youtu.be/GuLH_wm-RfI https://www.adobe.com/products/reader.html
설명	PollEverywhere은 교사나 발표자가 수업이나 발표에서 상호작용 작업이 가능하게 해주는 사이트이다. 발표자는 다중선택 또는 개방형 설문조사를 만들 수 있고, 그것을 파워포인트나 키노트에 삽입하거나, 웹페이지에 넣을 수 있다. 수업이나 발표 동안, 발표자는 청중의 이해도를 확인하거나 후속 질문을 할 수 있다. 사용자는 텍스트 메시지, 웹사이트 방문, 트위터 사용을 통해 질문들에 대답할 수 있다.
특징	설문조사, 다중선택, 개방형, 텍스트 메시지, 웹 인터페이스, 트위터, 파워포인트, 키노트
사용방법	http://youtu.be/cS1919w5oBM
비용	설문조사당 40개의 답변을 무료로 제공하며, 추가 사용자는 다른 가격을 적용함
운영체제	웹 기반, 파워포인트와 키노트는 Mac과 PC 버전 플러그인
자료명	Shmoop
주소	http://www.shmoop.com/
설명	Shmoop은 재미있는 방법으로 학업 내용을 제공하는 디지털 출판사이다. Shmoop은 수학, 문학, 시험 준비에 이르기까지 학생들이 접근하기 쉬운 방법으로 정보를 제공한다. 웹사이트에 포함된 대부분의 문학작품은 책의 첫 페이지에 책에 대한 비디오 개요를 담고 있다. 또한 각 작품은 학생에게 친숙한 모국어로 요약되어 있다.
특징	문학, 비디오, 학생에게 친숙한 모국어, 유머, 학업 내용
사용방법	http:// www.slideshare.net/paulhami/word-talk
비용	대부분의 기능이 무료
운영체제	웹 기반
자료명	Google Lit Trips
주소	http://www.googlelittrips.com http://www.readwritethink.org http://pinterest.com/shannon_p_long/qr-codes-in-the-classroom/

설명	Google Lit Trips는 유치원부터 대학 교육과정에서 사용하는 책에 있는 사건의 위치를 탐험하기 위해 구글 어스를 사용한다. 웹사이트에서 활동을 다운로드하거나 클릭하면 이 책에 있는 여러 지역의 지도가 나타난다. 사용자는 가상현실로 어떤 지역도 갈 수 있고, 그 지역 주변도 탐험할 수 있다. 그리고 Lit Trip Creator는 추가 탐험을 위한 이미지, 비디오, 이해도 확인질문, 링크들이 추가되어 있다.
특징	가상현실, 이해도 확인질문, 그림, 비디오, 3D환경, 문학작품
사용방법	http://youtu.be/dkaQztcVWEA
비용	무료, 구글 어스 필요
운영체제	Mac 또는 PC
자료명	BookDrum
주소	http://www.bookdrum.com http://eduapps.org
설명	BookDrum은 베스트셀러 작품이나 고전 문학작품을 제공해 주는 웹사이트이다. 각 책마다의 특정 페이지를 표시할 수 있는 북마크 기능을 포함하고 있다. 이 페이지의 Challenging content 기능은 이미지, 지도, 텍스트 설명, 비디오와 함께 설명해 주는 것이다.
특징	문학작품, 비디오, 지도, 텍스트, 그림
사용방법	http://whsinnovationlab.wordpress.com/category/web-based-tutproals/book-drum/
비용	무료
운영체제	웹 기반
자료명	Facebook Alternatives
주소	http://web20edu.com/2011/04/16/fake-facebook-templates-and-pages-for-student-projects/
설명	페이스북과 다른 소셜 미디어 사이트들은 학교 IT 정책들에 의해 일반적으로 학교에서는 사용이 막혀 있다. 그러나 이런 참여 도구는 학습자들을 참여시키는 강력한 방법이 될 수 있다. 예를 들어, 학생은 Harriet Tubman이나 John Adams에 관한 '페이스북' 페이지를 만들기 위해 많은 양의 정보를 알고, 정리하고, 합성해야 한다. Facebook Alternatives는 학생들에게 디지털 또는 종이 형식의 실제 페이스북 계정을 모방할 수 있는 템플릿을 제공한다.
특징	페이스북
사용방법	http://www.youtube.com/watch?v=wKznrDT4h-w
비용	무료
운영체제	웹 기반

자료명	Padlet
주소	http://www.padlet.com http://www.citelighter.com http://www.thinglink.com/
설명	Padlet은 가상 코르크보드이다. 생성된 보드의 고유한 URL을 사용하면 모든 사용자가 게시판에 메모를 게시할 수 있다. 텍스트, 이미지, 비디오, 지도 등을 각 게시판에 게시할 수 있다. 노트는 필요한 만큼 배열하고 재배치할 수 있다. Padlet은 정보를 정리하고 비공식적 평가 자료를 수집하기 위한 훌륭한 도구이다.
특징	가상 코르크보드, 노트, 비디오, 그래픽, 이미지, 텍스트, 지도
사용방법	http://youtu.be/bt6orv2QfZw
비용	무료
운영체제	웹 기반, iOS

출처: Dave Hohulin, M.S., Vice President of Infinitec Services, a program of United Cerebral Palsy Seguin of Greater Chicago. 허락하에 사용.

수업 배치

수업 배치 또는 수업 그룹은 학생들이 교육내용을 가지고 누구와(전체 그룹, 짝, 개별, 구조화된 그룹의 학생) 상호작용할지를 결정한다.

협동학습의 강조

Marzano 등(2001)과 다른 연구자들(예: Johnson & Johnson, 1989, 1996, 1999; Kagan, Kyle, & Scott, 2004)은 협동학습 구조가 모든 학생의 성취를 격려하는 가장 강력한 방법이라는 것을 보여 준다. 학습과 언어에 문제가 있는 학생들을 위해 협동학습이 의무라고 주장했다. 문화적으로나 언어적으로 다양한 사회에서 살아가는 학생들에게 개인적이며 경쟁적인 학습 구조보다 협동적이고 공동체적인 학습 구조가 더 선호된다. 예를 들면, Boykin 등(2005)은 "아프리카계 미국인 학생들이 유럽계 미국인 학생들보다 공동체 정신이 강하고, 성취 욕구가 높은 동료들을 더 잘 수용했다. 유럽계 미국인 학생들은 아프리카계 미국인 학생들보다 개인적이면서, 경쟁력이 높은 사람들을 더 의미 있게 지지했다"(p. 238)는 것을 밝혀냈다. Kagan 등(2004)은 다음과 같은 주장을 했다.

> 협동학습은 통합학급에 있는 모든 학생의 요구를 충족시켜 주는 단 하나의 가장 효과적인 교육적 연구 방법이다. 협동학습이 없는 통합교육의 시도는 종종 특별한 요구를 가진 학생들이 분리와 고립을 느끼는 결과를 가져오게 된다. 만약 우리가 이 법칙에 따르고, 최소 제한적 환경을 만들며, 특별한 요구를 가진 학생들을 일반학급에 통합시키려고 한다면, 수업에서 모둠 세우기, 학급 세우기, 사회적 기술 같은 협동학습 요소들을 포함하는 것은 필수적이다. 단지 일반학급에 학생들을 배치하는 것은 통합교육이 아니다. 통합교육 성공여부는 효율적인 협동학습에 달려 있다(chap. 17, p. 16.)

협동 구조는 한 학기 또는 1년 동안 함께 지내 온 진행팀이라고 알려진 장기 지원팀을 포함한다. 진행팀의 구성원은 할당된 숙제를 복습하거나 학급 일을 서로 돕고 놀이터에서 놀거나 견학 시 발생하는 일을 경계하기 위해서 규칙적으로, 심지어 매일 만난다. 교사들은 〈표 7-5〉에 있는 것처럼 Kagan(1995)과 Slavin(1994)에서 설명한 직소, 모둠성취분담(Student Team Achievement Divisions: STAD), 그룹 조사와 같은 더 복잡한 구조를 구성할 수 있다. 형식적 수업은 "학생들이 며칠 또는 심지어 몇 주가 걸릴 지도 모르는 학교 과제를 완전하게 완성시키도록 충분한 시간을 주어야 한다."(Marzano et al., 2001, p. 90). 모든 형식적 수업은 교사가 긍정적 상호의존성, 개인 및 그룹의 책무성, 소그룹 대인관계 기술 활용, 일과 관계의 그룹 과정, 그리고 그룹의 규모와 구성원의 구성과 같은 면대면 상호작용 의사결정 등의 기본적 협동학습의 구성 요소를 포함하도록 요구한다(Johnson & Johnson, 1989, 1996, 1999).

협동학습의 준비는 수업 전체에 비형식적으로 빠르고 쉽게 확산할 수 있다. 〈표 7-6〉는 특정 내용 분야에서 활용될 수 있는 빠른 협력 구조와 같은 100개의 샘플을 제공한다.

〈표 7-5〉 더 형식적이며 장기간의 협동학습 구조

구조 명칭	설명	사용 시기
직소	간단한 직소에서 학생들은 협동그룹을 배정받는다. 그룹들은 특정 주제에 관한 학습 과제를 배정받는다. 그룹의 각 구성원은 연구를 위해 주제의 한 영역을 배정받거나, 학습을 위해 다른 자료가 주어진다. 각 학생들은 공부하고 배정된 분야의 '전문가'가 되어 이 정보를 팀원들에게 어떻게 가르칠지 계획한다.	
전문가 그룹 직소	전문가 그룹 직소에서, 학생들은 조사하고 각자의 자료를 개인적으로 준비한다. 그러고 나서 전문 지식이 같은 다른 팀의 학생들이 모여 정보를 공유하고 내용을 어떻게 가르칠지 계획한다. 학생들은 자신의 그룹으로 돌아가 정보를 가르친다.	
학생 팀학습 (STL)	학생 팀학습에서 학생들은 과제를 완수하기 위해 혼성 그룹을 배정받는다. 팀 동료들은 과제를 완수하기 위해 공부한다. 과제가 끝나면 각 구성원들은 개별적으로 퀴즈를 푼다. 교사는 그룹 수행과 개별 수행을 모니터한다.	
모둠성취분담 (STAD)	STAD에서 학생들은 기초 점수를 평가하기 위해 단원을 공부하기 전에 퀴즈를 푼다. 단원을 공부하고 난 후, 팀 구성원들은 개별적으로 퀴즈를 푼다. 팀 점수는 각 구성원들이 얻은 점수(기준 점수보다 향상된 점수)를 전부 합산하여 집계한다.	
그룹 조사	혼성 그룹 학생들은 조사 주제를 선택하거나 배정받는다. 팀원들은 학습 목표와 조사를 위해 하위항목을 함께 계획하고, 계획을 어떻게 진행할 것인지를 정한다. 학생들은 개별로 공부하고, 최고의 보고서나 대표작을 만들기 위해 정기적으로 모인다. 팀원들은 교실에서 자신이 알아낸 것을 표현할 때 각자의 역할을 가지고 있어야 한다. 이 프로젝트를 평가할 때는 교사나 팀이 만들어 낸 (적용, 분석, 종합을 강조하는) 루브릭 평가지표를 기반으로 한다.	

〈표 7-6〉 활동적 수업을 위한 쉬운 협동학습 구조

구조	설명	사용 시기
생각-쓰기(생략 가능)-짝 활동-공유하기	학생들은 교사가 제공한 질문이나 주제에 대해 스스로 생각한다. 학생들은 자신의 생각이나 대답을 그림이나 글로 요약한다(생략 가능). 학생들은 짝과 함께 생각을 공유한다. 학생들은 자기 자신의 답 또는 짝의 대답을 공유한다.	

설명–공유–듣기–창조	앞의 방법과 같이 시작하고, 학생들은 서로 생각이나 대답을 공유한 후에 구성원의 생각이 모두 포함된 새로운 대답, 아이디어를 만들어 낸다.	
번호별 퀴즈	소그룹 학생들은 각 팀에서 예를 들면, 1, 2, 3처럼 번호를 정한다. 교사가 질문하면 팀원들은 각 구성원들의 답이 무엇인지 확인하기 위해 상의한다. 그러고 나서 각 그룹의 한 학생이 답을 말한다(예: 각 3번).	
돌아다니기–얼음–짝 활동	학생들은 음악이 멈추거나 교사가 '얼음'이라고 말하기 전까지 일어나서 교실을 돌아다닌다. 교사가 '얼음'이라고 말하거나 음악이 멈추면 학생도 멈춘다. 교사가 '짝'이라고 말하면 학생들은 가장 가까운 친구와 짝을 짓는다. 교사는 질문을 하고 학생들은 다시 음악이 시작되거나 교사가 '돌아다녀'라고 말하기 전까지 의견을 나눈다.	
걷고 말하기	짝끼리 주어진 주제에 대해 의견을 나누면서 함께 걷는다. 걸으면서 말하기는 신체적 · 정신적 운동을 하게 하고 긴장을 풀도록 하며 창의력이 풍부한 상태로 만들고 동시에 생리학적 · 심리학적 행복을 향상시킨다.	
말하고 바꾸기	학생들은 주제와 관련된 정보를 말하거나 질문에 대답해야 한다. 대답의 끝이나 가운데 부분에서 학생을 멈추게 하고, 나머지 학생들 중에서 다음 학생이 뽑혀 대답을 이어 나간다. 이 과정을 몇 차례 반복한다. 이 구조는 영어 사용에 제약을 보이는 학생이나, 학급 구성원이 만들 수 있는 단어, 그림, 아이디어로 의사소통을 시작하는 학생들을 효과적으로 도울 수 있다.	
무엇이든 말하기	교사는 학생에게 글의 일부분을 준다. 짝과 함께 소리 없이 어디까지 읽을 것인지를 정한다. 선택한 지점까지 읽고 나면, 짝과 함께 내용을 요약, 질문, 새로운 연결내용 등을 말하는 '무엇이든 말하기' 시간을 가진다. 친구와 이 과정을 되풀이한다. 그러고 나서 학급 전체는 글 전체에 대해 이야기한다. 소리 내어 말하기, 경청하기는 기존의 정보와 새로운 정보들의 이해를 발전시키는 것뿐만 아니라 대인관계도 발전시킨다.	
돌아가며 쓰기	학생들은 차례대로 그룹을 돌아온 종이와 연필로 생각이나 대답을 쓴다. 그들이 쓴 각 아이디어는 이전에 쓴 것을 확장하는 것이다. 동시다발적 쓰기는 하나 이상의 연필과 종이를 한번에 차례대로 돌린다.	
낙서 또는 회전목마	낙서 또는 회전목마에서는 각 그룹에 차트 종이와 작성해야 될 다른 주제가 주어진다. 주어진 시간(예: 5분)에 각 그룹은 멈추고 종이를 돌린다(예: 시계방향). 회전은 모든 그룹이 각 종이가 자신의 그룹으로 돌아올 때까지 계속된다. 회전목마는 학생들이 벽에 붙은 주제 종이나 교실에 놓여진 테이블 사이를 이동하는 낙서의 변형이다.	
3단계 인터뷰	4명으로 이루어진 그룹에서 파트너를 나누고 교사가 제시한 질문에 관해 파트너를 인터뷰한다. 같은 그룹에서 파트너는 질문을 하는 사람이 질문을 받도록 역할을 바꾼다. 학생들은 인터뷰하면서 배운 것을 4명의 원래 그룹 안에서 차례대로 공유하면서 돌아가며 쓰기 형식으로 보고한다.	

문제 던지기	각 그룹은 종이에 질문을 쓰고 그 종이를 공처럼 뭉쳐서 질문에 대답할 다른 팀에게 던진다. 그리고 평가를 위해 다시 원래 그룹에게 그 종이를 던진다.
동심원	학생들은 2개의 동심원을 그리고 서서 안쪽 원의 학생은 바깥을 보고 바깥 원의 학생들은 안쪽을 바라본다. 안쪽과 바깥쪽 학생들은 서로 교사가 제시한 주제나 질문에 대해 토의한다. 신호를 보내면 바깥쪽 원의 학생들이 시계방향으로 새로운 파트너를 만나기 위해 이동하고 같은 또는 새로운 질문에 대해 토의한다. 이것을 여러 번 반복한다.

읽기에 어려움을 겪는 학생을 위한 협동학습 전략의 초점

읽고 쓰는 능력과 언어 구사 능력의 발달은 학교의 가장 중요한 결정 요인이다. 언어적으로나 문화적으로 다양한 학생들이나 읽기 학습 장애를 가지고 있는 학생들은 읽기와 관련된 활동, 학업 성취와 관련된 모든 형식의 활동에 있어 낮은 성취도를 보일 가능성이 높다. 협력적 읽기 전략(Collaborative Strategic Reading; Klingner, Vaughn, Arguelles, Hughes, & Leftwich, 2004)은 상보적 교수(Reciprocal Teaching; Palinscar & Brown, 1984, 1987)의 연구 기반 자기 모니터링 이해를 기반으로 한 방법이다. 이 차이화된 절차는 학생들이 문장을 읽기 전, 읽기 중, 읽기 후의 단계마다 미리보기, 'Click and Clunk' 기법[1], 핵심 파악, 마무리 정리의 네 가지 이해 전략을 사용하도록 가르친다. 그러고 난 후, 학생들은 자신들이 읽었던 자료를 협력적으로 비평하고 분석하기 위해 모둠별로 공부를 하는데, 이때 그들의 역할(이끔이, 도우미, 알리미, 칭찬이, 기록이, 지킴이)을 적용시켜 공부한다.

1) 역자 주: 책의 내용을 이해하면 한 손가락을 들어올리고(Click), 의미가 분명하지 않을 때 두 손가락을 들어올리는 기법(Clunk)이다.

또래교사와 짝 학습 배치의 중요성

학습 내용을 차이화하는 한 가지 방법은 가르치는 사람을 차이화하는 것이다(예: 전달의 역할을 또래에게 시키는 것). 또래수업, 짝 학습 수업 배치가 새로운 것은 아니다. 예로부터 Schoolhouse[2]의 교사는 수업 전달자의 역할을 학생에게 부여해 왔다. 또래교사를 활용하기로 결정한 교사는 또래교사 수업 동안 사용할 자료와 내용을 신중하게 선택한다. 또래교수는 한 학급 내 동료 간, 학급 간이나 학교를 뛰어넘어서 나이를 넘어선 학교 친구 사이에도 배치될 수 있다.

또래교사 배치는 학생 간의 관계를 향상시키고 학습 시간을 늘리는 효율적인 방법이다. 또래교사가 주는 사회적 장점이나 비용적 장점뿐만 아니라 교육적으로도 장점이 풍부하다(McMaster, Fuchs, & Fuchs, 2002; Peer-Assisted Learning Strategies-PLAS, 2005; Thousand, Villa, & Nevin, 2002; Villa, Thousand, & Nevin, 2010a, b). 팀원들은 상호 의사소통 기술의 발전과 자존감 향상 모두를 경험한다. 가르침을 받는 아이들이 배울 뿐만 아니라 가르치는 아이도 가르치는 것을 준비하면서 메타인지 활동으로 인해 가르치기 전보다 내용에 대한 이해가 깊어진다.

Good과 Brophy(1997)는 또래교사 교육이 어른이 가르치는 교육보다 최소한 세 가지 이유로 우수할 수 있다고 제안한다. ① 학생들은 나이에 더 적절한 의미의 언어와 예를 활용하고, ② 또래교사는 최근에 그들이 가르칠 내용을 배웠기 때문에, 가르침을 받는 친구가 경험할지 모를 학습장애물을 잘 알고 있으며, ③ 또래교사가 어른보다 더 가깝고 친하게 느껴진다.

당신은 또래교사 협력을 이끌어 내기 위해 교실의 학생들이나 다른 반의 또래교사를 어떻게 배치했는가? 당신은 수학 또는 철자 학습을 강화하기 위한 방법으로 또래교사를 어떻게 활용했는가? 당신은 다른 나이의 또래교사를 배치할 때 더 어린 학생들의 학습을 강화하기 위해서 학생들에게 어떻게 봉사학습 기회를 주었는가? 당신이 이 질문에 어떻게 답을 하더라도 그것은 서로에게 좋은(win-win) 수업 배치 방법일 것이다. 초 · 중등 또는 중등 학교 수준에서 또래 학습 프로그램에 대해 더 자세히 배우거나 학

2) 역자 주: 1층짜리 집 모양이며 교실이 하나만 있는 학교로, 옛날 미국 농촌지역에서 흔히 볼 수 있던 학교이다.

습하는 데 관심이 있는 독자들은 동일 학년 또는 타 학년의 튜터들을 학급 또는 학교 전반에 어떻게 배치하는지를 기술한 '수업과 의사결정에 있어서의 학생들의 협력'(Villa, Thousand, & Nevin, 2010a)이라는 연구를 참고하라.

수업 전략

McTighe와 Wiggins(2004) 그리고 Tomlinson과 McTighe(2006)는 교육과정과 수업의 설계를 통하여 이해력이란 '학생이 배운 지식과 기술을 실제 과제와 실제 환경에서 효과적으로 변환하거나 적용할 수 있는 능력'이라고 말한다. 우리가 이와 같은 의미의 '이해'를 경험할 때 우리는 회상에 기초한 불확실하고 틀에 박힌 이해력보다 유창하고 유연한 이해력을 가지게 된다. **수업 전략**은 학습자들이 더 잘 이해하도록 돕고, 자기주도적이 되도록 하며, 한 학생이 가지고 있는 지식이 다른 학생에게 쉽게 전이되는 것을 돕는 기술이다. 우리는 이 단원의 앞부분에서 학생 성취에 긍정적인 효과가 있는 것으로 증명된 기술들에 관한 Marzano 등(2001)의 연구 결과를 〈표 7-2〉에 기술한 바 있다. 이러한 모든 기술은 교수 전략과 교육적 배치 범주 모두를 포함하는 협동그룹 학습과 함께 교육 전략으로 적합하다.

그러나 〈표 7-2〉에 있는 9가지 수업 전략이 교사가 학생들의 학습을 돕도록 지원해 주는 유일한 수업 전략은 아니다. 연구 기반 중재를 강조하는 미국 「장애인교육향상법(IDEIA)」(2004)과 「아동낙오방지법(NCLB)」(2001)의 결과로서, 앞으로 더 많은 연구 기반 전략들이 개발되고 지지받을 것이다. 교사는 가장 효과적인 전략을 사용하기 위해서 논문을 읽고 검토하거나, 전문적 세미나와 회의에 반드시 참가해야 한다. 또한 우리는 교육과학연구소(What Works Clearinghouse) 웹 사이트(http://ies.ed.gov/ncee/wwc/default.aspx)에서 미국 교육청이 요구하는 연구 증거 테스트를 충족시킨 교육 전략을 검토해 보기를 권장한다.

여러분은 모든 수업에서 전략을 적용하기 위해 분류체계를 어떻게 활용할지 신중하게 검토해야 한다. 또한 우리는 예술과 통합한 교육과 학습 선호도의 개념들을 활용한 교육을 제안한다. 수업시간에 어떻게 분류체계를 사용하는지, 수업시간에 어떻게 학습 선호도를 적용하는지, 수업시간에 어떻게 예술과 통합하는지에 대한 간단한 방법이 계속해서 제시된다.

분류체계의 사용

분류체계는 학생들의 수준에 따라 공부할 내용을 차이화할 수 있게 도와준다. 예를 들어, 미국 남북전쟁 초기의 남쪽과 북쪽의 인구, 경제, 동맹, 군사 자원의 차이점을 공부할 때, 한 그룹은 데이터를 바탕으로 비교하고 대조하기 위해 그림을 그리거나 도표로 표시하도록 하였다(이는 Bloom의 분류체계의 '적용' 수준을 이용한 예이다). 다른 그룹은 이 데이터를 기초하여 전쟁의 결과가 어떻게 되었을지 예상하고 토론하도록 하였다(이는 Bloom의 분류체계의 '평가' 수준을 이용한 예이다).

모든 학생이 분류체계에서 (종합, 평가 등의) 높은 수준의 사고를 할 기회를 가져야 하고, 학생들이 생각하는 것을 보여 줄 수 있는 과정들을 선택할 수 있어야 한다. Bloom의 분류체계의 각 수준에서 활용할 수 있는 과정들은 〈표 7-7〉에 나타나 있다.

〈표 7-7〉 Bloom의 분류체계를 사용하여 학습 과정 차이화하기

수준	교육과정 접근을 촉진시키는 다른 과정
지식	정의, 그리기, 정의하기, 정리하기, 딱지 붙이기, 지정하기, 짝짓기, 이름 짓기, 회상하기
이해	설명, 묘사, 자기 단어로 정의하기, 설명, 일반화, 예시 보여 주기, 의역하기, 순서대로 정열하기, 다시 쓰기, 보여 주기, 요약하기
적용	공식 활용, 토론, 도표, 검토, 인터뷰, 구성, 번역, 문제 풀이, 기록, 분류, 발견
분석	분류, 비교, 대조, 추론(연역), 측정, 추론, 발견, 두 개 이상의 학습 결과 관련짓기
평가	논쟁, 심사, 선택, 비판, 비평, 방어, 판단, 분류, 입증, 실증, 단계 짓기, 정당화하기
종합	창조, 설계, 상상, 계발, 원작 준비, 종합, 결합

학습 선호도 개념의 적용

수업을 차이화하는 방법에는 시각적·청각적·운동적 학습방식의 수업 과정을 설계하는 방법뿐만 아니라, 교사들은 수업에 Sternberg(1997b)의 모델을 적용할 수 있다.

Sternberg 모델에서 사고는 입법적 사고, 행정적 사고, 사법적 사고로 구분된다. 사람들은 이러한 기능 중 한 가지를 더 선호하는 패턴이 있다. 만약 학생들의 선호가 수업 방법과 평가 절차에 부합한다면 학생들이 얼마나 많이 알고 있는지 더 잘 보여 줄 것이다. 예를 들면, 학생들이 행정적 사고를 선호하면 전략을 가르치는 강의를 좋아하고 사법적 사고를 선호하면 소그룹 토론을 더 좋아할 것이다.

우리와 공부한 많은 교사들은 다중지능이론이 수업 과정을 차이화하는 데 도움을 준다는 생각들을 수용한다. 예를 들면, 태양계 수업에서 논리/수학 지능에 강점을 지닌 학생들은 다양한 행성들이 태양 주위를 회전하는 시간이나 지구에서 우주선을 쏘아 각 행성에 도착하는 데 걸리는 시간을 계산하고 도표로 나타낼 것이다. 자연친화 지능에 강점을 지닌 학생들은 (지구 궤도에서 사용이 끝난 인공위성 같은) 우주 폐기물의 증가량에 대한 조사를 할 것이다. 시각/공간 지능에 강점을 지닌 학생들은 태양계 모형을 만들 것이다. 신체/운동 지능에 강점을 가진 학생들은 태양 주위의 다양한 행성들의 회전을 그들의 몸으로 나타낼 것이다. 음악/리듬 지능에 강점을 지닌 학생들은 자신과 다른 학습자들이 '태양으로부터의 거리 순으로 행성의 이름을 기억하는 것'을 돕기 위한 랩, 종 소리, 시 등을 만들 것이다. 대인관계 지능에 강점을 지닌 학생들은 과제를 달성하기 위해 협동학습이나 짝 활동을 선택할 것이다. 반대로 자기성찰 지능에 강점을 지닌 학생들은 몇 달 동안 우주 정거장에서 우주 비행사 생활을 한다고 생각하면서, 그들이 수행하는 연구나, 우주에서 겪게 되는 경험들을 일지로 나타낼 것이다.

〈표 7-8〉 다중지능이론을 이용한 학습 과정의 차이화

지능	학습 과정 차이화의 예
언어 지능	강의, 토론, 단어게임, 스토리텔링, 함께 읽기, 일지 쓰기, 토론, 협동학습
논리/수학 지능	퍼즐, 추론, 문제 풀기, 실험, 개요, 시각표, 수수께끼, 숫자게임, 비판적 사고
신체/운동 지능	수작업, 댄스, 드라마, 스포츠 가르치기, 이완운동, 견학
시각/공간 지능	그래픽 조직자, 작품, 도표, 그림, 마인드 맵, 시각화, 비유
음악/리듬 지능	리듬학습, 시, 노래 가르치기, 배경음악
자연친화 지능	견학, 야외 활동, 생태학적 인식, 동식물 보호, 자연 탐험
대인관계 지능	협동그룹 학습, 짝 학습, 모의 실험, 공동체 모임, 회의
자기성찰 지능	개별 수업, 인터넷 조사, 선택, 일지

학생들이 처음에 자신의 학습 선호도에 따라 학습을 촉진하고 나면, 교사들은 각자의 강점 지능을 이용하여 다른 학생들을 가르쳐 줄 수 있는 (직소 같은) 혼합 집단을 만들 수 있다. 〈표 7-8〉은 8가지 다중지능을 이용하여 학습 과정을 차이화하는 예이다.

예술의 통합

수업 전략의 방법으로 예술의 통합을 사용하는 것은 수업을 차이화하는 독특한 방법이다. 교사가 교육과정에 시각 예술 또는 행위 예술(음악, 연극, 춤 등)을 통합하는 것에는 많은 장점이 있다. 첫째, 예술을 이용하는 것은 학생들의 다중지능(예: 시각/공간 지능, 음악/리듬 지능, 신체/운동 지능)을 활용하는 한 가지 방법이다. 동시에 음악, 연극, 춤, 시각 예술 등을 통하여 지식을 처리하고 새로운 지식을 만들어 내는 것처럼 학생들은 교육과정의 과학, 사회, 언어 영역의 내용에 대한 지식을 확장할 수 있다. 예를 들어, Chadwick 등(2005)은 수업 과정에서 예술의 통합을 사용함으로 인해, 교사가 자신이 가지고 있는 예술적 지식뿐 아니라 학생들의 예술적 지식을 확대하는 방법을 설명했다. 여기에 참여한 교사는 이렇게 기술했다.

> 나는 예술에 대해 끊임없이 인식하고 있으며, 내 삶의 모든 부분에서 어떻게 드러나는지 알고 있다. 예술은 또한 나의 가르침에도 분명하다. 나는 의도적으로 수업시간에 학생들이 드라마, 시각 예술, 음악, 춤을 사용하는 기쁨을 느끼도록 만든다(Chadwick et al., 2005, p. 7).

Beecher(2006)는 1학년 여학생에게 쓰기 활동을 제공했다. 그는 체코/슬로바키아에서 지역, 음식, 문화, 날씨, 음악, 놀이, 동물 등에 대해 예술 활동을 통해 배우는 예술 기반 연구에 참가했다. 공동 시 쓰기 수업에서 학생들에게 체코/슬로바키아 예술가들의 다양한 예술 작품(예: 그림, 도자기, 태피스트리[3]) 중 민속 예술이 표현된 카드 한 벌을 고르도록 하였다. 쓰기 활동은 45분 동안 예정되어 있었고 한 개의 시를 다 쓰면 다음

3) 역자 주: 무늬를 놓은 양탄자를 말한다.

시를 쓰도록 했다. 활동 시간에는 iPad를 활용한 글쓰기가 포함되어 있다. 1학년은 "이 예술 작품을 보면 어떤 느낌이 드나요?"라는 힌트에 대답하면서 시를 쓸 수 있었다. 시를 다 쓴 후 교사는 다양한 글씨체, 색, 간격으로 학생들이 작품을 컴퓨터로 인쇄하게 하는 수업으로 확장시켰다. 모든 학생은 세련미와 시적인 이해 모두를 보여 주었다.

학교의 다층 지원 프로그램(MTSS)의 일부인 2단계 읽기 및 쓰기 중재 프로그램의 시작으로써 교실의 Alana와 Aaron 두 학생은 읽기 회복 프로그램을 매일 30분씩 수업 받았고, 시에서 매우 독창적인 반응을 보여 주었다. Alana는 노래로 시를 만들었고, 그녀는 반 친구들을 위해 노래를 부르고, 노래를 적어 준 음악선생님을 위해 다시 연주했다. Beecher는 수줍고 조용한 학생인 Alana에게 이런 면이 있다는 사실에 놀랐다. 이 수업을 받는 동안에 Alana가 쓴 모든 시는 새로운 노래가 되었다. 그녀는 순수하고 아름다운 목소리로 노래했다. 쓰기보다 놀기를 더 좋아하는 활동적인 소년 Aaron은 〈표 7-9〉 같은 스타일의 시를 썼다. 그는 이전에 보지 못한 진지한 모습으로 학급에서 그의 시를 발표하는 것을 즐겼다. 학생들은 이런 형식의 시 쓰기를 즐겼으며, 그래서 체코/슬로바키아 예술에 영감을 받아, 수업시간에 각자 4개 이상의 시를 썼다.

쓰기 기능의 표준화된 평가 방법뿐만 아니라, Beecher는 어떻게 이런 기능들이 예술적 이해, 즐거움, 흥미로움을 줄 수 있는지를 보여 주었다. 많은 1학년 여학생들은 '학생-교사-부모 회의'에서 공유할 그들의 포트폴리오 작품으로 이것들을 선택했고, 이 시들은 시집으로 출판되었다. 또 많은 학생이 부모님을 위한 시 낭송 행사에서 이 시를 낭송했다.

〈표 7-9〉 1학년 학생들이 시각 예술에 기초하여 쓴 시

The tree are blowing on the winter breeze I catch one leaf as they blow and blow by Alana	the cat sits near the pond the crab came up and snapped the cat by Aaron

출처: Aaron(Beecher, 2006)

사회적 · 물리적 환경

어떤 교실, 모든 수업에서 사회적 분위기와 물리적 환경은 기본 고려사항이다. 수업 과정에 영향을 주는 환경적 고려사항에는 교실 배치, 자료의 접근, 개별 학생의 전략적인 자리 배치 등이 있다. 고정된 사회적 규범, 고유의 특성, 대인관계는 수업의 모든 분위기, 활동 수준, 상호작용 패턴들을 결정한다. 활동적 수업 방식과 상호작용적 · 협력적 수업 배치를 사용할 때 소음의 정도, 시각적 · 청각적 주의 산만, 좌석 및 교실 배치, 자료를 얻기 위한 경로를 추가로 고려하는 것은 아주 중요하다.

교사가 사회적 분위기나 규범을 조절해 주고, 가르치고 배우는 과정에서 최선의 환경을 적용하기 위해 유연함을 가지는 것은 신체 사용 선호 학습자나 ADHD 같이 활동적인 학생이나 언어 지능에 강점이 있는 학습자나 언어 사용 선호 학습자 같이 상호작용에 강점이 있는 학생들에게 도움이 된다. 이러한 변화는 교사가 가르치기, 리허설, 역할극하기에 관심을 가져야 하는 것은 물론이며, 협동학습에서 요구되는 ① 사회적 의사소통기술, ② 주의 산만과 의견 대립에 대처하는 자기조절 및 충동 억제 기술, ③ 문제 해결 방법 및 전략 사용에 좀 더 주의를 기울일 것을 요구한다. 다시 말해, 가르치는 것에 책무성을 가지는 것이 교육과정의 최우선 과제가 되어야 한다(Villa et al., 2010a, b). 〈표 7-10〉은 학생의 자기관리를 가르치고 강화하는 것을 포함하여 사회적 · 물리적 환경을 조정하기 위한 아이디어를 추가로 제공한다.

〈표 7-10〉 사회적 환경의 지원 및 개별화된 지원 전략

설명: 학생들을 위한 수업 과정 차이화를 고려할 때, 이 체크리스트를 사용하면 가장 적게 관여하는 지원을 식별하고, 필요한 경우에만 지원하고 가장 자연스러운 지원을 식별하는 데 도움이 된다.

사회적 · 물리적 환경

_____ 개별 학생을 위한 특별 좌석

_____ 전체 수업을 위한 계획된 좌석

_____ 버스 _____ 교실 _____ 구내식당 _____ 강당 _____ 기타

_____ 물리적 자리 배치 변경(구체적으로: ____________________________)

_____ 학습용 개인 열람실 또는 조용한 지역 사용

_____ 구체으로 영역 나누기(예: 가구 구성, 칸막이, 깔개)

_____ 혼란을 줄이거나 최소화하기

_____ 시각 _____ 공간 _____ 청각 _____ 움직임

_____ 공간 사용에 대한 긍정적인 규범을 수립하고 가르치기

_____ 사회적 상호작용을 위한 기회 만들기(예: 친구의 서클)

_____ 최종 결과보다는 사회적 상호작용 과정에 초점 맞추기

_____ 학교에서의 경험과 방과 후 활동의 경험을 공유하는 기회 만들기

_____ 친구들에게 우정, 나누기 및 협상 기술 가르치기

_____ 사회적 의사소통 기술 가르치기(예: 적극적 경청, 도움 요청, 문제 해결, 협상, 건설적인 피드백 수용과 제공)

자기관리

_____ 그림 또는 글로 매일 또는 매주 스케줄 제공

잠재적인 기술 향상: Pocket Picture Planner

설명: Pocket Picture Planner는 사용자가 자신의 하루 또는 일주일을 계획하고 각 사건에 그림을 할당할 수 있는 Mac 또는 PC용 프로그램이다. 이러한 일정은 iOS 기반 장치를 통해 개인이 동기화하고 액세스할 수 있다.

http://www.cognitopia.com/ios.php

_____ 학생에게 달력 제공

_____ 이해와 복습을 위해 자주 확인하기

_____ 학부모에게 보강 요청

_____ 맞춤형 행동 계약 수립

_____ 학생들이 지시사항을 설명하고 반복하게 하기

_____ 학습 기술 가르치기

잠재적인 기술 향상: UDL Tech Toolkit: 학습 기술 도구

설명: Karen Janowski의 훌륭한 UDL Tech Toolkit wiki의 학습 기술 부분에는 새로운 사실을 배우는 데 어려움을 겪는 학생을 지원할 수 있는 웹 기반 자료가 많이 있다.

http://udltechtoolkit.wikispaces.com/Study+skills+tools

_____ 바인더를 사용하여 자료 구성

잠재적인 기술 향상: Google Drive

설명: 정리에 어려움을 겪는 학생의 경우 종이 시스템이 어려울 수 있다. Google Drive 및 Google 앱 세트는 학생들이 인터넷에 연결된 모든 컴퓨터 또는 휴대 기기에서 쉽게 검색할 수 있는 폴더에 자료를 작성, 작성 및 저장할 수 있는 공간을 제공함으로써 이러한 문제를 해결한다.

http://drive.google.com

_____ 장기 과제 시간표 설계/작성/사용
_____ 실제 상황에서 검토 및 연습
_____ 여러 환경에서 기술을 가르쳐 일반화 계획

협력교수 접근

수업 과정을 차이화하는 강력한 방법은 교실에서 일반교사, 특수교사, 사서교사, 특수교육 관련 서비스 종사자(언어치료사, 행동교정가 등) 등이 다양한 수업을 하는 것이다. 수업 과정을 차이화하기 위해 사용하는 네 가지 협력교수 접근(지원적 교수, 평행교수, 상보적 교수, 팀티칭)은 9장에서 설명한다. 교사는 협력교사 역할을 수행하는 성인 외에도 협력교사의 역할에 학생들을 활용할 수도 있다. Villa 등(2010a, b)은 학생들이 협력교사로서 수업을 차이화할 수 있는 다양한 방법을 자세하게 설명했다. 이 장에서는 학생들이 협력교사가 될 수 있는 몇 가지 방법을 간략히 설명하고, 협력교사 역할을 하는 학생들을 위한 새로운 연구 기반 자료들을 요약할 것이다.

학생들은 협력교사가 친구들을 어떻게 지도하고, 함께 공부하는 친구로서 어떻게 공부하며, 협력적 파트너십 내에서 지지적인 대인관계 기술을 어떻게 보여 줄 것인지 분명하게 가르쳐 줄 때 효과적인 협력교사가 될 가능성이 더 높다(Johnson & Johnson, 1989, 1996, 1999). 협력교사의 역할을 수행하는 학생들은 가르치는 사람과 배우는 사람 모두가 상호 관계를 즐긴다는 것을 확신하는 것이 중요하다. 교사들은 그룹의 각 구성원이 자신이 알고 있는 것을 다른 사람에게 가르칠 수 있는 의사소통 기술을 연습할 수 있도록 협력그룹 학습을 마련할 때, 학생들에게 협력수업 기술을 연습할 수 있는 더 많은 기회를 주어야 한다.

일반적으로 학생들은 학습 내용의 이해를 위해서 좀 더 활동적인 의사소통의 기회를 가질 때 더 잘 기억하고 학업 성취도도 증가한다. 최근 연구들은 또래 수업, 짝 학습, 협력그룹에서 가르치는 역할을 하는 학생들, 학생 중심 회의의 힘을 충분히 기록하고 있다. 게다가 협력교사 역할을 하는 학생들에 관한 연구 및 실행을 설명하는 이론적 틀도 있다. 예를 들면, 인지심리학자들은 상보적 교수(Palinscar & Brown, 1984)가 읽기 부진 학생의 읽기 이해력 증가 및 유지에 효과적임을 입증했다. 상보적 교수에서는 학생들이 읽기 이해력을 올릴 수 있는 교사의 역할을 하게 된다. Johnson과 Johnson(1989)은 함께 공부하고 함께 배우는 학생들이 학업적으로 더 높은 성취를 이루는 것뿐만 아니라 사회적 능력, 사회적 수용, 전반적으로 학습문제에 대한 긍정적 자세를 획득하는 이유를 협동학습 구조가 기반이 되는 사회심리학 이론으로 설명한다.

대화식 수업은 학생들을 협력교사가 되도록 준비하고 격려하는 또 다른 수업 방법이다. 대화식 수업은 그동안 수업에서 침묵을 지켜 온 학생들(예: 유색 인종 학생, 학습 부진 학생, 영어 학습자, 장애학생)에게 가장 완벽한 방법일지도 모른다. 대화식 수업은 학생 스스로가 교육과정을 구성하고, 자신만의 수업 방법을 설계하며, 의식을 높이는 집단 역할의 틀 안에서 그들의 발전 정도를 보고하는 것을 의미한다(Kluth, Diaz-Greenberg, Thousand, & Nevin, 2002). 대화식 수업은 ① 대답하기 전에 생각하는 시간을 좀 더 늘리기 위해 수업에서 말하는 속도에 변화를 주고, ② 웃음, 몸짓, 설명을 위해 적는 글에도 가치를 두며, ③ 주제(인종, 성, 계급, 계층, 능력 등과 관련된 이슈)가 중요함을 학생들로 하여금 확신을 갖도록 해야 한다.

대화식 수업과 기타 협력교수를 연습한 협력교사들은 ESL 학생이나 말이 서툰 학생들의 언어 습관과 소리 내는 방식에 다르게 반응하고 듣는 기술을 발달시킨다. 대화식 수업을 배워서 협력교사 역할을 하는 학생들은 그들이 가지고 있는 강점을 깨닫는 기회를 얻게 된다.

멈추고 되돌아보기

당신이 더 나은 수업 계획을 위해서 잠시 멈추고 되돌아볼 때는 〈표 7-1〉을 사용하라. 당신이 어디까지 생각하고 있는지 스스로에게 물어보고, 〈표 7-1〉에 제시된 수업 과정의 다섯 가지 요소에 관한 고려사항을 결정하라. 당신은 어떤 수업 방식, 수업 배치, 수업 전략, 사회적 · 물리적 환경, 협력교수를 고려하고 사용할 것인가?

학생들을 어떻게 참여시킬지를 결정하기 전에 마지막으로 학습에 문제를 지니고 있는 특정 학생에 대해 멈추고 되돌아볼 시간을 가지라. 그리고 당신이 선택한 수업 과정이 교육과정을 학습시킬 수 있는 방법이라는 확신을 갖기 위해서 다시 한 번 학습자에 관한 정보를 검토하라. 특정 학습자를 위한 독특한 수업 전략을 가지고 있는가? 보완 대체 의사소통 기구를 필요로 하는 학생이 있는가? 행동 계약, 토큰 강화 시스템, 긍정적 행동 지원 등의 전략이 필요한 학생이 있는가? 학습 참여를 위해 또래교사나 어른의 도움이 필요한 학생이 있는가? 만약 그러한 학생이 있다면 그 학생들의 추가적인 지원이 보장될 때, 학급 친구들이나 교사가 도움을 주는 **자연스러운 지원**이 바람직하다는 것을 기억하라.

결론적으로, 내용과 결과에 관한 결정들을 재검토하라. 그러고 나서 차이화된 수업 계획안을 실행하기 전에 조정과 개선, 추가 조치를 하라.

08 차이화 수업을 위한 협력 계획 및 평가

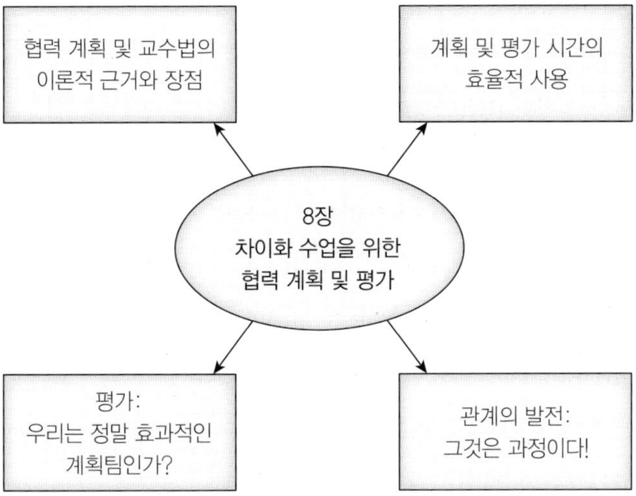

[그림 8-1] 8장의 내용 체계

다른 모델 없이 자기만 바라보면 향상이 없다.

– Oliver Goldsmith, 아일랜드 소설가, 극작가 및 시인

협력은 모든 학생에게 양질의 수업 제공과 교육적 형평성 확보를 모두 가능하게 하는 합법적이고 실질적이며 윤리적인 방법이기 때문에 점점 더 북미지역 학교의 표준이 되어 가고 있다. 이 장에서는 다음과 같은 질문을 다룰 것이다.

- 수업의 차이화를 위한 협력 계획의 장점은 무엇인가?
- 계획 수립 시간을 효과적이고 효율적으로 사용하는 방법은 무엇인가?
- 협력팀 구성원 간의 관계는 어떻게 개발(형성)되는가?
- 계획팀은 자신들의 효과를 어떻게 평가할 수 있는가?

협력은 업무(일, 교육)에 대해 다른 각도로 생각하는 교육자들이 필요하며 다양한 형태를 보인다. 협력의 한 유형인 협력교수는 학습의 차이화를 위한 교육의 '최선의 방법'으로 부상하였고(Villa, Thousand, & Nevin, 2013) 따라서 이 책에서 강조되고 있다.

그러나 협력교수는 다양한 학습자의 교육을 지원하는 유일한 형태이다. 몇몇 상황에서 그룹 협력 및 또래 학습 구조에서 서로에게 가르쳐 주고 역할 모델링의 상호작용을 하는 다양한 방법으로 서로를 돕는 자연스러운 또래 지원을 통해 학생들(특별한 교육적 요구가 필요한 학생과 영어 학습자 등)의 성취를 쉽게 달성할 수 있다. 다른 상황에서는, 특수교사와 같은 인력의 컨설팅 또는 방문 지원(stop-in support)은 교사가 학습을 차이화하기 위한 적절한 지원을 제공한다. 경우에 따라 특정 학생은 보다 개별적인 상호 작용과 또래 또는 심지어 개인적 보조 인력의 지원이 필요할 수도 있다. 그러나 학습의 내용, 과정, 결과를 위한 계획 수립 전에 모든 학생의 필요를 고려하는 체계적인 접근이 이루어진다면 이러한 최후의 선택사항은 필요가 없다.

〈표 8-1〉은 학생 지원의 수준을 컨설팅, 방문 지원, 협력교수(Co-teaching)와 개별화 지원으로 나누어 더 자세히 설명한다.

〈표 8-1〉 더욱 강력하고 개입적인 지원 선택사항

컨설팅 및 방문 지원 컨설팅 지원은 학생의 진전 상황을 추적할 학급교사와 한 명 또는 그 이상의 성인(종종 특수교육자)이 정기적으로 만나서 이루어진다. 적응 필요성, 보충 자료 또는 교육에 대한 평가를 하고 필

요에 따라 문제를 해결한다. 간호사, 작업 및 물리 치료사, 보완 대체 의사소통 전문가, 진로교사들은 정기적으로 상담을 제공한다. 학생들은 특정 과제 또는 일반적인 지원을 위해 배정된 컨설팅 직원으로부터 도움을 구할 수 있다.

방문 지원은 컨설팅 제공자가 예정되거나 예정되지 않은 계획에 의해 교실에 방문할 때 이루어진다. 일반 교육환경에서 학생의 행동을 관찰하고 기존 지원 또는 교육과정에 대한 수정의 필요성을 평가하고 해당 학생, 담임교사, 동료 학생들과 얼굴을 맞대고 이야기한다.

협력교수 지원

두 명 이상이 교실의 학생들 일부 또는 전부에 대한 교육적 책임을 공유할 때 협력교수 지원이 이루어진다. 여기에는 네 가지 주된 협력교수 방법이 있다.

1. 지원적 교수: 한 교사가 주도하고 다른 교사는 학생들 사이에서 지원한다.
2. 평행교수: 협력교사는 교실의 각각 다른 영역에서 다른 그룹과 함께 활동한다.
3. 상보적 교수: 협력교사는 다른 협력교사가 제공하는 교육을 향상시키기 위해 활동한다.
4. 팀티칭: 협력교사가 공동으로 계획하고 가르치고 평가하고 교실 내 모든 학생에 대한 책임을 함께 진다.

개별화 지원

개별화 지원은 보통 한 명 또는 그 이상의 보조교사와 같은 성인을 포함한다. 이러한 성인은 하루 중 대부분 또는 온종일, 하루 또는 일주일 동안의 정해진 시간에 한 명 이상의 학생에게 지원을 제공한다. 성공적인 개별화 지원의 핵심은 개별화 지원 담당자가 지원 학생에게 '엉덩이가 붙어 있지 않도록' 하는 것이다. 하지만 담임교사와의 계획을 통해 필요에 따라 지원을 차별화(자연적인 동료 지원의 의도적인 촉진, 대상 학생 이외의 학생에 대한 지원, 친구들과의 이질적인 그룹 활동과 소그룹 학습 촉진)할 수 있다. 궁극적인 목표는 해당 학생의 독립심을 키우고 친구들과 교사의 자연스러운 지원을 증가시켜서 개별화 지원의 필요성을 사라지게 하는 것이다.

협력 계획 및 교수법의 이론적 근거와 장점

학생에게 보조적인 지원을 제공하기 위해 교실에서 제공되는 지원의 수준 또는 교실 내에서 서로를 어떻게 연결하기로 결정하느냐와 관계없이 협력의 계획과 평가는 공통적이고 필수적이다.

왜 협력적으로 계획하고 평가하는가? 이 질문에 대한 답은 분명하다. 예를 들어, 모든 당사자가 계획에 참여할 때 수업 또는 단원을 성공적으로 실행할 확률이 높아진다. 새로운 자료에서 제안하듯이, 장애와 학습관련 장애 그리고 언어적인 차이를 보이는 학생에게 협력하여 계획하고 가르칠 때(이 과정에 가족을 포함하고) 학업 및 사회적 기술의 향상을 기대할 수 있다. 연방 법률은 2004년 「장애인교육향상법(IDEIA)」의 예를 들어 다음을 인정하였다.

> 30년 동안의 연구와 경험을 통해 장애아동의 교육은 보다 효과적으로 이루어질 수 있음이 입증되었다…… 이러한 학생을 위한 높은 기대를 갖고 일반학급에서 일반 교육과정에 대한 접근을 보장한다…… 이러한 학생들의 가족이 자녀의 교육에 참여하는 의미 있는 기회를 보장한다…… 가능할 때 언제든지 일반교실에서 이러한 학생들에게 적절한 특수교육 및 관련 서비스와 보조 및 지원을 제공한다(IDEIA, 2004).

협력 계획 및 평가의 또 다른 장점은 계획팀 구성원들이 동료의 독특하고 전문적인 지식과 기술을 활용할 수 있다는 점이다(Hourcade & Bauwens, 2002). '백지장도 맞들면 낫다.' 즉, 시너지 효과가 일어난다. 교사들이 협력할 때 높은 수준의 사고를 증가시키고 더 많은 새로운 해결책을 만들어 낸다(Thousand, Villa, Nevin, & Paolucci-Whitcomb, 1995). 그들이 공동으로 계획하고 의사결정을 할 때 교사는 성취감을 느낀다. Glasser(1999)에 의해 제안된 생존, 힘, 선택의 자유, 소속감, 재미와 같은 기본적인 인간의 욕구는 교사가 공동으로 계획할 때 발생하는 상호작용을 통해 충족될 수 있다. 즉, 다양한 학습자의 교육에서 교사의 **생존**과 **성취**에 대한 기회는 자원과 전문성의 교류를 통해 증가한다. 그들이 함께 논의하고 계획함으로써 교사는 **소속감**과 **자유**를 경험한다. 그리고 그것은 성숙한 대화와 창조적인 해결책 찾기에 참여하는 **즐거움**이다.

그래서 협력 계획이 교사와 학생에게 정말 좋은 영향을 준다면 우리는 학교에서 어떻게 하면 그것을 더 실행할 수 있을까? 이러한 장점이 실현될 수 있도록 우리가 어떻게 할 수 있을까? 이 장의 나머지 부분은 팀의 효과와 효율성을 증진할 수 있는 방법을 설명하는 데 전념하고 있다. 두 가지 방법이 팀을 돕는 데 효과적인 것으로 밝혀졌는데, 그것은 효과적인 회의를 실행하는 방법과 팀의 발전 과정을 평가하는 방법이다.

계획 및 평가 시간의 효율적 사용

교사들은 끊임없이 질문을 받는다. '교사에게 가장 부족한 것은 무엇인가?' 즉각적인 대답은 늘 '시간'이다. 계획을 위해 시간을 할애하는 것은 모든 교사에게 끝없는 도전이다. 그러나 계획을 통하여 어떤 것이 발견되고, 생성되고, 확장되고, 재배열될 때 진정한 쟁점은 그 시간을 효과적으로 사용하는 방법이 된다. 종종 문제가 되는 것은 계획을 위해 최종적으로 정해진 시간, 추가 또는 조작되는 시간이 아니다. 오히려 교사가 자리에 앉아 시간을 사용하는 근본적인 방식의 변화이다.

차이화 수업은 학생의 학습과 성공에 관심이 있는 사람들이 직접 대면하여 회의에서 머리를 맞대고 협력할 때 가장 잘 달성된다. 때때로 교사는 수업을 계획하기 위해 학생들과 협력한다. Villa, Thousand와 Nevin(2010a, b)에 의하면 또래학생은 다양한 주변 학생들의 요구를 충족시키고 협동적이고 배려심 있고 활동적인 학습 환경을 유지하는 완벽한 자원이다. 이 연구는 학생들이 교사와 협력할 때 교실에서 일어나는 일에 책임을 지고 또래를 돌보고 학습에 더 참여하게 된다는 것을 보여 준다. 이 책은 학생들에게 교실과 학교 공동체에서 또래교수자, 의사결정자, 자신과 다른 학생들의 지지자로서 권한을 부여하는 실용적인 전략을 제공한다.

차이화 수업의 계획 및 평가는 교사와 보조교사가 함께 의사결정에 참여할 때 향상될 수 있다. 보조교사는 특별한 요구를 가진 학생을 지원하고 교실 안의 모든 학생을 위한 학습을 장려한다. 이러한 역할 수행을 통하여 학생의 특별한 관심, 강점, 적응에 대한 통찰력을 자주 얻는다. 보조교사의 협력적 역할에는 특정한 예시 들기, 조언, 전략, 법적인 쟁점, 준비 과정 등이 있다(Nevin, Thousand, & Villa, 2009 참고).

계획 및 평가회의는 〈표 8-2〉(Thousand & Villa, 2000; Villa et al., 2013)에 제시된 협력 계획 및 평가회의 양식과 같이 구조화된 회의 양식을 사용할 때 효과적이고 효율적이다. 이 회의 양식은 팀 구성원이 효과적인 협력 과정의 다섯 가지 중요 요소(긍정적 상호의존성, 개별 책무성, 그룹 활동, 소그룹 대인관계 기술, 면대면 상호작용)를 실천하는 데 도움이 된다.

〈표 8-2〉 협력 계획 및 평가회의 양식

참석자:	불참자:	알아야 할 다른 사람:
역할	이번 회의	다음 회의
시간 측정자:		
기록자:		
기타: ________________		
의제		
의제 목록		제한 시간
1. 의제 되짚어 보기 & 긍정적 논평		5분
2.		
3.		
4. 업무 성과 및 대인관계 기술 사용을 위한 그룹 활동의 일시 정지		2분
5.		
6.		
7. 과제와 관계에 대한 최종 그룹 활동		5분
회의 결과		
행동 목록	담당자	기한
1. 불참자 및 그 외 사람들에게 결과 내용 전달		
2.		
3.		
다음 회의 의제 수립		
날짜:	시간:	장소:
예상 의제 목록		
1.		
2.		
3.		

긍정적 상호의존성은 대표자의 역할이 순환적으로 주어질 때 형성된다. 역할에는 시간 측정자, 기록자와 같은 과제 관련 역할과 촉진자, 관찰자와 같은 관계 지향 관련 역할이 있다. 〈표 8-2〉에 제시된 바와 같이 역할은 다음 회의 전에 미리 배정한다. 이렇게 하면 모든 참가자가 특정 역할을 수행하는 데 필요한 준비물(예: 시계 또는 타이머, 기록지, 필기구, 촬영장비 등)을 갖출 수 있다. 역할을 미리 정하면 팀 구성원이 역할을 순환적으로 담당하며 이를 통하여 분산적 책무성과 긍정적인 상호 의존성을 갖게 된다.

회의 양식은 각 구성원에게 과제를 부여하고 회의 결과 부분에 마감일을 설정하여 자신이 수행하는 과제를 완료하기 위해 개별 책무성을 가져야 함을 나타낸다. 소그룹 대인관계 기술의 사용은 그룹이 어떻게 기능하는지에 대한 그룹 활동을 위하여 안건의 일시 중지를 통해 촉진된다. 이것은 회의의 중간에 그리고 마지막에 발생한다. 면대면 상호작용은 누가 회의에 출석, 지각, 결석했는지 그리고 다음 회의의 의제를 도출했는지의 기록 공개를 통해 촉진되고 인식된다.

팀 구성원 간의 관계 발전: 그것은 과정이다!

효과적인 팀의 다섯 가지 중요 요소 중 하나는 팀 구성원 간의 대인관계 기술과 관계의 개선을 위해 의식적인 관심을 갖는 것이다. 대부분의 사람들은 실제로 작업을 함께 하고 알아 가고 팀을 만들어 가며 팀의 능력을 개발한다. 그런 다음 초기 단계에는 팀 구성원의 관계 발전을 위해 동료들의 문화, 개성, 전문적인 배경뿐만 아니라 팀 구성원 각각의 경험에 대해 알기 위해서 약간의 회의 시간을 투자한다(Webb-Johnson, 2002). 서로의 독특한 개성을 이용하는 것은 강점과 관심사에 대해 배우는 새로운 방법이다.

이것은 또한 팀 구성원이 다른 사람과 함께 수업을 계획하고 평가하기 위해 노력하는 것이 여러 단계를 거치는 발전 과정이라는 것을 아는 데 도움이 된다. 예상되는 기술을 아는 것은 팀원들이 팀 목표를 달성하는 동시에 긍정적인 관계를 유지하고 발전시키는 것을 돕는 특정한 대인관계 기술과 의사소통 기술을 배우고 사용하는 것을 선택할 수 있도록 한다.

신뢰 구축을 위한 기술 및 팀 규범 수립

새로운 팀이 처음 형성될 때, 목표는 상호 간에 호혜적 관계를 구축하는 것이다. 이러한 목표를 용이하게 하는 대인관계 기술에는 시간에 맞춰 도착하고 회의 내내 머무는 것과 같은 신뢰 구축 행동이 포함된다. 두 가지 중요한 주안점은 일반적인 팀의 목표에 동의하고 서로 비난하지 않고 개인이 선호하는 이름을 사용하는 것과 같은 규범을 만드는 것이다.

규범은 '팀원들을 위한 적절한 행동에 대한 그룹 공통의 신념이다. 다시 말해서, 그것은 팀원이 행동할 것으로 예상되는 방식을 말한다…… 모든 그룹은 공식적 · 비공식적으로 규범을 갖고 있다.'(Johnson & Johnson, 1997, p. 424) 규범을 분명히 말하고 따르도록 함으로써, 팀원들은 그들 각자가 서로 정보를 공유하고 우려와 필요에 대해 '진실을 말할' 수 있도록 하는 의식을 만든다.

의사소통 및 리더십 기술

그룹의 신뢰를 발전시킨 후, 팀 구성원들은 목표의 효율적이고 조직적인 성취를 가능하게 할 뿐만 아니라 관계 발전을 가져올 의사소통 및 리더십 기술에 초점을 맞춘다. 그러한 의사소통 및 리더십 기술의 예로는 자신의 견해를 명확히 하거나 설명하고, 업무를 조율하고, 다른 사람의 견해를 보강하고, 팀의 결정에 대한 이해와 동의를 확인하는 것이 포함된다.

의사소통 및 리더십 기술은 〈표 8-2〉에 제시된 대로 매번 모임에서 각 구성원에게 (역할을) 순환적 형태로 정의하고 할당할 경우 손쉽게 연습된다. 당신의 계획팀이 이러한 기술 연습을 위해 긍정적인 대인관계 촉진 역할과 더불어 과제 및 목표 성취를 촉진할 리더십 역할을 이 표에 나열하고 정의할 수 있다. 우리는 당신이 필요로 하는 다른 역할을 만들어 낼 것을 권장한다.

〈표 8-3〉 과제 성취 및 관계 발전 촉진하기

과제 역할
시간 측정자: 시간 측정자는 시간을 모니터링하고, 합의된 시간에 중지할 것을 팀 구성원에게 언급하고, 합의된 시간이 가까워지면 "종료까지 5분 남았습니다."라고 알려준다.
기록자: 기록자는 팀의 결정을 기록한다. 참석자에게 복사본을 배부하고 불참자에게는 일주일 안에 복사본을 배포한다.
요약자: 요약자는 새로운 주제로 이동하기 전에 토론의 결과를 요약한다.
확인자: 확인자는 회원 간의 토론과 의사결정에 대한 이해를 확인한다. "당신은 우리가 어떻게 이 결정에 도달했는지 설명할 수 있습니까?"
관계 역할
격려자: 격려자는 참여와 역할 수행을 위해 모든 팀 구성원을 격려한다.
칭찬자: 칭찬자는 서로 간에 긍정적인 영향을 미치는 협력 기술을 사용할 때 구성원들이 알 수 있도록 한다. 칭찬자는 "잘했어!"라는 일반적인 의견보다 "당신 덕분에 우리의 작업에 집중할 수 있어서 감사합니다!"라는 말을 통해 신중한 칭찬의 말과 진정성 있는 느낌에 집중한다.
전문 용어 해설자: 전문 용어 해설자는 낱말의 머리글자를 모아서 만든 두문자어, 약어 등을 모든 참석자들이 이해할 수 있도록 한다. 이 역할은 전문 영역의 참석자들이 왔을 때 특히 중요하다. "앗! 모두들 IEP가 무엇인지 알고 있나요?

창의적인 문제 해결 기술 개발

창의적인 문제 해결 능력은 팀 구성원의 차이화된 내용, 수업, 평가의 질을 높이고 혁신적인 방법을 개발하기 위한 세 번째 방안이다. 창의적인 문제 해결 능력은 새로운 아이디어를 생성하거나 브레인스토밍을 하기, 질문을 통해 추가 정보를 찾기, 메타인지를 활용하기, 논쟁 또는 제안의 기본이 되는 이론적 근거를 요구하기, 비판적인 피드백을 요구하기, 새로운 정보를 깊이 이해하기 위해 낯선 훈련의 위험을 무릅쓰기, 또한 확실하지 않은 경우에도 뭔가 새로운 것을 시도하기 위해 위험을 감수하기 등을 포함한다.

갈등 해결 기술

갈등은 모든 팀 내에서 불가피하다. 특히 목표와 과제가 모든 학생의 학업적 · 사회적 · 정서적 성공을 보장하는 것만큼 중요한 경우에는 더욱 그러하다. 논란을 빚고 있는 토론과 상충되는 의견을 쉽게 관리할 수 있는 협력팀 구성원들은 더욱 성공적으로 갈등을 해결할 수 있다. 건설적인 논쟁에 참여하는 기술과 단계에서는 사람이 아닌 아이디어를 비판하고, 다른 의견을 구별하며, 다른 사람의 입장을 이해하기 위해 더 많은 정보와 근본적인 이유를 묻고, 창의적인 문제 해결 방법을 사용한다. 이러한 기술을 이해하고 연습하면 이미 시도한 차이화 수업 방법의 수정과 정교함을 이끌어 내는 아이디어를 창출할 수 있다. 또한 협력교수 팀이 가장 높은 잠재력과 응집력의 수준에 도달할 수 있도록 한다.

이러한 네 가지 기술의 이해와 의식적인 실천이 학생의 성과를 높이고 계획 과정의 즐거움을 줄 것이라 믿는다. 그리고 우리는 그것이 여러분에게 달려 있다는 것을 알고 있다. 오직 당신만이 자신의 행동을 통제할 수 있고 이러한 대인관계 기술을 사용하는 모델이 될 수 있다. 결과는 그만한 가치가 있다. 교수 및 학습의 탁월함은 물론 파트너십을 통해 더 많은 즐거움을 얻을 수 있다.

우리는 정말 효과적인 계획팀인가

협력하는 동료가 원하는 협력 내용이 무엇인지 알고 차이화된 학습 경험을 만드는 것은 중요하다. 따라서 그들은 협력교수 실행과 관련된 대면 계획 및 보고를 수행하는 경우 자기평가와 효율성을 반영한다. 우리는 여러분의 전문성 성장에 활용할 수 있는 21개 항목의 자기평가 체크리스트를 만들었다. 이 체크리스트의 제목은 '우리는 진정한 협력팀인가?'(〈표 8-4〉)이다. 협력팀의 구성원은 협력 파트너십에 대한 21개의 항목에 대해 개별적으로 평가한 후 '예'와 '아니요' 평가를 비교하게 된다. 이를 통하여 팀원들은 지금까지의 강점을 확인하고 개선점에 대한 논의를 할 수 있다. 여기서 팀이 어떤 항목에 '예'를 부여할지의 결정이 만장일치로 정해질 것을 제안한다. 만약 어느 한 사람이라도 '예'를 확신하지 않는 경우 그 점수는 '아니요'로 해야 한다. 상대방에게 합의를 위해 인식을 바꾸라고 압력을 가하는 대신에 팀 계획 경험의 서로 다른 인식에 대한 진정한 대화를 권장한다.

〈표 8-4〉 '우리는 진정한 협력팀인가?' 자기평가

설명: 현재 당신의 협력 점수를 확인하려면 다음 각 문장에 예, 아니요를 표시하시오.

예	아니요	우리의 협력 또는 협력교수 파트너십
면대면 상호작용		
______	______	1. 우리는 편안한 환경에서 만나는가?
______	______	2. 우리가 만날 때 서로의 의견을 듣고 얼굴 표정을 볼 수 있도록 스스로 준비하는가?
______	______	3. 우리 그룹의 인원은 적당한가? (6명 이하의 인원)
______	______	4. 우리는 시간과 장소가 사전에 합의된 정기적인 회의를 개최하는가?
______	______	5. 우리는 다음 회의의 의제를 식별하고 규정하며 각 안건에 대한 시간제한을 설정한 구조화된 의제 형식을 사용하는가?
______	______	6. 필요한 구성원들이 적시에 초대될 수 있는가? (주의사항: 필요한 구성원은 의제에 따라 각 회의마다 변경될 수 있다.)
______	______	7. 우리는 시작과 종료 시간을 지키는가?
긍정적 상호의존성		
______	______	8. 우리는 공식적으로 그룹 전체의 목적과 목표를 논의했는가?
______	______	9. 우리는 그룹의 목표를 위해서 개인적으로 필요한 역할을 명시했는가?
______	______	10. 우리는 역할의 순환(기록자, 시간 측정자, 격려자, 확인자)에 의한 리더십 책임을 분산하는가?
______	______	11. 우리는 긍정적인 코멘트로 회의를 시작하고 성공적인 사례를 축하하기 위한 시간을 투자하는가?
______	______	12. 우리는 회의에 즐겁게 참여하는가?
소그룹 대인관계 기술		
______	______	13. 우리는 회의에서 행동 규범을 수립했는가?(예를 들어, 모두 함께 해결하기, 타인이 말할 때 적극적으로 청취하기, 책임을 전가하지 않기)
______	______	14. 우리는 새로운 회원에게 그룹의 규범을 설명하는가?

_____ _____ 15. 우리는 긍정과 부정의 진정한 관점을 표현하기 위해 안정적인 분위기를 조성하는가? 우리는 회의 중 갈등을 인정하는가?

_____ _____ 16. 우리는 지각한 회원이 있을 때 회의를 중간에 중단하기보다 휴식 시간이나 회의를 마친 후 진행 상황을 안내하는가?

_____ _____ 17. 우리는 결석한 회원과, 우리의 결정에 대해 알아야 할 필요가 있지만 팀 구성원이 아닌 사람들과 의사소통 수단이 있는가?(예: 학교 또는 교육청 담당자)

_____ _____ 18. 우리는 특정 의사결정에 사용할 의사결정 과정을 의식적으로 확인하는가? (예: 다수결, 합의, 만장일치)

그룹 활동

_____ _____ 19. 우리는 상호작용과 감정을 반성하고 논의하기 위해 별도의 시간을 설정하여 우리의 대인관계 능력(조망 수용, 창조적인 문제 해결, 갈등 해결)을 개선하려고 의식적으로 노력하는가?

_____ _____ 20. 우리가 만날 때 상호작용을 향상시킬 수 있는 계획을 개발하여 대인관계 기술 향상을 위해 의식적으로 노력하는가?

_____ _____ 21. 우리는 훈련을 통해서 대인관계 기술 향상을 위해 의식적으로 노력하는가?

_____ _____ 합계

09

차이화 수업을 위한 협력교수

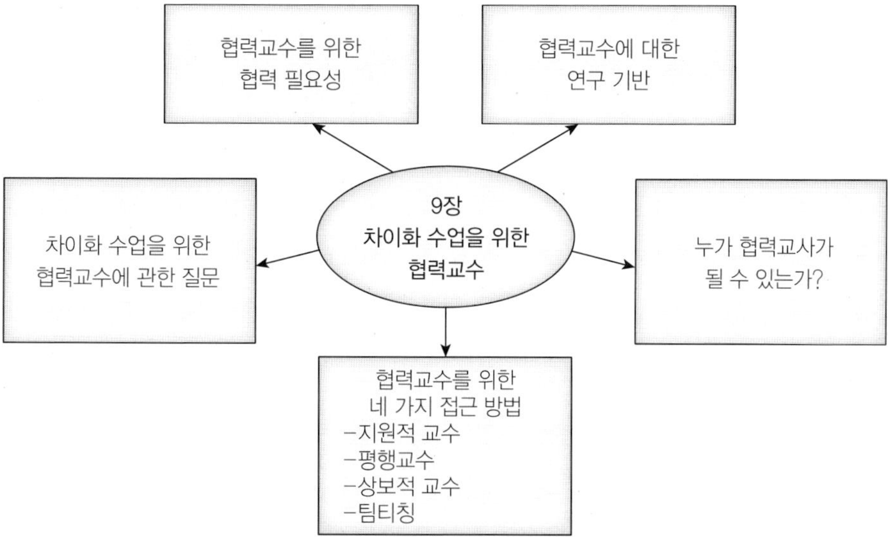

[그림 9-1] 9장의 내용 체계

오늘날 우리는 모든 학생을 함께 교육할 수 있는 방법에 대한 이해를 넓혀 가고 있다. 협력교수에 대한 나의 초기 우려는 미지의 분야였고 그것이 어떻게 작동하는지 볼 수 없었다는 것을 깨달았다.

– Keller와 Cravedi-Cheng, 저자와 협력교사들

이 장에서는 다음 질문에 대한 답을 찾을 수 있다.

- 협력적 교육 방법에 대한 근거는 무엇인가?
- 차이화 수업을 위한 협력적 접근 방식의 연구 기반은 무엇인가?
- 누가 협력할 수 있는가?
- 네 가지 협력교수 접근은 무엇인가?

확실히 수업의 내용, 과정, 결과를 차이화하기 위해 협력교수가 필수적인 것은 아니다. 그러나 교육자들이 다른 사람과 함께 수업에 대하여 계획, 실행, 평가, 반성할 때 학생들의 다양성을 수용하는 여러 아이디어가 만들어질 수 있다. 다양한 역할과 직함, 전문 지식을 가진 구성원들 사이에서 협력이 가능하다. 그러나 일반적으로 학급의 모든 학생에 대한 일반 교육과정을 가르칠 책임을 분담하게 되는 협력교수 팀은 일반교사와 특수교사 또는 일반교사와 (영어) 언어교육 전문가로 구성된다. 때로는 일반 및 특수교사와 함께 언어치료사, 학교 심리학자, 특수교육 보조인력이 함께 지도한다.

협력교수 팀의 모든 교육자들은 수업의 계획 및 전달, 학생들의 성취도 평가, 교실 관리를 차이화할 책임이 있다. 차이화 수업을 위한 몇몇 협력교수 방법의 효과가 입증되었다(Villa, 2002; Villa, Thousand, & Nevin, 2013). 이러한 접근 방법은 다음과 같다.

- **상담**: 고유의 전문 지식을 가진 전문 인력[예: 문자교육(문맹퇴치) 전문가] 또는 교육자는 교사들에게 관련 상담을 제공한다.
- **지원적 교수**: 한 교육자가 주도적인 역할을 하고 다른 교육자는 학생들 사이에서 지원한다.
- **평행교수**: 협력교사들은 학생들의 이질적인 그룹을 교육한다.
- **상보적 교수**: 한 명의 협력교사가 다른 협력교사의 수업을 보완하기 위해 무엇인가를 한다(예: 화이트보드에 노트 작성, 교사의 진술을 부연 설명).
- **팀티칭**: 협력교사들은 모든 학생을 위한 학습 내용 제공 및 접근 용이성에 대한 책임을 공유한다.

몇몇 협력교수 접근 방법(예: 상보적 교수 및 팀티칭)은 협력 계획과 역할 분담에 더 큰 헌신과 위로, 기술을 필요로 한다(즉, 전문적인 교육 책임을 다른 사람과 공유한다). 협력팀은 학생의 학습 특성과 필요, 관심 그리고 단위 수업 또는 단원의 교육과정 요구를 기반으로 필요에 따라서 협력교수 접근 방법을 선택하는 것이 좋다.

협력교수를 위한 협력 필요성

차이화 수업의 계획과 교육을 위한 협력교수는 몇 가지 장점이 있다.

첫째, 2004년 「장애인교육향상법(IDEIA)」은 장애학생이 일반 교육과정에 접근할 수 있음을 규정하였다. 또한 학교와 교사가 교육의 내용과 교수 및 평가를 차이화하는 방법을 배우고 사용할 의무가 있음을 제시하였다. 차이화 지원과 서비스는 일반학급에서 모든 학생의 성공을 위해 제공된다. 협력교수는 효과적인 차이화 수업을 촉진하기 위해 각 교사의 독특하고 다양하고 전문적인 지식에 투자할 수 있는 더 큰 기회를 제공한다.

둘째, 협력교수는 학생들에게 교사들이 함께 가르칠 때의 협력 기술에 대한 경험을 제공하고 이는 좋은 본보기가 된다.

셋째, 여러 교사와 함께하면서 그룹화 및 일정 수립의 유연성이 증가하고 따라서 학생들은 교사의 확인을 기다리는 시간이 줄어들고 활동 시간을 늘릴 수 있다. 또한 이것이 학업 생산성을 높인다는 중요한 사실이 증명되었다(Kneedler & Hallahan, 1981; Lloyd, 1982; Weldall & Panagopoulou-Stamatelatou, 1991).

넷째, 협력교수를 실천하는 교사는 「초중등교육법(ESEA)」 또는 「아동낙오방지법(NCLB)」의 요구와 관련하여 연구에서 효과가 입증된 전략들을 보다 효율적으로 활용하여 수업을 구성할 수 있다(Miller, Valasky, & Molloy, 1998).

마지막으로, 협력교수는 학습을 개별화하는 새로운 방법을 창조하기 위해 다양한 배경과 관심사를 가진 사람들이 함께 모여 지식과 기술을 공유하도록 하는 수단이다.

협력교수에 대한 연구 기반

교사 경험에 대한 정책 연구와 보고서는 협력교수의 효과에 대한 연구의 주요 자료이다. 사실, 우리는 협력교수가 현장의 실천과 학계의 연구로 이어지는 정책의 한 예라고 주장한다. 「장애인교육향상법(IDEIA)」)과 「초중등교육법(ESEA)」 모두 실무자의 협력이 필요한 정책의 예이며, 이는 실무자의 추가 조치와 연구를 유도한다. 따라서 협력교수는 실무자가 연구자를 이끄는 하나의 예가 될 수 있다. 관련 문헌에서는 협력교수의 실천이 이론과 연구에 정보를 줄 수 있고 반대로 이론 및 연구는 협력교수의 실천에 정보를 줄 수 있는 발전의 시점이 될 수 있음을 언급한다.

『협력교수 가이드(A Guide to Co-Teaching)』(Villa, Thousand, & Nevin, 2013) 3판에서는 협력교수에 대한 연구 기반을 자세히 설명하고 있다. 차이화 수업을 위하여 협력하게 되면 청각장애(Compton et al., 1998; Luckner, 1999)를 포함하여 학습장애(Klingner, Vaughn, Hughes, Schumm, & Elbaum, 1998; Rice & Zigmond, 1999; Trent, 1998; Welch, 2000), 정서장애와 기타 장애(Dieker, 1998), 언어 지연(Miller et al., 1998), 특수학급 소속의 장애로 판명되거나 그렇지 않은(Mahoney, 1997; Weiss & Lloyd, 2002) 다양한 교육적 요구를 지닌 학생들을 가르치는 데 효율성을 높일 수 있다.

Schwab Learning(2003)은 협력 파트너십과 협력교수의 영향에 대한 연구를 수행하였다. 캘리포니아의 16개 학교에서 학교 관계자와 학부모들은 ① 모든 학생이 배울 수 있고 성공할 수 있으며, ② 전체 교사가 모든 학습자에 대한 책임을 질 것이라고 약속하였다. 교사와 관리자, 지원 담당자는 모든 학생이 담임교사, 읽기 지원 전문가, 특수교사, 보조교사 등으로부터 종합적인 서비스를 받도록 창의적으로 준비하였다. 그 결과, 집중적인 특수교육 의뢰 감소, 전반적인 학생의 성취도 증가, 파괴적인 문제 행동 감소, 문서 작업의 감소, 타고난 재능을 발휘하는 학생 수 증가, 행동 문제로 인한 기관 의뢰 감소를 확인하였다. 게다가 교사들은 학생들이 더욱 행복해졌고 더 이상 고립감을 느끼지 않는다고 보고하였다.

Scruggs, Mastropieri와 McDuffie(2007)는 통합학급에서 협력교수에 대한 32개의 선행 연구를 종합하였다. 이 선행 연구에는 454명의 협력교사, 142명의 학생, 26명의 학부모, 42명의 학교 관리자, 5명의 보조인력이 포함되었다. 그 결과, "협력교사들은 일반적으로 협력교수를 지지하였다"(p. 392)는 것을 발견하였다. 그리고 선행 연구에서는 한 교사가 지도하고 다른 교사가 도움을 주는 지원적 교수를 주로 활용하였다.

Friend, Cook, Hurley-Chamberlain과 Shamberger(2010)는 협력교수의 복잡성에 대한 연구를 수행하였다. 그리고 일반교사와 특수교사가 협력교수를 시행할 때 이루어지는 일반적이고 구체적인 과정에 대한 다수의 연구(Garrigan & Thousand, 2005; Magiera, Smith, Zigmond, & Gabauer, 2005), 협력교수에 대한 계획에 대한 연구(Davis, Dieker, Pearl, & Kirkpatrick, 2012)가 수행되었다. 학업 성취도 평가 결과, 협력교수를 받은 장애가 있는 학생과 영어를 제2외국어로 배우는 학생은 표준화된 평가에서 점수를 향상할 수 있음을 보여 준다(Cramer, Nevin, Salazar, & Landa, 2006; Garrigan & Thousand, 2005; Salazar & Nevin, 2005). 또한 McDuffie, Mastropieri와 Scruggs(2009)는 과학 수업에서 62명의 장애학생을 포함한 전체 203명의 7학년 학생을 대상으로 또래 교수의 효과를 연구하였다. 그 결과, 장애학생은 과학적 개념과 사실에 대한 단원 평가와 총괄 평가에서 현저한 향상을 보였다.

요컨대, 협력교수는 장애를 가진 학생과 학교 부적응의 위험에 처한 학생의 성취도 향상을 기대할 수 있는 '핵심 방안(bottom line)'이 될 수 있다. 협력교수는 공유된 전문지식을 통하여 차이화 수업을 가능하게 하는 실행 방안으로 발전하였다.

누가 협력교사가 될 수 있는가

우리는 학교에서 교육적 역할을 하는 사람이라면 누구나(학급 담임, 보조교사, 특수 및 이중 언어 교육자, 읽기 교사로서 콘텐츠 전문가, 언어치료사나 학교 심리학자 같은 지원 인력, 자원봉사자, 학생 그 자신) 협력교수를 할 수 있다고 주장한다. 실제로 협력교사의 역할을 수행하며 배우고 연습하고 기능한 아동과 청소년이 더욱 자존감이 높은 성인으로 성장할 가능성이 높다는 것을 발견하였다(Villa et al., 2010b). 협력교사 역할을 하는 학생을 촉진시키는 교수와 학습 활동(또래교수, 협동그룹 학습, 대화 교육, 수업 중 대화)의 일반적인 특징은 학생이 학습 내용 이해를 위한 의사소통에 보다 적극적인 역할을 해야 한다는 것이다. 이것은 결국 기억과 성취도 향상으로 연결된다.

협력교수를 위한 네 가지 접근 방법

종합적인 국가 조사에서 다양한 교실에서 학생들의 요구를 충족시키는 데 경험이 있는 교사들은 협력교수에서 네 가지 주요한 접근 방법을 사용했다고 보고되었다. 이러한 네 가지 접근 방법은 지원적 교수, 평행교수, 상보적 교수, 팀티칭이다(National Center for Educational Restructing and Inclusion, 1995). 각 접근 방법을 설명하기 전에 이 네 가지 협력교수 접근 방법은 어느 것도 다른 접근 방법보다 더 뛰어나지 않음을 강조하는 것이 중요하다. 협력교수를 위한 모든 방법은 교육과정에 대한 전문성과 교사 간 협력의 숙달을 가능하게 한다.

주어진 수업에서 사용되는 협력교수의 방법을 결정할 때, 목표는 항상 선택된 협력교수 방법으로 학생들의 교육적 결과를 개선하기 위한 것이다. 대부분의 초보 협력교사들은 지원적 교수와 평행교수의 방법으로 시작하는데 이러한 접근 방법은 협력교수 팀 구성원 간에 상대적으로 낮은 수준의 구조화된 조정을 수반하기 때문이다. 이후에 협력교수 기술과 관계의 강화로 협력교사는 서로의 기술에 대해 더 많은 시간과 조정, 지식, 신뢰를 필요로 하는 상보적 교수와 팀티칭 방식을 시도한다.

다음 절에서 협력교수의 네 가지 접근 방법의 설명과 예시, 비교와 대조를 확인할 수 있다. 각 접근 방법의 효과적인 구현과 단점을 피하는 방법에 대한 고려사항을 설명한다. 만약 시각적인 구조를 사용하고자 하는 경우 〈표 9-1〉을 활용할 수 있다. 〈표 9-1〉에서 유사점, 차이점, 장점 및 주의사항에 대한 내용을 확인할 수 있다. 이 장의 끝에서는 협력교수 매트릭스의 사용을 예로 든다. 또한 노트 필기를 위한 〈표 9-1〉의 확장 버전은 이 책의 부록에 제시되어 있다.

〈표 9-1〉 협력교수의 네 가지 접근 작성 양식(A Matrix for Note Taking)

네 가지 접근 방법의 유사점			
지원적 교수의 차이점	평행교수의 차이점	상보적 교수의 차이점	팀티칭의 차이점
지원적 교수의 장점	평행교수의 장점	상보적 교수의 장점	팀티칭의 장점
지원적 교수의 주의사항	평행교수의 주의사항	상보적 교수의 주의사항	팀티칭의 주의사항

지원적 교수

지원적 교수는 한 교사가 주도적 역할을 담당하고 다른 교사는 학생들 사이를 순회하면서 지원한다. 한 명의 협력교사가 직접 교수를 계속하는 동안 다른 협력교사는 학생들의 동료로서 보거나 들어 주는 지원적 역할을 하고, 필요한 경우 일대일 학습 지원을 제공한다.

지원적 교수 접근 방법의 주의사항은 지원 역할(예: 특수교사, 보조교사, 이중 언어 통역사)을 하는 누구든지 개별 학생들에게 '벨크로'처럼 밀착하여 붙어 있거나 호버크래프트(공기부양정)처럼 학생들 사이의 상호작용을 차단해서는 안 된다. 이것은 학생과 지원자 모두에게 다른 학생들로 하여금 교실의 진정한 구성원이 아니라는 낙인이 될 수 있다. 또한 보조적 역할을 하는 지원 교사의 기술은 최대한 영향을 미치지 않도록 주의해야 한다.

평행교수

평행교수는 둘 또는 그 이상의 인원이 교실의 각기 다른 구역에서 서로 다른 학생 그룹과 함께 활동한다. 모든 교사는 교실 내 학생에 대한 책임을 공유한다. 〈표 9-2〉에서 보듯이 평행교수는 적어도 7개의 변형이 가능하다. 그것은 분할 학급, 스테이션 교수 또는 학습 센터, 협력교사의 순환, 협동그룹 모니터링, 실험 또는 실습 모니터링, 학습양식의 다각화, 보충 교육의 형태이다. 각각의 변형은 표에 간략히 설명된다.

지원적 교수와 마찬가지로 평행교수 구현에도 주의사항이 있다. 주로 형식적으로 동일한 협력교사와 동일한 학생들을 그룹화하여 교실 내에 특정 그룹을 형성할 가능성이 있다. 따라서 의도적으로 학습에 대한 다른 접근 방식을 가진 학생들과 함께 배울 수 있도록 이질적인 그룹을 유지하는 것이 중요하다. 낮은 능력의 학생들이 주로 낮은 능력의 다른 학생들과 함께 그룹을 이룰 때 평가에 부정적인 영향을 줄 수 있음을 주의해야 한다(Marzano, Pickering, & Pollock, 2001).

또한 다양한 협력교사가 학생들을 지도하는 것이 중요하다. 학생들은 다른 접근 방식과 전문 지식을 경험함으로써 학습을 늘리고 담임교사가 아닌 다른 사람(특수교육자 또는 보조교사)이 항상 특정 그룹을 가르치는 경우 발생하는 낙인을 피할 수 있다. 모든 협력교수 팀 구성원이 전체 학생을 잘 파악하고 있을 때, 그들은 학생들 사이에서 발생할 수 있는 학문적 · 의사소통적 · 사회적 학습에 대한 어떠한 장벽도 해결할 수 있다.

〈표 9-2〉 평행교수 접근 방법을 사용하는 협력교사들을 위한 일곱 가지 방법

1. 분할 학급
각 협력교사는 특정 그룹에 대한 책임이 있다. 각각의 학생들이 수업을 이해할 수 있도록 학생들을 모니터한다. 그들은 필요 시 수업 내용을 안내하거나 재교육한다.

2. 스테이션 교수 또는 학습 센터
각 협력교사는 하나 이상의 센터 또는 스테이션을 담당, 안내 및 모니터링하는 책임이 있다.

3. 협력교사의 순환
스테이션 교수 또는 학습 센터와 비슷하지만, 이 경우 학생들이 이동하기보다 협력교사들이 그룹 사이를 순환하면서 교육한다. 협력교사들은 수업의 다른 요소들을 가르친다.

4. 협동그룹 모니터링
각 협력교사는 공동 학습 그룹으로 구성된 학생들에게 모니터링, 피드백, 도움 제공에 대한 책임이 있다.

5. 실험 또는 실습 모니터링
각 협력교사는 주어진 실험실 그룹을 모니터하고 도움을 준다. 추가적인 지원이 필요하면 안내하는 교육을 제공한다.

6. 학습양식의 다각화
한 협력교사는 시각적인 전략을 사용하여 한 그룹의 수업을 진행한다. 또 다른 협력교사는 청각적인 전략을 사용하여 다른 그룹에 동일한 내용의 수업을 진행한다. 세 번째 협력교사는 운동감각적 전략을 사용하여 또 다른 그룹을 가르친다.

7. 보충 교육
한 협력교사가 전체 학급의 개념 교육, 기술 교육, 과제를 담당한다. 다른 협력교사는 ① 적용 또는 관련 지역사회 환경에의 일반화 기술을 가르치고, ② 학습 내용의 이해 또는 적용에 추가적인 지원을 필요로 하는 학생에게 별도의 설명을 하고, ③ 심화 활동을 제공한다.

상보적 교수

상보적 교수는 한 협력교사의 교수를 향상시키기 위해 다른 협력교사가 무엇인가를 할 때 사용된다. 두 교사는 교실의 모든 학생에 대한 책임을 공유한다. 예를 들어, 한 명의 협력교사가 내용에 대한 강의를 할 때 다른 협력교사는 부연 설명과 내용 필기 방법을 보여 줄 수 있다. 때때로 한 명의 상보적 교수의 협력교사는 성공적인 협동그룹 학습에 필요한 소그룹 사회기술 역할을 사전에 가르친다. 그리고 다른 협력교사가 진행하는 학문적 협력그룹 수업 동안 학생들이 역할을 수행하는지 확인한다.

상보적 교수의 일반적인 우려는 내용 영역의 교사가 아닌 협력교사가 내용에 대한 숙달 정도가 떨어진다는 것이다. 이것은 피할 수 없는 상황이지만 필연적인 단점은 아니다. 상보적 교수의 파트너는 다른 분야의 전문 지식을 가지고 있다. 예를 들어, 음성 및 언어 병리학자는 의사소통의 전문 지식, 특수교사는 교육과정과 학습 전략의 적용에 대한 전문 지식, 보조교사는 교실의 많은 학생들의 기본 언어인 스페인어나 다른 언어를 유창하게 말하는 언어적 전문 지식이 있다. 이러한 영역의 전문 지식은 내용 영역 교사의 전문성을 보완하고 보충할 수 있다. 모든 팀원은 공동 계획과 교수 활동을 통해 새로운 기술을 습득할 수 있는 기회를 가질 수 있다. 예를 들면, 특수교사는 새로운 내용을 배울 수 있고 담임교사는 교육과정, 수업, 평가를 차이화하는 기술을 습득할 수 있다.

팀티칭

팀티칭은 두 명 이상의 교사가 전통적인 교사가 혼자서 해 왔던 것처럼 계획하고, 가르치고, 평가하고, 학급의 학생들에 대한 모든 책임을 담당한다. 두 교사는 교실의 모든 학생을 위한 책임과 리더십을 공유하며 동시에 수업을 진행한다. 예를 들어, 한 명의 협력교사가 과학 실험의 단계를 보여 줄 수 있으며 다른 협력교사는 결과의 기록과 도식화를 시범 보일 수 있다.

협력교사는 학생들이 각 교사의 강점과 전문 지식을 경험할 수 있도록 수업을 나누어 가르칠 수 있다. 예를 들어, 과학의 발명 단원에서 역사에 관심이 있는 한 협력교사는 그것이 사회에 미치는 영향을 설명할 수 있다. 다른 협력교사의 강점은 관련된 메커

니즘에 더 집중하고 특정 발명이 어떻게 작동하는지 설명할 수 있다. 성공적인 팀티칭 협력은 학생들이 각 교사를 동등하게 바라봄으로써 이루어진다.

팀티칭은 몇 가지 쟁점을 가진다. 한 가지 쟁점은 팀을 이룬 교사들이 학생들이 진급하여도 그대로 팀으로 남아야 할지 아니면 한 명의 협력교사는 특수교사와 같이 다음 학년으로 학생들을 따라가야 할지의 문제이다. 교사들이 팀으로 남거나 한 명의 교사가 진급하는 학생들과 함께 이동하는 것에는 장점과 단점이 있다. 한 명의 교사가 학생들과 같이 이동하여 그 교사가 새로운 교육 팀과 함께 매년 다시 시작하게 되면 협력교수 관계 및 내용 지식의 발전을 방해할 수 있다. 반면에 실패의 가능성이 있지만 새로운 학생을 맞이하는 교사는 그 학생을 잘 알고 있는 교사와 함께 교육하게 되면 명백한 이점이 있다. 또한 새로운 교사는 학생들의 심층 정보를 갖고 있는 담당자에게 즉시 접근할 수 있다. 각 선택사항의 장점과 단점 어디에 무게를 두며 학생을 위한 최선의 방법을 선택하는 것은 각 협력팀에 달려 있다.

우리는 두 개의 주의사항을 제시한다. 지원을 필요로 하는 학생이 모니터링에서 누락되지 않도록 주의해야 한다. 또한 너무 많은 교사의 설명, 반복 학습, 학생 상호작용의 부족에 주의해야 한다. 〈표 9-3〉은 매트릭스를 사용하여 네 가지 협력교수 접근 방법의 유사점, 차이점, 장점 및 주의사항을 요약하여 제시하였다.

〈표 9-3〉 네 가지 협력교수 접근 방법의 유사점과 차이점

네 가지 접근 방법의 유사점
• 학급 내 두 명 이상의 협력교사가 있다. • 협력교사의 특정 강점과 전문 지식을 활용한다. • 교사 대 학생의 비율을 완화하고 학급 내 추가적인 일대일 지원을 제공한다. • 모든 접근 방법은 그 사용과 관련된 장점과 주의사항이 있다. • 학생들은 주로 능력과 관심사에 따라 이질적으로 분류된다. • 모든 학생에 대한 책임을 공유한다. • 각 접근 방법에는 신뢰, 의사소통, 시간 계획 및 조정의 노력이 요구된다. (주의사항: 이러한 모든 요소에 대한 요구는 지원적 교수, 평행교수, 상보적 교수, 팀티칭으로 이동함에 따라 증가한다.)

지원적 교수의 차이점	평행교수의 차이점	상보적 교수의 차이점	팀티칭의 차이점
–한 교사가 수업을 주도, 다른 교사는 지원함. 누가 수업을 주도할지는 수업 중에 바뀔 수 있음	–협력교사들은 같은 교실에서 서로 다른 그룹의 학생들을 교육, 감시, 촉진함(그룹을 나누는 일곱 가지 방법이 있음)	–한 협력교사는 내용을 가르치고, 다른 교사는 명확화, 단순화, 시각화를 통하여 쉬운 이해를 도울 수 있음 –한 교사가 특정 학습 기술이나 사회적 기술을 사전에 가르치고 다른 교사가 내용을 가르치는 동안 그 기술의 사용을 모니터링함	–두 협력교사는 수업 계획, 내용의 지도, 평가, 점수 부여에 대한 책임을 동등하게 가짐 –이 접근 방식은 계획 기간, 신뢰 구축, 의사소통 및 활동 조직에 가장 많은 노력이 필요함
지원적 교수의 장점	**평행교수의 장점**	**상보적 교수의 장점**	**팀티칭의 장점**
–학생에게 학습과 행동 면에서 즉각적인 지원을 제공할 수 있음 –계획 시간이 거의 또는 전혀 없을 때 사용할 수 있음 –협력교수의 새로운 구성원이 다른 협력교사, 학생, 교육과정, 교실의 일상을 알 수 있는 방법임 –새로운 내용은 가장 전문적인 내용 전문 교사에 의해 소개됨 –지원적 역할의 교사가 수업을 모니터할 수 있음	–학생 대 교사의 비율이 낮음(나누어 담당함) –교사의 학생에 대한 피드백이 증가함 –교사는 각자의 교육적 전문 지식으로 수업이 가능함 –협력교사들은 동등한 파트너로 여겨짐 –학생과의 관계에서 개별화, 정보 수집, 모니터링 및 관계 형성을 개선할 수 있음 –학생들은 보다 발전된 개인 활동을 수행하거나 짝, 모둠, 수업 그룹과 함께 협력학습하는 기회가 더 많아짐	–내용의 수준에 관계없이 내용 접근성을 높일 수 있음 –협력교사들은 교실의 전체 학생의 담당교사로 여겨짐	–모든 협력교사는 동등하고 전체 학생을 담당함 –내용 전문교사는 지도 기술을 연습할 수 있음 –지도 전문교사는 내용 기술을 연습할 수 있음 –'내용'과 '지도' 전문가를 구별하기 어려움

지원적 교수의 주의사항	평행교수의 주의사항	상보적 교수의 주의사항	팀티칭의 주의사항
–지원 역할의 교사가 한 명 또는 몇몇 학생을 담당하면서 '벨크로' 효과로 인한 학생과 협력교사의 낙인을 조심해야 함 –지원 역할의 교사가 훈육 전담, 학급의 자료 복사, 학급의 시험 채점 담당 현상을 주의해야 함 –지원 역할의 교사가 효과적이지 못한 전문 지식(특수교사, 영어 언어교육 전문가 등)을 사용하지 않도록 주의해야 함 –지원 역할의 교사(특수교사)의 기술이 적절히 사용되지 않거나 담임교사(내용 담당교사)가 수업의 담당에 대한 일방적인 부담을 느끼는 경우를 주의해야 함 –계획하는 시간의 부족으로 인한 '안일주의'를 주의해야 함	–낮은 능력의 학생들을 하나의 그룹으로 만들어 학급 안에 또 다른 특수학급을 만들 수 있음 –학급 안에서 많은 활동이 진행될 경우 불편한 소음이 증가될 수 있음 –협력교사들이 서로 다른 그룹을 동시에 지도하기 때문에 계획대로 수업이 진행되는지 확인이 어려움	–협력교사들이 교실 앞쪽에 함께 있기 때문에 학생들을 면밀히 관찰하기 어려움 –너무 많은 교사의 설명, 반복 학습, 학생 상호작용 부족의 가능성 있음 –주변 학생의 학습을 방해하지 않도록 주의해야 함 –학생들이 교육 내용을 담당하는 교사만 '진짜 교사' 또는 '전문가'로 인식할 수 있음 –교사들의 역할 구분이 명확하지 못하면 수업이 산으로 갈 수 있음	–팀티칭의 팀이 학생들과 과도하게 밀착할 수 있음 –너무 많은 교사의 설명, 반복 학습, 학생 상호작용 부족의 가능성 있음 –주변 학생의 학습을 방해하지 않도록 주의해야 함

차이화 수업을 위한 협력교수에 관한 질문

여기에서는 차이화 수업을 위한 협력교수에 대한 질문을 해결한다. 『협력교수 가이드: 학생의 학습을 촉진하기 위한 새로운 수업과 전략(A Guide to Co-teaching: New Lessons and Strategies to Facilitate Student Learning)』(2013)에는 일정 수립 및 자원의 효율적인 사용과 같은 문제에 대한 자세한 정보를 제공한다. 예를 들어, 다음의 질문을 고려해 볼 수 있다.

1. 나는 전문 특수교사로서, 일반교사와 협력교수를 수행하게 되었다. 단순히 걸어 다니면서 학생들을 도와주는 부수적인 역할을 하게 되는 상황을 어떻게 피할 수 있을까?

당신은 교실에서 돌아다니며 한두 명의 학생과 함께 활동하고 담임교사의 수업 흐름을 단지 기다리고 바라보고 있는 것에 대해 두려운가? 이것은 당신이 취득한 모든 기술을 사용할 수 없는 것을 우려하고 있음을 나타낸다. 이 문제를 해결하는 한 가지 방법은 협력교사가 이 장에서 설명하는(앞의 책에서 더욱 상세히 언급한) 협력교수 방법의 사용을 배우는 것이다. 당신과 당신의 협력교사는 협력교수 관계가 하나의 협력교수에 의존하는 것이 아니라 네 가지 접근 방법의 활용을 목표로서 동의할 수 있다.

협력교수 파트너십에 대한 인식 향상의 이점은 이제 막 지원적 교수 방법을 사용할 때 경험하는 일시적인 불편함보다 훨씬 크다. 많은 특수교사와 지원인력이 통합학급에 들어갈 때, 일반적으로 학습도움실 또는 특수학급에서 이루어지는 일대일 또는 소그룹 수업과는 매우 다른 세계를 발견한다. 지원적 교수의 협력교사 배치로 두 교사는 서로의 교육과정과 교육 기술에 대해 익숙해질 수 있는 기회를 갖게 된다. 목표는 두 협력교사가 자신의 기술 진보를 경험할 수 있도록 관계를 발전시키고 풍부히 하는 것이다. 이것은 대화를 하고 신뢰를 쌓으며 소통하는 데 시간을 보내는 것을 포함한다.

2. 나는 특별한 도움이 필요한 학생들을 지원하는 데 적절히 훈련되지 않은 보조교사(전문 보조인) 또는 자원봉사자와의 협력교수가 걱정이 된다. 가장 집중적인 지원을 필요로 하는 학생을 최소한의 준비가 된 사람이 담당하도록 하는 것은 문제가 되지 않을까?

보조교사와 자원봉사자 모두 훈련, 감독, 지도를 받을 수 있다. 이를 통해 통합 환경에서 특별한 도움이 필요한 학생들의 요구사항이 충족될 수 있다. 훈련의 부족을 해결하는 방법은 여러 가지가 있다. 예를 들면, 보조교사와 협력교사는 특별한 도움이 필요한 학생과 함께 활동하도록 훈련을 받은 전문 보조교사를 방문할 수 있다. 또는 학군의 특수교사(담당 장학사)가 협력교수 팀을 방문하여 특수교육 대상 학생뿐만 아니라 학업 실패의 위험에 놓인 학생을 위한 전략과 기술을 보여 줄 수 있다. 보조교사는 Doyle(2002)에 의해 개발된 것과 유사한 차이화 수업을 위해 특별히 수립된 훈련 프로그램에 참여할 수 있다. 그러면 보조교사는 협력교사와 함께 새로운 기술들을 공유할 수 있다. 보조교사의 직무 정의(업무 분장)에는 차이화 수업 기술의 훈련과 지원을 위한 지침이 포함되어야 한다. 추가적인 비난을 피하기 위해서, 개별 학생의 특별한 요구를 위해 고용된 보조교사의 직무 정의(업무 분장)에는 교실 내 모든 아이들에 대한 책임을 포함하도록 행정적으로 재정립할 수 있다.

3. 학생들은 같은 협력교사와 계속해서 활동해야 하는가?

다른 협력교수 형태와 마찬가지로, 평행교수에서 학생들이 서로 다른 교사들과 번갈아 가며 활동하는 것이 가장 바람직하다. 이것은 특수교사 또는 보조교사와 같은 사람이 항상 같은 학생들을 교육하는 경우 발생할 수 있는 학생이나 교사의 낙인을 피할 수 있다. 여러 교육자와 상호작용함으로써 학생들은 그들의 생각을 펼치고 다른 내용의 전문 지식과 각 협력교사의 교육 방법을 경험함으로써 학습방식을 늘려 간다. 협력교사의 사이를 학생들이 순환하는 것은 전문 교사뿐만 아니라 매우 다른 강점과 역량을 가진 보조교사도 모든 학생을 가르칠 수 있게 한다. 또한 학습에 어려움을 겪는 학생은 그 학습 특성에 맞는 즉각적인 지식을 전달하는 협력교사가 참여하는 문제 해결 과정에서 그 어려움을 해소할 수 있다.

인생과 마찬가지로 협력교수에서 완벽한 해결책은 없다. 협력교수의 팀으로 함께 남아 있거나 다음 학년으로 진급하는 학생들과 함께 이동하는 것에는 모두 장단점이 있다. 각각의 장점과 단점을 파악하고 학생에게 가장 적합한 해결책을 찾는 것은 팀 구성원에게 달려 있다. 초등학교의 협력교수 팀을 살펴보면 절반은 같은 팀으로 남았고 나머지 절반은 학생들과 함께 이동했다. 그보다 높은 학년에서는 협력교수 팀이 함께 머무는 경향이 더 큰 것을 볼 수 있고 이것의 주된 이유 중 하나는 복잡한 교육과정으로 인한 것이다.

사례 연구 소개

여기서는 다섯 가지 사례 연구가 제시된다. 10장부터 13장까지는 2장에서 소개된 교사 팀과 학생들을 위한 차이화 수업에 대한 UDL 접근법을 소개한다. 그것은 Kevin의 초등학교 사회 수업(10장), Rosa의 중학교 수학 수업(11장), Tina의 중학교 과학 수업(12장), Chang의 고등학교 언어학 수업(13장)이다. 그리고 14장에는 UDL 접근을 통해 대수 II 단원에 대한 차이화 수업을 적용하는 교육 팀이 있다. 이 팀에서는 학생들의 다양한 배경, 기술 및 개념적 이해, 관심 및 학습 선호도를 신중하게 가정하고 예측한다.

다음의 사례 연구 소개(Case Study Introduction: CSI)를 하는 〈CSI 표 1〉에 수록된 수업 관찰 도구는 여러 가지 방법으로 사용할 수 있다. 우리는 차이화 수업을 실행하고 있는 교사의 행동을 관찰한 자료를 수집하는 것이 가치 있다고 생각한다. 많은 교사는 이 표를 수업 전 계획을 세우고 수업 후 자신의 수업을 돌아보는 도구로 사용한다. 또한 차이화에 대한 학습 접근을 위해 보편적 학습설계(UDL)를 채택하는 교사들과 수업을 참관하는 관리자, 코칭 담당자, 멘토들도 이 수업 관찰 도구를 사용할 수 있다. 교사들에게 관찰적 피드백과 코칭이 제공될 때, 그들은 ① 자신들이 이미 잘하고 있는 것을 축하하고, ② 효과적인 수업을 상기시키고, ③ 지속적인 발전을 위한 목표를 설정할 수 있는 기회가 된다. 타당성을 확보하기 위해 10장부터 14장에 제시된 각 사례 연구에 대한 수업 관찰 도구를 완성해야 할 수도 있다. 그러나 먼저 〈CSI 표 2〉에 나와 있는 수업 관찰 양식 예시를 검토하여 14장에 나와 있는 보편적 설계 수업을 확인하는 것이 좋을 것이다.

수업 관찰 도구는 3개의 부분으로 나뉘며 이 책에서 논의된 항목으로 구성되고 학생의 성취도를 높이는 효과적인 교육과 관련된다(Marzano, Pickering, & Pollock, J., 2001; Rao, Wook, & Bryant, 2014; Reeves, 2005, 2006). 그 첫 번째 부분에서는 5장에서 논의한 내용 표준과 학술 및 언어 목표(사용할 내용 및 자료에서 배울 것)를 검토한다. 두 번째 부분에서는 6장에 설명된 수업의 결과(학생들이 자신의 학습을 시연하고 전달하는 방법)를 살펴본다. 가장 큰 비중을 차지하는 세 번째 부분에서는 7장에 자세히 설명되어 있는 학습 과정(학습자가 수업과 차이화 지원을 통해 학습 내용을 이해하는 방법)을 살펴본다. 세 번째 부분에는 교사들이 자신의 수업에 사용할 수 있는 수업 모형, 준비 및 전략에 대한 내용이 포함되어 있다. 또한 세 번째 부분에는 9장에서 설명한 네 가지 협력교수 접근 방법(지원적 교수, 평행교수, 상보적 교수, 팀티칭)에 대한 부분도 포함되어 있다. 다음에 제시된 관찰 양식은 〈부록 F〉에도 제시되어 있다.

〈CSI 표 1〉 수업 관찰 양식

수업 관찰 양식					
수업자(들):	관찰자:	날짜:	장소:	기간/시간:	예정: □ 예 □ 아니요
학년:	과목:	전체 학생 수:	결석 인원:	IEP(개별화 교육 계획) 학생 수:	영어를 배우고 있는 학생 수:

내용 및 자료		
수업 목표/학습 결과:		
언어(교육) 목표: □ 읽기 □ 쓰기 □ 말하기 □ 듣기		
언급된 목표 □ 예 □ 아니요	제시된 목표 □ 예 □ 아니요	학생들에게 제공되는 이론적 근거 □ 예 □ 아니요
차이화 자료 □ 예 □ 아니요 자료의 예:		

결과 및 평가
□ 예 □ 아니요 학습 결과 지향의 수업 진행
□ 예 □ 아니요 복수의 방법으로 보여 주는 학습 결과 (예:)
□ 예 □ 아니요 성공 기준 제시
□ 예 □ 아니요 성공 기준의 측정 방법 제시
□ 예 □ 아니요 다양한 방식으로 학습 결과 측정

학습 과정			
협력교수 접근 방법	다중지능이론		발언 비중
□ 지원적 교수 □ 평행교수 □ 상보적 교수 □ 팀티칭 □ 해당 없음	□ 논리/수학 □ 언어 □ 자기성찰 □ 대인관계	□ 시각/공간 □ 신체/운동 □ 음악/리듬 □ 자연친화	□ 교사 주도의 발언 □ 교사와 학생의 동등한 발언 □ 학생 주도의 발언

학습방식
□ 전체 그룹 학습 □ 짝 학습 □ 공식 협력그룹 학습 □ 스테이션식 학습 □ 독립적 학습 □ 소그룹 학습 □ 교사 지정 그룹 학습 □ 즉각적인 협동 구조

교사와 학생 행동의 직접적인 관련성	
교사 행동	학생 행동
□ 명확하고 분명한 학문적 절차	□ 명확하고 분명한 학문적 절차를 따름
□ 생각할 시간 제공	□ 사고 활동에 참여
□ 명확한 방향 제시	□ 수업 방향의 이해도 입증
□ 수업 방향에 대한 이해 확인	□ 올바른 방향 설명
□ 개념, 원칙, 사실 이해 여부 확인	□ 여러 학생이 올바르게 응답
□ 발표하지 않는 학생을 확인	□ 발표하지 않은 학생이 정답을 말함
□ 완전한 문장의 답변 요구	□ 완전한 문장으로 말함
□ 그래픽 조직자 내용 제공	□ 그래픽 조직자를 사용함
□ 새로운 기술(21세기 기술) 사용	□ 새로운 기술(21세기 기술) 사용
□ 학문적 용어 사용	□ 학문적 용어 사용

추가적인 교사 행동	추가적인 학생 행동
□ 비언어적 표현 제공	□ 가설 설정 및 실험
□ 수업 동안 모든 학생을 모니터링	□ 유사점과 차이점 식별
□ 즉각적인 반응, 신호, 방향 수정, 반복지도 제공	□ 요약 및 메모
□ 구체적인 피드백 제공	□ 종이와 연필로 과제 수행
□ 동기 부여	□ 또래를 가르침
□ 행동 강화	□ 활동과 활동 사이의 원활한 전환
느낌, 어조, 분위기 □ 긍정적 □ 보통 □ 부정적	
□ 'bell-to-bell' 교육 참여(수업시간 준수)	
□ 협력교사의 원활한 (역할) 전환	
□ 협력교수 시 협력교사의 의도적 모니터링	

인식 수준			학생 참여 수준	
	교사 발문	학생 반응	순간 최소 참여	순간 최대 참여
기억/이해	□	□	□ 0~29%의 학생	□ 0~29%의 학생
적용	□	□	□ 30~49%의 학생	□ 30~49%의 학생
분석/평가	□	□	□ 50~69%의 학생	□ 50~69%의 학생
창의성	□	□	□ 70~89%의 학생	□ 70~89%의 학생
메타인지	□	□	□ 90~100%의 학생	□ 90~100%의 학생

주의사항

〈CSI 표 2〉 대수 II 수업에 대한 Simon과 Anthony의 수업 관찰 양식 작성 사례

수업 관찰 양식					
수업자(들): 교사 Simon 교사 Anthony	관찰자: Dr. Marcus 교사 Howard	날짜: 9월 5, 6일	장소: 121호	기간/시간: 09:00~10:00	예정: ☑ 예 ☐ 아니요
학년: 11학년과 12학년	과목: 대수 II	전체 학생 수: 31	결석 인원: 2	IEP(개별화 교육 계획) 학생 수: 8	영어를 배우고 있는 학생 수: 3

내용 및 자료		
수업 목표/ 학습 결과: 추론과 감각 결정을 사용하여 통계 처리과정의 기반이 되는 랜덤 과정을 이해하고 평가하여 합당한 결론을 내릴 수 있다.		
언어(교육) 목표: ☐ 읽기 ☐ 쓰기 ☐ 말하기 ☐ 듣기		
언급된 목표 ☑ 예 ☐ 아니요	제시된 목표 ☑ 예 ☐ 아니요	학생들에게 제공되는 이론적 근거 ☐ 예 ☑ 아니요
차이화 자료 ☑ 예 ☐ 아니요 자료의 예: 점자, 단어 벽, 핵심 개념 포스터, 대형 인쇄물, 수정된 대수 II 텍스트, 시각적 • 물리적 디스플레이, 웹사이트, 실험 및 관찰 도구		

결과 및 평가
☑ 예 ☐ 아니요 학습 결과 지향의 수업 진행
☑ 예 ☐ 아니요 복수의 방법으로 보여 주는 학습 결과 예:
☑ 예 ☐ 아니요 성공 기준 제시
☑ 예 ☐ 아니요 성공 기준의 측정 방법 제시
☑ 예 ☐ 아니요 다양한 방식으로 학습 결과 측정

학습 과정		
협력교수 접근 방법	다중지능이론	발언 비중
☑ 지원적 교수 ☑ 평행교수 ☑ 상보적 교수 ☑ 팀티칭 ☐ 해당 없음	☑ 논리/수학 ☑ 시각/공간 ☑ 언어 ☑ 신체/운동 ☑ 자기성찰 ☑ 음악/리듬 ☑ 대인관계 ☑ 자연친화	☐ 교사 주도의 발언 ☐ 교사와 학생의 동등한 발언 ☑ 학생 주도의 발언

학습방식
☑ 전체 그룹 학습 ☑ 짝 학습 ☑ 공식 협동그룹 학습 ☐ 스테이션식 학습
☑ 독립적 학습 ☐ 소그룹 학습 ☑ 교사 지정 그룹 학습 ☑ 즉각적인 협동 구조

교사와 학생 행동의 직접적인 관련성	
교사 행동	학생 행동
☑ 명확하고 분명한 학문적 절차	☑ 명확하고 분명한 학문적 절차를 따름
☑ 생각할 시간 제공	☑ 사고 활동에 참여
☑ 명확한 방향 제시	☑ 수업 방향의 이해도 입증
☐ 수업 방향에 대한 이해 확인	☐ 올바른 방향 설명
☑ 개념, 원칙, 사실 이해 여부 확인	☑ 여러 학생이 올바르게 응답
☐ 발표하지 않는 학생을 확인	☐ 발표하지 않은 학생이 정답을 말함
☐ 완전한 문장의 답변 요구	☐ 완전한 문장으로 말함
☑ 그래픽 조직자 내용 제공	☑ 그래픽 조직자를 사용함
☑ 새로운 기술(21세기 기술) 사용	☑ 새로운 기술(21세기 기술) 사용
☑ 학문적 용어 사용	☑ 학문적 용어 사용

추가적인 교사 행동	추가적인 학생 행동
☑ 비언어적 표현 제공	☑ 가설 설정 및 실험
☑ 수업 동안 모든 학생을 모니터링	☑ 유사점과 차이점 식별
☑ 즉각적인 반응, 신호, 방향 수정, 반복지도 제공	☑ 요약 및 메모
☑ 구체적인 피드백 제공	☑ 종이와 연필로 과제 수행
☑ 동기 부여	☑ 또래를 가르침
☐ 행동 강화	☑ 활동과 활동 사이의 원활한 전환
느낌, 어조, 분위기 ☑ 긍정적 ☐ 보통 ☐ 부정적	
☑ 'bell-to-bell' 교육 참여(수업시간 준수)	
☐ 협력교사의 원활한 (역할) 전환	
☑ 협력교수 시 협력교사의 의도적 모니터링	

인식 수준			학생 참여 수준	
	교사 발문	학생 반응	순간 최소 참여	순간 최대 참여
기억/이해	☑	☑	☐ 0~29%의 학생	☐ 0~29%의 학생
적용	☑	☑	☐ 30~49%의 학생	☐ 30~49%의 학생
분석/평가	☑	☑	☐ 50~69%의 학생	☐ 50~69%의 학생
창의성	☑	☑	☑ 70~89%의 학생	☐ 70~89%의 학생
메타인지	☑	☑	☐ 90~100%의 학생	☑ 90~100%의 학생

주의사항

〈CSI 표 3〉은 관찰 프로토콜을 사용하여 수집한 관찰 자료를 교사와 공유하고 차이화 기법에 대한 반성적 대화에 사용할 수 있는 양식을 제공한다. 이 양식은 〈부록 G〉에도 제시되어 있다. 이러한 회의는 수업에서 성공적인 부분을 확인하는 것으로부터 시작한다. 다음으로 해당 수업을 다시 하게 된다면 어떤 부분을 다르게 할 것인가에 대한 분석이 이루어진다. 이어서 협력교수의 경우 협력교사들은 자신들의 수업 방식이 네 가지(지원적 교수, 평행교수, 상보적 교수, 팀티칭) 접근 방법 중 어느 것인지 확인 후 설명한다. 그리고 수업의 계획 회기에서 차이화를 위한 협력교수의 빈도와 기간을 논의한다. 그 후 코치, 동료, 멘토 또는 관리자는 수업에서 무엇이 잘되었는지에 대한 분석과 관찰 내용을 전달한다. 그리고 수업의 설계 또는 수업 방식에 대한 의견, 향후 계획, 차이화를 위한 제안을 제공한다. 〈CSI 표 4〉는 〈CSI 표 2〉에 기록된 수업 관찰에 따라 14장에 제시된 두 명의 교사인 Simon과 Anthony가 수업 후 개최한 관찰 회의를 보여준다.

수업 관찰 양식을 더욱 쉽게 활용할 수 있도록 〈부록 H〉에서는 관찰 양식에 사용된 용어의 설명을 제공한다.

마지막으로 관리자 및 유관 기관, 교육청은 교사 교육, 관찰 및 코칭 지원을 제공할 뿐만 아니라 수업의 차이화를 위한 다양한 방법(체계적 지원에 대한 논의는 1장의 〈표 1-3〉 참고)이 있다는 점을 기억해야 한다. 예를 들어, 수업의 관찰과 피드백의 과정은 그 자체로 성취에 대한 인정이 될 수 있으며 차이화 수업에 대한 인센티브 역할을 할 수 있다.

〈CSI 표 3〉 수업 후 관찰 회의 양식

<table>
<tr><th colspan="6">수업 후 관찰 회의 양식</th></tr>
<tr><td colspan="2">날짜:</td><td colspan="2">시간:</td><td colspan="2">협력교수 실행 기간:</td></tr>
<tr><td colspan="2">수업의 성공적인 부분:</td><td colspan="2">재수업 시 변경할 부분:</td><td colspan="2">교사가 사용한 협력교수 접근 방법:
□ 지원적 교수 □ 평행교수 □ 상보적 교수
□ 팀티칭
관찰자가 확인한 협력교수 접근 방법:
□ 지원적 교수 □ 평행교수 □ 상보적 교수
□ 팀티칭
수업 계획 시간
기간: ____________
빈도: ____________</td></tr>
<tr><td colspan="3">관찰자 질의사항:</td><td colspan="3">관찰자가 확인한 성공적인 부분:</td></tr>
<tr><td colspan="3">제안점:</td><td colspan="3">수업의 향후 계획/ 반영할 내용</td></tr>
</table>

〈CSI 표 4〉 교사 Simon과 Anthony의 대수 II 수업 후 관찰 회의 양식 작성 사례

<table>
<tr><th colspan="6">수업 후 관찰 회의 양식</th></tr>
<tr><td colspan="2">날짜: 9월 6일</td><td colspan="2">시간: 14:30</td><td colspan="2">협력교수 실행 기간: 2주</td></tr>
<tr><td colspan="2">수업의 성공적인 부분:
-수집된 진단 정보의 양이 충분함
-학생들이 다양한 자료와 전략을 좋아함
-웹사이트가 유용하였음
-다양한 평가 자료가 수집되었음
-수업을 잘 이끌어 즐거운 활동이 되었음</td><td colspan="2">재수업 시 변경할 부분:
-학생들이 협력그룹 수업에서 소극적이었음
-질문 및 대응 기법 변경
-학생들이 서로 질문을 형성하고 답변하도록 유도
-학생들이 모든 곳에서 웹 마스터 역할을 하도록 유도</td><td colspan="2">교사가 사용한 협력교수 접근 방법:
☑ 지원적 교수 ☑ 평행교수 ☑ 상보적 교수
☑ 팀티칭
관찰자가 확인한 협력교수 접근 방법:
☑ 지원적 교수 ☑ 평행교수 ☑ 상보적 교수
☑ 팀티칭
수업 계획 시간
기간: 1시간
빈도: 매주</td></tr>
<tr><td colspan="3">관찰자 질의사항:
-이 수업을 계획하는 데 얼마나 걸렸는가?
-왜 학생들이 협력그룹 수업에서 소극적이었다고 생각하는가?
-여러분은 협력교수 팀에 어떤 강점을 제공하는가?</td><td colspan="3">관찰자가 확인한 성공적인 부분:
-내용에 쉽게 접근할 수 있도록 차별화된 자료를 게시하고 제공함
-진단 정보 수집을 위한 사전 검사
-전체 그룹의 조합, 빠르고 공식적인 협력 구조
-학생들의 손기술
-학생들이 적절한 학습 속도를 선택함
-연구 기반 전략의 사용
-8개의 모든 다중지능이 사용됨
-실생활 관련 내용을 다룸
-학기 초반 학생에 대한 훌륭한 협력교수
-4개의 협력교수 접근 방법이 모두 사용됨</td></tr>
</table>

제안점:	수업의 향후 계획/반영할 내용
-학생들에게 목표에 대한 근거를 제시 -전체 그룹 수업 동안 손을 든 학생만 지목하지 말 것 -학생들이 완전한 문장으로 대답하도록 요구하여 더 많은 학생들이 학문적 용어를 사용하게 할 것 -중요한 개념이 설명되거나 방향이 주어질 때 서로에 대한 상호 확인 실시 -학생들이 소그룹으로 활동하고 있을 때, 선택된 그룹에 대한 의도적 모니터링 실시 -학생들이 협업 기술을 배우고 연습할 수 있도록 절차를 가르치고 주기적인 기회를 부여	-소그룹에 대한 의도적 모니터링 -학생들이 완전한 문장으로 답하도록 할 것 -손 든 학생만 지목하지 말 것 -상호 확인을 실시할 것

10 차이화 수업을 위한 UDL 수업 계획 사이클

4학년 사회

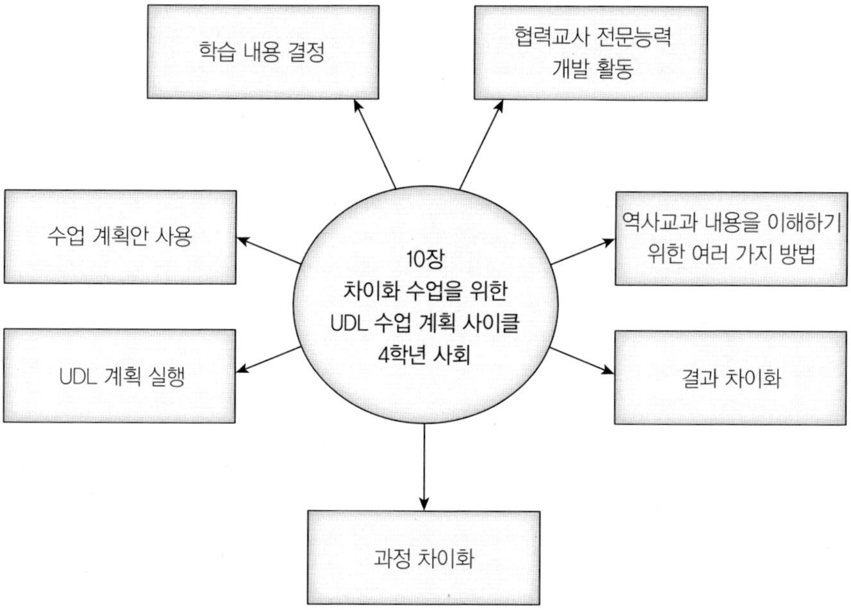

[그림10-1] 10장의 내용 체계

주변을 볼 수 없다면, 그것은 장애물일 뿐이다.

– 작자 미상

우리는 2장의 Kevin을 다시 소개하고 그의 협력교사들이 다음과 같은 질문에 어떻게 대처했는지 발견할 수 있을 것이다.

- 협력교사들은 4학년의 다양한 학습자 집단에 맞게 역사 단원의 차이화를 위하여 보편적 학습설계(UDL) 수업 계획 과정을 어떻게 사용하는가?
- 이 과정에서 전문성 개발 활동의 역할은 무엇인가?

학습 내용 결정

우리는 Kevin의 협력교사인 Gleason과 Villalobos를 만났다. 4학년 과학과 사회 교사인 Gleason은 위스콘신에 재부임하였고, 중학교에서 몇 년을 가르치고 초등학교에 부임하여 가르치는 첫해이다. Villalobos는 협력교수 경험을 가진 전문 교육자이다. 이 협력교수 팀은 영어 학습자, IEP을 가진 학생들, 행동적 · 사회적 · 정서적 지원 요구 및 다른 지원 요구가 있는 학생들에게 협력수업을 하고 있다.

Villalobos와 Gleason은 협력교수 이외에도 다른 사회 및 과학 수업을 가르치고 있다. 몇 주간 협력교수를 한 후에 Gleason은 Villalobos에게 협력교수 계획 및 교수법에서 사용한 아이디어, 자료 및 전략들은 다른 수업에 지금 통합하고 있다고 말하였다.

Villalobos와 Gleason이 관심이 보이는 학생은 Kevin으로, 읽기, 소집단 사회적 기술, 그리고 스트레스 관리에 대한 IEP 목표를 가진 학생이었다. Kevin은 다른 사람들을 이끌거나 상호작용을 잘하지만, 숙제를 잘 하지 않으며, 좌절감을 느낄 때 교실 밖으로 나가고, 자신의 수준보다 2단계 위의 읽기 활동에 참여하는 것을 거부한다.

협력교수 계획에 따르면, Villalobos와 Gleason은 과학 및 사회 과제 요구와 Kevin 학습 특성 사이의 불일치를 발견하였다. Kevin의 학습 특성과 교육과정 요구 사이의 불일치를 해결하기 위한 36개 이상의 아이디어(2장의 〈표 2-4〉)를 브레인스토밍하였으며, 확인된 불일치를 줄이기 위한 아이디어 선택에 있어 다섯 가지 기준안을 마련하였다. 그 기준의 하나는 의사결정 과정에 학생 본인을 포함시키는 것이었다.

그래서 Gleason과 Villalobos는 Kevin과 그의 친한 친구 Jose와 Francisco를 함께 만

났으며, 브레인스토밍한 목록을 공유하고, 그 학생들로부터 정보를 얻었다. 세 명의 학생은 모두 그룹이나 파트너와 함께 일할 수 있는 아이디어를 좋아했으며 구어 발표(예: 테이프 녹화, 비디오 테이프 녹화, 연극 상연 등)를 포함하여 다른 학생들과 함께 수업에서 활동을 만들 수 있었다. Kevin은 학급에서 질문의 답을 모르거나 또는 어떤 글을 읽지 못해 학급 친구들 앞에서 바보처럼 보일까 봐 두려워질 때 교실 밖으로 나간다는 사실을 인정하였다. 영어 학습자인 Jose와 Francisco는 과학이나 사회 과목의 어휘들 중에서 새로 알게 된 어휘가 너무 많아 새로운 어휘를 이해하는 데 도움을 얻고자 그림과 실물 자료를 활용하는 것에 관심을 보였다. 세 명의 학생은 집에 컴퓨터가 없고, 공공도서관에 다닐 수 있는 교통수단이 없거나, 또는 그들이 이해할 수 없는 연구 자료를 읽을 수 있도록 도와줄 가족이 없었기 때문에 문자로 된 연구 보고서가 잘못되었다고 느끼고 있었다.

Gleason과 Villalobos는 학생들의 솔직함에 놀라면서, 몇 주 후 학습해야 할 4학년 역사의 학습요소를 지도하기 위한 계획을 세우기 시작하였다. 그 지역은 10시간 동안 역사적 유물을 빌려 주고 지도 조언을 받을 수 있는 위스콘신 역사 협회 교육국(www.wisconsinhistory.org/teacher/)의 지역 교육 코디네이터인 Seven Olson과 협약이 체결되어 있었다. 이러한 협약관계는 Gleason과 Villalobos에게 역사 단원에 있는 내용을 가지고 학생과 상호작용하고, 그들이 학습 결과를 제시하고, 다른 학생들과 공유할 수 있도록 내용을 재구성할 수 있는 완벽한 기회를 제공하였다. 초기에는 연구 종이를 배정하거나 학생들이 위스콘신 역사 협회 계열사 및 지역 학생 박물관을 통해 국경 생활에 대한 전시를 하는 것보다는 이메일이나 위스콘신 역사 협회 학교 서비스 센터와의 전화 상담을 통해 아이디어를 촉발시켰다.

지역사회의 어린이 박물관에 역사 전시물을 기획한다는 아이디어는 지역 커뮤니티 서비스 학습을 증가시켰다. 지역사회 봉사활동에 대한 학생의 참여를 통해 학생들의 책임 있는 시민권을 준비하는 것이 가능하다는 것을 인식하게 된 지역 교육구는 졸업 요건으로 봉사학습을 채택했다. 서비스 학습은 "자원봉사 또는 지역사회 봉사와 관련된 경험을 통해 학생들의 학습을 촉진하고자 하는 교육 활동, 프로그램 또는 교육과정" (Scheckley & Keeton, 1997, p. 32)으로 정의할 수 있다. 모든 학년 수준의 사회 연구 교사는 모든 연령대의 학생들이 지역사회 봉사를 제공할 수 있는 교육과정 방법을 통합하고 과업을 제시해야 한다. 위스콘신 개척자의 생활 전시회는 서비스 학습의 정의를 명확하게 하였고, 지역 서비스 임무를 전달하였다.

협력교사 전문능력 개발 활동

협력교사들이 근무하는 학교는 수요일을 학생 휴식일로 운영하고 있다(학생들이 오후 3시가 아닌 오후 1시에 하교한다). 이때 교사들은 정기적인(적어도 월별로) 학교 중심 전문성 개발 연수 활동에 참여하거나 협력학습 계획에 참여하도록 규정되어 있다. 협력교수는 학교 기반 지원사항이기 때문에 학교에 근무하는 모든 교사는 학기의 첫 달에 네 가지 협력교수 접근(지원적 교수, 평행교수, 상보적 교수, 팀티칭)에 대한 현장 연수를 받는다(9장 참고).

현장 연수의 끝부분에, 각 협력교수 팀뿐만 아니라 각 학년 수준 팀에게는 연수 내용에 따라 제공되는 책의 내용을 간략하게 설명한 안내문을 가지고 있지만, 그 해 동안 계속되는 교재 연구를 위해서는 첫 번째 장을 주의 깊게 읽어야 하는 『협력교수 가이드: 학생 수업 촉진을 위한 새로운 수업과 전략(A Guide to Co-Teaching: New Lessons and Strategies to Facilitate Student Learning)』(Villa, Thousand, & Nevin, 2013)의 복사본이 제공된다. 이 책 연수는 매 격주로 열리는 교사 협의의 처음 15분 동안 진행될 예정이다.

Gleason와 Villalobos는 평행교수에 매력을 느꼈으며, 특히 스테이션식 학습과 스테이션에서 협동그룹의 상호작용을 모니터링하는 것을 선호하였다. 그들은 자신들이 계획하기 시작한 개척자 관련 역사 단원에서 학생들이 유물을 가지고 상호작용을 잘할 수 있다는 것에 동의하였다.

다음으로 전문능력 개발 부분에서, 모든 교사들은 Marzano, Pickering과 Pollock (2011)에 의해 학생 성취 향상에 도움이 되는 것으로 확인된 9가지 연구 기반 전략(7장의 〈표 7-2〉 참고)에 관하여 연수를 받는다. 강의 도중 학생들을 참여시키는 방법에 대해서도 배운다(7장의 〈표 7-3〉 참고). 연수의 마지막 부분에 교사들은 그들이 적어도 이 세 가지의 방법을 어떻게 그들의 수업에 결합시킬 수 있는지에 관련된 간단한 계획을 제출했다. 교장은 그녀가 수업 계획안의 관찰과 검토를 통해 실제적 사용의 근거를 찾고, 그들이 선택한 전략을 실행하는 방법을 다른 교사들과 공유하기 위해 교사 회의에서 계획안을 발표할 시간을 배정할 것이라고 제안했다.

Gleason과 Villalobos는 협력 계획서를 제출하고, ① 학생들이 비교와 대조 활동을 통하여 유사점과 차이점을 찾을 수 있는지, ② 학생들이 강의나 파트너 읽기 동안에 요약하는 것을 멈출 수 있는지, ③ 협동그룹 구조를 활용할 수 있는지 선택하기로 결정하였다.

Gleason은 협동학습에 능숙하며, 교사양성과정의 일부로서 협동학습에 관하여 공부한 경험도 있다. 그는 이전에 근무했던 중학교에서 다른 모든 교사가 하는 것처럼 강의하고, 다른 교사들 대부분은 수업 중 질문하기를 주로 사용하는 습관을 가지고 있었다고 인정하였다. 그는 Villalobos가 협동학습에 초점을 둔 박사학위과정 동안 프로젝트를 완성하였고, 수업에서 협동학습 구조를 실행하는 것에 전문가가 된 그녀로부터 배우는 것에 매우 감사하였다(7장의 〈표 7-5〉 참고). 그녀는 소그룹과 역사적 유물 그리고 문헌을 가지고 스테이션식 교수를 통해 4학년 위스콘신 역사 성취 수준 달성을 위해 사회교과 단원을 구조화하는 방식에 관해 생각하도록 제안하였다.

역사교과 내용을 이해하기 위한 여러 가지 방법

4학년 협력교수 팀으로서 Gleason과 Villalobos는 학급 전체 학생들과 함께 4학년 역사 표준을 함께 검토했으며, 영어 언어 예술을 위한 위스콘신 역사 단원을 통해 공통 핵심 국가 기준(http://commoncore.dpi.wi.gov/)을 전략적으로 다루기 위한 최선의 방법을 고려했다. 다가오는 3주 단위의 기간 동안 두 교사는 다음에 명시된 바와 같이 10개 주 표준(http://dpi.wi.gov/standards) 중 네 가지를 직접적으로 언급할 것에 동의했다.

B.4.1. 유물, 서류, 문서, 일기, 지도, 교과서, 사진, 그림, 조각, 구술 프레젠테이션, 그래프, 그리고 차트와 같은 과거에 대한 이해를 구성하기 위해 활용할 수 있는 다양한 정보와 자원을 확인하고 검토하기

B.4.2. 역사에서 시대를 묘사하기 위해 정보 선택, 조직 그리고 계열화를 하기 위해 타임라인 확인하기

B.4.3. 평범하고 특별한 사람들의 삶을 이해하고, 시간과 맥락에서 그들을 배치하고 중요한 역사적 사건들과의 관계를 설명하기 위해 전기, 이야기, 내러티브 및 민담을 조사하기

B.4.4. 개인과 집단으로부터 연출된 사회, 경제, 정치 그리고 문화의 역할을 살펴봄으로써 과정에서 과거의 삶과 현대의 삶의 변화를 비교하고 대조하기

Gleason의 동의하에 Villalobos는 학생들이 난이도에 따라 내용을 선택할 수 있도록 선택권을 제공함으로써 위스콘신에서 개척자들의 생활을 검토하는 3주 과정을 통해 앞에서 제시한 네 가지 성취기준을 해결하자고 제안하였다. Villalobos는 그 주의 5일 중 4일 동안 90분 블록수업(쉬는 시간 포함)에서 문해력과 사회과를 통합할 것을 제안하였다. Gleason은 3주 동안 대부분의 문해력 수업이 그의 준비기간과 겹치지 않음에 이러한 계획을 적용할 수 있었다.

특정 네 가지 기준과 사회 연구와 문맹 퇴치의 통합은 Villalobos와 Gleason의 흥미를 끌었다. 왜냐하면 그들은 사회 연구, 특히 역사를 문해력 및 수학 공통 핵심 국가 기준을 다루는 자연스러운 콘텐츠 수단으로 간주했기 때문이다. 그들은 위스콘신주 공교육부의 문맹 훈련 개념에 대해 잘 알고 있으며, 구체적으로 "내용 지식, 경험, 기술 융합은 읽기, 쓰기, 듣기, 말하기, 비판적 사고, 그리고 주어진 분야에서 의미 있는 방법으로 수행하기 등의 능력을 통합시켰다."(Wisconsin Department of Public Instruction, 2011, p. 18). 이것은 진정한 문맹 훈련을 입증할 수 있는 기회였다.

90분간의 사회 연구/문해력 블록수업은 학생들이 이용할 수 있는 다른 자료에 없는 내용에 대한 간략한 강의로 시작되었다. Gleason은 강의하는 것을 좋아하기 때문에 이러한 방식을 선호하였으며, 또한 그는 19세기에 대해 모은 교재와 자료를 뛰어 넘는 19세기의 삶에 대한 풍부한 지식을 가지고 있었다. 이것은 4개 스테이션 중 하나에서 약 20~25분 정도 진행되었다. 각 스테이션은 주에서 제시하고 있는 성취기준 중 하나에 중점을 두었다. 쉬는 시간 후 학생들은 19세기에 관련된 문헌들 중 파트너의 읽기 수준에 맞는 교재를 가지고 구조화된 파트너 읽기에 참여하였다. Kevin의 경우 2학년 수준을 의미한다.

90분 블록수업은 파트너 읽기가 끝나면 학급 전체 학습으로 마무리하였다. 스테이

션과 파트너 활동에서 또래들과 협력하기 위하여 필요한 소그룹 상호작용 기술은 이 시간에 배운다.

협력교사들은 Kevin과 다른 친구들이 스트레스와 좌절감을 다룰 수 있도록 확실히 하기 위해 교육과정 내용 속에 사회적 기술들을 포함하도록 했다. 그들이 모델화하고, 연습하고, 협동그룹 활동 속에서 점검한 사회적 기술들 중에는 Kevin의 좌절을 줄이도록 돕는 것, 즉 도움 요청하기, 휴식시간 요청하기, 스트레스 신호를 확인하기, 그리고 깊은 숨쉬기와 같은 정숙 기법 활용하기 등을 포함한다.

수요일은 일찍 마치는 날이고 학급 시간표가 짧기 때문에, 협력교사들이 지역 어린이 박물관에서 위스콘신의 개척자의 생활에 관한 역사 전시회를 갖고자 학생들을 지도하기 위해 수요일 아침에 한 시간 동안 지역의 위스콘신 역사 협회 교육 코디네이터인 Olsen을 초대해서 함께 협의하였다. 미술실은 학생들로 구성된 팀이 유물 및 예술 자료를 사용하여 전시실의 일부를 구성하는 공간으로 예약되었다.

협력교사들은 그들이 선택한 네 가지 위스콘신 4학년 역사 성취기준이 특정 학생을 위해 재구성해야 하는 것 없이 다양한 학급 학생들 사이의 다양한 흥미, 읽기 수준, 배경지식, 다른 학문적 · 사회적 차이점을 수용할 수 있고, 스테이션 파트너 읽기 교재를 차별화하는 것이 가능할 만큼 충분히 범위가 넓다는 것에 동의하였다. 당신은 각각의 네 가지 진술문의 내용에 대한 간단한 설명을 읽고 동의할 수 있는지 알아보자.

성취기준 B.4.1.—과거에 대한 이해 구성하기—을 성취하기 위하여 스테이션 #1은 1800년대의 다양한 경험들(예: 베틀 위에서 천 짜기, 스피닝 휠에서 스피닝하기, 옷감 재단하기와 형태에 따라 옷감 바느질하기, 바느질, 버터 만들기, 아이스크림 만들기 등)을 포함한다. 학생들은 도구와 재료를 어떻게 사용하여야 하는지에 대한 지시를 받을 것이다. 1800년대에 일상적인 생활 활동을 체험한 후에, 그들은 그 시대의 일상생활에서 발견한 것에 대해 생각하고 이야기하고 글을 써 달라는 요청을 받았다. 이 스테이션에서 파트너 읽기 활동처럼, 학생들은 가독성의 범위 내에서 '읽기' 자료를 선택할 수 있도록 기회가 주어진다. Shmoop(www.shmoop.com/history/)과 같은 자원을 사용하여 디지털 텍스트, 비디오, 사진 및 역사 문서를 포함한 다양한 정보에 접근할 수 있었다.

또한 학생들은 독립적인 읽기 수준보다 높은 수준의 내용에 접근하는 데 도움이 되는 텍스트 음성 변환 소프트웨어를 사용할 수 있었다.

성취기준 B.4.2.를 다루기 위하여 스테이션 #2에서 학생들은 그들 자신에 관한 정보를 조직하기 위해 타임라인을 구성한다(예: 학생들은 자신이 아기였을 때부터 현재까지의 옷을 가지고 와서 옷의 타임라인을 만든다). 그리고 부모, 조부모, 증조부의 유품, 사진, 옷의 타임라인을 만든다. 그들은 현재 사용되는 물품들(예: 신발, 사진, 장난감)의 타임라인을 만들 수도 있다. 그리고 그것들을 1800년대 후반 것과 비교할 수 있다. 공학 기술, 사진 및 비디오 타임라인을 사용하여 작업을 완료하려는 학생의 경우 Dipity(www.dipity.com)와 같은 도구를 사용하여 온라인으로 개발할 수 있다.

스테이션 #3에서 학생들은 사진, 편지, 일기, 이야기, 설명, 동화, 지도, 교과서(예: McGuffey Readers)를 검토하면서, DVD 장면을 보면서, 그리고 그 시대의 음악적 기록을 들으면서(예: 〈Oh! Susanna〉 〈I've been working on the Railroad〉) 1800년대 후반의 평범한 그리고 특별한 사람들의 삶에 관하여 배울 수 있다. 학생들은 데인인(Danes), 핀족(Finns), 독일인, 아프리카계 미국인을 포함한 초기 정착민들의 다양한 전통에 대해서 배울 수 있다. National Archives Digital Vaults(www.digitalvaults.org)와 Lounsberry Hollow의 가상 학습 센터(http://www.lhvlc.com/primary-sources.html)와 같은 사이트에서 풍부한 디지털 자원을 이용할 수 있었다. 학생들은 처음에는 스스로 교재를 선택하지만, 협력교사들은 학생들이 선택한 자료를 분석하여 이 스테이션에 계열적 순서로 점점 난이도가 높은 자료를 선택할 수 있도록 지도한다. 이 스테이션의 결과물은 벽화로, 개별 학생들이 전체 구성에 참여하는 협력 작품이다.

스테이션 #4는 성취기준 B.4.4.를 직접적으로 다루는데, 학생들에게 과거의 물품과 현재의 물품을 비교하고 대조하게 한다. 이 스테이션은 다양한 현재의 물품과 그것에 대응하는 역사적 물품을 전시한다(예: 디지털 사진 대 광택 사진, CD 대 초기 에디슨의 축음기, 전기 다리미 대 인두, 전기 커피 분쇄기 대 수동 커피 분쇄기). 학생들은 현재 우리가 사용하는 물품과 1800년대 후반의 생활에 대해서 말해 주는 물품의 항목들을 비교하고, 대조하고, 탐구할 수 있다. 이 스테이션에서 진술된 것과 같이 그들은 선택할 수 있다. 온라인 사용을 선호하는 학생들은 구조화된 비교 및 대비 계획표에 ReadWriteThink의 비교 및 대조 맵(http://www.readwritethink.org/files/resources/interactives/compcontrast/map.html)과 같은 자원에 접근할 수 있다.

자신의 작품을 디지털 방식으로 보관하기를 원해서 여러 분야의 비슷한 품목 사진을 찍거나 찾은 학생들은 TarHeel Reader(www.tarheelreader.org)와 같은 자원을 사용하여 그림과 기본 텍스트 콘텐츠를 업로드하여 '책'을 만들 수 있다. 완성된 도서에는 텍스트 기반 음성 기능이 내장되어 있으며 신체장애가 있는 사용자를 위해 스위치 장치로 접근할 수 있다.

이 스테이션에서 진술된 것과 같이 그들은 선택할 수 있다.

"파트너에게 1800년대 생활에 관한 세 가지 이상의 유사점과 차이점 그리고 중요한 것을 말하라. 파트너가 기록하게 하라."

"1800년대 생활에 관하여 세 가지 차이점과 유사점 그리고 중요한 것을 쓰라."

"파트너에게 1800년대 생활에 대한 어떤 것 그리고 세 가지 이상의 차이점과 유사점 그리고 중요한 것을 설명하기를 요구하라. 그리고 기록하라."

"예전 것과 새로운 것으로 물품들을 짝짓거나 분류하라. 그것을 디지털 사진으로 찍어라. 선생님과 친구들에게 그 사진을 설명하도록 준비하라."

"네가 관찰한 물건의 짝들을 그림으로 그려라."

"인터넷을 검색하여 1800년대와 현재의 비슷한 항목의 그림을 찾아서 인쇄한 다음 동일 범주 및 서로 다른 범주로 분류하라."

"오늘날 생활과 과거 생활 속의 장면을 연출하기 위해 물품을 활용하라. 당신의 수행 활동을 녹화하라."

파트너 읽기에서 내용은 파트너들이 과거 시대, 사람, 역사적 사건들에 익숙해지면 자연적으로 차이화가 이루어진다. 그리고 오늘날 시대, 사람, 그리고 사건들을 그들과 비교하라.

끝으로, 대단히 중요한 봉사학습 프로젝트는 학생들이 팀을 이루어 가정의 특징(예: 요리와 난방을 위한 화덕, 헛간)이 기입된 통나무집 환경의 각 항목을 설계하도록 하라.

박물관 전시 준비는 학생들이 내용을 이해하기 위해 실제적으로 보고, 만지고, 경험하는 사건들로부터 구체적인 설명을 제공한다. 이것은 지역사회 서비스 및 봉사학습을 위한 학교구의 헌신에 대한 높은 시각적 수준의 결과물이었다. 가독성이 있고 경험할 수 있는 재료의 배열이 활용 가능하기 때문에 Gleason과 Villalobos는 모든 학생이 개척자의 생활과 시대에 대한 정보에 접근하는 방식을 찾을 것이라고 확신하였다. 전형적인 사회 교과서의 내용이 학생들의 읽기 수준보다 높은 경우에는 Kevin과 다른 학생들에게는 선택 활동이 있다. 또 전형적인 교과서 내용이 너무 쉽게 이해가 되어 동기부여가 되지 않는 영재들을 위한 선택 활동도 있다.

결과 차이화

Gleason과 Villalobos는 학습 결과를 차이화하고, 학생들이 알고 있고 이해하는 것을 보이도록 하기 위해 다양한 수준과 방식을 어떻게 배치할 수 있는가? 그들이 지필 평가보다 실제 결과물을 어떻게 개발했는가? 그들은 학생들에게 1800년대 후반 위스콘신 역사에 관해 이해한 것을 실행하고, 산출하고, 시연하도록 어떻게 요구했는가?

처음에 협력교사들은 학생들이 그들 자신을 표현하는 데 자신의 강점을 활용하도록 허용하였다. 학생들은 ① 결과물 요구하기, 말하기, 쓰기(즉, 구어/문어, 상호 간), ② 활동을 맞추기, 분류하기, 타임라인 조작하기, 실연하기(즉, 시각적/공간적)을 할 수 있다. 협력교사들은 학생들에게 스테이션에서 만들기를 원하는 결과물뿐만 아니라 박물관 전시회에서 자신이 맡은 부분에 대해 설계하는 것을 스스로 선택할 수 있도록 한다. 예를 들면, 스테이션 #1에서 역사적 매체의 분석과 산출은 가족 사진을 Bloom의 분류체계의 이해 수준에서 설명하고 서술하는 것으로 단순화할 수 있고, 또한 역사적 전기문을 읽거나 사회에 있어 특별한 역사적 인물의 영향을 평가적으로 분석하도록 하여 복잡해질 수도 있다.

참 평가는 수업, 프로젝트 또는 단원을 평가하기 위해 다양한 준거를 가지는 것을 의미한다. Gleason과 Villalobos의 단원은 다양한 준거를 활용한다. 그 준거는 유형의 시간표, 문서철, 사진과 문자로 표현된 결과물들, 스토리텔링과 역할연기, 결과물의 모음, 질문에 대한 구두 반응, 질문 만들기, 박물관 전시의 총합적 학급규모 프로젝트 등이다.

결과에 대한 이러한 다양성은 Kevin과 그의 학급 친구들이 그들의 지식을 표현할 수 있는 충분한 선택사항을 제공한다. 게다가 봉사학습으로 인해 가정에서 해야 할 장기 프로젝트를 학교에서 즐겁게 완성할 수 있는 팀별 박물관 프로젝트로 대체하므로 Kevin과 가정학습 사이의 어려움은 없어지게 된다. 대신에 박물관 전시회의 부분에 대한 협력적인 창작은 Kevin의 대인관계 강점을 강화할 수 있다. 마찬가지로, 퀴즈와 평가를 스테이션과 오두막 전시회에서 만들어 낸 실제적 결과물과 실행으로 대체함으로써 Kevin은 더 이상 진급에 낙제하여 좌절하지 않아도 된다.

과정 차이화

Gleason과 Villalobos는 다양한 수업 방식, 수업 배치, 전략들을 사용한다. 그들은 사회적 · 물리적 환경을 조정한다. 또한 학습 과정에 학생들을 참여시키기 위해 협력학습의 네 가지 접근 방법을 활용한다. 이러한 수업 과정 중 여러분은 그 단원을 기술하는 데 있어 지금까지 어느 것을 활용하였는가?

수업 방식

수업 방식은 학생들에게 정보를 어떻게 전달하며 교과의 내용과 학생들이 어떻게 상호작용하도록 하는가를 설명하는 것이다. 이러한 수업 팀은 사회교과와 문해력 블록수업 동안 몇 가지 수업 방식의 장점을 가진다. 첫째, 교사들은 학생들이 수업에 참여하는 동안 휴식을 제공하면서 그들이 배워 온 기법(〈표 7-3〉 참고)들을 통합시키는 각색된 강의 체제를 활용했다. 수업 동안 학생들을 참여시키는 것은 학기 초에 협력팀 체제의 목표들 중 하나였다.

각각의 사회교과 블록수업은 Gleason이 15~20분 동안의 강의를 하는 것으로 시작되었다. Gleason이 10분간의 짧은 강의를 마치면, Villalobos는 학생들에게 잠시 휴식을 갖고, 그들이 들은 것에 대해 생각하고, 요약하도록 요구하였다. 학생들이 선호하는 요약 전략은 '생각하기, 글쓰기, 그리기'였다. 학생들은 그 내용에 대한 그들의 반응을 도식적으로 또는 글로 요약하였다. '생각하기, 글쓰기, 그리기' 전략은 교실 iPad를 사용하여 자주 이루어졌다. 학생들은 애플 TV나 Reflector(www.airsquirrels.com/

reflector/)와 같은 제품을 통해 강의실 화이트보드에서 공유한 iPad에서 글을 쓰거나 그림을 그릴 수 있었다.

매일의 **스테이션식 교수**는 발견학습과 마찬가지로 활동 기반 그리고 경험적인 것들을 허용하였다. 대인관계에 강점을 가진 학생들은 상호작용의 자유가 허용되었고 운동감각에 강점을 가진 학생들은 일어나고 움직이는 것에 대한 자유가 있었다. 스테이션식 교수는 협력팀이 두 번째 목표, 즉 학생들이 유사점과 차이점을 확인하도록 하는 연구 기반 수업 실행을 활용하는 것이 가능하게 하였다. 스테이션 과제 선택사항은 학생들에게 현시대의 경험 또는 물품에 따라 1800년대 후반의 경험 또는 물품들을 비교하고 대조하도록 하는 것이었다.

블록수업의 **파트너 읽기** 부분은 돌아가면서 소리 내어 읽기로 대체되었다. 이것은 협력교사들이 학생들의 읽기 수준에 맞는 읽기 자료를 선택하여 주기 위해 또는 기술과의 접근성을 촉진시키기 위해(예: 문자와 말하기 프로그램) 학생의 읽기 수준에 관한 자료를 활용할 수 있도록 해 준다. Kevin은 더 이상 자신의 읽기 수준보다 2개 학년이나 높은 읽기 자료를 유창하게 읽지 못해 좌절하거나 부끄러움을 면하기 위하여 학급을 벗어날 필요가 없다. 게다가 그는 다양한 학급 구성원과 파트너가 될 수 있다. 즉, 그의 읽기 수준과 같은 수준에 있는 학생들, 그보다 낮은 수준의 읽기 능력을 가진 학생들에게 읽기 모델이 되기도 하며, 그보다 높은 수준의 읽기 능력을 가진 학생들과 파트너가 되어 보다 어려운 읽기 교재를 읽기 위해 노력할 수 있다.

박물관 프로젝트는 **봉사학습과 지역사회 관련 학습** 방식을 대표한다. 협력교사들은 이러한 학습 방식과 경험을 통해 Kevin과 다른 학생들을 동기유발시키고, 특히 실물을 가지고 학습하는 몇몇 영어 학습자와 자신들의 학습에 명확한 목표를 가진 학생들에게 보다 분명한 학습 결과를 가져오게 한다.

수업 배치

수업 배치는 학생들이 혼자 활동할 것인지, 파트너와 함께할 것인지 또는 소그룹이나 대그룹의 구성원으로서 활동할 것인지를 결정한다. 도입 단계의 미니 강의와 마칠 시간의 정리 단계는 **전체 그룹** 배치를 활용한다. Gleason과 Villalobos는 의식적으로 전체 그룹 형태를 줄이려고 결정하였다. 전체 그룹을 활용할 때 협력교사들은 도움이 필요한 학생들에게 차이화된 지원을 위해서 서로의 역할을 어떻게 할 것인가에 대하여 세심하게 계획한다. 예를 들어, Villalobos는 매 강의 10분 후에 '생각–짝–공유(think-pair-share)' 질문을 가지거나, 개념, 원리 및 사실에 대한 학생의 이해를 확인하는 질문을 한다. Gleason은 관리 전략으로 '집중관리(proximal control)'가 필요한 학생 옆에 앉는다. 반면, Villalobos는 학생들에게 학급 모임에서 필요한 사회적 기술에 대한 학습과 시연을 안내한다. Gleason과 Villalobos는 전체 그룹 수업을 할 때 의식적으로 역할과 책임을 교대했다.

스테이션에서 학생들은 **혼자**, **짝과 함께**, **소그룹**으로 활동할 수 있다. 수요일에는 팀 구성원들이 미술실에서의 위스콘신 역사 협회 오두막 전시회의 부분들을 계획하였고, 소그룹으로 배치하였다. 매일 파트너 읽기 구조는 **협동그룹**을 대표하고, 즉각적인 협력 구조를 활용하는 팀의 전문적인 목표 중 세 번째를 실현한다.

우리는 '무엇이든 말하기(Say Something)!'라고 하는 빠른 협력 구조를 가장 좋아한다는 점에 주목하고 싶다. '무엇이든 말하기!'를 사용하여 파트너들은 함께 읽은 내용을 요약한 '무언가'를 멈추고 읽을 점을 결정했다. 각 파트너는 다른 파트너에게 질문을 요구하고, 재미있는 연결을 구성한다(예: 1800년대 후반 위스콘신의 생활). 파트너는 읽기 시간이 끝날 때까지 이 과정을 반복한다. 그때 파트너는 파트너 읽기를 수행한 후 바로 전체 그룹을 새롭게 실행하는 동안 그들이 결합한 결과들을 공유한다. 일부 학생을 위한 '무엇이든 말하기' 구조는 Padlet(www.padlet.com)을 사용하여 '패드'를 만드는 교사에 의해 디지털 방식으로 구현되었다. 학생들은 URL을 방문하고 두 번 클릭하여 내용을 추가함으로써 메모, 그림, 비디오 또는 텍스트를 '패드'에 추가할 수 있었다. 협력교사는 '무엇이든 말하기'를 좋아했다. 왜냐하면 주의 깊은 파트너와 듣기 능력을 바탕으로 대인관계를 구축하고 학생들을 새로운 지식과 연결해 주기 때문이다. 이것은 특히 Kevin에게 도움이 되었다. Kevin이 새로운 파트너를 경험하였을 때, 그는 학급 친구들과 긍정적인 관계를 발전시키고 새로운 우정을 만들었다. 게다가 각각의 파트너는 다양한 읽기 교재의 다른 부분들을 읽었기 때문에, 서로가 다른 정보를 제공할 수 있어 전체 그룹 논의를 보다 풍부하게 하였다.

수업 전략

수업 전략은 학생을 수업에 참여하도록 하기 위한 폭넓은 기법을 의미한다. 이것은 질문하기, 이해 점검하기, 강의 안내와 그래픽 조직자와 같은 시각적 스캐폴딩 사용하기 등을 포함한다. Gleason과 Villalobos는 둘 다 다중지능이론의 활용에 대해 알고 있었으며, 학생들이 그들이 강점을 활용하도록 허용하는 학습 스테이션을 창조하기 위해 시도한다. 그들은 또한 내용과 상호작용을 허용하고, Bloom의 분류체계에 따른 다양한 수준에서 결과물을 산출하도록 함으로써 차이화하였다.

그들은 ① 스테이션에서 다양한 비교와 대조 적용을 통하여 학생들이 유사점과 차이점을 찾도록 함으로써, ② 강의와 파트너 읽기 동안 적어도 매번 10분 동안 학생 요약하기를 구조화함으로써, ③ 즉각적인 협동그룹 구조를 사용함으로써 연구 기반 수업 전략을 활용하도록 한 계획을 수행하는 데 전념하였다.

설명하자면, 요약하기와 협동 구조에 참여하기 둘 다 읽기 파트너를 가지는 방식처럼, 협력교사들은 '질병과 건강'이라는 제목을 가진 매우 흥미로운 짧은 글을 모든 짝 모둠에게 읽게 했다. 그 글에는 개척자 가족들, 특히 여성과 어린이들이 직면한 의료적 어려움을 검토하였다. 가독성(여기서는 2학년 수준)은 전략적으로 파트너가 된 읽기 짝 중에 한 명이 적어도 그 내용을 유창하게 읽을 수 있는 정도였다. 짝이 그 문장을 읽은 후에, 협력교사는 즉각적으로 협력 구조인 '질문 받고 전달하기(Toss-a-Question)'를 활용하였다. 각 파트너들은 페이지 상단에 '보낸 사람' 박스에 있는 내용에 관한 재미있는 질문에 작성하라는 지시문이 있는 종이 한 장을 받고, 그 페이지 상단에서 아래 반쪽에는 대답 상자를 남겨 두도록 한다. 파트너가 정해지고, 그들의 질문을 작성한 후에 그들이 종이를 완성하고, 서로가 정해진 짝에게 그것을 전달한다. 종이를 받은 사람은 빈칸에 답을 쓴 후, 원래 문제의 출제자에게 그 종이를 전달한다. 짝은 그 답을 읽고 전체 그룹 동안 토의와 집단 과정을 위해 종이를 보관하도록 안내를 제공한다. 이전 학급 모임에서 판에 박힌 일상 및 절차를 가르치고 연습했기 때문에 그들은 적절한 전달 규칙을 알고 있다. 학급 전체 활동에서 논의는 질문과 대답이 공유될 때 완전히 즐거운 분위기가 된다.

사회적 · 물리적 환경

사회적 · 물리적 환경 조건은 안내 제공, 교실 배치, 학습 자료에 대한 접근성과 같은 요소에 관한 것이다. 사회적 · 물리적 환경 조건은 매일의 블록수업에서 학생들의 이동과 다양한 자료를 고려할 때 두 명의 협력교사에게 중요하게 고려되어야 할 사항이다.

함께 살펴보자. 앉아서 기다리는 것이 전형적인 사회 규칙이다. 그러나 이러한 협력교사 팀은 미술실에서 시행되는 수요일 봉사학습 계획 회기 동안에는 스테이션에서 이러한 규칙을 변경해야만 했는데, 학생들은 각 그룹이 활동하는 둥근 테이블에 서거나 앉는 것에 대한 선택권을 가지고 있었다. 이것은 감각 자극의 기회가 필요한 학생들이 이 활동의 구조적 선택권의 사회적 규칙들의 부분으로써 받아들일 수 있도록 허락했다. 위스콘신 역사 협회 학교 서비스 스태프인 Olsen의 지도하에 전시회를 준비하기 위하여 수요일 작업 공간으로 미술실을 사용하는 결정은 자료 자원(즉, 전시회를 만드는 작품 제공과 크고 열린 공간)을 이용하기 위하여 **환경**을 차별화한 사례이다.

환경과 사회적 차이화의 다른 사례는 학생과 협력교사들이 일상의 학급 모임을 위해 동근 원형으로 함께 마룻바닥에 앉는 것이다. 이러한 사회적 · 물리적 배치는 협력교사들이 만들기를 원하는 공평성과 공동체를 상징적으로 표현하고, 면대면 배치에서 함께 학습 공동체의 모든 구성원을 모일 수 있게 한다. 이러한 수업 배치는 학생과 교사 모두에게 새로운 것이다. 그러나 학생과 교사들 모두 환경 변화에 빠르게 적응했다. 게다가 이미 지적된 것처럼, Gleason과 Villalobos는 전략적으로 학생들의 행동을 보다 가까이서 점검하기 위해 특정 학생 근처에 그들 스스로가 앉았다.

협력교수 접근

Gleason과 Villalobos는 그들이 적용한 UDL 원리를 통해 네 가지 **협력교수** 접근―지원적, 평행, 상보적, 팀티칭―을 활용할 기회를 잡았다. 스테이션식 교수와 파트너 읽기 동안에, 협력교사들은 그들 자신을 집단 점검을 위해 스테이션과 파트너 팀들로 구분함으로써 평행교수에 참여한다. 그들은 학급 학생들에게 "이분들이 모두 우리의 선생님이다."라는 메시지를 보내는 것의 중요성을 알고 있다. 그래서 그들은 번갈아 가며 순환 형식에서 다른 집단을 점검하도록 배치하였다.

Gleason은 도입 단계의 미니 강의를 시작할 때, Villalobos는 **지원적** 그리고 **상보적** 협력교사 역할을 수행한다. 그녀는 순회지도를 통해 학생 관리를 수행함으로 점검을 제공한다. 그녀는 인터넷을 활용하여 간단한 강의 안내를 만들거나 그래픽 조직자와 개념도를 제공함으로써 지원을 한다. Villalobos는 Gleason의 미니 강의 동안 주의를 끌기 위한 도구로서 그래픽 조직자의 활용을 통하여 학생들을 안내하고 모델링함으로써 상보적 접근을 활용한다. 반대로 그들은 학급 모임 동안 그들의 역할을 바꾼다. Villalobos는 강의와 사회적 기술에서 매우 실제적인 역량을 가졌으며, Gleason은 적어도 시작 부분에서는 자신을 학습자의 역할에 두기도 하였다. 3주의 수업이 끝날 무렵, 그는 학급 모임에서 마무리를 진행하기에 충분한 편안함을 느꼈고, 협력교사들은 그들이 모둠 촉진 역할을 공유하는 팀티칭 배치 안에서 자연스럽게 움직였다.

수요일에 위스콘신 역사 협회 학교 서비스 스태프가 전람회 구성 회기를 이끌 때, Gleason과 Villalobos는 필요할 때 **지원적** 역할을 수행하고, 집단 활동에 참여하고 도움을 제공한다. 두 명의 교사는 학생들의 이해를 위해 칠판에 지시문을 쓰거나 점검함으로서 그리고 학생들이 이해할 수 있도록 그들이 알고 있는 언어로 코디네이터의 지시문을 설명하거나 다시 안내함으써 **상보적** 협력교수 접근을 활용한다.

끝으로, 학생들은 3주간에 걸쳐 스테이션식 교수와 파트너 읽기에 참여함으로써 협력교사로서 참여한다.

UDL 계획 실행

3주에 걸쳐, 협력교사들은 Olsen과 더불어 위스콘신 역사에 관한 단원을 실행하기 위해 협력하였다. 이 단원의 정점의 경험은 학생 팀이 4주째 수요일 아침에 어린이 박물관에서의 자신들의 통나무집 전시회의 부분을 이동시키고 설치하는 것이다. 교장과 위스콘신 역사 협회 학교 서비스 스태프는 전시회의 개회식을 이끌었는데, 전시회는 그날 저녁에 열려서 한 달간 지속되었다. 수요일 저녁 개회식에 관해 위스콘신 역사 협회는 학교의 모든 가족과 어린이 박물관과 역사적 사회기관의 모든 구성원에게 초대장을 보낸다. 학급 학생들의 인터뷰에 더해서 수요일 아침 활동에서 찍은 사진들은 지역 신문사의 사회부에 기사화되고, 한 달 동안 지속된 전시회에 시민들이 올 수 있도록 초대한다. Gleason과 Villalobos의 학급에 있는 학생들의 많은 가족들이 계속 전시회를 방문하였다.

Kevin의 경우 학급을 떠나는 빈도가 한 주에 0회로 감소하였다. 그는 학급에서 가장 책을 잘 읽는 세 명의 학생들과 친구가 되었고, 파트너 읽기 활동에서 그의 역할을 이전보다 많이 가르치는 역할로 전환하기 시작했다. 또한 어려운 낱말을 해독하고 단서를 활용하는 동료들의 지원을 제공 받음으로써 Kevin은 보다 어려운 교재를 읽는 것에 대한 부담에도 편안함을 느꼈다.

Gleason과 Villalobos는 학급 물품, 수업 프로그램, 기술 지원 및 학생 보상을 위해 학부모 교사 협회로부터 500달러의 기부금을 받음으로써 학급과 함께 공동체 봉사활동에 대한 인정을 받았다. 그들은 또한 교육과정 속에 봉사학습을 통합시키는 방법에 대하여 교사를 대상으로 한 워크숍에 초대받았다. 그 연수를 시작하였을 때, Gleason과 Villalobos는 봉사학습의 과정과 영향에 관한 협력교사로 Kevin과 그의 학급 친구들을 포함시켰다.

단원이 끝나갈 때, 협력교사 모임에서 Gleason은 "몇 년 동안의 과학 수업 실험에 협력의 결과로 깨달음을 갖는 '아하(aha)'의 순간을 경험하였지만, 사회 수업에서 협력 활동으로 전환할 생각을 갖지 못하였다. 나는 아이디어나 기술을 전환하는 것이 얼마나 어려운지 알게 되었다."라고 말하면서 웃었다.

수업 계획안 사용

Gleason과 Villalobos는 자신들의 방식대로 교육을 차이화하기 위해서 보편적 설계 수업 계획안을 사용하였다. 그들은 계획안이 단일 수업 설계에 이용된다는 것을 알았지만, 전체 단원 수업에서 결정을 내리는 지침으로 사용하여 각 설계중점에서 어떻게 차이화하기를 원했는지를 지적하였다. 실행 단계에서 지역 위스콘신 역사 협회 학교 서비스 스태프 교육자인 Olsen은 수요일에 수업에 참여하여 전시회의 부분을 설계하는 데 학생들을 안내하였기 때문에 제3의 협력교사로 포함하였다. 그들은 또한 자료와 활동이 준비되었는지 그리고 그들의 행동이 조정되었는지 확인하기 위해 일일 수업 계획안을 작성하였다. 〈표 10-1〉은 완료된 UDL 수업 계획안을 나타낸 것이다.

이 단원은 Udvari-Solner, Villa와 Thousand(2002)가 이전에 설명한 것에서 적용한 것이다. 저자는 교육과정, 수업, 평가를 차별화하는 방법에 대한 이해에 도움을 준 Alice Udvari-Solner 박사에게 감사의 말을 전한다. 우리는 2010 Learning Magazine Teacher's Choice Award를 수상한 차이화 수업을 통하여 능동적이고 협동적인 학습에 관한 Udvari-Solner와 Kluth(2008)의 책을 읽기를 권한다.

〈표 10-1〉 보편적 설계 수업 계획안: 케빈의 학급 4학년 사회 수업

계획 단계	
수업 주제와 단원명: 위스콘신 역사	내용 영역: 1800년대 후반 위스콘신 역사
학습자 정보	
우리의 학생은 누구이며 그들은 어떻게 배우는가? 학생들에게 독창적인 읽기 수준과 개척자의 삶에 관한 선행 지식을 갖춘 다양한 다문화 수업을 제공합니다. 학생들의 다양한 강점, 언어, 문화적 배경, 학습양식 그리고 흥미는 무엇인가? 우리는 학생들이 모든 학습방식을 대표한다고 가정합니다. 몇몇 학생들은 다양한 수준의 영어 실력을 갖춘 영어 학습자이며 시각 및 청각 스캐폴딩이 필요합니다. 학생들의 다양한 다중지능(언어, 논리/수학, 시각/공간, 음악/리듬, 신체/운동, 대인관계, 자기성찰, 자연친화)은 어떠한가? 우리는 학생들이 모든 지능을 대표한다고 가정합니다. 학생들이 사용하는 의사소통 양식(예: 보조공학)은 무엇인가? 학생들은 3학년 연말 표준화 평가에 나타난 대로 다양한 수준의 영어로 말하고 작문합니다. 특정 학생에 대한 멈추고 되돌아보기 내용, 결과 또는 학습 과정에서 차이화가 필요한 특성을 가진 학생이 있는가? *Kevin*은 자신의 수업 수준(2학년)의 읽기 자료가 필요하고 좌절감을 다루는 방법에 대해서 배우는 것이 필요합니다(수업에서 벗어나는 것 외).	
내용(학생들은 무엇을 배울 것인가?)	결과 (학생들은 자신의 성취를 어떻게 표현할 것인가?)
학업적 그리고/또는 사회적 목표는 무엇인가? *1800*년대 후반 위스콘신의 삶에 대한 이해 소그룹 대인관계 기술의 이해와 사용 어떤 내용 기준이 다루어지는가? 위스콘신 역사 성취기준 *B.4.1, B.4.2, B.4.3, B.4.4*	학습 결과는 어떤 방법으로 나타낼 수 있는가? 다양한 측정 방법: 각 *4*개의 학습 스테이션 차이화된 산출물 즉각적인 협력 구조를 통한 파트너 읽기를 위한 책임 각 팀의 박물관 전시 섹션 구성 및 설치

〈계속〉

차이화 고려사항

개념과 내용을 어떠한 순서로 가르칠 것인가?

네 가지 모든 역사 성취기준을 동시에 검토하고 학습/사회 기술 실연

교사가 필요로 하는 다단계 및 다감각 자료

내용에 쉽게 접근할 수 있는가?

미니 강의 중 그래픽 조직자 모델링 사용

1800년대 후반부터 현대 생활에 이르기까지 학습 스테이션, 실제 물건, 그림 및 인쇄물

다양한 난이도의 자료 읽기

파트너의 난이도 수준에서 파트너가 읽을 수 있는 자료

전시 개발, 위스콘신 역사 협회 역사 유물 및 건축 재료

모든 학생들이 내용에 의미 있게 접근하기 위해서는 어떤 다단계 목표가 필요한가?

차이화된 자료 및 작업과 협력 작업으로 해결

특정 학생에 대한 멈추고 되돌아보기

독특하거나 다단계적인 목표나 자료가 필요한 학생이 있는가?

Kevin은 좌절감을 극복하기 위한 사회적 목표를 가지고 있습니다.

차이화 고려사항

학생들이 그들의 이해를 표현할 수 있는 다양한 방법은 무엇인가?(예: 다중지능, 다단계 그리고/또는 다감각 수행)

학생들이 산출한 실제적 결과에는 무엇이 있는가?

교사들이 결과를 평가하기 위해 사용하는 기준은 무엇인가?

각 학습실에서 제품 선택사항을 차이화하여 각 학생이 강점 지능을 사용하고 Bloom의 분류체계의 각기 다른 수준에서 수행할 수 있었습니다.

특정 학생에 대한 멈추고 되돌아보기

알고 있는 것을 표현할 때 특별한 방법을 요구하는 학생이 있는가?

아니요, 차이화된 결과물로 해결됩니다.

수업 과정(학생들은 수업에 어떻게 참여할 것인가?)				
수업 방식	수업 배치	수업 전략	사회적 · 물리적 환경	협력교수 접근
고려사항 강의? *모델링된 강의* *가이드 및 그래픽 조직자*	고려사항 협동학습 구조? 스테이션의 비공식적 그룹 구성	고려사항 연구 기반 전략? *스테이션에서 유사점과 차이점을 조사*	고려사항 교실 배치? *스테이션 책상 영역, 학급원 영역*	선택사항 지원적 교수? *Villalobos 교사의 미니 강의* *Gleason 교사의 학급 회의*

활동 기반? 체험? 전시관 및 스테이션 꾸미기 그룹 조사? 예 컴퓨터/웹 기반? 예 스테이션? 예 봉사학습? 지역 기반 수업? 예, 박물관 전시관 구성	파트너 읽기에서의 즉각적인 협력 구조 기타? (개인지도, 교사 감독 소그룹 지도)	강의에서 일시 중지, 반영 및 요약 파트너/협동학습 다중지능이론의 적용? 선택은 힘의 사용을 허용합니다. 분류체계 사용? 스테이션 활동 선택사항으로 복잡성 차이화 가능	직접 지시 및 작업을 위한 개별석 교실 밖 공간의 사용? 전시회 설치를 위한 아트룸 어린이 박물관 사회적 규범? 스테이션에서 운동을 허용하고 서거나 앉을 때 팀, 파트너 및 스테이션 작업에서 '6인치' 음성으로 말하기 긍정적 행동 지원? *Kevin*의 모니터링(멈추고 되돌아보기 참조)	둘 다 수요일 중에 전시 평행교수? 학습 스테이션 모니터링 공유 및 순환 상보적 교수? *Villalobos* 교사의 미니 강의 팀티칭? 학급 모임 협력교사로서의 학생? 파트너 읽기 협동 팀 전시 지원 스테이션에서의 비공식 협조 지원

특정 학생에 대한 멈추고 되돌아보기

특정 학생의 요구에 적합한 교수 전략은 무엇인가? 특정 학생의 요구에 적합한 지원 시스템(예: 보조공학), 도움(예: 개별 지원, 단서, 계약), 편의(예: 상담)는 무엇인가?

읽기 과제 요구사항이 변화될 것에도 불구하고 *Kevin*이 수업을 빠져 나가거나 활동 참여하는 것을 거부하게 된다면, 행동의 경력(이력)과 결과가 자료로 수집될 것이다. 그리고 협력교사들은 자신의 과업 요구를 조정하기 위해 필요한 경우 특수교사와 만날 것이다.

⬇

실행 단계

협력교사: *Gleason, Villalobos, Olsen*(위스콘신 역사 협회 학교 서비스 스태프 교사)

수업 날짜: 3주 단위 및 어린이 박물관 설치

〈계속〉

협력교사들은 수업 전, 중, 후에 무엇을 수행하는가?

협력교사명	Gleason	Villalobos	Olsen
수업 전, 내가 수행할 구체적인 일들은 무엇인가?	*Villalobos* 교사와 자료를 수집하고 스테이션 과제에 동의하기 *Villalobos* 교사와 함께 학생들의 문해력 증진 프로파일을 검토하고 파트너 읽기를 위한 전략적 파트너십 추가로 오래된 유물과 현대 유물 그리고 읽기 자료를 수집하기 미니 강의 준비하기 각 미니 강의에 사용할 그래픽 조직자에게 동의하기 학급 모임 의제에 동의하기	*Gleason* 교사와 자료를 수집하고 과업에 동의하기 *Gleason* 교사와 함께, 학생들의 문해력 증진 프로파일을 검토하고 파트너 학생들은 파트너 읽기를 위해 전략적으로 순환하기 박물관에 전화를 걸어 인공물 배달을 준비하고 옛날과 현대의 유물과 읽기 자료를 수집하기 미니 강의용 그래픽 조직자를 연구하고 제안하기 계획 클래스 회의 서클 시간 의제(예: 사회적 기술 초점 선택, 질문 보고)	세 시간짜리 전시 계획 회기를 위한 수업 계획을 세우기 협력교사와의 수업에 동의하는지 확인하기
수업 중, 내가 수행할 구체적인 일들은 무엇인가?	• 미니 강의 매일 미니 강의를 전달하고, 매일 10분간 기다리기 • 스테이션 네 그룹 중 두 그룹의 평행 모니터링, 협력교사는 하루마다 스테이션을 바꾸기 • 파트너 읽기 읽기 자료를 부여하고 모든 그룹에 과제 지시사항을 제공하기 학생들이 작업하는 동안 평행 모니터링	• 미니 강의 지원과 보완 멈추고 되돌아보기 훈련을 설명하기 • 스테이션 네 그룹 중 두 그룹의 평행 모니터링, 협력교사는 하루마다 스테이션을 바꾸기 • 파트너 읽기 각 그룹에 사회적 기술을 할당하고 협력 구조를 설명하기 학생들이 작업하는 동안 평행 모니터링	

	• 작품 전시 *Villalobos* 교사가 지원적 교수와 상보적 교수 지원	• 작품 전시 *Villalobos* 교사의 지원적 교수와 상보적 교수	• 전시 구성 수요일에는 미술실의 통나무집 환경을 구축하여 학생 팀을 안내하기
수업 후, 내가 수행할 구체적인 일들은 무엇인가?	① 학생이 미니 강의 그래픽 조직자를 완성, ② 각 스테이션에서의 학생 업무를 확인하기 파트너를 위한 읽기를 선택하고 짝과 함께 하는 독서를 위한 파트너 재배정하기 학생들이 다음날 검사할 재료를 결정하기	① 학생이 미니 강의 그래픽 조직자를 완성했는지, ② 각 스테이션에서의 학생 업무를 확인하기 학급 회의 재평가: 다음 단계를 목표로 하는 사회적 기술과 신속한 협력 구조, *Gleason* 교사와 계약을 확인하기	작품 전시 신문 인터뷰, 예식, 전단지 발송: 전시회 개회; 박물관 수업을 위한 교통편 마련

반성 및 평가 단계

어디에서, 언제 그리고 어떻게 협력교사가 수업의 결과를 보고 듣고 평가하는가?

미니 강의, 스테이션, 파트너 읽기에 관한 *Gleason*과 *Villalobos* 교사 간 일일 보고(일반적인 준비, 점심 식사, 또는 조기 출간 중 오후 블록). 전시 구성에 관한 *Olsen* 교사를 비롯한 협력교사의 수요일 보고. 필요에 따라 다음 수업을 조정하십시오.

학생들은 어떻게 하였는가? 학습자의 요구사항이 충족되었는가?

학생들(즉, *Kevin*)의 참여 및 학생들의 결과물에 대해 매일 평가하라.

다음 수업의 설계에 대한 조언은 무엇인가?

매일 보고하는 과정에서 결정됩니다.

11 차이화 수업을 위한 UDL 수업 계획 사이클

중학교 수학

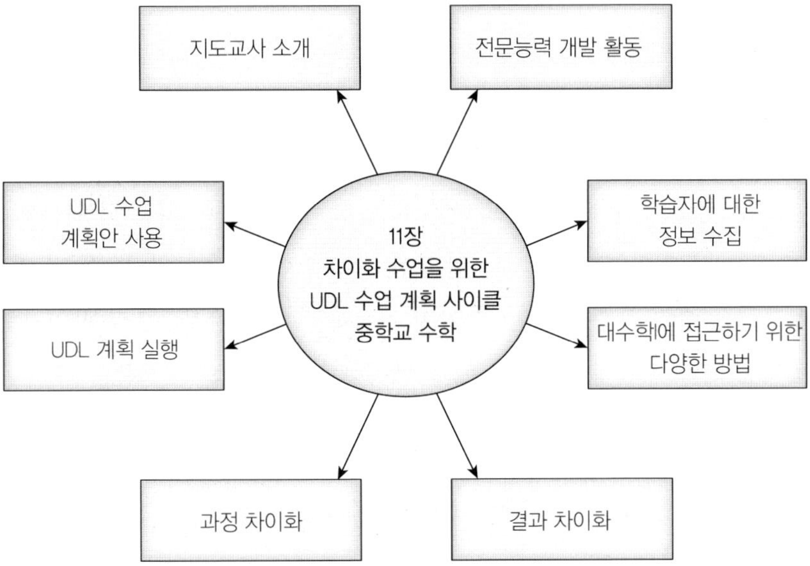

[그림 11-1] 11장의 내용체계

교육의 목적은 학생들의 생각, 감정 그리고 행동을 변화시키는 것이다.

– Benjamin Bloom, 미국 교육심리학자

이 장에서 여러분은 2장에서 만났던 Rosa의 교실을 다시 방문할 것이다. 여러분은 다음과 같은 질문을 해결하는 방법을 찾을 수 있을 것이다.

- Rosa의 교사들은 어떻게 다양한 그룹의 학생들을 위해 대수학I 단원의 차이화에 UDL 수업 계획 과정을 사용하였는가?
- 그 과정에서 교사들이 전문적으로 맡게 된 역할은 무엇인가?

지도교사 소개

Rosa의 교사는 협력교수 첫해인 베테랑 교사 Jupp와, 처음으로 협력교사가 된 인기 영재교사 Dondero이다. 상반기 동안, 협력교사들은 학습 과제를 성취하지 못할 뿐만 아니라 교사들이 자주 언급한 수업 방해를 일삼는 행위를 하는 Rosa의 문제들을해결하기 위하여 재조정 접근법을 사용하여 수업을 개발하였다.

그들의 재조정으로 설계된 한 부분에서 Rosa에 관해 도움이 되는 정보(경험)를 알게 되었으며, Rosa에게 학급에서 성공적인 도움을 줄 수 있는 몇 가지 전략들을 확인할 수 있었다. 그들은 해결할 수 없었던 몇 가지 관심사를 재조정 접근으로 확인하였다. 첫째, Rosa는 또래와 교사에게 좌절을 느낄 때마다 충동 조절의 어려움을 가진다. 둘째, 그녀의 영어 읽기 능력은 학년 수준에서 2년 정도 낮은 수준을 보인다. 셋째, 빈번한 이주로 인하여 수학 능력이 개발되지 않았다.

전문능력 개발 활동

재조정 경험을 통해 두 교사는 교실에서 수업하는 동안 적극적인 태도를 가져야 함을 알게 되었다. 그들은 보편적 학습설계(Universal Design for Learning: UDL) 워크숍에 함께 등록하기로 결정했다. Jupp는 중학교 수업에 협동학습 구조를 적용하는 지역 워크숍에 등록했다. Jupp와 Dondero는 수학의 공통 핵심 국가 기준(National Governors

Association Center for Best Practices & Council of Chief State School Officers, 2010)과 상당한 인지장애 학생들을 위한 공통 핵심 구성요소(Dynamic Learning Maps Consortium, 2013)의 이해와 교수를 위한 두 가지 워크숍에 등록했다. 핵심 구성요소는 상당한 인지장애 학생들을 위한 대안 성취기준으로 미국 교육부의 요구에 따라 18개 주의 회원 컨소시엄에서 개발하였다. 기준은 학생 성취도를 산출할 수 있는 학년 수준의 학습 내용 표준에 맞아야 하며, 인지장애 학생들에게 대학입학과 관련된 경험을 위한 것이어야 했다. 이런 정보와 함께 두 협력교사는 대수학I에서 한 달 단위로 만들어지는 UDL 수업 개발에 새로운 공통 핵심 개념을 적용할 수 있도록 서로 지지하고 지원하기로 동의했다.

학습자에 대한 정보 수집

Jupp와 Dondero는 마틴 루터 킹의 날 학교 행사에 참석하였다. 그들은 Rosa의 수업 방해 경험과 수학 수업에서 종종 보였던 부적절한 행동을 고려했을 때, Rosa가 스페인어로 말하는 킹의 연설 '나는 꿈이 있어요'를 들었을 때 큰 충격을 받았다. Rosa는 영어로 그녀의 고향인 중앙아메리카 위기 때, 정치적인 난민으로 미국에 망명한 그녀의 가족과 그녀에게 왜 그 연설이 중요한지 열정적으로 설명하였다.

Rosa의 사회과 지도교사는 다중지능이론 개념을 사용하며 지식을 표현하는 대안 방법에 대한 학생의 선호도를 평가한 후, 결과 목록을 기반으로 하여 과제를 어떻게 개발하였는지 설명하였다. 수학 수업을 받는 학생들의 대부분은 사회 수업도 듣고 있었기 때문에 Jupp와 Dondero 팀은 이 정보를 사용하여 UDL 수업을 적용하기 위해 소그룹 교육 활동을 조직하기로 하였다. 또한 협력교사들은 하반기 대수학I의 교육 활동을 설계하는 과정으로서 〈표 11-1〉에 나타낸 루브릭을 사용하여 전체 학급의 학업을 자체 평가하기로 하였다.

루브릭은 수학 개념과 공통 핵심 국가 기준과 관계되는 능력들과 인지장애 학생들을 위한 개념과 능력을 안내하는 핵심 구성요소들을 포함한다. 〈표 11-1〉의 항목 6, 8, 9, 13은 핵심 항목이고 나머지는 공통 핵심 국가 기준이다. Rosa가 질문과 평가척도를 이해했는지 확인하기 위하여 스페인어에 유창한 친구가 설문조사를 번역했다. Rosa는 〈표 11-1〉 자기평가에서 20개 항목 대부분을 "나는 이것이 무엇인지 전혀 모른다."로 등급을 매긴 유일한 학생이 아니다. 사실, 자기평가에서는 교사를 위한 몇 가지 놀라운 점이 드러났다. 첫째, 그들은 학생들의 놀랄 만큼 정직하고 정확한 자기평가가 교사의 관찰과 평가를 통해 드러난 것과 일치하는 것에 놀랐다. 둘째, 학급의 1/3은 20개 모든 항목에 대해 1 또는 2로 등급을 매겼으며, 이 학급의 다른 1/3은 4 또는 5로, 나머지 1/3은 2와 3 사이로 등급을 매겼다. 교사는 그룹 활동을 설계하기 위해서 지식에 대한 선호도 정보를 사용하기로 결정했다.

사회 수업에서 Rosa의 이야기 및 상호작용과 수학 수업에서 그녀의 방해와 반사회적인 행동 사이의 차이점을 확인하고, 교사들은 수학 수업에서 긍정적 행동 지원 계획을 계발하기 위해 행정적 지원을 요청하였다. Shuflitowski와 그녀의 협력교사가 2주 전에 교실에서 수집한 관찰 자료들은 〈표 4-3〉에 사용한 과정과 유사한 그래프로 된 Rosa의 감정 폭발, 폭언, 활동에 대한 거절과 같은 것들을 보여 주었다.

2개 국어를 사용할 수 있는 상담사가 배치되었는데, 회의에는 이 상담사와 Rosa와 부모가 미국으로 망명할 때 동행했던 할머니와 Rosa가 참석하였다. 왜냐하면 부모는 오랜 시간 동안 일하였고, 부모가 부재 시 할머니가 아이들과 가정을 돌보고 있었다. 이런 이유로 할머니는 Rosa의 인생에게 가장 중요한 인물이다.

이 회의를 통해 그들은 더 많은 정보를 조사하고 의논하였으며, 가능한 해결책을 상의하였다. 상담사는 제2언어로 영어를 배우는 학생들의 읽기 유창성이 구두 언어의 유창성에 비해 2학년 정도 뒤처지는 연구에 대해 설명하였다. 이 회의의 결과로, Rosa는 수학 시간 동안에 그녀의 모습을 관찰하는 것과, 그녀의 감정을 처리할 수 있는 더 나은 방법을 배울 상담 그룹에 참여하는 것에 동의하였다. Rosa는 수업에서 좌절한 주된 이유 중 하나는 수학 교과서를 읽을 수 없었던 것이라고 말했다. 그녀는 그녀가 읽을 수 있는 스페인어로 작성된 대수학 책이 앞에 놓였을 때 놀랐다. 그녀는 친구들에게 도움을 요청해 배우는 데 동의했다.

〈표 11-1〉 중학생을 위한 대수학의 자기평가서

개념과 기술	1 뭔지 전혀 모른다.	2 이 용어를 알지만 하는 방법을 확실히 알지 못한다.	3 예시와 지시를 통해 할 수 있다.	4 스스로 할 수 있다.	5 이것을 알고 다른 사람에게 설명할 수 있다.
1. 방정식을 만들고 실생활에 적용하기					
2. 사각형, 삼각형, 원의 면적과 둘레 길이					
3. 정수의 더하기, 빼기, 곱하기, 나누기					
4. 입출력 값 검사					
5. 수식을 지수로 간단하게 나타내기					
6. 연속선상에 패턴 확인하기					
7. 매우 큰 수와 매우 작은 수를 측정하기 위해 10의 지수 사용하기					
8. 주어진 좌표에서 특별한 점 확인하기					
9.대수식을 간단하게 나타내기					
10. 두 가지 변수 이용한 방정식 풀기					
11. 대입을 이용해 방정식 풀기					
12. 선형방정식 그래프					
13. 함수표에서 빠진 변수를 위한 규칙 확인하기					
14. 기울기와 y절편 사용하여 선 긋기					
15. x, y표를 이용한 방정식 그래프					
16. 피타고라스의 정리 적용하기					
17. 수직선에 유리수와 무리수 나타내기					
18. 제곱근을 간단하게 나타내기					
19. 주어진 일련의 자료로 산포도 만들기					
20. 가장 적합한 선의 방정식 그리기 및 정하기					

출처: Shonda Anderson, technical assistance trainer and support provider for Technical Assistance and Support Network (TASN) Kansas Project Success. 허락하에 사용.

대수학에 접근하기 위한 다양한 방법

중학교 교육과정은 심각한 인지장애 학생들을 위한 공통 핵심 국가 기준과 공통 핵심 구성요소뿐만 아니라 전국 수학교사 협의회에서 권장하는 전문적인 요구를 함께 안내한다. 〈표 11-2〉는 자기평가 척도로 평가한 20가지 주제와 관련된 공통 핵심 주제와 필수요소를 보여 준다.

〈표 11-2〉 UDL 수업 안내를 위한 주요 수학 기준

주제	학년, 영역, 클러스터 및 표준에 따른 수학에 대한 공통 핵심 국가 기준(EE = 필수요소)
1. 방정식을 만들고 실생활에 적용하기	7. 수식 및 방정식. B.4
2. 사각형, 삼각형, 원의 면적과 둘레	7. 기하학. B.4&6
3. 정수의 더하기, 빼기, 곱하기, 나누기	7. 수 체계(진법). A1&A2
4. 입출력 값 검사	7. 비율 및 비례 관계. A.2a
5. 수식을 지수로 간단하게 나타내기	8. 수식 및 방정식. 1
6. 연속선상에 패턴 확인하기	EE.8. 수식 및 방정식. 2
7. 매우 큰 수와 매우 작은 수를 측정하기 위해 10의 지수 사용하기	8. 수식 및 방정식.
8. 주어진 좌표에서 특별한 점 확인하기	EE.8. 수식 및 방정식. 5-6
9. 대수식을 간단하게 나타내기	EE.8. 수식 및 방정식. 7
10. 두 가지 변수 이용한 방정식 풀기	8. 수식 및 방정식. 7
11. 대입을 이용해 방정식 풀기	8. 수식 및 방정식. 8
12. 선형방정식 그래프	8. 함수. 3
13. 함수표에서 빠진 변수를 위한 규칙 확인하기	EE.8. 함수. 1-3
14. 기울기와 y절편 사용하여 선 긋기	8. 함수. 4
15. x, y표를 이용한 방정식 그래프	8. 함수. A.2
16. 피타고라스의 정리 적용하기	8. 기하학. 1
17. 수직선에 유리수와 무리수 나타내기	8. 수 체계(진법). 2
18. 제곱근을 간단하게 나타내기	8. 수 체계(진법). 2
19. 주어진 일련의 자료로 산포도 만들기	8. 통계학 및 확률. 3
20. 가장 적합한 선의 방정식 그리기 및 정하기	8. 통계학 및 확률. 3

학생들이 대수학 내용에 접근하기 위해 다양한 방법, 학습센터 또는 협력교수 접근법인 스테이션 교수법 등 다른 접근법을 선택할 수 있게 했다. 협력교사는 20개의 기준에 대한 정보에 접근할 수 있는 다양한 방법을 제시하기 위한 5개의 학습센터 또는 스테이션을 구성하였다. 교과서대안학습센터(Alternate Textbook Learning Center)에서 학생들은 스페인어로 작성된 교과서(스페인어 대사관 기증)뿐만 아니라 단순화된 영어로 작성된 대수 교과서를 사용하여 개념을 검토했다.

시각예술학습센터는 학생의 시각/공간 지능 및 시각 예술 관심 분야를 활용했다. 이 센터에서는 학생들이 웹사이트(Science Learning Networks, 1997: http://legacy.mos.org/sln/Leonardo/)에서 보여 준 예술가들이 적용한 대수학 개념(예: Leonardo's Perspective, 직선 대 공간원근법)을 발견하기 위해서 다양한 예술작품을 평가하였다. 다양한 대수 함수를 모델링하는 데 필요한 소프트웨어가 미디어 센터의 지정된 컴퓨터에 설치되어 있으며, 미디어 센터는 학생들이 팀을 구성하여 예술작품에 접근하는 곳이다.

- 다이렉트 어플리케이션 학습센터에서는 외부의 오락 장소와 카페, 교실의 세 점 사이에 최단 거리를 결정하기 위해 피타고라스 정리를 사용하는 것이나, 카페의 면적과 교실의 둘레를 그리고 묘사하고, 측정하는 것과 같은 직접적 활동이 이루어진다. 대수학 개념이 일상생활과 관련이 있다는 것을 이해하는 학생들을 늘리기 위해 교사는 학생과 교사가 대수의 개념이 적용된 경우에 쉽게 이해할 수 있는 대수 작업표(Algebra job Jar)를 만들었다. VoiceThread(https://voicethread.com/about/library/7th_Grade_Measurement_from_Britt_Gow/)와 같은 사이트는 교사가 가상 수학 탐구 활동을 구조화할 수 있도록 도와주고, 제기된 문제에 대한 학생들의 해결책과 결론에 이르게 된 방법을 수용한다.
- '유명한 수학자' 학습센터는 학생들이 전 세계의 수학과 관련된 자료와 정보를 찾기 위해 인터넷을 사용할 수 있는 미디어 센터에 위치한다. 과제는 이런 수학자들이 명확히 한 대수학 개념이 무엇인지 발견하는 것뿐만 아니라 사람들이 수학의 세계에 첨가한 내용을 찾아내는 간단한 역할극을 만드는 것이다. 교사가 고른 것 중 일부는 〈표 11-3〉과 같다. 학생들은 유명한 수학자의 목록을 늘리기 위하여 검색하였다. 유명한 수학자를 강조하는 수많은 사이트가 있다. 교사와 학생들

에게 사용되는 좀 더 종합적인 자료 중 하나는 Famous Mathematicians.org(http://famous-mathematicians.org/)이다.

〈표 11-3〉 세계적 수학자 예

Teresa Edwards(아프리카계 미국인)는 학습에 수학 개념을 적용하고 환경 문제에 대한 해결책을 추천한다.
영국의 수학자 Ada Lovelace(유명한 시인 Byron의 딸)는 과학 계산의 창시자로 여겨진다.
Mary Ross(아메리칸 인디언 체로키)는 포세이돈과 트라이던트 미사일 개발에 공헌한 수석 고급 시스템 스태프 엔지니어이다.
Julio Rey 목사(스페인과 아르헨티나)는 n차원 기하학을 발명했다.
Daniel Bentil(가나에서 온 버몬트 대학 교수)은 응용수학과 생물학의 접점에 대해 연구하였다.
중국의 수학자 자오성(Zhao Shuang)은 1700년 전에 피타고라스 정리를 증명하기 위해 기하학적인 도형을 만들었다.

- 교사학습센터는 최소 일주일에 한 번 협력교사 중 한 명과 일대일 또는 6명의 소그룹으로 상호작용할 수 있도록 구성되어 있다. 교사학습센터에 있는 동안 학생들은 잘 몰랐던 것들에 대해 질문할 수 있다. 학습센터에서 한 주 동안 공부한 내용을 다시 살펴볼 수 있다. 수학 문제를 푸는 학생들을 도와주는 것은 과정을 녹음함으로써 훨씬 더 효과가 있을 수 있다. Educreations(www.educreations.org)와 같은 도구를 사용하여 학생과 교사가 iPad에 대화와 쓰기 과정을 녹음할 수 있고 나중에 그것을 돌려 볼 수 있다. 이러한 문제들과 상호작용이 모여서 '빈번하게 묻는 질문들'이란 학급 웹사이트에 제공되었다.

교사학습센터에서 학생들과 상호작용한 교사들은 인지 유도 수업과 구성주의 교수의 요소들을 사용하였다. 〈표 11-4〉에서 보여 주는 것처럼, 교사는 주로 문제 해결을 위한 대안 전략을 제공하기 전에 학생들이 이해하고 있는지 알기 위해 질문하였다.

〈표 11-4〉 인지 유도 수업의 요소

1. 문제 해결은 교사가 학생들에게 문제를 선택하여 정의하고 문제 해결 방법을 안내하는 교수에 초점이 있다.
2. 교사는 학생들이 문제 해결 전략을 선택하도록 안내해 준다.
3. 학생들은 교사 및 친구들과 문제를 해결하는 방법에 대해서 의사소통을 한다.
4. 교사는 학생들이 사용한 문제 해결 전략을 인식하고, 수업을 계획하고 분명한 피드백을 주며 새로운 생각 패턴을 자극하기 위해 그 지식을 사용한다.

결과 차이화

협력교사들은 평가에 두 가지 유형, 즉 형성평가와 총괄평가를 실시하는 것을 결정하였다. 그들은 각 학습센터에서 학생이 가능한 결과 메뉴를 선택할 수 있도록 계획하였다. 학생들은 개개인 또는 파트너와 소그룹 결과 메뉴를 선택할 수 있다. 파트너 또는 소그룹 활동의 경우, 학생들은 각 참가자의 기여도를 확인했다.

매일 학습센터에서의 학생들의 참여를 점검하기 위해, 교사는 학생들이 완료할 수

〈표 11-5〉 협동학습 그룹 활동 '점검표'에 의한 형성평가

점검표

지시사항 : 오늘 교실을 떠나기 전에, 날짜와 학습 장소, 같이 공부했던 그룹 구성원의 이름을 각각 적으시오.

학습 공간: 날짜:

	S1	S2	S3	S4	S5	S6
오늘 새로 배운 하나는……						
오늘 의문을 가진 하나는……						
내가 오늘 기여한 것 하나는……						
당신이 알아야 할 하나는……						

출처: Carrie L. Kizuka(수학 교사), Twin Valley School District, Elverson, PA. 허락하에 사용.

있도록 '점검표(Exit Slip)'를 만들었다. 협력교사는 교사학습센터에서 학생들을 만났을 경우 또는 학습센터에서 다음 수업에 관한 학생들의 요구에 더 나은 대답을 위해 정보를 검토해 보기로 하였다. 〈표 11-5〉는 점검표의 주요 학습 성과, 질문, 기여를 확인하기 위해 그룹의 구성원들을 위한 빈칸을 포함하였다.

과정 차이화

많은 학생이 스페인 문화유산을 공유하거나 제2언어로 영어를 배운 것을 고려하여 협력교사들은 라틴계 미국인 학생들 교육에서 특별히 유용하다고 확인된 두 가지 교육과정을 사용하기로 결정하였다. Padróm, Waxman과 Rivera(2002)에 따르면, 협동학습, (소그룹 개별지도와 협동학습 그룹을 통한) 대화 교육, (구성주의 원리에서 생겨난) 인지유도 수업, 공학적인 수업 등의 절차가 라틴계 미국인 학습자의 성취를 증가시킬 것으로 보았다.

그룹 조사

교사들은 학생들이 개념에 대한 인지적 이해를 높이기 위한 시간을 가질 수 있도록 〈표 7-4〉에 기술된 그룹 조사 구조를 사용하였다. '유명한 수학자 학습센터'를 다닐 때, 학생들에게 학교 정보실(컴퓨터실)에서 출력된 자료를 찾아보거나 인터넷을 검색할 수 있도록 했다. 휴대용 iPad가 정규 수업에 설치되었고 학교 안에서 사용할 수 있었다. 마찬가지로, 시각예술학습센터에서는 학생들이 다양한 대수 함수를 모델링하는 데 필요한 소프트웨어가 설치된 전문가가 있는 실험실을 이용할 수 있었다. 소프트웨어 습득과 인지적 이해 과정을 도표화하기 위해서 학생들은 오랜 시간 동안의 조사 과정이 필요하였다.

교사학습센터 학습시간에, 협력교사들은 모든 학생의 활기찬 반응을 증가시키기 위해 다양하고 즉각적인 협동학습 구조(설명을 위해 7장의 〈표 7-5〉 참고)를 순환 사용했다. 각 그룹은 최대 6명의 학생과 50분의 수업시간으로 구성되어 있으며, 교사의 목표는 각 학생이 최소 5분 아이디어에 참여하는 것이다. '생각-짝-공유' '전달 질문' '라운드 테이블/라운드 로빈'과 같은 활동은 학생들에게 가장 인기가 있었다.

인지 유도 수업

〈표 11-4〉에 설명된 바와 같이, 인지 유도 수업을 통해 교사는 학생의 추론과 수학의 이해를 증진시키기 위한 학습 전략을 개발했다. 인지 유도 수업(cognitively guided instruction: CGI)은 인지학습의 사용과 학생들의 수학적 사고 듣기를 포함하는 수학교수 접근법이 교수의 기본으로 현재 많은 수학 수업에서 구현된 우수 사례이다(Fenna, Carpenter, Levi, Franke, & Empson, 1977). 인지학습 전략을 직접 가르치고 모델링함으로써 학생들은 다양한 학습센터에서 이를 연습할 수 있다.

영어 학습자를 위한 공학

게다가 학생과 교사들은 이해할 수 있는 일상 언어로 교과서의 용어를 번역하여 대수 용어 사전을 만들었다. 실제로 이중 언어 학생의 대부분이 각각의 언어를 사전으로 번역하였다.

UDL 계획 실행

4주가 지나는 동안, 교사 Jupp와 Dondero는 미디어/라이브러리 담당자와 컴퓨터 기술 보좌관과 함께 UDL 계획을 실행하였다. 그들이 점검표에서 수집한 정보를 통해 그룹들을 모니터링하고 조정할 수 있었다. 그룹 모니터링 기술은 특히 학생들이 도서관이나 컴퓨터실에서 벗어났을 때 학생들의 책임 의식을 높이는 데 도움이 되었다.

Rosa는 여러 학습센터에서 빛을 발할 수 있었다. 예를 들어, 유명한 수학자 학습센터에서 그녀와 그녀의 팀원은 n차원 기하학의 생생한 컴퓨터 모델링을 포함하여 Julio Rey 목사의 생애를 설명하기 위해 15분짜리 게임을 만들었다. 상담사는 Rosa가 불만의 원인을 이해하고 스페인어 또는 영어 중 하나를 사용하여 도움을 요청하는 괄목할 만한 진전을 이루었다고 보고하였다. 두 선생님도 이러한 변화를 깨달았다. 또한 그들은 Rosa가 교사학습센터에 다닐 때 그룹의 다른 학생 중 한 사람에게 개념을 설명한 것을 알게 되었다. 그들은 그녀에게 다음 수업을 위한 또래교사가 될 것을 요청하였다. 이에 Rosa는 할머니가 자신이 다른 사람들을 돕고 있다는 것을 자랑스러워 할 것이라고 말하면서 자부심을 보였다.

UDL 수업 계획안 사용

〈표 11-6〉은 3장의 〈표 3-1〉에 소개된 양식을 사용하여 교사가 개발한 그 단원에 대한 UDL 계획안을 보여 준다. 교사들은 수업에서 학습자에 대한 정보를 수집하고 내용 및 자료에 대한 접근과 결과와 과정을 차이화하는 UDL 사이클의 각 단계를 결정할 때 제안된 각 질문에 응답하였다. 그들은 수업의 다양한 측면을 학생들의 요구와 관심사에 연결하기 위해 **멈추고 되돌아보기**를 사용하였다.

〈표 11-6〉 보편적 학습설계에서 협력교수 수업 계획안: Rosa와 학급 친구를 위한 중학교 수학

계획 단계	
수업 주제와 단원명: 대수학 I	내용 영역 : 20가지 주제들
학습자 정보	

우리의 학생은 누구이며 그들은 어떻게 배우는가?

몇몇 학생들은 소규모 그룹 및 파트너 활동을 통해 학습하는 것을 선호하며, 소수만이 혼자서 학습하기를 선호합니다. 대부분의 학생은 수업에서 구체적인 실습 학습 활동을 선호합니다.

학생들의 다양한 강점, 언어, 문화적 배경, 학습양식 그리고 흥미는 무엇인가?

학생들은 라틴계 미국인/스페인어 사용자, 백인, 아프리카계 미국인, 아시아계 미국인의 다문화 혼합을 포함합니다.

학생들의 다양한 다중지능(언어, 논리/수학, 시각/공간, 음악/리듬, 신체/운동, 대인관계, 자기성찰, 자연친화)은 어떠한가?

학습자의 약 1/5은 언어, 1/10은 논리/수학, 1/10은 음악/리듬, 1/5은 신체/운동(축구, 농구, 수영 팀)입니다.

학생들이 사용하는 의사소통 양식(예: 보조공학)은 무엇인가?

모든 학생은 컴퓨터를 잘 알고 있으며 이메일과 인터넷에 접속할 수 있습니다.

특정 학생에 대한 멈추고 되돌아보기

내용, 결과 또는 학습 과정에서 차이화가 필요한 특성을 가진 학생이 있는가?

Rosa는 영어 학습자로서(적어도 4명의 다른 학생들처럼) Rosa의 영어 읽기 능력은 대수 교과서의 난이도보다 약 2년 정도 낮습니다. 또한 Rosa는 충동 조절(좌절할 때 부적절한 언어 사용)에 대한 지원이 필요할 수 있습니다.

내용 (학생들은 무엇을 배울 것인가?)	결과 (학생들은 자신의 성취를 어떻게 표현할 것인가?)
학업적 그리고/또는 사회적 목표는 무엇인가? (사회적 상호작용의) 문제를 해결하기 위한 방안으로 대수학1의 (학문적) 개념 적용 어떤 내용 기준이 다루어지는가? 핵심 필수요소를 포함하는 8번째 공통 핵심 국가 기준	학습 결과는 어떤 방법으로 나타낼 수 있는가? 학습 유형 선호도와 관련된 옵션 메뉴

차이화 고려사항 개념과 내용을 어떠한 순서로 가르칠 것인가? *20가지 주제로 현재 기술을 동시에 검토하고 확장합니다.* 협력교사들이 내용 접근을 가능하게 하기 위해서는 어떠한 다단계 그리고/또는 다감각적 자료가 필요한가? *실습 학습센터(예: 대수학 기능을 표시하는 컴퓨터 모델링)* *칠판의 그래프화* 모든 학생이 내용에 의미 있게 접근하기 위해서는 어떤 다단계의 목표가 필요한가? *Rosa는 수업에서 분노 관리 및/또는 충동 조절에서 적절한 언어 사용하기와 관련된 사회적 목표를 가지고 있습니다.* *핵심 필요요소는 해당하는 CCSSM과 관련이 있습니다. 몇 명 학생들은 최초 개념 이해와 표준을 사용하는 능력을 증명할 필요가 있습니다.* 특정 학생에 대한 멈추고 되돌아보기 독특하거나 다단계적인 목표나 자료가 필요한 학생이 있는가? *아니요*	차이화 고려사항 학생들이 그들의 이해를 표현할 수 있는 다양한 방법은 무엇인가?(예: 다중지능, 다단계 그리고/또는 다감각적 수행) 학생들이 산출한 실제적 결과에는 무엇이 있는가? *세계 각국의 유명 수학자들의 대수학 개념을 사용하는 방법, 대수 함수의 시각적 그래픽 표현, 구성주의적 질의응답 절차에 대한 응답, 기타* 교사들이 결과를 평가하기 위해 사용하는 기준은 무엇인가? 과정 평가(점검표) 결과 평가(사후 검사 및 실제 프로젝트 결과) 수학적 해결을 위한 8가지 표준을 설명할 수 있는가? 학생들은 20개의 재검토 개념에 전반적인 자신감 향상을 보이는가? 특별한 학생에 대한 멈추고 되돌아보기 알고 있는 것을 표현할 때 특별한 방법을 요구하는 학생이 있는가? *예. Rosa가 전통적인 지필 검사보다 드라마와 예술 표현을 사용하여 자신의 지식을 표현할 수 있다는 것은 명백합니다.*

⬇

수업 과정(학생들은 수업에 어떻게 참여할 것인가?)				
수업 방식	수업 배치	수업 전략	사회적 · 물리적 환경	협력교수 접근
고려사항 강의? *예*	고려사항 협동학습 구조? *예*	고려사항 연구 기반 전략? *예. 수학에서 구성주의 교육*	고려사항 교실 배치? 교실 밖 공간의 사용? *예. 미디어(도서관) 및 컴퓨터실*	선택사항 지원적 교수? *미디어 및 컴퓨터실 담당자*

활동 기반? 예 실험(체험)? 예 그룹 조사? 예 컴퓨터/웹 기반? 예 코너학습? 예 지역 기반 수업? 아니요 봉사학습? 아니요	기타?(개인지도, 소그룹 지도) 예	다중지능이론의 적용? 예 분류체계의 활용? 학습의 응용과 융합	사회적 규범? 예. 파트너 학습자가 되는 방법을 위한 명시적인 교수 지침 긍정적 행동 지원? 예. 특히 의견의 불일치를 해결하기 위함 자체 모니터링 적절한 언급	지원적 교수? 미디어 및 컴퓨터실 담당자 평행교수? 동등하게 나눠진 학습 장소 모니터링 상보적 교수? 아니요 팀티칭? 아니요 협력교사로서의 학생?(예: 또래교수, 수업 배치에 있어 협동학습 구조) 예

특정 학생에 대한 멈추고 되돌아보기

특정 학생의 요구에 적합한 교수 전략은 무엇인가? 특정 학생의 요구에 적합한 지원 시스템(예: 보조공학), 도움(예: 개별 지원, 단서, 계약), 편의(예: 상담)는 무엇인가?

Rosa는 격렬한 좌절감을 표현하고 (도움과 도움을 요청하는) 적절한 언어를 배우고 가족이 미국으로 피난했을 때 가족 구성원을 니카라과에 남겨 두고 떠난 것에 대한 슬픔과 감정을 표현하기 위해 학교 상담원을 격주로 방문할 예정이었습니다(생존자의 죄책감).

실행 단계

협력교사: *Jupp Dondero, 미디어 및 컴퓨터실*

수업 날짜: *1월 20일~2월 20일*

협력교사들은 수업 전, 중, 후에 무엇을 수행하는가?

협력교사명	Jupp	Dondero	미디어/도서관	컴퓨터실
수업 전, 내가 수행할 구체적인 일들은 무엇인가?	자료의 가용성을 확인하기	자료의 가용성을 확인하기	Jupp 재점검: 수학 프로젝트에 대한 자료의 적합성	Dondero 재점검: 소프트웨어의 기준과 교과서가 일치하는지 확인
수업 중, 내가 수행할 구체적인 일들은 무엇인가?	특정 주제 튜터에게 점검표 정보와 CGI 사용하기	특정 주제 튜터에게 점검표 정보와 CGI 사용하기	적절한 정보에 접근하기 위한 지원과 모니터하기	대수 함수 모델을 사용하기 위해 소프트웨어의 이용 지원과 모니터하기
수업 후, 내가 수행할 구체적인 일들은 무엇인가?	점검표 수집하고 확인하기	점검표 수집하고 확인하기	점검표 수집하고 Jupp 또는 Dondero에게 보내기	점검표 수집하고 Jupp 또는 Dondero에게 보내기

반성 및 평가 단계

협력교사는 어디서, 언제, 어떻게 수업의 결과를 보고 및 평가하고 있는가?

매일 보고하기

학생들은 어떻게 하였는가?

주제의 학생 숙달에 대한 월말 재평가

학습자의 요구사항이 충족되었는가?

모든 학습 영역에 참여 증가, 증가된 역량, 대수학에 대한 긍정적 태도 증가

다음 수업의 설계에 대한 조언은 무엇인가?

학생들은 대수학/ 개념을 사용하는 '실제 세계'의 사람들을 만나기를 원합니다. 교사는 학생 연구 그룹에 참여할 의사가 있는 다양한 전문가 및 노동자를 확인합니다.

12 차이화 수업을 위한 UDL 수업 계획 사이클

중학교 과학

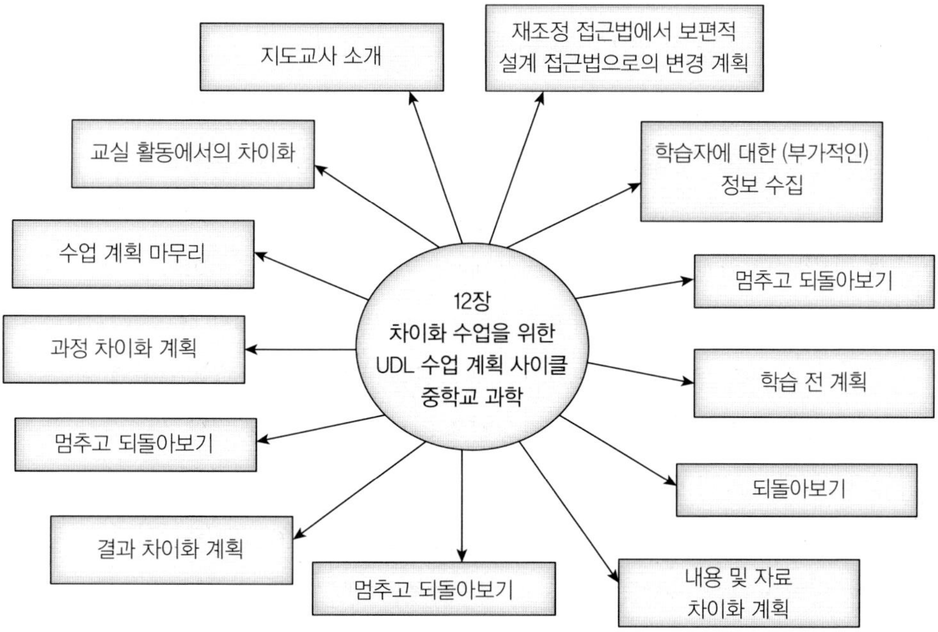

[그림 12-1] 12장의 내용 체계

학생들은 그들을 위해서가 아니라 그들의 선생님 때문에 성공해야 한다.

– 작가 미상

지도교사 소개

이 장에서는 2장에서 다루었던 중학교 과학교사인 Swanson과 그녀에게 배정된 협력교수 파트너인 언어치료사 Tac으로 구성된 협력교수 팀의 계획과 교수에 대해 살펴보기로 한다. 이 협력교사들은 다양한 그룹의 중학생들에게 차이화된 유전학 수업을 제공하기 위해 어떤 방법으로 보편적 학습설계를 적용했을까?

그들이 협력교수를 시작했을 때, Swanson은 규율을 세우는 것과 내용에 대한 학생들의 학습을 촉진하는 데 많은 어려움을 겪었다. 그녀는 반 학생들의 낮은 시험 점수, 징계 회부, 자신의 반에 대한 부모들과 관리자들의 불만, 그리고 일과 후 그녀가 느끼는 고단함에 대해서 걱정이 많았다. 게다가 Swanson은 자신의 반에 있는 자폐증을 포함한 중증 장애를 가진 학생인 Tina에 대해 특히 더 걱정을 했다. Tac은 의사소통, 인지, 학습 및 행동장애를 가진 다양한 학생들을 가르친 경험이 있었기 때문에 Swanson의 지시와 훈련을 보조하는 것과 함께 Tina의 지원을 위해 배정되었다.

통합교육을 처음 접하는 많은 교사들처럼 Swanson은 그녀의 학급에 Tina를 포함하는 것을 꺼렸으며, 학급에 다른 성인이 보태지는 것을 환영하지 않았다. 그러나 그녀와 Tac은 빠르게 긍정적인 업무 관계를 형성했다. Swanson의 수업에 적응하기 위해 2장에서 설명한 '재조정' 접근법의 활용은 Tina가 학급의 성공적인 구성원이 될 수 있도록 해 주었다. 결과적으로, Swanson은 자신의 수업과 학급 운영에 더욱 자신감을 가지기 시작했다. 실제로 그녀는 교장에게 Tina를 반에 데리고 있으면서 그녀가 자신의 모든 학생들에게 더 좋은 교사가 되었다고 보고하였다. Swanson은 Tina를 위해 설계된 많은 차이화 전략이 다른 학생들에게도 효과가 있음을 알게 되었다.

재조정 접근법에서 보편적 설계 접근법으로의 변경 계획

재조정 접근법을 사용하는 약 6주 동안 매주 학습계획을 위한 회의를 하였는데, Swanson은 Tac에게 자신들의 협력교수는 순조롭게 잘 진행되고 있지만, Tina와 몇 명의 다른 학생들이 수업에 성공적으로 참여할 수 있게 모든 것을 재설계하고 다시 가르치는 데 많은 시간을 쏟아붓지 않았으면 좋겠다고 말했다. Swanson은 자신이 '두 배로 일하는 것'처럼 느꼈다고 말했다.

Tac은 Swanson에게 그녀가 지금까지 해 온 노력에는 매우 감사하지만 다른 접근법을 시도해 보는 것이 어떠냐고 제안했다. 보편적 설계 접근법을 쓴다면 그들은 훨씬 더 시간을 효율적으로 사용할 수 있을 것이라고 했다. Swanson은 그녀의 시간을 아낄 수만 있다면 무엇이든지 투지 있게 해 볼 생각이라고 했고, Tac은 Swanson에게 보편적 학습설계(Universal Design for Learning: UDL)의 수업 계획 사이클(3장 참조)을 설명해 주었다. Tac은 보편적 학습설계의 수업 계획 사이클은 하나의 수업뿐만 아니라 모든 수업을 설계하는 데 쓰일 수 있다는 것을 설명하자 Swanson은 천천히 한번 시도해 보고 싶다고 했고, 그들은 보편적 학습설계의 수업 계획 사이클을 다음 수업인 유전학 수업에 적용해 보기로 하였다.

학습자에 대한 (부가적인) 정보 수집

Tac과 Swanson은 협력교수 학급의 학생들에 대한 부가적인 정보들을 MI(다중지능) 조사를 통해 얻기로 하였다. Swanson은 그들이 학생들에 대해 이미 알고 있는 정보에 MI 조사를 통해 얻은 정보를 더하면 거의 모든 학생의 차이화되고 학습을 촉진할 수 있는 정보를 충분히 얻을 수 있을 것이라고 자신했다.

멈추고 되돌아보기: Tina

그러나 Swanson은 MI 조사로 Tina에 대한 필요한 정보를 모두 얻을 수 있을 것인지는 확신할 수 없다고 말했다. Tac은 그녀의 말에 동의하며, 정보들을 모을 수 있는 또 다른 절차가 있다며 그것에 대해 그녀와 함께 논의해 보고 싶다고 했다. Tac은 Tina의 MAPs 회의(행동 계획 수립, 4장 참고)가 계획과 수업에 쓰일 Tina의 다른 부가적인 정보들을 제공받을 좋은 기회가 될 것이라고 했다. Tac은 "Swanson은 내가 제일 좋아하는 선생님이에요."라는 Tina의 요청에 Swanson을 MAPs 회의에 초대했다. Swanson 은 칭찬을 듣고 얼굴을 붉히며, 기분은 좋지만 MAPs 회의의 과정과 목적이 생소하고 혼란스럽다고 하였다.

Tac이 Swanson에게 MAPs 과정에 대한 개관(Falvey, Forest, Rosenberg, & Pearpoint, 2002)을 보여 주자 Swanson은 회의에 참석하는 것에 동의하였다. Tac은 이 회의가 협력교수의 계획뿐만 아니라 Tina의 현재 및 미래의 개별화 교육 프로그램(IEPs)과 전환교육의 검토에 도움이 되는 정보를 제공해 줄 것이라고 설명했다.

Tina와 그녀의 아버지를 잘 알고 MAPs의 실행에 능숙한 수업 코치인 Maloney가 이 회의의 협력자로 선정되었다. 그는 참석자들(Tina, 그녀의 아버지, 그녀의 조부모, 절친인 Carla, 나이 많은 사촌 Jamie, Swanson, Tac, 보건교사, 그리고 Tina를 지원한 경험이 있는 두 명의 보조교사 등)에게 그 과정을 설명하였다.

〈표 12-1〉과 〈표 12-2〉는 각각 Tina의 MAPs 회의 단계와 결과를 그래프로 나타낸 것이다.

MAPs 회의의 마지막 단계에서 소그룹(Maloney, Tina, 그녀의 아버지, Tac, Tina를 지원한 두 명의 보조교사 중 하나인 Nyda 등)은 일주일 내에 다시 모여 행동 계획을 계속해서 수행할 것에 동의했다. MAPs 회의를 마치고 Swanson은 Tac에게 회의를 하는 동안 자신이 정서적으로 압도당함을 느꼈다고 말했다. 그녀는 MAPs 과정이 그녀로 하여금 수업 중 '좀 더 명확하게 설명하는 것'을 도와주었고, 그녀가 과학 수업을 하는 동안 Tina의 요구를 더 열심히 반영할 수 있도록 동기화하였다고 인정했다. Swanson과 Tac은 그들의 첫 UDL 수업 계획을 짜는 첫 번째 단계로서 MAPs 회의와 MI 조사를 통해 얻은 정보들을 검토할 시간을 가졌다.

〈표 12-1〉 Tina의 MAPs 회의 결과

Tina의 역사는? 행복하고 건강한 아기가 태어남. 어머니가 암으로 돌아가심(Tina가 2세 때). 아버지 손에서 혼자 자람. 몬테소리 어린이집에서 수업에 참여하지 않거나 다른 아이들과 어울리지 않음. 언어 발달 지체. 4세 때 자폐증을 진단 받음. 어린이집을 떠나 말을 하지 못하는 아이들과 함께 의사소통 장애아를 위한 유치원을 다님. 흔들림과 손을 떠는 행동이 증가함. 어린 나이에 책에 관심을 보였으나 '읽을 수 없다'는 이유로 선생님들에게 책을 뺏김. 그녀의 아버지가 말을 하지 못하는 아이들과 한 반이 된 것에 항의하였지만 전문가들은 그것이 최상의 배정이라고 그를 설득함. 9세에 Tina는 아침마다 학교에 가지 않겠다고 반항함. 수화나 의사소통판의 이용에 반응하지 않음. 11세에 Tina와 아버지는 다른 주로 이사를 함. 새로운 IEP는 촉진된 의사소통(FC)을 이용한 타이핑을 통해 의사소통 체계를 발달시키는 데 집중함. 그리고 완전통합교육을 받는 것을 목표로 일반 교육에 50% 참여하기 시작. Tina가 처음으로 FC를 이용해 타이핑했을 때, 사람들은 그녀가 얼마나 많이 아는가에 대해 감탄하며 그녀가 쓴 단어가 그녀의 것인지 아니면 촉진자들의 것인지에 의문을 가짐. Tina는 그녀의 아버지와 몇 년 동안 함께 공부해 온 두 명의 보조교사에 의한 촉진을 용인함. 지금은 학급에서 지루하거나 성가시거나 스트레스를 받을 때에만 성질을 부림. Tina는 누구인가? Tina의 재능은 무엇인가? 아주 똑똑함. 웃김, 약간은 빈정댐.	꿈은 무엇인가? 동화 작가나 취재 기자가 되는 것. 대학에 진학하여 공부를 계속하는 것. 그녀의 삶에 대한 글을 써서 다른 사람들에게 자폐증이 무엇인지 가르치고 그들이 다른 모든 아동과 함께 소통할 수 있는 용기를 북돋워 주고 싶어 함. 언젠가는 (촉진자들 없이도 타이핑) 혼자 의사소통하게 되는 것. 언젠가 결혼하여 가정을 꾸리는 것. 스카이 다이빙하기. 경주용 자동차 운전하기. 더 신나하기. 친구 만들기. 악몽에는 어떤 것이 있는가? 아버지가 돌아가시고 나면 Tina에게 닥칠 걱정들, 아버지가 걱정하는 근심들과는 정반대의 것들. 다시 특수학급으로 돌아갈 두려움. 친구가 없는 인생을 살게 될 두려움. 그녀가 말을 못하기 때문에 역량이 부족하다 생각하여 타인들이 그녀가 자칫 원하지 않는 결정을 내릴 것에 대한 두려움. 염려하는 타인들이 인내심 없이 그녀가 소통할 시간을 주지 않는 것. 그녀를 이상하게 생각하고 쳐다보는 사람들에게 둘러싸인 상황에 놓이는 것. Tina가 꿈을 깨닫고 악몽을 피하기 위해서 필요한 것은? Tina가 신뢰하고 소통하기를 원하는 사람들로부터의 조력이 필요함(타이핑). Tina는 그녀의 타이핑을 도와줄 사람들의 범위를 늘릴 필요가 있음. Tina는 그녀에게 '목소리'를 주고 스스로 할 수 있게끔 도와주는 기술(예: 문자 음성 변환기)이 필요함.

생각이 깊음. 타인을 배려함. 창의적임. 특히 추리 소설과 당대 사건에 대한 글의 탐독자. 애완동물을 사랑하고 많이 키우고 있음(개 한 마리, 고양이 한 마리, 토끼 여덟 마리). 빠른 움직임을 좋아함. 롤러코스터를 타는 것을 좋아함. 갬블(돈 거는 것)하는 것을 좋아함. 자동차 경주를 보러 가는 것을 좋아함. 컨트리 음악을 좋아함. 학교생활을 즐김. 특히 과학을 좋아함. 강렬한 호기심. 정보 습득력이 빠름. 심한 소음을 참기 힘들어 함. 반 친구들의 잘못된 행동들을 참지 못함. 관찰력이 있음. 학습 동기 부여가 되어 있음. 고집이 있음. 좋은 성적을 얻음. 창의적인 작가이자 '웅변가'(성인 조력자와 함께하는 타이핑을 이용한).	Tina는 더 어려운 과제가 필요함, 수업이 지루하다고 함. Tina는 소음을 다루는 방법을 찾아야 함. Tina는 그녀의 빈약한 인간관계를 발전시켜야 함(자폐증과 촉진된 의사소통에 대한 이해 포함). Tina는 지금 그녀 자신을 변호하는 것과, 고등학교로의 진학을 도와줄 수 있는 조력팀(예: 교사, 보조교사, 또래)이 필요함. Tina는 교실 내에서 도움을 받으며 일반교실에 있어야 함(예: Swanson과 Tac이 2장의 〈표 2-8〉에서 나열한 생각들로부터 파생된 것).

〈표 12-2〉 MAPs 회의 결과에서 얻은 Tina의 행동 계획

1. Tina는 타이핑을 할 때 아직 누군가의 도움이 필요하므로 그녀가 신뢰하는 보조교사가 매 수업마다 배정된다.
2. 가능성이 있는 촉진자의 수를 늘리기 위해 Tac은 Tina와 함께 그녀의 반 친구들 중에서 그녀가 신뢰하는 아이를 찾아 촉진자 훈련을 시킨다.
3. Tina의 타이핑이 목소리로 변환되는 것을 보기 위해 Maloney는 보조공학 자문위원인 Callis와의 평가 및 상담을 준비한다.
4. 현재의 교육과정이 Tina에게는 수월하기 때문에 Tina는 수업시간에 더 많은 선택권을 제공받는다.
5. Tina가 소음을 쉽게 다룰 수 있도록 Tac은 교실마다 Tina가 사용할 수 있는 이어폰이 있는 '청각실'을 만든다.
6. 교우관계를 개선하기 위해, Maloney는 'Circle of Friends'라는 반 친구들로 구성된 사회적 지지 그룹을 만든다.

7. 지원팀이 결성되어 매월 이 행동 계획의 검토와 Tina의 자기지지를 도와주기 위해 Tina를 만난다(예: 다른 사람들이 중학교 수업에서 배우는 것을 배우기, 고등학교의 대학 진학반 정도가 되는 수준으로의 전환 계획).
8. Swanson과 Tac이 제안한 지지 의견들은 Tina를 가르치는 다른 선생님들과도 공유될 것이고, 그녀가 교육과정에 잘 참여할 수 있게끔 활용될 것이다.

학습 전 계획

그들이 계획을 짜기 위해 다시 만난 날, 그들은 유전학과 한두 가지의 유전 패턴 특성을 가르치는 방법을 연구하면서 MI 조사를 통해 얻어진 정보들을 검토하고, 학생들이 관찰하고 경험한 것들을 듣고, Tina의 MAP도 살펴보며 곰곰이 생각했다. 그리고 학생들의 짝을 정하면서 조합의 다양성과 함께 최상과 최악의 조합을 심사숙고 하였다.

예를 들어, 그들은 공부를 잘하는 학생과 못하는 학생, 그리고 행동이 바른 학생과 그렇지 못한 학생, 서로의 단점을 보충할 수 있는 강점을 가진 학생들끼리 짝을 지었다. Swanson은 이전의 유전학 수업 때 토끼 사진 같은 것들을 종종 이용하곤 했는데, 최근의 MAPs 회의를 고려하여, 지금 Tina가 토끼를 기르고 있으니 이번 수업에는 Tina에게 토끼를 데려 오라고 하는 것은 어떻겠느냐고 말했다. Tac은 좋은 생각이라며 동의하였고, Swanson은 이를 Tina와 함께 상의해 보겠다고 말했다. Tac은 더 나아가 Tina가 갬블링을 좋아하는 것을 이용해, 게임에서 이길 확률을 찾는 것을 유전학에서 특질이 유전될 확률을 찾는 것과 연결시키는 것이 어떠냐고 제안했다. Swanson은 동의하며 많은 다른 학생들도 유전확률에 대해 흥미를 느낄 수 있는 멋진 방법이 될 것이라고 했다. Swanson은 예전에 그녀가 이 과목을 가르칠 때 학생들이 유전적 장애(예: 헌팅턴 무도병, 낭성 섬유증 등)에 대해 공부해야 했던 것이 생각났다. 그리고 이번 수업에서는 Tina의 자폐증에 대해 함께 이야기를 나누면서 유전이 되는 장애와 그렇지 않은 장애를 비교하여 공부하는 것이 어떠냐고 했다. 그러자 Tac은 그렇게 공부를 함으로써 Tina가 MAPs 회의에서 말했던 목표—그녀의 삶에 대해 쓰고 말하고, 다른 아이들에게 자폐증에 대해 알려 주고, 그들이 모든 아이들과 소통할 수 있게 격려하는 것—중 하나를 이룰 수 있는 기회를 제공해 줄 것이라며 동의했다.

그들은 보편적 설계 수업 계획안 중 빈칸을 채우는 것을 선택하기로 결정했고(〈표 3-2〉 참고), 이는 그들이 활용하고자 했던 교육 자료들과 활동들을 포함한다. 수업을 하기에 앞서 Swanson은 실험 자료들을 준비하기로 했고, Tac은 그들이 수업 중에 쓸 콩을 사 오기로 했다. Tac은 학생들의 MI 상세정보가 시각/공간적 학습의 강점과 선호를 아주 많이 나타내므로 시각 자료의 사용을 늘리고 싶다고 하였다. 그래서 파워포인트 슬라이드나 새로운 단어를 적은 단어 조각을 준비하겠다고 말했다. Tac은 파워포인트 슬라이드를 만든 다음, SlideShare(www.slideshare.net)에 업로드할 계획이었다. SlideShare에 업로드하면 만들어진 프리젠테이션을 학급 웹페이지에 삽입하여 멀티미디어 어휘집으로 사용할 수 있다.

Swanson은 강의를 진행하는 자료로 '색깔 조합과 토끼의 쫑긋 선 귀 또는 늘어진 귀의 표현형의 상관관계'에 대한 파워포인트 슬라이드를 준비하겠다고 했다.

내용 및 자료 차이화 계획

협력교사 Tac과 Swanson은 핵심 아이디어 교육(예: 중학교 생명과학)을 결정하기 위해 유치원부터 고등학교까지 과학교육(National Reserch Council, 2012)을 위한 체계를 포함하여 차세대 과학 표준(National Reserch Council, 2013)을 검토했다(차세대 과학 표준 및 공통 핵심 국가 기준을 교차 검토하는 상호작용 도구는 http://www.nextgenscience.org 참고).

그들은 핵심 아이디어, 즉 형질의 상속(LS3.A)과 형질의 변형(LS3.B)에 초점을 맞추는 데 동의했다. 이 핵심 아이디어를 사용하여 교사는 수업 중에 관찰하고 평가하고자 하는 기대치를 결정했다. 이 수업은 모든 학생이 성적 복제가 유전적 변이를 가진 자손을 초래하는 이유를 설명하기 위해 모델을 개발하고 사용할 수 있는 기회를 제공한다. 그들은 또한 영어와 수학을 위한 공통 핵심 국가 기준(www.corestandards.org)뿐만 아니라 과학 및 공학 실무(www.nextgenscience.org/next-generation-science-standards)에 강의 목표를 연관지었다.

그들이 활용하고자 하는 교구들(예: 인터넷, 학습교구, 과학 지문, 그래픽 조직자, iPad, 대화식 화이트보드, 신문, 살아 있는 동물들, 일지 쓰기 등)은 학생들의 흥미와 관심을 불러일으킴과 동시에 학생들이 내용에 쉽게 다가갈 수 있을 만큼 다양했다. 교사들이 정기적으로 사용하는 전통적인 저널에 첨단 기술을 사용하면 다른 사람들과 협업을 통해 내용을 추가, 수정 또는 삭제할 수 있는 웹 응용 프로그램인 wiki(www.wikispaces.com)에 새로운 어휘를 입력할 수 있다. 학생들은 wiki의 편집자로 로그인하여 자신의 정의로 어휘에 입력할 수 있다. 그림, 오디오 또는 비디오를 업로드하여 각 단어에 추가할 수도 있다. 이로 인해 '클라우드 소스' 학급 어휘집이 만들어진다.

Swanson은 먼저 개념들을 연속적으로 가르치기를 원했다. 수업에 새로운 내용을 덧붙이기 전에 개념들을 먼저 짚고 넘어가려 했기 때문이다. 그녀의 말에 따르면, 학생들이 유전학에 흥미는 있지만 종종 용어와 개념을 헷갈려 한다고 했다.

멈추고 되돌아보기: Tina

계획하는 단계인 이 시점에서, 이 팀은 학급의 학습자들로부터 모은 정보들을 가지고 수업 내용의 결정에 대해 재확인해 보았다. 그들은 선행조직자와 실험 저널 교구들을 Tina의 컴퓨터로 스캔하기로 했다. 그들은 수업 중 Tina에게 그녀의 컴퓨터와 LCD 프로젝터를 연결하는 것을 부탁하였다. 이보다 더 다양한 목표와 교구와 관련하여 추가 결정을 할 필요는 없었다.

결과 차이화 계획

협력교사 Swanson과 Tac은 수업 중 또는 수업을 마친 후 실시하는 요약은 학생들로 하여금 그들이 아는 지식을 다양한 방법으로 표현할 수 있게 할 것이라고 생각했다. 더 자세하게 말하면, 학생들은 ① 자신들의 과학 일지에 있는 자료와 관측치들을 기록하고(또는 Tina의 경우, 그녀의 컴퓨터에 있는 자료), ② 칠판에 쓰인 자료들을 기록하고, ③ 교사들이 만든 유전 차트를 기록하고, ④ 무작위로 학생들을 불러 새로운 단어의 정의를 묻는다거나 학생 본인 또는 파트너에게 질문하면 거기에 대답하면서 다양한 결과들을 만들어 낼 것이다. 학생들은 또한 수업의 전반적인 학습을 보여 줄 것이다. 언론인으로서의 활동을 하는 학생들은 웹페이지의 다른 부분을 완성할 수 있는 다양한 활동을 선택할 수 있다. 마지막으로, 학생들은 유전 가능성이 있는 장애에는 어떤 것이 있고, 또 있다면 유전 가능성은 얼마나 있는가를 알기 위해 장애 또는 유전적 장애에 대해 공부하게 될 것이다.

멈추고 되돌아보기: Tina

계획팀은 Tina가 내용에 대해서 알고 있는 것을 제대로 표현할 수 있게 하는 방법이 필요하다는 데 동의했다. 따라서 그들은 Tina에게 수업시간에 할 질문들을 미리 제공하여 그녀가 자신의 대답을 기록할 시간을 더 주는 것으로 결정했다.

과정 차이화 계획

Swanson은 Tac과 함께 학습 과정의 차이화를 위한 자신들의 선택을 검토하기 위해 다양한 교구를 공유했다. 그들은 『BSCS Biology: A Human Approach』(Bascobert, 2014)의 과학 지문을 수정하여 수업에 사용하기로 했다.

그들은 Swanson이 수업을 시작할 때 학생들에게 이 중에 '확률의 게임'이라는 것을 해 본 사람이 있는지 질문을 하면서 시작하기로 했다. 그다음 학생들에게 갬블링, 카드 게임, 주사위 게임 등 확률과 관련된 게임을 한 경험을 얘기해 보라는 질문을 하며 논의를 이끌어 낼 생각이었다. 그러면 Tac이 논의를 확률의 법칙으로 연결할 것이다. Tac은 Swanson에게 최근에 대부분의 학생들이 Tac의 협력교수 수학 수업에서 확률 단원을 배웠고 이때 배운 내용들이 새로 배울 수업에 도움이 될 것이라고 하였다. Swanson은 이 말을 듣고 기뻐하며, 다른 수업에서 학생들이 무엇을 배우고 있는지 아는 것은 그녀가 계획을 짜고 수업을 하는 데 매우 도움이 된다고 하였다. 그리고 이는 Tac이 수학 수업을 협력교수하지 않았더라면 몰랐을 것이라고 했다.

Swanson은 Tina와 말을 해 보았고, 그녀가 갬블링을 한 자신의 경험과 블랙잭 게임을 할 때 나온 자신의 승패를 수집한 자료를 나누고 싶어 하는 데 열성적이라고 했다. 게다가 Tina는 자신이 키우는 토끼를 수업에 데리고 오는 것에 매우 신나 있고, 또 그녀가 앓고 있는 자폐증과 대체 의사소통 시스템의 이용에 대해 말을 할 수 있는 기회를 가진 것에 즐거워한다고 했다(http://soe.syr.edu/centers_institutes/institute_communication_inclusion/what_is_supported_typing/default.aspx).

Tac은 Tina의 의사소통을 촉진할 수 있으면서 Tina가 자신의 생각을 입력하는 것을 확실하게 도와줄 수 있는 Nyda를 만나기로 했다. 그녀는 수업을 시작하기에 앞서 Nyda를 만나 그들이 계획하고 있는 것에 대한 개관을 알려 주고, Nyda가 Tina를 언제 도우면 되는지 말해 주었다.

멈추고 되돌아보기: Tina

Nyda가 Tina 옆에 항시 붙어 있는 것과 Tina가 어른에게 과도하게 의지하는 것을 줄이기 위해 그들은 Nyda에게 Tina와 그녀의 짝 가까이에 앉아 있는 두 명의 다른 학생도 함께 도와줄 것을 부탁하였다. 또 Tac은 Swanson에게 보조공학 상담가인 Callis도 수업에 참관해도 괜찮은지 양해를 구했다. 그녀는 Tina의 올바른 장비 사용에 대한 진단 정보를 모아 Tina에게 도움될 만한 다른 장비들은 무엇이 있는지를 결정할 것이다. Swanson은 Tina의 MAPs 회의를 통해 얻은 행동 계획 중 이 항목이 매우 빨리 해결되어 기뻤으며, Callis의 수업 참관도 허락했다.

수업 계획 마무리

그들은 수업 계획을 검토하였고 다음날과 그 다음날 아침, 수업의 결과와 진행을 확정하기 위해 10분씩 만나기로 했다. 그들 공동의 목표는 유전학에 대한 새로운 수업의 진행을 이틀 안에 준비하는 것이었다. 교사의 최종 수업 계획은 〈표 12-3〉에 나와 있다.

교실 활동에서의 차이화

확률을 예측하는 첫 수업에서 Swanson은 학생들에게 그들이 취재 기자로 활동하게 될 것이라고 말했다. 왜냐하면 좋은 과학자라면 항상 그렇듯 자신들의 발견을 조사하고 보고하는 일을 할 것이기 때문이다(MAPs 회의에서 Tina가 관심 직종을 말할 때, 그녀는 Tina의 얼굴에 번지는 미소를 볼 수 있었다). Tac은 좋은 취재 기자가 되려면 새로운 단어들을 배워야 한다고 덧붙였다.

Swanson은 새 단어들을 소개했는데, 이는 이형접합(heterozygous)과 동형접합(homozygous)이다. Tac은 단어 벽(word wall)에 이 단어들을 추가하면서 이야기 나누기를 진행했다. 그러고 나서 새로운 단어들을 소리 내어 읽어 보게 짝끼리 연습시켰다. 그다음 학생들에게 그 용어와 정의를 자신들의 실험 일지에 적게 하였다. 대부분의 학생들이 과제를 잘 마쳤다. 용어가 왼쪽 페이지에 제시된 학생 두 명은 수업 중 도움을 받았다. 만약 필요하다면 파트너의 도움을 받으며 그 학생들은 용어들을 오른쪽 페이지에 있는 정의와 일치시켰다.

다른 학생은 각각의 용어의 어근을 알고 있다는 것을 보여 주어야 했는데, homo는 '동일하다'라는 뜻이고 hetero는 '다르다'라는 뜻으로 용어의 어근을 나타낸다. 다른 두 쌍의 짝은 실험 일지를 공동으로 쓰고, 둘 중 하나는 기록을 했고 다른 학생을 위해 일지를 복사하였다.

Tina는 개념은 빨리 습득하지만 그 단어와 정의를 일치시키는 데는 시간이 오래 걸리기 때문에, 용어와 정의는 그녀의 컴퓨터에 스캔을 해 놓았다. Tina의 짝이 용어를 읽으면 Tina는 보조교사인 Nyda의 도움을 받으며 어떤 용어가 정의되었는지 컴퓨터의 커서 키를 옮겨 가리켰다.

그러고 나서 Tac은 Swanson과 함께 실험 활동의 첫 번째 부분을 학생들이 따라 할 수 있도록 시연했다. 구체적으로, 그들은 학생들이 짝을 지어 다음의 다섯 가지 단계를 수행하기를 원했다.

1. 협력교사들이 제공한 그릇에서 무작위로 두 개의 콩을 꺼낸다.
2. 일지에 그 콩의 색깔(예: 붉은색 또는 흰색)과 그 두 개가 이형인지 동형인지를 기록한다.
3. 콩 두 개를 주먹에 쥐고 두 개 중 하나를 임의로 고른다.
4. 자신이 고른 콩과 짝이 고른 콩을 합한다.
5. 그 두 개가 이형인지 동형인지를 기록한다.

Swanson과 Tac, Nyda는 학생들이 무작위로 콩을 고를 수 있도록 불투명한 유리병을 가지고 와 짝들에게 주었다. Swanson은 학생들에게 그들이 시연했던 단계대로 따라 하게 했다(1단계부터 5단계까지). 학생들이 결과를 다 기록하고 나서 Swanson은 이렇게 콩을 활용한 활동이 몇 개의 유전의 원리에 대해 설명해 줄 수 있는 멋진 방법이라고 했다. 두 명의 짝 중에 한 사람씩 자신의 콩을 새로운 조합에 더했던 것처럼, 부모들도 새로운 자손에게 자신의 유전 정보를 반만 기여한다고 설명하였다.

Swanson이 Tina에게 고개를 끄덕이자, Tina는 Nyda의 도움을 받아 자신의 컴퓨터에 있는 중요한 핵심어들을 적은 슬라이드를 모두가 볼 수 있게 LCD 프로젝터로 띄웠다. 핵심어와 이에 대한 설명으로 학생들에게 콩의 다양한 조합이 어떻게 토끼가 쫑긋선 귀와 늘어진 귀의 유전자를 받거나 안 받는지를 알려 주었다.

Tac은 유전 정보는 여러 다른 형태로 들어오고, 신체적 특징에 기여하며, 다양한 조합들로 이루어질 수 있다고 설명했다. 다시 짝을 지어 학생들은 그들이 조합한 쌍만큼 잘 나타낸 귀의 특징(쫑긋 또는 늘어진)을 결정하고 기록하는 추가 단계(6단계)를 완료했다. Tac은 두 명으로 짝지은 조에서 한 사람이 자신의 발견을 학급 차트에 기록하는 동안 다른 한 사람은 자신의 발견을 주위에 앉은 다른 두세 그룹과 비교해 보라고 했다.

Swanson은 교실에서 토의를 진행했다. 학생들에게 ① 하나의 콩 색깔(이것은 하나의 유전 정보 조각을 의미한다.)이 귀의 특징(쫑긋 또는 늘어진)을 결정하는 데 더 큰 영향을 주는지 아닌지를 생각해 보게 하고, ② 다시 자기 조의 조원에게 돌아가 정보를 나누고, ③ 협력교사들이 이름을 불러 질문을 하면 대답할 답에 대해 준비하도록 하였다.

Tina와 그녀의 짝은 질문에 대한 답을 번갈아 가면서 기록했다. Tina의 차례가 되었을 때, Nyda는 Tina가 컴퓨터에 답을 입력하는 것을 도왔다. Tina의 짝의 차례가 되었을 때, 그도 답을 적을 때 Tina의 컴퓨터를 이용했다. 나중에 Nyda가 답을 모은 것들을 인쇄하여 Tina의 실험 짝에게 주었다.

Tac과 Swanson은 Nyda와 함께 학생들의 조를 각자에게 배정했다. 그들은 토의시간에 자신들에게 배정된 조들을 관찰했다. 그리고 Swanson과 Tac, Nyda는 자신들이 맡은 조의 조원들을 다양하게 불러 두 개의 질문에 대답을 하도록 하였다. Tac은 두 개의 새로운 용어, 즉 표현형(phenotype)과 유전자형(genotype)을 소개하고 이것을 단어 벽에 추가하였다. 또다시 그녀는 학생들이 새로운 단어를 따라 읽을 수 있게 먼저 읽어 주었다.

학생들에게 짝과 번갈아 가면서 '표현형과 유전자형'이라는 제목의 에세이를 읽게 했다. Tac과 Swanson, Nyda는 그들이 맡은 조의 조원들에게 이 에세이를 대신 읽어 줄 사람을 정할 수도 있다고 말했다. 예를 들어, 모두 다 같이 읽는 것, 한 명만 골라서 읽는 것, 그리고 따라 읽는 것 등의 방법이다. 말을 하지 못하는 Tina는 그녀의 짝이 에세이를 읽는 것을 들었다. 소리 내서 읽는 시간이 끝난 뒤, Swanson은 무작위로 학생들을 호명하여 그들이 새로운 단어를 잘 이해했는지 확인했다.

사전에 용어를 받은 Tina는 Nyda의 도움을 받아 그녀가 지금 화면에 띄우고 있는 두 개의 용어에 대해 자신이 내린 정의를 컴퓨터에 입력하였다. 많은 학생이 교과서에 있는 용어의 정의보다 Tina가 내린 정의를 더 좋아하였다. Swanson은 학생들에게 2단계, 5단계, 그리고 실험 활동의 마지막 단계(6단계)에서 찾은 결과로 돌아가 각각의 단계에서 보이는 조합과 상태를 표현형 또는 유전자형으로 이름 붙이기를 시켰다.

Swanson과 Nyda는 학생들을 호명해 그들의 답을 다른 학생들과 공유하도록 했다. 학생들은 어떤 한 종류의 유전 정보가 다른 것보다 더 강력하거나 영향력이 크다고 말했다(우성 대 열성 인자). Swanson은 새로운 단어를 소개했고 Nyda는 우성(dominant)과 열성(recessive)이 적힌 카드를 단어 벽에 붙였다. Swanson은 학생들에게 자신의 삶이나 경험에서 하나의 특징이 우세한 경우를 생각할 수 있는지 물었다. 학생들은 대답이 없었다.

그러자 Tac이 예시를 들어 주었다. 그녀는 학생들에게 부모님 중 한 분은 갈색, 다른 한 분은 파란색의 눈동자를 가진 사람이 있냐고 물었다. Tina를 포함한 몇몇 아이들이 그렇다고 말했다. Tac은 부모님의 눈동자가 각각 그 색깔이라고 한 학생들의 주위에 앉은 학생들에게 그 학생들의 부모님들이 무슨 색의 눈동자를 가졌는지에 대해 말을 해 보라고 하였다. 모든 경우에 그 학생들의 부모님들의 눈동자 색깔은 갈색이었다. 활동을 마치며 Tac은 지금까지 배운 4개의 유전학 용어를 사용해 세 문장의 요약문을 만들었다. 그녀는 Tina의 컴퓨터를 사용해 요약문을 입력하고 그것을 LCD 프로젝터로 화면에 띄웠다.

교사의 유도와 Nyda의 도움을 받아 Tina는 새로운 시각 자료를 스크린에 띄웠다. 그 시각 자료는 토끼의 두 가지 특징을 교배시킨 결과를 도표로 정리해 놓은 것인데, 그 특징은 귀 모양(늘어진 귀와 쫑긋 선 귀) 그리고 성별(수컷 또는 암컷)이다. 늘어진 귀를 가진 수컷과 늘어진 귀를 가진 암컷을 교배시켰을 때 나온 100마리의 자손은 52마리가 수컷, 48마리가 암컷으로 모두 늘어진 귀를 가진 것으로 나타났다. 학생들에게는 이러한 결과를 짝과 함께 토의해 보고 결론을 내려 보라고 하였다. Tina는 Nyda의 도움을 받아 그녀의 생각을 짝이 볼 수 있게 입력하였다. Tac은 학생들이 귀 모양의 유전은 성별의 유전과는 다르다는 것을 잘 이해하였는지 보기 위해 토의를 진행시켰다(유전되는 모든 특징은 단순히 1:1의 비율로 유전되지 않는다).

Swanson은 다음과 같은 식을 칠판에 적었다.

% with trait = [(# with trait) / (total # of offspring)] × 100

Tina는 쫑긋 선 귀를 가진 수컷과 늘어진 귀를 가진 암컷의 교배 결과를 보여 주는 새로운 시각 자료를 띄웠다. 표는 100마리의 자손 중 수컷 47마리, 암컷 53마리로 모두 쫑긋 선 귀를 가졌다고 말해 준다. Tac은 학생들에게 방금 Swanson이 칠판에 쓴 공식을 가지고 자손들이 수컷이거나 암컷일 비율, 그리고 쫑긋 선 귀 또는 늘어진 귀를 가졌을 비율을 계산해 보라고 하였다. 대부분의 짝끼리는 문제를 푸는 역할과 검산하는 역할을 번갈아 가면서 하기로 했다. 어떤 짝에게는 문제를 풀거나 검산할 때 사용할 수 있는 계산기가 주어졌다. Tac은 수학 수업을 보조하며 학생들에 대해 알게 된 사실을 참고로 교사들은 어떤 학생들이 계산기가 필요한지 알 수 있었다. 형질의 유전을 이해하기 위해 추가 교육이 필요하다고 판단된 학생들은 온라인으로 알아보는 몇 가지 양방향 Punnett Square 활동 중 하나인 Furry Family(http://vital.cs.ohiou.edu/steamwebsite/downloads/FurryFamily.swf)에 접속했다. 이것은 단지 토끼를 이용해 그 내용을 가르쳤다.

학생들이 확률을 계산하고 나면, Swanson은 결과들을 가지고 결론을 도출할 수 있게 짝과 함께 토의하라고 하였다. Tac은 또한 귀 모양과 성별 사이에 어떠한 관계가 있는지 없는지도 생각해 보라고 하였다. Tina는 짝과 함께 볼 수 있게 Nyda 교사의 도움을 받아 그녀의 생각을 입력하였다. 그러고 나서 Nyda는 학생들이 자신들이 관찰한 것들을 나누는 것을 촉진하고, Tac 교사는 칠판에 적힌 다양한 의견들을 기록하고, Swanson은 몇몇의 단어를 다른 말로 바꾸어 표현하였다. 학생들은 비율을 정확하게 계산하였고 수컷과 암컷 모두 쫑긋 선 귀의 유전 비율은 100%임을 알았다. 그들은 또한 쫑긋 선 귀가 우성 형질이고 늘어진 귀가 열성 형질이기 때문에, 부모 중 하나는 쫑긋 선 귀이고 다른 하나는 늘어진 귀라면 새끼들은 모두 쫑긋 선 귀를 가진다는 것도 알아냈다. 그들은 토끼들이 가지고 태어나는 귀의 모양은 성별에 영향을 받지 않는 것으로 결론을 내렸다.

Tina는 토끼 사진을 화면에 띄웠다. 'Tina의 토끼들'이라는 제목의 슬라이드였다. Swanson은 Tina가 한 달이 된 토끼들을 교실에 가지고 왔다고 했다. 그녀는 각 조의 한 명에게 교사 책상 위 박스 안에 있는 세 마리의 토끼를 구경하게 했고, 각 조의 다른 한 명은 Nyda가 Tina의 책상 위에 올려 둔 판지 상자 안에 있는 토끼를 구경하게 했다. 토끼를 보고 난 후, 학생들은 각자의 짝을 만나 자신들이 본 토끼의 귀 모양에 대해서 이야기를 나누고 식을 사용해 쫑긋 선 귀 또는 늘어진 귀의 비율을 계산해 보는 시간을 가졌다.

짝과 이야기를 나누고 쫑긋 선 귀 또는 늘어진 귀의 비율을 계산한 후 Tina는 또 다른 두 마리의 토끼 사진을 화면에 띄웠다. 사진의 제목에서 그 토끼들이 오늘 Tina가 수업에 가지고 온 여섯 마리의 토끼들의 어미임을 알 수 있었다. 수컷의 이름은 Sniffles이고 암컷의 이름은 Daisy였다. 그 둘 모두 늘어진 귀를 가지고 있다는 것을 사진에서 명백하게 볼 수 있었다. Tina가 띄운 다음 슬라이드에는 여섯 마리의 한 달 된 토끼들(수컷 세 마리, 암컷 세 마리)에게 이름을 지어 달라는 것과 만약 다른 학생이 입양을 하고 싶어 한다면 네 마리는 입양을 보낼 의사가 있음을 밝히는 글이 있었다. 반 친구들 중 토끼를 입양하고 싶어 하는 아이가 그녀에게 연락을 할 수 있도록 그 슬라이드에는 그녀의 이메일 주소가 포함되어 있었다.

Tac은 짝들에게 그들이 이때까지 배운 것들을 요약할 방법을 고르라고 하였다. 더 구체적으로, 그들은 오늘 실험 활동에서 있었던 일들을 묘사할 때 새로 배운 전문용어(예: 이형접합, 동형접합, 유전자형, 표현형, 우성, 열성)를 사용해야 했다. 조별로 10분 동안 배운 것들을 요약할 랩, 징글, 앞 글자 따기, 시, 그림, 글 등을 개발할 시간을 가졌다. 또한 각 짝들은 새로운 내용과 용어에 대한 학생의 이해를 확인하기 위해 학급 설문 조사에 포함되는 최소 두 개의 질문을 만드는 데 5분의 추가시간을 가졌다. Google Forms(www.google.com/google-d-s/createforms.html)를 사용하면 학생과 교사가 웹페이지에 삽입된 설문 조사를 신속하게 작성하여 응답 및 토론에 사용할 수 있다. 생각이 많은 학생 두 명이 이 활동을 하기 위해 짝이 되었다. 그들은 각자 혼자서 자신의 생각을 요약해 볼 수 있도록 부가적인 선택권을 가졌다. 그들은 새로 배운 것들을 자신의 삶에 적용할 수 있게 각자 자신들의 실험 일지에 쓰는 것을 택했다. 그런 다음 학급 설문 조사를 위해 질문을 만드는 일을 했다.

수업은 두 개의 조(한 조는 Tac이 선택했고, 또 다른 조는 Swanson이 선택한)가 그들이 요약한 것을 발표하면서 끝이 났다. 남은 조들은 다음날 요약한 것을 발표할 시간을 가질 것이라고 했다. 다음날은 수업을 시작할 때 세 개의 조로 나뉠 것이다. 반 학생들의 1/3은 Swanson과 함께 복도 건너 빈 교실로 갈 것이고, 1/3은 Nyda와 함께 과학교실의 앞쪽에서 공부할 것이고, 1/3은 Tac과 함께 과학교실의 뒤쪽에 있을 것이다.

Tac은 새 주제인 유전적 장애를 간략하게 소개하며 학생들은 유전적인 것과 유전적이지 않은 장애들에 대해 더 많은 조사를 할 것이라고 했다. 과제와 방법은 내일 짝과 함께 배운 것들을 요약한 것을 나누고 난 후에 더 설명할 것이다.

되돌아보기

Swanson과 Tac은 점심시간에 그들이 관찰한 것에 대해 이야기를 나누기 위해 만났다. 그들은 둘 다 그들의 협력교수가 시행하기 쉬웠기 때문에 모든 학생들이 참여할 수 있었다고 했다. 그들은 오늘 밤 서로 이메일로 어떻게 유전적인 것과 유전적이지 않은 장애에 대한 보고서를 더 차이화할 수 있는지에 대한 생각을 나누기로 했다. Tac은 Callis를 만나 그녀로부터 Tina에게 필요한 장비들에는 어떤 것이 더 있는지를 알아냈고 2주 안에 Tina의 지원팀과의 만남을 계획할 것이라고 했다.

〈표 12-3〉 차이화 수업에 따른 UDL 학습 계획안: 중학교 과학

계획 단계	
수업 주제와 단원명: *유전의 패턴*	내용 영역: *생물학*

학습자 정보

학생 MI 조사 결과는 학생들은 다양하기 때문에 그들이 가지는 각각의 강점 지능과 흥미(언어, 논리/수학, 시각/공간, 음악/리듬, 신체/운동, 대인관계, 자기성찰, 자연친화 등)는 모두 다름을 말해 준다. Tina는 보조 의사소통 장비, 컴퓨터, 휴대용 프린터, LCD 프로젝터를 사용했다.

특정 학생에 대한 멈추고 되돌아보기

다중지능이론에 따르면, 짝 및 그룹 활동, 그리고 협력교수 모니터링은 거의 대부분의 학생에게 효과가 있다. Tina와 몇 명의 다른 학생들은 내용, 결과, 과정에 접근하기 위해 추가적으로 더 차이화된 방법이 필요할 것이다. 아울러 Tina의 MAPs 회기 동안 얻은 자료들도 차이화된 아이디어를 위한 잠재적인 자료가 될 것이다.

⬇

내용(학생들은 무엇을 배울 것인가?)	결과(학생들은 자신의 성취를 어떻게 표현할 것인가?)
학업적 그리고/또는 사회적 목표는 무엇인가? 어떤 내용 기준이 다루어지는가? *NGSS-MS-LS3-1: 염색체에 있는 유전자(돌연변이)의 구조적 변화가 단백질에 영향을 미칠 수 있고 유기체의 구조와 기능에 유해하거나 유익하거나 중립적인 영향을 미칠 수 있는 이유를 설명하기 위한 모델 개발 및 사용* *NGSS-MS-LS3-2: 무성 생식이 동일한 유전 정보를 가진 자손과 생식력을 가진 자손에게 유전적인 변이를 주는 이유를 설명하기 위한 모델 개발 및 사용* *과학 및 공학 실습: 보다 추상적인 현상 및 설계 시스템을 설명, 검사 및 예측하기 위한 모델 개발, 사용 및 수정. (MS-LS3-1), (MS-L3-2)* *공통 핵심 국가 기준 연결:* 영어/문해력	학습 결과는 어떤 방법으로 나타낼 수 있는가? *특정한 유전적 특성을 고려해 볼 때, 학생들은 자손의 유전적 변이를 설명하는 모델을 개발하고 사용할 것이다.* *가능한 모델:* *-도면/도표* *-Punnett Squares* *-유전 특성의 계산된 확률* *-시뮬레이션*

RST.6-8.1: 과학 및 기술 문서의 분석을 지원하는 특정 텍스트 증거를 인용. (MS-LS3-1), (MS-LS3-2) *RST.6-8.4*: 6~8학년 텍스트 및 주제와 관련된 특정 과학 또는 기술적 맥락에서 사용되는 기호, 핵심 용어 및 기타 영역별 단어 및 구문의 의미를 결정. (MS-LS3-1), (MS-LS3-2) *RST.6-8.7*: 단어로 표현된 정량적 또는 기술적 정보를 시각적으로 표현된 정보의 버전(예: 플로차트, 다이어그램, 모델, 그래프 또는 표)과 통합. (MS-LS3-1), (MS-LS3-2) 말하기와 듣기 8.5: 멀티미디어 구성요소와 시각적 디스플레이를 프레젠테이션에 포함시켜 주장과 결과를 명확하게 하고 중요한 점을 강조. (MS-LS3-1), (MS-LS3-2) 수학 수학 연습 # 4: 수학 모델 (MS-LS3-2) 통계 및 확률 B5: 맥락과 관련하여 수치 데이터 세트를 요약. (MS-LS3-2)	
차이화 고려사항 개념과 내용을 어떠한 순서로 가르칠 것인가? 1. 새로운 단어를 소개하고 단어 벽에 추가하며 이를 일지에 적는다(이형접합과 동형접합, 유전자형과 표현형, 우성형질과 열성형질, 단성잡종과 양성잡종 유전, 독립유전 등). 2. 한 가지 형질의 유전(콩 활동) 3. 두 가지 형질의 유전(토끼 활동)	차이화 고려사항 학생들이 그들의 이해를 표현할 수 있는 다양한 방법은 무엇인가?(예: 다중 지능, 다단계 그리고/또는 다감각적 수행) 교사들이 결과를 평가하기 위해 사용하는 기준은 무엇인가? 주 특성과 기록된 자료를 가지고 콩 조합들을 짝짓기 신체적 특징들이 서로 다른 유전 정보의 조합과 관련 있다는 것을 유전 모델을 사용하여 보여 주기 자신들의 콩 조합에서 동형접합 또는 이형접합과 같은 유전 패턴을 구별하기

협력교사들이 학생들로 하여금 내용 접근을 가능하게 하기 위해서는 어떠한 다면적 그리고/또는 다감각적 자료가 필요한가? 불투명한 용기, 50개의 빨간 콩, 50개의 하얀 콩, 포스터보드 여러 장, 투명하게 비치는 판, 컴퓨터, 토끼, 교과서, 다른 프린트물, 인터넷 모든 학습자들이 내용에 의미 있게 접근하기 위해서는 어떤 다단계 목표가 필요한가? 특정 학생에 대한 멈추고 되돌아보기 독특하거나 다단계적인 목표나 자료가 필요한 학생이 있는가?	다양한 콩의 조합이 가진 유전 특성에 미친 영향 알아보기 실험 일지에 새로 배운 단어 정의하기 학생들이 산출한 실제적 결과에는 무엇이 있는가? 배운 것들을 요약할 수 있는 랩, 징글, 앞 글자 따기, 시, 그림 등을 짝과 함께 만들거나 아니면 혼자서 배운 것들이 자신의 삶과 얼마나 관련 있는지를 일지에 적기 두 가지 질문에 대한 답을 해 보기 학생들의 실제적 결과 사례 iPad의 EduCreations 앱을 사용하여 전문적인 보고서를 작성하고 제작하기 학습 어휘와 내용이 포함된 랩 또는 징글 개발하기 파트너가 특정한 유전적 특성을 가지고 있는 Punnett Square Dance를 개발하고 시연하기 수업에 관한 기사를 쓰고 학급 웹사이트에 게시하기 'My 23' 블로그 만들기-학생들은 자신의 23쌍의 염색체를 관찰하고 생물학적 부모에 의해 제공되는 우성과 열성 유전자 가설 세우기 선천적인 특성과 관련된 질문을 개발하고 설문 조사를 실시하여 결과를 분석하기 특정 형질이 어떻게 유전되는지를 보여 주는 차트 또는 다이어그램을 개발하기 특정 학생에 대한 멈추고 되돌아보기 알고 있는 것을 표현할 때 특별한 방법을 요구하는 학생이 있는가?

↓

수업 과정(학생들은 수업에 어떻게 참여할 것인가?)				
수업 방식	수업 배치	수업 전략	사회적 · 물리적 환경	협력교수 접근
고려사항 활동 기반 실험 그룹 조사 발견학습 컴퓨터	고려사항 짝 활동(미리 지정된) 협동학습 구조 전체 그룹	고려사항 연구 기반 전략 선택: 요약과 노트 필기, 비언어적인 표현, 협동그룹 학습, 가설 수립과 검증, 질문들, 단서, 선행 조직자 다중지능이론에서 나온 개념 적용하기	고려사항 짝과 조 활동을 위해 준비된 교실 그 밖의 환경적 대안? Tina를 아이들의 동선 밖에, 그녀의 토끼들 근처에 그리고 그녀의 컴퓨터를 LCD 프로젝터에 연결시킬 수 있는 자리를 우선적으로 배정	선택사항 지원적 교수 평행교수 상보적 교수 팀티칭 협력교사로서의 학생

특정 학생에 대한 멈추고 되돌아보기

특정 학생의 요구에 적합한 교수 전략은 무엇인가? 특정 학생의 요구에 적합한 지원 시스템(예: 보조공학), 도움(예: 개별 지원, 단서, 계약), 편의(예: 상담)는 무엇인가?

보조공학, 개별 지원, 단서

스캐폴더 지원-정렬식 대응 카드가 있는 Punnett Square 그래픽 조직자. 그림 단서를 사용하여 가능한 하위 항목 식별하기

실행 단계

협력교사: *Swanson, Tac, Nyda*

수업 날짜: *3월 19일*

협력교사명	Swanson	Tac	Nyda
수업 전, 내가 수행할 구체적인 일들은 무엇인가?	*실험 도구들을 준비하기* *Tina에게 그녀의 토끼를 가지고 와 달라는 부탁과 갬블링을 한 경험을 얘기해 달라는 부탁하기* *심화반에서 쓸 파워포인트 슬라이드 준비하기* *색깔 조합이 종긋 선 귀와 늘어진 귀의 표현형에 어떻게 상관이 있는지를 알려 주는 것을 준비하기* *수업 자료들을 Tina의 컴퓨터에 스캔해 놓기* *Tina에게 미리 심화 질문들을 제공하기* *이질의 학생들을 두 개의 조로 나누기*	*빨간 콩과 하얀 콩 구매하기* *새로운 단어와 그 정의들을 파워포인트 슬라이드로 준비하기* *새로운 단어를 적어 단어 벽에 추가할 Word strip 만들기* *Tina에게 반 친구들과 함께 자폐증과 촉진된 의사소통에 대해 이야기를 나눌 것을 부탁하기* *학생들과 교사들의 교과서에 있는 내용과 활동 절차들을 복습하기* *새로운 용어를 배우고 정의할 때 몇몇 학생들을 위한 수정된 자료들을 만들기* *이질의 학생들을 두 개의 조로 나누기* *Nyda와 만나 수업의 개요와 그녀가 모니터할 추가적인 두 쌍의 학생들에 대한 정보를 제공하기*	*Tac과 만나 해야 할 일들을 검토하고 그녀가 맡게 될 학생들에 대해 듣기*

수업 중, 내가 수행할 구체적인 일들은 무엇인가?	갬블링에 대해 예상하기 확률을 유전과 연결시키기 이형접합과 동형접합 소개하기	갬블링에 대한 토의를 수학 시간에 배운 확률의 법칙과 연결시키기 이형접합과 동형접합을 단어 벽에 추가하기 짝끼리 새로운 단어를 읽어 보고 정의하는 것을 촉진하기	
	각자의 짝으로부터 임의로 콩 한 개를 고르는 것을 Tac과 함께 시범 보이기 두 개의 콩 색깔의 새로운 조합을 칠판에 기록하기	각자의 짝으로부터 임의로 콩 한 개를 고르는 것을 Swanson과 함께 시범 보이기 새로운 조합이 이형접합인지 동형접합인지 기록하기	
	학생들에게 유리병에서 두 개의 콩을 꺼내도록 지시하기 학생들이 세 개의 새로운 콩 조합을 임의로 생성하고 기록하는지 지켜보기 학생들에게 핵심어에 대해 소개하기 각 조의 한 사람에게 다른 세 개의 조를 돌아다니면서 발견한 것들을 관찰하게 하기 학급 토의 진행하기 새로운 단어를 단어 벽에 추가하기	학생들에게 유리병에서 두 개의 콩을 꺼내도록 지시하기 학생들이 세 개의 새로운 콩 조합을 임의로 생성하고 기록하는지 지켜보기 학생들에게 그들의 자료를 학급 차트에 기록하도록 시키기 표현형과 유전자형 용어 소개하기 새로 배운 단어들을 학생들이 따라 할 수 있게 읽어 주기 임의로 학생들을 호명하여 이때까지 배웠던 새로운 용어들을 설명하게 하기	학생들에게 유리병에서 두 개의 콩을 꺼내도록 지시하기 학생들이 세 개의 새로운 콩 조합을 임의로 생성하고 기록하는지 지켜보기 Tina의 의사소통을 촉진하기 Tina를 계속 도와주며 같은 조를 계속 지켜보기 학생들을 임의로 호명하기
	Tina가 유전될 가능성이 있는 두 개의 특질 조합(즉, 성별 및 종곳 선 또는 늘어진 귀)을 적은 슬라이드를 띄울 수 있게 하기 두 개의 질문에 대해 생각하고-짝을 지어-함께하는 활동을 시키기	학생이 칠판에 귀 모양의 정보에 대해 기록하는 것을 촉진하기 Tina가 조별로 논의할 문제 두 가지를 적은 슬라이드를 띄우게 하기	

	단원의 두 번째 단계에서는 각자 지켜볼 조를 Tac과 바꾸기	Swanson과 각자 지켜볼 조 바꾸기	
	질문 #1에 대한 토의를 진행하기 학생들을 임의로 호명하기 학생들에게 2, 5, 6단계에 표현형 또는 유전자형이라고 이름 붙이게 하기 Tina에게 두 가지 특성에 대한 결과를 보여 주는 새로운 슬라이드를 띄우게 하기 공식을 칠판에 적기 공식을 설명하기	질문 #2에 대한 토의를 촉진하기 학생들을 임의로 호명하기 유전학 전문 용어들로 이제껏 배운 것들을 짧은 문단으로 쓰는 시범 보이기 학급 토의 진행시키기	
	짝들을 지켜보기	학생들에게 공식을 쓰게 하기 짝들을 지켜보기 학생들에게 공식을 이용하여 각각의 귀 모양에 대한 확률을 알아보게 하기	짝들을 지켜보기 Tina에게 토끼에 대한 슬라이드를 띄우라고 지시하기
	새끼 토끼를 보러 교사의 책상으로 온 학생들을 지켜보기		새끼 토끼를 보러 Tina의 책상으로 온 학생들을 지켜보기 Tina에게 Sniffles와 Daisy에 대한 슬라이드를 띄우라고 지시하기
	배웠던 것을 요약하는 학생들을 지켜보기 발표할 조를 하나 선택하기 학생들에게 다음 날 각자가 배운 것들을 공유할 시간을 가질 것이라는 계획을 간단하게 설명하기	배운 것들을 정리할 수 있는 선택사항들을 제공하기 배웠던 것을 요약하는 학생들을 지켜보기 발표할 조를 하나 선택하기 유전적 장애에 대한 주제와 그에 따른 과제를 간단하게 설명하기	배웠던 것을 요약하는 학생들을 지켜보기

수업 후, 내가 수행할 구체적인 일들은 무엇인가?	관찰한 것들을 분류하고 차이화를 위해 또 다른 방법이 없는지 브레인스토밍하기 위해 만나기	관찰한 것들을 분류하고 차이화를 위해 또 다른 방법이 없는지 브레인스토밍하기 위해 만나기 *Callis*를 만나 그녀가 *Tina*를 관찰한 것과 보조공학으로 어떻게 *Tina*를 도울 수 있는지에 대한 생각을 듣기	

반성 및 평가 단계

어디서, 언제 그리고 어떻게 협력교사가 수업의 결과를 보고 듣고 평가하였는가?

교사들은 다음날 주간 계획 회의뿐만 아니라 당일 점심시간에도 만나기로 했습니다.

학생들은 어떻게 하였는가?

모든 학생들은 성공했고, 주제와 활동에 흥미를 보였습니다.

학습자의 요구사항이 충족되었는가?

예.

다음 수업의 설계에 대한 조언은 무엇인가?

유전적이거나 그렇지 않은 장애의 '보고'를 할 때 차이화하는 추가적인 방법을 위해 브레인스토밍하기. *Tina*가 수업 중 반 친구들에게 자폐증, 촉진된 의사소통을 사용하는 것, 그리고 자폐증이 유전적인 장애인지 아닌지에 대해 발표를 할 것인데, 이때 그녀가 사용할 수 있는 음성 문자 변환 소프트웨어의 사용에 대해 의논하기 위해 *Callis*, *Tina*, *Tina*의 지원팀과 만나기

13 차이화 수업을 위한 UDL 수업 계획 사이클

고등학교 언어학

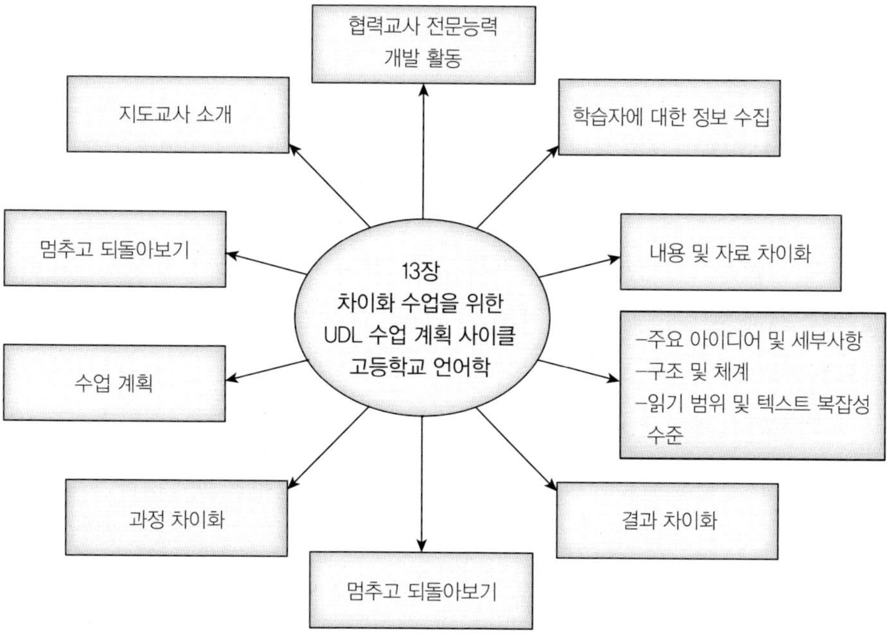

[그림 13-1] 13장의 내용 체계

비관론자는 어느 누구도 별의 비밀을 발견하거나, 미지의 섬으로 항해하거나, 인간 정신의 새로운 낙원을 연 적이 없다.

—Helen Keller, 미국 작가, 정치 활동가 및 강사

지도교사 소개

이 장에서는 2장에서 본 고등학교 협력교사인 Griffith와 Lang이 차이화 수업을 하기 위해 그들의 수업을 어떻게 보편적 학습설계(UDL)를 통해 차이화하는지를 살펴볼 것이다. Griffith는 경력 많은 고등학교 언어학 강사이고 Lang은 영어를 배우는 학생들을 가르친다. 그들은 한 학기 동안 함께 언어학 수업을 진행했다. 그들은 동남아시아 전쟁 국가에서 막 도착한 젊은 남성인 Chang을 포함해서 많은 학생들에게 성공적으로 차이화 수업을 하였다. 그들은 Chang과 그들의 학급에서 요구하는 내용, 과정, 결과의 격차를 줄이기 위해 새로운 접근 방법(2장 참고)을 적용했다. 그들은 다음 학기에 Chang이 추가적으로 들을 수업에서 협력교수를 계속하게 될 것이라고 통지받았다.

협력교사 전문능력 개발 활동

Griffith와 Lang은 협력교수 및 차이화된 수업에 필요한 더 좋은 방법을 얻고자 하였다. 그들은 학교 행정실에 그들이 배우고 싶다는 것을 알렸다. 교장은 지지적이었고 즉각적으로 반응해 주었다. 그는 그들을 협력교수와 보편적 설계 및 차이화된 수업을 위한 추가적인 연수 과정에 보내 주었다. 그는 또한 그들을 도와주고 다른 교사들이 차이화된 수업의 실시에 관심을 가질 수 있도록 전문가 지원팀을 교내에 마련해 주었다.

Griffith와 Lang은 하루 동안 열리는 지역 회의에 참가하였다. 그들은 회의에서 보편적 설계 과정을 알게 되었다. 두 사람 모두 이 과정을 새 학기에 도입할 생각에 들떴다. 왜냐하면 그들은 이 과정이 Chang뿐만 아니라 협력교수 수업을 들을 세 명의 새로운 학생들에게 필요한 것을 충족시키도록 도와줄 것이라는 것을 알았기 때문이다. 새로운 학생들은 Yolanda, Maarten, Deeandre인데, Yolanda는 시각장애 학생이며 Chang과 같은 반에 배정되었다. Maarten은 중증 장애를 가진 청년으로 그들이 협력교수하는 다른 반에 배정되었다. Deeandre는 학습하는 데 어려움을 겪고 있고, 다른 학생들과 함께 활동하는 것을 싫어하는데 Maarten과 같은 반이 될 것이다.

그들은 보편적 설계 접근법을 시도하고 싶어 했다. 왜냐하면 그들은 두 협력교수 수업에 참여하는 학생들 모두의 요구를 충족할 수 있는 방법으로 가르치고 싶었기 때문이다. 그들은 차이화된 수업에 관심이 있는 교사들에게 책이나 비디오와 같은 수업 자료를 제공해 주는 교내에 설립된 전문가 지원팀에 참여했다. 지원팀의 구성원은 8주 동안 일주일에 한 번 그리고 남은 학기 동안은 한 달에 두 번 자발적으로 모이기로 했다.

전문 지원팀의 동료들로부터 연수와 도움을 받을 수 있게 되면서, Lang과 Griffith 모두 그들이 보편적 학습설계 수업 계획안을 잘 따라 할 수 있고, 차이화된 수업을 설계할 수 있다는 데에 긍정적인 반응을 보였다. Griffith와 Lang은 이 장에 있는 『로미오와 줄리엣』에 관한 협력교수 수업을 설계했고, 수업을 시작하기 전에 지원팀에게 보여 주어 피드백을 받았다.

책이 끝나가는 시점에서, 이제 여러분도 그들의 수업을 평가하는 데 자신감을 가질 수도 있다. 그들의 계획을 검토하고 계획의 장단점을 파악해 보자. 이 장을 읽고 그들의 계획을 검토하면서 여러분이 만약 전문 지원팀의 구성원이었다면 협력교사인 Griffith와 Lang에게 어떤 추가적인 제안을 했을 것인지에 대해 생각해 보자.

학습자에 대한 정보 수집

Griffith와 Lang은 그들의 협력교수 수업에서 대부분의 학생들을 이해했다고 느꼈다. 하지만 Chang에 대해서는 자료를 다시 논의하고 세 명의 새로운 학생 Maarten, Yoolanda, Deeandre에 대해서는 그들의 강점, 지식과 경험, 학습 선호도, 관심사, 도전에 대한 정보들을 모으는 것이 중요하다고 생각했다.

Lang과 Griffith 둘 다에게 특히 고려되는 학생은 발달장애, 의사소통장애, 뇌성마비, 중복장애, 허약체질을 포함하여 다양한 병명을 가지고 있는 중증 장애를 지닌 Maarten이었다. 그들은 어떻게 해야 중증 장애를 가진 학생이 고등학교 언어학 수업에 참가하면서 얻는 것이 있을까를 생각해 보았다.

새 학기의 수업이 시작하기 전에 Maarten의 개별화 교육 계획(IEP) 관리자이자 통합 조력자인 Ciallela는 Maarten의 강점과 그의 IEP 목표에 대한 정보를 나누기 위해 그들과 몇 번 만남을 가졌다. 그녀는 Maarten의 강점뿐만 아니라 그의 IEP 목표를 강조할 수 있는 '프로그램 한눈에 보기'를 개발했다. 그녀가 Maarten을 위해 개발하여 다른 협력교사들과 공유한 '프로그램 한눈에 보기'는 〈표 13-1〉에 나와 있다.

〈표 13-1〉 프로그램 한눈에 보기

강점	IEP 목표 한눈에 보기
멋진 미소	발성법 개발
동료에게 반응	대상을 구별함
호기심이 강함	움직임의 범위를 유지함
협동적임	스위치를 사용함
교실에서 조용함	시각적으로 좇아감
음악을 좋아함	그의 이름에 반응함
야외에 있는 것을 즐김	교우 관계 발전
	비교과과정 활동에 참여함

Ciallela는 Griffith와 Lang이 사회 수업에 참여하는 Maarten을 관찰할 수 있게 Griffith의 3분기 수업을 함께할 것을 제안했다. 수업이 끝난 후 협력교사인 Lang과 Griffith는 Ciallela와 McCoy를 다시 만났다. McCoy는 Maarten의 사회 수업을 지원하는 교육자이자 언어학 수업도 함께할 것이다.

Griffith는 Maarten이 사회 수업 시간에 목표를 향해 공부하는 것을 보아서 그가 수업에 참여하는 것에 대한 걱정을 덜 수 있게 되었다고 말했다. Ciallela는 Lang과 Griffith가 언어학 수업시간에 Maarten의 다양한 요구를 통합할 수 있는 중복된 교육과정(5장 참고; Giangreco, Cloninger, & Iverson, 2011)이라고 알려진 참여 선택사항을 사용하는 방법을 알아내는 데 도움을 주겠다고 제안했다.

특별한 교육적 요구를 가진 4명의 학생(Chang, Maarten, Deeandre, Yolanda)을 위해 Griffith와 Lang은 그들의 강점과 다른 중요한 정보들 그리고 학습 내용, 결과, 과정에 대한 접근을 촉진하기 위한 방안들을 시각적으로 볼 수 있게 표를 만들기로 하였다(〈표 13-2〉 참고). 그들은 보편적 학습설계의 다양한 단계를 거쳐 왔기 때문에 그 표를 참고하기로 했다.

내용 및 자료 차이화

Lang과 Griffith는 다음의 네 가지 공통 핵심 언어학 표준에 대한 수업을 설계하기를 원했다(http://www.corestandards.org/ELA-Literacy/RI/9-10/#CCSS.ELA-Literacy.RI.9-10.1 에서 검색).

주요 아이디어 및 세부사항

- CCSS.ELA-Literacy.RL.9-10.1 텍스트에서 명시적으로 말한 내용과 텍스트에서 유추한 추론의 분석을 뒷받침할 강력하고 철저한 텍스트 증거를 제시하기
- CCSS.ELA-Literacy.RL.9-10.3 텍스트의 진행 과정에서 복잡한 등장인물을(예: 동기가 여러 가지이거나 상반되는 요소) 어떻게 분석하고, 다른 등장인물과 어떻게 상호작용하며, 어떻게 줄거리를 발전시키거나 주제를 개발하는지 분석하기

구조 및 체계

- CCSS.ELA-Literacy.RL.9-10.4 비유적 의미와 암시적 의미를 포함하여 텍스트에 사용되는 단어와 구의 의미를 결정하기, 의미와 어조에 대한 특정 단어 선택의 누적 영향 분석하기(예: 언어가 시간과 장소의 감각을 불러일으키는 방법, 형식적 또는 비형식적 어조를 설정하는 방법)

읽기 범위 및 텍스트 복잡성 수준

- CCSS.ELA-Literacy.RL.9-10.10 9학년이 끝날 무렵 9~10학년 텍스트의 복잡하게 얽힌 밴드에서 이야기, 드라마 및 시를 포함한 문학 작품을 높은 수준으로 능숙하게 읽고 이해하기

〈표 13-2〉 네 명의 학습자에 대한 정보 요약

학생	**다중지능** 학생의 강점과 지능은 무엇인가?	**다른 중요한 정보**	**내용** 어떻게 하면 그들이 내용에 쉽게 접근할 수 있도록 지원할 수 있을까?	**결과** 그들이 배운 것을 어떻게 잘 보여 줄 수 있는가?	**과정** 어떻게 이 학생들에게 교육과정에 참여할 수 있는 수단을 제공할 것인가?
Deeandre	자기성찰 지능 자만심이 있는 언어 지능		그것에 대해 읽는다.	전통적인 지필 과제, 일지 쓰기, 독자적인 연구, 인터넷 검색	그것에 대해 읽는다. 그것에 대해 쓴다. 그것을 자신과 연관시킨다.
Yolanda	신체/운동 지능 음악/리듬 지능 언어 지능	시각장애. 그녀는 지루하면 두드리는 소리로 다른 사람을 방해한다.	점자 기구 청각 프리젠테이션	랩, 시, 노래를 만든다. 점자 키보드를 사용하여 그것에 대해 쓴다.	실습과 다감각 활동, 기억을 돕는 장치, 노래, 시
Chang	시각/공간 지능 자연친화 지능 대인관계 지능	영어 학습자	사진 삽화 파워포인트	사진과 삽화(예: 만화 스트립) 소프트웨어 프로그램	그래픽 조직자, 개념도, 강의 안내서 사진이 있는 그의 메모를 가진다(쓴 메모보다 언어 이외의 표현). 많은 학문 분야에 관련이 있는 지식(즉, 과학과 자연을 수학, 언어학, 사회와 연관시킨다.)
Maarten	대인관계 지능 음악/리듬 지능 자연친화 지능	호기심이 강한, 협동하는, 동료에게 반응하는, 음악, 활동과 야외에 있는 것을 즐김. 상당한 신체장애가 있는 학생(즉, 언어 전달을 할 수 없는, 의학상 허약한, 발달상의 신체장애, 다양한 신체장애가 있는, 뇌성마비)	중복 교육과정	그의 IEP 목표의 숙달에 관련된다. 1. 대상 구별 2. 시각적으로 쫓기 3. 그의 이름에 반응하기 4. 스위치의 사용 5. 발성법 6. 교우 관계 발전	동료와의 상호작용 음악 현장 학습

협력교사들은 네 가지 표준이 하나를 제외하고는 모든 학생에게 적절하다고 생각했다. 그들은 Maarten이 수업 중에 그의 IEP 목표를 달성할 수 있도록 다단계 목표가 필요하다고 생각했다. Ciallela와 함께 그들은 Maarten의 목표를 다양한 수업 활동에 어떻게 통합시킬 것인지에 대한 매트릭스를 만들었다(〈표 13-3〉 참고).

협력교사들은 Yolanda와 Chang이 수업 내용을 배우는 것을 촉진하기 위해 다단계 목표와 다감각적 자료들을 활용할 필요성에 대해 토의하였다. 앞이 보이지 않는 Yolanda는 점자 키보드를 가지고 점자 도구와 컴퓨터를 이용해야 한다. Chang이 영어를 배우는 학생이기 때문에 그들은 그가 『로미오와 줄리엣』을 엘리자베스식 영어와 연극의 영화 버전에 대한 접근이 아닌 현대의 영어로 공부하길 바랐다.

〈표 13-3〉 Maarten과 수업의 목표와 활동에 관한 정보 매트릭스

	의견 교환	그래픽 조직자 사용	DVD 보기	장면 연기하기	장면 그리기	약강 5보격으로 박수치기	과제 시트 #1 & #2
스위치의 사용			×				
발성						×	
대상 구별		×			×		
이름에 반응							×
움직임의 범위		×					
시각적으로 쫓기		×		×	×		×
교우 관계	×	×	×	×	×	×	×
공동교과과정 활동							

결과 차이화

Griffith와 Lang은 수업을 계획하기 위해 만났다. 그들은 〈표 13-2〉를 다시 보는 것부터 시작했다. 그들은 학생들이 각자의 강점을 이용해 배운 내용을 보여 줄 다양한 방법들을 생각하자 마음이 들떴다. 그들은 학생들이 그들의 학습을 증명하기 위해 사용할 수 있는 선택사항 중에서 서면 반응, 시각적인 묘사, 역할놀이, 구호 외치기, 박자에 맞춰 박수치기, 단어 자석(Word Magnets), 말하기를 포함시키기로 결정했다. 단어 자석(www.triptico.co.uk/)을 통해 교사는 맞춤 정렬 활동을 할 수 있다. 학생들은 교실 대화형 화이트보드를 사용하여 단어, 등장인물 또는 캐풀릿 가문이나 몬태규 가문의 친구 또는 가족과 같은 범주로 개념을 분류할 수 있다.

그들은 학생들이 등장인물을 몬태규 또는 캐풀릿 가문의 가족 또는 친구인지를 그래픽 조직자([그림 13-2] 참고)에 제대로 분류할 수 있는가와 이번 주 마지막 날 협력교사인 Griffith와 Lang이 검사하였을 때 얼마나 정확하게 제시하였는지에 관한 두 개의 과제(〈표 13-4〉와 〈표 13-5〉 참고)에 대한 학생들의 정답률을 보고 점수를 매기기로 결정했다. Chang의 영어 실력을 기르기 위해 Chang은 그의 메모를 그려 넣고 그림 아래에 문장 설명을 추가할 수 있었다.

멈추고 되돌아보기

학생들이 배운 것들을 어떻게 표현할 것인가를 결정한 후에 Lang과 Griffith는 Maarten의 IEP 목표가 수업 중에 실행될 수 있게끔 하는 매트릭스를 보았다(〈표 13-3〉). 그들은 Ciallela와 Moreno를 만나 계속 고민했다. 그들은 곧 Maarten의 목표 대부분을 수업 중에 포함시킬 수 있음을 깨달았다. 그들은 수업 중에 움직임의 범위, 스위치 사용, 시각적으로 쫓기, 대상 구별, 발성, 이름에 반응하기 그리고 교우 관계 발전에 집중하기로 했다. 협력교사들은 Moreno로 하여금 Maarten이 IEP 목표를 달성하였는지 증명할 수 있게 Maarten의 수행에 대한 자료를 수집하도록 하였다.

과정 차이화

협력교사의 역할

협력교사들은 고등학교 학생들에게 어떻게 협력학습을 하는지 보여 주기로 했다. 그들은 사람들이 상호의 목표를 위해 함께 일을 하게 될 때 자연스럽게 발생하는 주고 받는 관계를 보여 주고 싶었다. 그들은 '우리가 진정한 협력팀인가?'라는 자기평가를 끝냈으며(8장의 〈표 8-4〉 참고), 그들은 종종 그들이 협력교수를 할 때 어떤 역할을 수행해야 하는지 잘 몰랐던 것을 깨달았다.

그들은 웹을 통해 다른 고등학교 교사들은 이 문제를 어떻게 해결했는지에 관한 문헌을 찾아보았고, Murawski와 Dieker(2004)가 고등학교 교사를 상대로 조사한 것을 바탕으로 만든 '누군가 이것을 하면 다른 사람은 이것을 할 수 있다'와 같은 팁과 전략을 발견했다. 그 팁과 전략들은 〈표 13-6〉에 있고, 이것들은 다음 수업을 잘하기 위한 협력교수 팀의 세 명 모두의 역할에서 찾아볼 수 있다. 협력교사들은 〈표 13-7〉에서 보는 바와 같이 수업을 하기 전 전문 지원팀과 공유할 구체적인 수업 계획을 작성했다.

〈표 13-4〉 과제 활동지 #1

이름 ____________________

1부: 여러분의 짝과 함께 활동하여 오른쪽 칸을 완성하세요.

Shakespeare가 말하는 것	그것이 우리에게 의미하는 것
슬픔에 빠진 환자에게 그의 뜻을 이루게 하세요! 아, 그렇게 아픈 사람에게 악담을 퍼붓다니. 슬픔에 잠긴 사촌, 나는 그녀를 사랑해요.	로미오는 그가 사랑에 빠졌음을 벤볼리오에게 인정한다.
그녀는 사랑하기를 극구 부인하고, 나는 지금 살아 있지만 죽은 듯이 살 것이라고 맹세한다.	그는 그녀가 그를 사랑하지 않아서 절망에 빠져 있다고 말한다.
로미오의 눈을 잡은 여인은 로잘린이다.	
이 같은 캐풀릿 가문의 고대 축제에서 당신이 그렇게 사랑하는 공정한 로잘린보다, 베로나의 모든 감탄스러운 아름다움과 함께.	벤볼리오는 그에게 그의 '사랑' 로잘린이 캐풀릿의 파티에 있을 것이라고 말한다.

나의 사랑보다 더 공정한가-전체를 바라보는 태양 처음 세상이 시작된 이래로, 그녀의 짝을 본 적이 없다.	
로미오가 파티에서 줄리엣을 보다.	
오, 그녀는 횃불이 밝게 타는 방법을 가르칩니다.	
그래서 그녀의 친구들이 보는 것처럼 새하얀 비둘기가 까마귀와 함께 무리를 지어 걸어가는 모습이 보여요.	
내 마음이 지금까지 사랑했나요? 나는 오늘 밤까지 참된 아름다움을 본 적이 없어요.	
'Shakespeare-isms.'을 위한 칠판을 보라.	

출처: Frances R. Duff, PhD, National Board certified teacher retired from Cibola High School, Albuquerque, New Mexico. 허락하에 사용.

〈표 13-5〉 과제 활동지 #2

이름
2부:
로미오의 반응은 당신에게 그의 성격에 대해 무엇을 말해 주는가? 만약 당신이 그와 함께 파티에 있다면, 그에게 무엇을 말할 것인가? 자신과 짝의 반응을 논의한 후에, 무정형시를 모방하여 네 줄 안으로 고쳐 쓰시오.
여러분은 로미오에게 (자신의 말로) 무엇을 말한 것인가?
여러분은 그것을 어떻게 무정형시로 말할 것인가?
Da DUM / da DUM / da DUM / da DUM / da Dum / "Oh she / doth teach / the tor / ches to / burn bright" /

출처: Frances R. Duff, PhD, National Board certified teacher retired from Cibola High School, Albuquerque, New Mexico. 허락하에 사용.

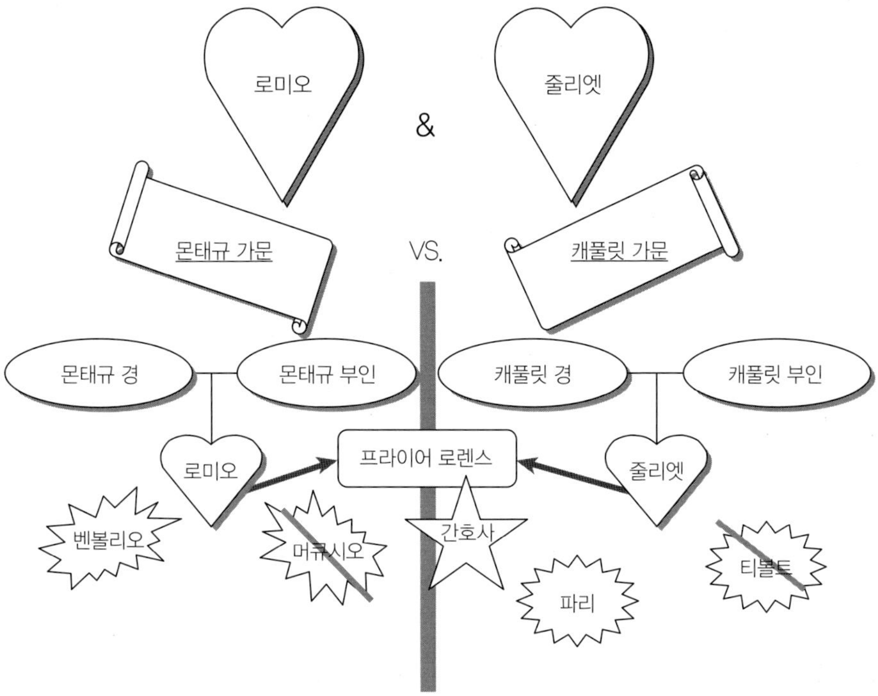

[그림 13-2] 몬태규와 캐퓰릿 그래픽 조직자

출처: Frances R. Duff, PhD, National Board certified teacher retired from Cibola High School, Albuquerque, New Mexico. 허락하에 사용.

〈표 13-6〉 협력교수에서 협력교사의 역할분담/교사 활동에 대한 팁과 전략

만약 당신들 중 한 명이 이것을 한다면…	다른 사람은 이것을 할 수 있다…
강의	칠판/오버헤드 프로젝트 메모의 모델링
기록부 가져가기	지난밤의 과제를 수집 그리고/또는 평가
서류 전달	방향을 재검토
구두로 지시하기	지시사항을 칠판에 적기
이질적인 대규모 학생 그룹에 대한 이해도 확인	이질적인 소규모 학생 그룹에 대한 이해도 확인
순환, 필요에 따라 일대일 지원 제공	전체 학급에서 직접 교수 제공
수업의 반을 토론의 한 측을 위해 준비하기	토론의 반대되는 측을 위해 수업의 나머지 반을 준비하기
조용한 활동을 조성	순환, 이해를 위한 확인
대규모 그룹 수업 제공	순환, 행동 관리를 위해 근접 제어 사용
마지막 몇 분 동안 복사 또는 심부름을 하기	과제 평가

소그룹으로 재교육 또는 사전교육	그들이 연습 자료 작업을 수행하는지 대규모의 그룹을 감시
지속적으로 조용한 읽기 촉진	소그룹과 함께 조용히 소리 내어 읽기, 다음 정보를 미리 보기
학생 그룹에게 소리 내어 시험 읽기	학생 그룹과 조용히 시험을 감독하기
수준, 목적, 내용 교육과정을 위한 기본 교육 계획 수입	다양한 학습자들을 위한 수정, 적응, 활동에 대한 제안 제공하기
스테이션 또는 그룹 조성하기	마찬가지로 스테이션 또는 그룹 조성하기
새로운 개념 설명하기	역할극 실시 또는 개념 만들기
수정 요구사항을 고려하기	풍부한 기회를 고려하기

출처: Murawski, W., & Dieker, L. Tips and strategies for co-teaching at the secondary level from *Teaching Exceptional Children, 36*(5), 53-58. Copyright © 2004 by The Council for Exceptional Children. 허락하에 사용.

수업 계획

수업을 시작하기 전

Griffith는 두 수업 모두 두 장의 활동지와 그래픽 조직자를 만들었다. Lang과 Griffith는 각각의 수업에서 함께 활동할 학생들을 정했다. 그들은 학생들에게 미리 두 명 또는 세 명씩 짝을 지으라고 지시했다. 교사들은 엘리자베스식 영어를 이해하는 데 어려움을 겪고 있는 학생을 도울 수 있는 두 가지 온라인 자료를 발견했다. No Fear Shakespeare(nfs.sparknotes.com)는 셰익스피어의 작품 두 개를 웹 기반의 자료로 제공하여 Shmoop's Shakespeare 범주(http://www.shmoop.com/romeo-and-juliet/)뿐만 아니라 학생들을 지원할 수 있었다. 이 자료는 사용자가 주제, 등장인물, 분석, 행동 요약 등을 탐색할 수 있는 하위 범주를 제공한다. 사용된 언어는 매력적이고 현대적이다. 학생들이 수업에 들어오기 전에 Griffith는 칠판에 하트를 그리고 그 밑에 '로미오 & 로잘린 4 Ever'를 적었다.

- A 블록수업: Lang은 수업에 앞서 학생들에게 새로운 언어를 배우는 데 있어 자신

의 경험을 들려주고 싶어 하는 Chang과 이야기를 나누기로 했다. 그들은 엘리자베스식 영어를 배우기 시작한 학생들을 동기 부여하고 지지하기 위해 이 비유를 쓰고 싶어 했다. 협력교사들은 또한 Yolanda가 드럼을 치는 것과 두드리는 것을 좋아하기 때문에 다음 수업에서 그녀의 음악적 재능을 활용하기로 했다. Lang은 Yolanda가 약강 5보격에 맞춰 박수를 칠 수 있는지 리허설을 하기 위해 수업 전에 그녀와 만나기로 했다. Lang은 Yolanda를 위해 점자 버전의 도구를 준비했다.

- B 블록수업: Moreno는 Maarten의 목표와 함께 다가오는 수업에서 어떻게 그 목표를 충족시킬 수 있는지를 검토하고 수업에 있어서 Moreno 자신의 역할을 명확히 하기 위해 Griffith와 Ciallela를 만났다. 그는 또한 Ciallela와 Maarten 및 다른 학생들과 함께 활동하는 작업 치료사인 Jenkins를 관찰하였다. Maarten의 목표 중 하나가 시각적으로 물체를 쫓는다는 사실을 감안할 때 Jenkins는 시각적 스캐닝 보드를 설치하도록 제안했다. 시각적 스캐닝은 시각적인 '프레임' 주위에 많은 항목, 그림 또는 단어를 제시한다. 사용자는 프레임을 보는 위치에 따라 선택사항을 선택한다. 의사소통 파트너는 프레임의 중앙을 통해 눈을 보면서 어디를 보고 있는지를 결정한다. Speakbook(www.speakbook.org)에는 이러한 유형의 도구에 대한 온라인 견본이 있다. 이러한 유형의 의사소통은 사용자에게 선택/선발할 수 있는 능력을 제공하고 생각과 의견을 제시하며 감정을 나눌 수 있다. 동료와의 우정 증진과 같은 순수한 사회적 의사소통 상황에도 사용될 수 있다. Jenkins는 또한 Moreno에게 Maarten과 같은 중증 지체장애가 있는 학생들이 일종의 활동을 분류하는 데 어려움을 겪을 수 있다고 설명했다. 그녀는 최근 Intellitools 소프트웨어(http://www.ablenetinc.com/Assistive-Technology/ IntelliTools)를 주문했다고 설명했다. 이 소프트웨어는 스위치 액세스가 가능한 정렬 템플릿을 제공하며 향후에 분류 및 전환 기술을 독립적으로 연습하면서 Maarten이 핵심 교육과정에 접근할 수 있게 한다. 그녀는 소프트웨어가 아직 도착하지 않았더라도 동료의 도움을 받아 Maarten이 계속 참여할 수 있다고 설명했다. Jenkins와 Griffith는 Moreno에게 어떻게 Maarten의 또래 관계를 촉진하는지 설명해 주었다. Jenkins 치료사는 또래들이 Maarten의 활동 반경을 넓히기 위해 돌아가며 도움을 줄 수 있게끔 훈련시키는 방법을 보여 주었다. Lang은 Maarten이 인물들을 몬태규 가문과 캐풀릿 가문

으로 그래픽 조직자에 분류할 때 그의 파트너와 함께 쓸 수 있게끔 합판으로 된 도구를 만들었다. Lang은 또한 활동을 설명하고 어떻게 그들이 수업 전에 Maarten을 도울 수 있는지 이야기를 하기 위해 Maarten의 친구를 만났다.

Griffith는 Deeandre가 파트너와 그룹 활동의 양 때문에 수업에 잘 참여할 수 있을까 걱정되었다고 했다. 그녀는 그가 배우는 데 어려움을 겪었고 다른 사람들과 함께 활동하는 것을 좋아하지 않는다고 했다. 그들은 새롭거나 어려운 학습을 할 때 그에게 혼자 할지 파트너와 할지 선택권을 주기로 했다. 그들은 그가 개념을 이해했다고 생각되면, 그가 학습한 것을 견고히 할 동안 파트너와 함께 활동을 하게 시킬 것이다. 그에게 배정될 파트너는 자신을 고찰할 수 있는 사람으로서 Deeandre가 혼자 활동하겠다고 해도 신경 쓰지 않을 사람으로 배정될 것이다.

수업 계획 순서

그들은 Lang에게 교실에 들어오는 학생들을 맞이하라고 했다. 그녀는 학생들의 그룹이 적힌 종이를 나눠 주고 학생들에게 그들의 새 파트너 옆에 가 앉으라고 부탁하였다. Lang과 Griffith 모두 전에 배운 내용을 얼마나 이해했나를 보기 위해 수업을 시작할 때 학생들에게 질문을 하기로 했다. Griffith는 학생들에게 그들이 전날 필기한 내용을 참조하라고 하였고 Lang은 학생들에게 각자 옆에 앉은 다른 학생들과 노트를 비교하라고 하였다. 그들은 정확성과 완성도를 위해 그들의 필기를 비교할 것이다. 학생들이 이 활동을 할 동안 Griffith와 Lang은 교실을 돌아다니면서 미리 배정된 그룹들을 관찰할 것이다. Maarten과 교사 Moreno가 참여하는 수업에서는 Moreno가 Maarten의 그룹뿐만 아니라 미리 배정된 다른 두 학생들을 관찰할 것이다.

Griffith는 몬태규 가문과 캐플릿 가문을 분류한 그래픽 조직자를 나눠 주기로 했다([그림 13-2]). Lang은 Yolanda가 A 블록수업에서 점자 버전을 받는지, Moreno는 Maarten과 그의 친구들이 B 블록수업에서 합판으로 된 그래픽 조직자를 받는지 확인했다. 파워포인트 프레젠테이션을 이용해 Griffith는 이때까지 배운 것들을 어떻게 그래픽 조직자에 추가하는지를 학생들에게 보여 주었다. Moreno는 친구들이 Maarten에게 다양한 물체들을 보게 하였을 때 Maarten의 시각 훈련에 대한 정보를 수집하기로 했다. 그는 또한 Maarten이 합판으로 된 그래픽 조직자에 물체를 위치시킬 수 있도록 돌아가며 도움을 줄 학생에 대한 정보도 수집하기로 했다.

그런 다음 Griffith는 〈로미오와 줄리엣〉 연극에서 뽑은 장면들을 보여 줄 것이다. A 블록수업에서 Moreno는 Maarten이 스위치를 이용해 DVD를 껐다 켰다 하도록 하였다. A와 B 블록수업에서 Griffith는 학생들로부터 자신이 읽은 것을 연기해 볼 지원자를 받기로 계획했다. 학생들은 지금까지 배운 것을 요약할 수 있는 만화를 그리는 선택을 할 수도 있다. Chang에게는 OHP 슬라이드가 주어질 것이고 그의 그림은 반 전체에 공유될 것이다. Lang은 시각적인 표현을 준비하는 학생들을 지켜볼 것이고 Griffith는 드라마로 재연하는 것을 연습하는 학생들을 지켜볼 것이다. B 블록수업에서 Moreno 교사는 Griffith와 함께 학생들을 지켜볼 것이다.

Griffith는 학생들에게 외국어를 배워 본 사람이 있는지 묻는 데 동의했다. A 블록수업에서 Lang은 Chang을 불러 영어를 배우는 그의 고충을 말해 달라고 할 것이다. Griffith는 외국어를 배우는 것과 엘리자베스식 영어를 이해하고 해석하는 것을 연결시킬 것이다. 그런 다음, Lang은 『로미오와 줄리엣』에 나오는 엘리자베스식 영어를 사용해 약강 5보격을 소개할 것이다. A 블록수업에서 Maarten의 파트너는 그가 좋아하는 뮤지컬식의 발성법으로 대답을 하며 박자에 맞춰 박수를 치는 것을 보여 줄 것이다.

Griffith와 Lang은 '과제 활동지 #1'인 '로미오와 로잘린'을 나눠 주기로 했다(〈표 13-4〉). Griffith는 항목 1의 해석을 보여 줄 것이고 Lang은 항목 2의 해석을 보여 줄 것이다. Griffith는 파트너들이 항목 3을 위한 안내를 통한 실천을 공유하는 것을 촉진할 것이다. 그러고 나서 Griffith는 학생들에게 항목 4에 대해서 토의하고 이것을 현대의 영어로 해석하는 것을 시키기로 했다.

B 블록수업에서 Griffith와 Lang은 항목 5, 6, 7을 Moreno의 도움을 받아 학생들을 지도하려고 한다. 그들은 공유하는 촉진자의 역할과 각 항목의 OHP 슬라이드에 옳은 답을 기록하는 역할을 교대로 하기로 했다. Maarten의 친구는 계속해서 그가 활동 중에 눈으로 따라올 수 있게 하고 그가 대답을 하고 싶을 때 그의 이름을 쓰게끔 도와주었다. 참고로, Maarten은 Griffith를 만났을 때 그녀에게 힘찬 목소리로 대답하였고 협력교사들은 습관적으로 교실을 왔다 갔다 하는 그녀의 움직임을 주시했다.

소그룹을 지어 활동하는 학생들에게는 읽고 토론할 지문이 주어질 것이다. Chang의 파트너가 될 두 학생은 잘 읽는 학생으로 배정될 것이다. 학생들에게 연극에서 어떤 일이 일어나고 있는가를 질문할 것이다. Griffith와 Lang, Moreno는 각자 맡은 그룹들을 관찰할 것이다.

Griffith는 과제 활동지 #2를 나눠 줄 것이다(〈표 13-5〉). 그리고 나면 학생들은 로미오의 성격에 대해서 이야기를 나누고 만약 그들이 오늘 파티에서 로미오를 만났다면 뭐라고 말을 할지 생각을 해 보기로 했다. Lang은 학생들에게 그들이 할 말을 네 줄의 무정형시로 바꿔 보라고 할 것이다. Lang은 Yolanda에게 점자 버전의 활동지를 제공할 것이다. Griffith, Lang, Moreno는 각자 맡은 그룹들을 관찰할 것이다. 그들은 각자 자신이 맡은 그룹들 중 하나를 뽑아 반 전체 앞에서 발표를 하게 할 것이다. Yolanda는 각 그룹이 발표할 때마다 조용히 박수를 칠 것이다.

멈추고 되돌아보기

Lang과 Griffith는 그들의 수업 계획을 지원팀과 공유하는 데 마음이 들떴다. 그들은 수업을 시작하기 전에 계획을 차이화할 수 있는 추가적인 제안들을 받고 싶어 했다.

이제 여러분은 이 장을 다 끝냈고, 이 책의 막바지에 다다랐기에 Griffith, Lang, Moreno의 협력교수팀의 좋은 재원이 될 것이다. 〈표 13-7〉의 수업 계획을 다시 보고 수업에서 요구되는 내용, 결과, 과정을 차이화하기 위해 그들이 학생들에 대한 정보들을 어떻게 활용할 수 있을지 생각해 보길 바란다. 그들에게 어떤 피드백을 줄 수 있을까? 그들의 수업에서 찾을 수 있는 강점들에는 어떤 것들이 있을까? 여러분은 그들의 어떤 부분을 발전시키게 도울 수 있는가? 우리는 그들이 여러분의 피드백을 고마워할 것이라는 것을 안다. 마치 여러분이 UDL 수업 계획 과정을 적용하려고 할 때 여러분의 동료로부터 받는 피드백을 고마워할 것처럼 말이다.

우리는 뉴멕시코의 앨버키키 지역의 Cibola 고등학교의 은퇴 교사인 Frances Duff에게, 그녀가 나눠 준 선행조직자, 학생들이 할 과제 활동지 그리고 전반적인 수업 계획들에 대해 감사를 전한다.

〈표 13-7〉 완성된 고등학교 언어학 UDL 계획

계획 단계	
수업 주제와 단원명: *문학과 미디어*	내용 영역: *로미오와 줄리엣*
학습자 정보	
우리의 학생은 누구이며 그들은 어떻게 배우는가? *협력교사인 Griffith와 Lang이 개발한 브레인스토밍 표(<표 13-2>)를 보십시오.* 학생들이 사용하는 의사소통 양식(예: 보조공학)은 무엇인가? *Yolanda는 점자를 사용합니다.* 특정 학생에 대한 멈추고 되돌아보기 내용, 결과, 또는 학습 과정에 차이화가 필요한 특성을 가진 학생이 있는가? *예. Yolanda, Maarten, Deeandre, Chang.*	
내용 (학생들은 무엇을 배울 것인가?)	결과 (학생들은 자신의 성취를 어떻게 표현할 것인가?)
학업적 그리고/또는 사회적 목표는 무엇인가? 어떤 내용 기준이 다루어지는가? CCSS.ELA-Literacy.RL.9-10.1 텍스트에서 명시적으로 말한 내용과 텍스트에서 유추한 추론의 분석을 뒷받침할 강력하고 철저한 텍스트 증거를 제시 CCSS.ELA-Literacy.RL.9-10.3 텍스트의 진행 과정에서 복잡한 등장인물(예: 동기가 여러 가지이거나 상반되는 요소)을 어떻게 분석하고, 다른 등장인물과 어떻게 상호작용하며, 어떻게 줄거리를 발전시키거나 주제를 개발하는지 분석하기 CCSS.ELA-Literacy.RL.9-10.4 비유적 의미와 암시적 의미를 포함하여 텍스트에 사용되는 단어와 구의 의미를 결정하기, 의미와 어조에 대한 특정 단어 선택의 누적 영향 분석하기(예: 언어가 시간과 장소의 감각을 불러일으키는 방법, 형식적 또는 비형식적 어조를 설정하는 방법) CCSS.ELA-Literacy.RL.9-10.10 9학년이 끝날 무렵 9~10학년 텍스트의 복잡하게 얽힌 밴드에서 이야기, 드라마 및 시를 포함한 문학작품을 높은 수준으로 능숙하게 읽고 이해하기	학습 결과는 어떤 방법으로 나타낼 수 있는가? 차이화 고려사항 학생들이 그들의 이해를 표현할 수 있는 다양한 방법은 무엇인가?(예: 다중지능, 다단계 그리고/또는 다감각적 수행) *시각적으로, 역할극, 서면 반응, 구두 반응* 학생들이 산출한 실제적 결과에는 무엇이 있는가? *과제 활동지 완성, 그래픽 조직자 사용, 일지 작성* 교사들이 결과를 평가하기 위해 사용하는 기준은 무엇인가? *과제 활동지 #1과 #2의 정확도 비율* *그래픽 조직자의 올바른 쪽(로미오와 줄리엣)에 그것들을 배치하고 인물을 나열하는 것의 정확도 비율* *협력교사에 의해 판단된 메모의 완성도* 특정 학생에 대한 멈추고 되돌아보기 알고 있는 것을 표현할 때 특별한 방법을 요구하는 학생이 있는가?

차이화 고려사항 개념과 내용을 어떠한 순서로 가르칠 것인가? 협력교사들이 학생들로 하여금 내용 접근을 가능하게 하기 위해서는 어떠한 다단계 그리고/또는 다감각적 자료가 필요한가? *시각적, 청각적, 점자로 된 자료, 점자 키보드가 있는 컴퓨터* 모든 학생이 내용에 의미 있게 접근하기 위해서는 어떤 다단계 목표가 필요한가? *Maarten의 목표는 활동에 중복/통합될 것입니다.* 특정 학생에 대한 멈추고 되돌아보기 독특하거나 다단계적인 목표나 자료가 필요한 학생이 있는가? *Chang에게 엘리자베스식 영어가 아닌 현대 영어로 쓰인 이야기 버전이 주어질 것이고, 그는 현대 영어를 사용하여 펼쳐지는 사건에 대한 그의 이해를 설명할 것입니다.*	*수업 중 Maarten의 IEP 목표에 대한 데이터:* ① *DVD를 시작하고 멈추기 위해 스위치의 사용* ② *그래픽 도식에 항목을 물리적으로 배치할 때 움직임의 범위* ③ *학생들이 박수를 치고 무정형시를 노래할 때의 모든 발성(Da DUM/da DUM/da DUM/da DUM/da DUM)* ④ *다양한 물건을 응시하도록 요구하는 대상 구별 반응: [남자(로미오), 여자(줄리엣), 수사(제사장이 그의 교회에서 입는 예복처럼 보이는 것)의 사진]* ⑤ *친구들에 의해 불릴 때 그의 이름에 반응* ⑥ *친구들에 의해 재촉될 때 시각적으로 좇기* ⑦ *소그룹에서 친구들과 함께 활동하므로 교우 관계 발전* *Yolanda는 점자 키보드에 대한 접근이 필요합니다.* *소프트웨어(Co-Writer and Intellitalk)는 Chang을 지원하는 데 사용될 것이고, 그는 그가 쓴 것을 지원하기 위해 자신의 학습을 그래픽으로 나타낼 수 있을 것입니다.* *Deeandre는 그 스스로 학습에 연관시키는 것을 장려할 것이고, 일지에 그의 생각을 기록할 것입니다.*

⬇

수업 과정(학생들은 수업에 어떻게 참여할 것인가?)				
수업 방식	수업 배치	수업 전략	사회적 · 물리적 환경	협력교수 접근
고려사항 *강의* *활동 기반* *실험* *상황극/역할놀이*	고려사항 *협동학습 구조* *또래학습* *전체 그룹*	고려사항 *연구 기반 전략 선택:* *Bloom의 모든 수준에서 질문하기* *그래픽 조직자* *협동그룹 학습* *교실 내 안내된 연습* *요약과 노트 필기* 다중지능이론에서 나온 개념 적용하기 *언어 지능, 신체/운동 지능, 자기성찰 지능, 음악/리듬 지능, 대인관계 지능*	고려사항 N/A	선택사항 *지원적 교수* *평행적 교수* *상보적 교수* *팀티칭* *협력교사로서의 학생*

특정 학생에 대한 멈추고 되돌아보기

특정 학생의 요구에 적합한 교수 전략은 무엇인가? 특정 학생의 요구에 적합한 지원 시스템(예: 보조공학), 도움(예: 개별 지원, 단서, 계약), 편의(예: 상담)는 무엇인가?

Deeandre가 학습에 어려움이 있는 것으로 보일 때 혼자서 공부할지 짝과 함께 공부할지의 선택이 주어질 것입니다. 일단 그가 그것을 가지고 있다고 생각하면, 그는 짧은 시간 동안 짝과 함께 공부하기 시작할 것입니다. 그는 자신이 연극의 등장인물 중 한 명이었다면 어떻게 느낄지에 대해 일지에 쓰는 것을 격려받을 것입니다.

실행 단계

협력교사: *Griffith, Lang, Moreno*

수업 날짜:

협력교사들은 수업 전, 중, 후에 무엇을 수행하는가?

협력교사명	Griffith	Lang	Moreno, B 블록수업의 보조교사
수업 전, 내가 수행할 구체적인 일들은 무엇인가?	*칠판에 '발렌타인' 하트를 그리고 그 아래에 '로미오 & 로잘린 4 Ever.'라고 적기* *Lang과 함께 학생들을 2~3개의 이질적인 그룹으로 배정하기* *몬태규와 캐퓰릿을 위한 과제 활동지와 그래픽 조직자를 준비하기*	*수업을 하기 전에 Chang과 대화하여 외국어를 배우는 것이 얼마나 어려운지에 대해 간단하게 물어보기* *약강 5보격의 박자로 박수치는 것을 Yolanda와 반복하여 연습하기* *Griffith와 함께 학생들을 2~3개의 이질적인 그룹으로 배정하기* *등장인물들을 로미오의 가족과 친구들 또는 줄리엣의 가족과 친구들로 분류하기 위해 그래픽 조직자 활동을 하는 동안 Maarten이 배치 및 분류시킬 수 있도록 얇은 판 모양의 용구를 만들기* *Maarten의 목표를 수업과 일치하도록 도울 그의 친구를 만나서 활동을 설명하기*	*수업에서 역할의 설명과 Maarten을 위한 목표를 평가하기 위한 특수교육 교사와 Griffith를 만나기* *다른 일반교육 학급에서 Maarten과 함께 일하는 직업 치료사와 특수교사를 관찰하기* *Maarten을 지원하기 위해 학생들에게 돌아가며 가르치는 방법을 배우기*

수업 중, 내가 수행할 구체적인 일들은 무엇인가?	시작하는 장면을 다시 보고 전날에 배운 학습에 대한 학생의 이해를 확인하기 위한 질문하기 Shakespeare의 구절에 대한 학생들의 메모를 참조하기 학생 파트너 공유를 관찰하기 몬태규와 캐퓰릿에 대한 그래픽 조직자를 전달하기 지금까지 알려진 것에 대한 정보를 그래픽 조직자에 입력하는 견본을 만들기 연극 버전의 <로미오와 줄리엣>에서 선택한 액션 클립을 보여 주기 학생 봉사자에게 다른 두 장면에서 연기하도록 요청하기 지금까지의 행동을 시각적으로 표현하거나 연기하는 데 참여하지 않은 학생을 관찰하기 만약 다른 언어를 배우려 한 누군가가 있는가? 그들에게 그들의 경험을 공유하도록 요청하기 엘리자베스식 언어를 이해하려고 노력하는 Chang의 경험을 연관시키기 로미오와 로잘린 과제 활동지 #1을 전달하기 미리 배정된 2~3개의 이질적인 그룹에 학생들을 참여시키기 과제 활동지에서 항목 #1에 대한 Shakespeare의 구절을 번역하는 방법을 시연하기	학생들이 교실에 들어올 때 문에서 그들에게 인사하고 학생 그룹 목록을 전달하기 시작 장면을 다시 보고 전날에 배운 학습에 대한 학생의 이해를 확인하기 위한 질문하기 학생들이 정확성과 완성도를 확인하기 위해 그들의 메모를 학급 친구의 것과 비교하도록 요청하기 학생 파트너 공유를 관찰하기 Yolanda의 점자 버전을 포함하여, 몬태규와 캐퓰릿에 대한 그래픽 조직자를 전달하기 학생 봉사자에게 지금까지의 행동을 묘사하는 만화 스트립을 투명 필름에 그려 달라고 요청하기 지금까지의 행동을 연기하는 것에 참여하는 학생들을 관찰하기 영어를 배우는 것이 얼마나 어려운지에 대해 조금이라도 공유하는 것을 Chang에게 부탁하기 약강 5보격의 패턴을 간략하게 평가하기 A 블록수업에서, 약강 5보격의 박자를 박수치는 Yolanda 모델을 예시로 들기 다른 학생들이 참여하도록 독려하기 로미오와 로잘린 과제 활동지를 전달하기 과제 활동지에서 항목 #2에 대한 Shakespeare의 구절을 번역하는 방법을 시연하기	Maarten의 세 그룹을 포함하여, 이 수업에 배정된 3명의 협력자를 관찰하기 DVD를 시작하고 멈출 때 Maarten의 스위치 사용을 촉진하기 그와 함께 공부하는 두 명의 친구들을 위해 Maarten과 함께 사용할 교육과정의 견본을 만들기 대상 구별 Maarten이 시각적으로 볼 수 있도록 촉진하기(예: 남자의 사진: 로미오). 그가 자신의 그룹에서 만든 그래픽 조직자에 있는 인물(즉, 로미오, 줄리엣, 수사)의 얇은 판 모양의 용구를 배치시키는 동안 Maarten이 움직임의 범위를 연습하는 것을 가능하게 하도록 손을 번갈아 가며 도움을 제공하기 학생들이 Maarten의 이름을 사용하도록 촉진하고 그가 반응하는지 보기 학생들이 그에게 시각적으로 좇을 단서를 제공하도록 촉진하기 학생들에게 약강 5보격을 박수치는 것을 가르치고, Maarten이 발성을 하는지 보기 IEP 목표를 달성하기 위한 Maarten의 진행 과정에 대한 자료를 수집하기 배정된 다른 학생 그룹을 관찰하기

	과제 활동지에서 번역된 항목 #3을 위해 안내된 연습을 거쳐 파트너와 공유하기를 촉진하기 학생들에게 항목 #4에 대해 토론할 것을 요청하고 그들이 현대의 영어로 그것을 번역할 수 있는지 보기 항목 #5, 6, 7을 위해 Lang과 함께 대답을 녹음하고 공유하는 촉진자의 역할을 교대하기 로미오와 줄리엣의 몇 가지 새로운 부분은 필요하다면 읽고 또다시 읽기 학생들에게 무슨 일이 일어나는지 알아보고 새로운 내용을 토론하도록 요청하기 과제 활동지 #2를 전달하기. 학생들에게 로미오의 성격에 대해 이야기하고 그들이 개인적으로 말하고 싶은 것 또는 파티에서 로미오에게 메모로 어떤 말을 할 것인지에 대한 답변을 만들게 하기 소그룹 및 파트너와 함께 공부하는 학생들을 관찰하기	항목 #4에 대답의 공유를 촉진하기 항목 #5, 6, 7을 위해 Lang과 함께 대답을 녹음하고 공유하는 촉진자의 역할을 교대하기 지금까지의 행동을 시각적으로 표현하는 학생들을 관찰하기(Maarten은 이 그룹들 중 하나에 배정된다). 로미오와 줄리엣의 몇 가지 새로운 부분은 필요하다면 읽고 또다시 읽기 학생들에게 무슨 일이 일어나는지 알아보고 새로운 내용을 토론하도록 요청하기 학생들이 그들의 반응을 무정형시를 모방하여 네 줄 안으로 번역하는 것을 시도하도록 요청하기 소그룹 및 파트너와 함께 공부하는 학생들을 관찰하기	
수업 후, 내가 수행할 구체적인 일들은 무엇인가?	전문가 지원팀의 피드백으로 결정된다.	전문가 지원팀의 피드백으로 결정된다.	전문가 지원팀의 피드백으로 결정된다.

반성 및 평가 단계

어디서, 언제 그리고 어떻게 협력교사가 수업의 결과를 보고 듣고 평가하였는가? 학생들은 어떻게 하였는가? 학생들의 요구사항은 충족이 되었는가? 다음 수업의 설계에 대한 조언은 무엇인가?

수업의 후속 실행과 전문가 지원팀의 피드백으로 결정된다.

14 차이화 수업을 위한 UDL 수업 계획 사이클
고등학교 수학

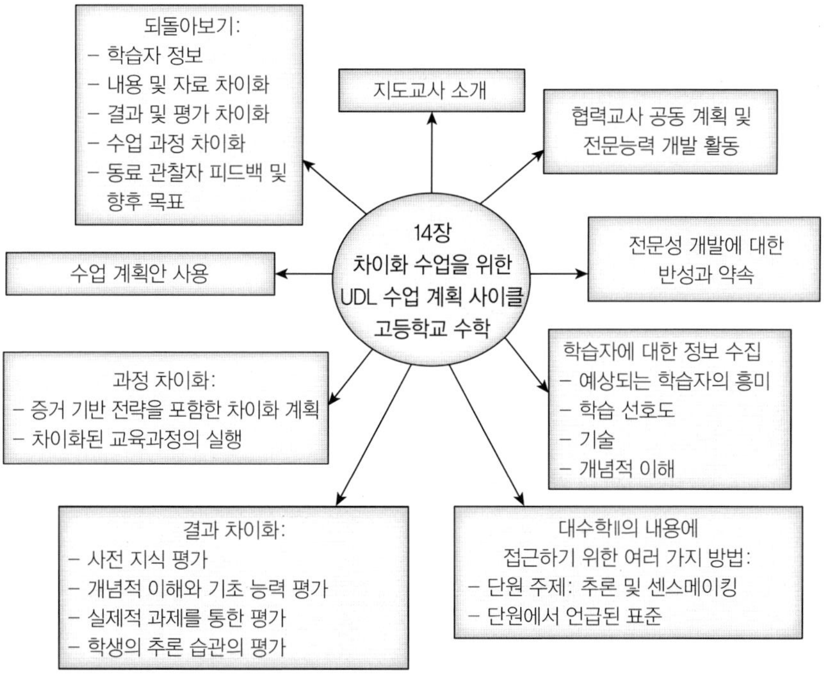

[그림 14-1] 14장의 내용 체계

교사란 누군가에게는 한 줄기의 빛과 같은 존재이다.

—Maya Angelou, 미국 작가이자 시인

지도교사 소개

통합교육을 위한 5년간의 협력교수 및 차이화된 수업 프로젝트를 통해, 이 책의 저자 중에 한 명이기도 한 Villa 박사는 캔자스 대학교 Beech Center에 위치한 캔자스주 교육부 및 기술지원 네트워크(TASN)의 성공에 필요한 전문성 신장에 기여한 분이다. 그는 프로젝트 협력교수 수업에서 증거 기반 교육실습(evidence-based instructional practice)의 적용을 위해 캔자스주 전역에 80개가 넘는 학교에 근무하는 교육자들을 선정하였다.

이 장의 저자인 Shonda Anderson은 기술지원 네트워크에서 기술지원 담당자이자 지원 제공자로서, 일반적으로 대수학II까지 학습 가능한 차이화의 설계에 적용되는 프로젝트 훈련의 요소들을 설명하는 역할을 하였다.

이 장에서는 두 명의 협력교사인 Simon과 Anthony를 만나서 그들이 다음 질문에 어떻게 대처했는지 알아보았다.

- UDL 계획 과정은 고등학교 수학 교실에서 다양한 학생 그룹의 요구를 충족시키는 수업을 설계하는 데 어떻게 도움이 될 수 있는가?
- 어떻게 협력교사들이 수업을 설계 및 실행함에 있어 그들의 전문적인 학습, 지식 및 기술을 가장 잘 통합하고 지도할 수 있는가?

교직 3년차로서 비교적 신입 교사에 속하는 Simon과 특수교육 및 관련서비스를 이수한 교육전문가인 Anthony는 그들의 첫 번째 협력수업을 준비하고 있었다. Simon은 충분한 교수-학습에 대한 내용 지식을 지닌 열정적이면서 창의력이 있는 교사이다. 그는 매 수업에서 학생들에게 뜻깊게 지도할 수 있는 방법들을 꾸준히 찾고 있다. 비록 그녀가 대수학II에 대해 익숙하지 않을지라도, Anthony는 교육자료를 수정하고 적용하는 데 폭넓은 경험을 가지고 있다. 두 교사 모두 UDL의 관점을 통해 한 단원을 차이화하는 문제에 관심이 많다.

협력교사 공동 계획 및 전문능력 개발 활동

Simpson과 Anthony는 그들의 첫 협력수업을 시작하기에 앞서 사전 계획을 위해 여름방학 동안 함께 수업 준비에 필요한 시간을 요청했고, 그 전문적인 협력학습 계획에 대한 제안 양식은 〈표 14-1〉에 제시되어 있다. 여기에는 학습 활동과 협력학습의 결과로 구체화될 성과들이 포함되어 있다. 학교와 지역 교육청(행정당국)은 이 제안에 동의하였고, 교사들에게 전문성 신장의 기회와 더불어 수업 공동 계획을 위한 시간도 제공하였다. 이에 두 교사는 보편적 학습설계(Universal Design for Learning: UDL)에 관한 여름 워크숍과 중등 수학교육에서 실습에 관한 공통 핵심 국가 기준의 통합 관련 워크숍에도 참가했다. 그들은 또한 수업에 필요한 전문적인 읽기 자료 연구와 자료에 대한 공유에도 시간을 투자했다. 그들의 최종 성과는 UDL과 수학적 추론 학습을 적용한 대수학II 단원이었다. 참조를 위한 〈표 14-1〉 버전은 이 책의 〈부록 E〉에 명시되어 있다.

〈표 14-1〉 전문가 협력학습 계획에 대한 제안

팀 구성원	Andrew Simpson과 Marge Anthony
학교 이름	워싱턴 고등학교
학과(들)	Simpson—수학, Anthony—특수교육
연구문제	수학의 공통 핵심 국가 기준은 집중, 엄격함 및 일관성에 대한 수업의 변화를 요구한다. 워싱턴 고등학교 10학년 학생에 대한 평가 결과를 분석하면 수학적 추론 영역에서 개선이 필요함이 나타났다. 10학년 학생 중 30% 미만이 수학적 추론과 관련된 항목에 능숙했고, 장애가 있는 학생은 20% 미만이 수학 전반에 능숙함을 보였다.
가설 원인	대수학II 단원의 현재 수업 방식은 주로 과제에 대해 교실 안에서 몇 가지 토론을 하는 강의 형태이다. 학생들의 수학적 추론은 불충분하였다. 수업이 추론, 엄격함 및 일관성에 초점을 맞추지 않았기 때문이다.
제안된 해결책	대수학II 단원의 한 섹션에서 명시적 학습과 탐구 기반 학습을 혼합하고 UDL의 관점에서의 요소를 통합한 수업을 협력교수하였다.
제안된 목표	보편적 설계 계획 과정의 사용을 통해 협력팀은 의도적으로 수학적 추론과 감각을 통합하는 교육을 실시할 예정이다.

제안된 지구(역) 개선 활동 목표의 적합성	대학 및 취업 준비에 중점을 둔 지역, 주, 국가를 고려할 때, 우리의 목표가 지역 개선 활동과 밀접한 관련이 있다고 생각하였다. 보편적 학습설계(UDL)는 2008년 「고등교육기회법(Higher Education Opportunity Act)」에서 지원되었다. "UDL은 교육 실무를 지도하기 위한 과학적으로 타당한 체계를 의미한다. (A) 정보가 표현되는 방식, 학생들이 지식과 기술을 설명하고 참여하는 방식에 유연성을 제공한다. (B) 교육의 장벽을 낮추고, 적절한 적응, 지원 및 과제를 제공하고, 장애학생 및 영어 실력이 부족한 학생들을 포함하여 모든 학생들에게 높은 성취 기대치를 유지한다."[HEOA, P.L. 110-315, §103 (a) (24)]
제안된 활동 예상 시간	여름 전문성 개발 활동: • 지역 후원-UDL-2일 워크숍 • 지역 후원-공통 핵심 국가 기준 수학의 통합-1일 워크숍 전문 서적 연구: • 전국 수학교사 협의회(NCTM)-필수요소-2시간 • NCTM-모든 학생들을 위한 추론 및 센스메이킹 조절-4시간 협업 계획 • 협력교사 협의회 및 강의실 조직-2시간 • 협동 단원/단원 계획-6시간
예상 결과	교사들은 협력교수 경험을 준비하면서 강력한 협력 파트너십을 구축하고 서로의 강점에 대한 통찰력을 얻을 것이다. 두 교사는 교수법에 다음과 같은 실천을 하기 위해 전문 지식과 기술을 향상시킬 것이다. • 협력 계획 및 협력교수 • UDL 계획 과정 • 필수요소를 포함한 수학의 공통 핵심 국가 기준과 수학의 일반적 관행 • 추론 습관 개발
평가 조치	결과물-협력교사 Simpson과 Anthony는 UDL의 원리와 요소를 적용하여 수학적 추론과 센스메이킹의 개념을 포함하는 적어도 하나의 단원 계획을 세울 것이다. 반성-각 교사는 자신의 전문적 학습에 대한 활동 요약과 반성을 제공할 것이다. 실천 계획-협력팀은 자신의 전문성 학습을 지속하고 UDL 수업을 지속적으로 발전시키기 위한 계획을 수립할 것이다. 학생 학습평가-형성평가와 총괄평가 모두 이 과정에서 사용된다. 학습 목표는 수학에 대한 공통 핵심 국가 기준 및 현저한 지적 장애 학생들을 위한 공통 핵심 필수요소를 기반으로 한다. 관찰 및 피드백-UDL 단원 수업을 하는 동안 중등 교육과정 책임자와 통합교육을 수립하는 촉진자가 수업을 듣고 피드백을 제공하도록 초대될 것이다.

전문성 개발에 대한 반성과 약속

협력교사 Simon과 Anthony는 모든 전문성 학습 활동에 함께 참여했다. 그들의 협력수업에 대한 계획을 구성하는 시간의 일환으로 참여교사들이 가지고 있는 자료에 대해 공유한 것들을 되돌아보고 추후 연구를 위한 몇 가지 약속을 만들었다. 구체적으로 그들은 다음과 같이 약속했다.

- 우리가 함께 가르치는 1년 동안 우리는 서로 배우기 위해 노력할 것이고, 적어도 분기별로 우리의 학습을 반성(피드백)할 것이다.
- 가능한 한 최대한 추론 및 센스메이킹에 대한 활동을 실시함에 있어 교실의 모든 학생을 참여시키는 수업 활동을 제공할 것이다.
- 모든 학습자의 학습 요구를 충족시키기 위해 우리는 학생들의 폭넓은 관심사와 학습방식 및 그들의 능력에 대한 요구사항을 충족시키는 보편적 설계 수업 활동을 개발하고 구현할 것이다.

공동의 여름 활동을 통해 협력교사들은 훌륭한 수준의 존중과 신뢰를 받게 되었다. 또한 협력교사들은 서로 다른 배경과 경험을 가지고 있지만 학생들을 가르치고 학습하는 데 있어서는 비슷한 철학을 가진 것도 알게 되었다.

Simpson과 Anthony는 협력수업을 해 본 일이 없으므로 지원적 교수, 평행교수, 상보적 교수 및 팀티칭(Villa, Thousand, & Nevin, 2013)의 네 가지 협력교수 접근과 대수학II 단원에서 이 방법들이 어떻게 적용시킬지에 대한 고려를 하는 데 많은 시간을 보냈다. 또한 UDL의 설계중점을 고려할 때 그들의 유도질문은 '어떤 협력교수 접근이 모든 학생들에게 수업 내용, 과정, 결과에 접근하고 혜택(보상)을 받을 가능성을 높일 수 있을까?'였다. 두 교사는 단원의 시작 전, 중간, 후에 해야 할 그들의 협력교수 역할을 계획하고 준비하였다. 그리고 그들은 단원 전반에 걸쳐 어떠한 조정이라도 필요한지의 여부를 밝히기 위해 상의하기로 결정하였다. Anthony가 제안하여 두 교사 모두 동의한 바, 그들의 계획, 실행 관찰 및 메모, 그리고 간단한 3링 바인더로 만든 학생 활동을 포트폴리오로 만들어 그들의 첫 협력수업 단원에 대한 개발, 실행과 평가를 기록하고 이것을 그 단원 수업을 하는 동안과 마무리할 때 참고하고 반영할 수 있게 하였다.

학습자에 대한 정보 수집

예상되는 학습자의 흥미, 학습 선호도, 기술 및 개념적 이해

UDL 여름 워크숍에서 교사들은 학습자에 대한 정보를 수집하는 것이 중요한 첫 번째 설계 요소라는 것을 배우고 알게 되었다. Simon과 Anthony는 학급이 구성되기 전인 여름 동안 학습 계획을 세우고 있었기 때문에 그들이 기존에 알고 있던 총 학생 수를 근거로 몇몇 조심스런 가정을 하고 있었다. 학생들을 대상으로 했던 자신의 경험을 바탕으로, 두 교사는 곧 구성될 학생들의 배경, 관심사, 선호하는 학습방식, 기술 및 개념적 이해의 다양성을 예측할 수 있을 것이라고 생각했다.

곧 구성될 학생들의 다양한 배경과 관심사를 파악하는 데 있어, 교사들은 〈표 14-2〉에서 제시하듯이 학생의 가능한 관심 목록에 대해 고민해 보았다. 그들은 이것이 완벽한 목록은 아니라는 것을 알고 있었으며, 수업 시작 후 일주일 내에 학생들로부터 더욱 상세한 정보를 얻을 것을 계획하였다.

또한 교사는 다중지능이론(Multiple Intelligences theory; Armstrong, 2009; Gardner, 2011)과 그 학급에서 대표될 수 있는 지능을 고려했다. Anthony는 모든 사람이 다중지

〈표 14-2〉 학생의 가능한 관심에 대한 브레인스토밍 목록

삶	관심	취미	기술
주요 행사	스포츠	음악	컴퓨터
가족 전통	음악	소셜 네트워크	휴대전화
중요한 사람	텔레비전	그림 그리기	태블릿
중요한 장소	자동차 수리	사진 촬영	게임 스테이션
향후 계획	온라인 비디오	수집	웹사이트
영웅	자원봉사	동영상 제작	앱 디자인

능(8가지 지능)을 어느 정도 가지고 있다는 것과 그 전체론적 접근 방식은 학생들이 다양한 방식으로 학습하는 데 도움이 된다는 자신의 신념을 다른 교사들과 공유하였다.

협력교사들은 학생들이 단원을 학습하면서 어느 시점이 되면 8개의 다중지능을 모두 통합하게 될 것이라는 데 의견을 같이했다. 또한 다른 4개의 지능(음악/리듬 지능, 언어 지능, 신체/운동 지능, 자연친화 지능) 중 하나 이상을 강조한 활동과 함께 논리/수학, 시간/공간, 대인관계 그리고 자기성찰 등의 지능을 각각의 수업에 포함시키는 목표도 세웠다. 또한 그들은 학생들이 수업 시작 첫 며칠 동안 Gardner의 다중지능이론에 대한 온라인 설문 조사를 실시하게 함으로써 학생별 세부 정보를 수집할 수 있었다.

규범과 교실 절차를 수립함에 따라 협력교사들 또한 수업 시작 첫 며칠 동안 학생들이 그들 자신의 개인적인 강점과 관심사를 공유할 수 있는 활동들을 제공하기 위해 계획을 세운다. 그 후, 교사는 이 정보들을 단원의 수업이 진행되는 동안 특정 내용 연결, 그룹 배치 및 개별 조정 등을 하는 데 사용할 수 있다.

협력교사들이 상당히 우려하는 것은 학생들의 개념적 이해와 기술 변동성을 예측하지 못하는 것이었다. 대다수의 11학년 학생들은 졸업 요건을 충족시키는 데 필요한 수학 학점을 채우기 위해 대수학II를 시작한다. 그리고 학생들은 일반적으로 대수학II를 학습하기 시작하면서 그들이 가지고 있는 수학적 배경 지식의 범위를 이야기하였다. 또한 교사들은 전년도에 이 필수 학점을 이수하지 못한 몇몇 12학년 학생들이 있을 것이라 짐작하였으나 심화반에서 이미 대수학II를 시작한 9, 10학년 학생도 있는 것으로 나타났다.

교육부와 주 교육청의 교육정책에서 장애를 가진 학생들의 협력수업 참여율을 30%로 제한했기 때문에, 교수팀은 장애학생의 최대 30%의 학생까지 특별 서비스 및 지원을 받을 수 있을 것이라고 예상할 수 있었다[예: 개별화 교육 프로그램(IEP) 혹은 재활법 제504조 의거]. 이에 최근 캔자스주 교육부의 미국 공통 교육과정 도입으로, 교육과정이 변경되어 대수학II를 시작한 일부 학생이 새로운 교육과정에서 요구되는 기본 개념을 익힐 기회를 얻지 못했다. 이러한 이유로 협력교사는 학생들이 광범위한 학습에 대한 행동 지원을 필요로 한다고 예상했다. 이에 대해 교사 Anthony는 학생들의 언어적 · 시각적 · 청각적 · 행동적 · 인지적 처리 특성의 폭넓은 변화가 쉽게 예상된다는 의견을 제시하였고, 교사들은 첫 단원의 내용과 자료, 성과 및 평가, 그리고 교육과정을 차이화하기 위해 UDL 수업 계획 접근을 할 수 있는 방법을 사용함으로서 이러한 영역에서 겪는 어려움이 주는 영향을 최소화하기 위한 스캐폴딩을 계획하였다.

대수학II의 내용에 접근하기 위한 여러 가지 방법

단원 주제: 추론 및 센스메이킹

협력교사 Simpson과 Anthony는 단원의 차시에 대한 구체적인 목표를 설정하기 전에 차이화된 내용을 계획하고 자료를 준비하는 데 도움이 되는 간접적인 두 가지 목표를 밝혔다. 첫 번째 목표는 수업 초기 과정 전반에 걸쳐 계속될 추론과 센스메이킹의 주제를 수립한다는 것이었다. 두 교사들은 각 수업에서 추론 능력과 센스메이킹 도출에 대한 아이디어를 얻기 위해 여름 동안 읽은 책 『Focus in High School Mathematics: Fostering Reasoning and Sense Making for All Student』(National Council of Teachers of Mathematics, 2009)에서 발췌한 자료들을 사용했다. 두 번째 목표는 이 첫 단원을 몇 가지 중요한 개념에 대한 학생들의 기초적인 이해를 가늠해 보는 진단 토론의 장으로 사용하는 것이었다.

Simpson은 그들이 ① 학생들의 습득 정도를 입증할 전반적 개념을 평가, ② 몇 가지 기본 개념을 가르치고 재교육 실시, ③ 추론 능력과 센스메이킹을 할 수 있는 분위기와 계획을 만들어 미래 학습을 위한 무대를 마련하기 위해 자료 분석 및 통계를 사용하는 것으로 시작할 것을 권장했다.

단원에서 언급된 표준

교사들은 수학에 대한 공통 핵심 국가 기준 및 공통 핵심 필수요소(Common Core Essential Elements: CCEE)에 대한 고등학교 표준안을 검토했다(Dynamic Learning Maps Consortium, 2013). 캔자스 대학(http://dynamiclearningmaps.org/)의 교육 시험 평가 센터(Center for Educational Testing and Evaluation)가 주도하는 18개 주 컨소시엄에 의해

평가 문항이 개발되었으며, 이 문항들은 현저한 인지장애를 가진 학생들을 위한 특정 학년 수준의 기대치를 나타낸다. 교사들은 차이화의 수준이 모든 학생들에게 단원 목표와 목적을 달성할 수 있는 기회를 제공한다고 느꼈다.

그리고 협력교사들은 모든 학생이 국가 수학교사 협의회가 주창한 통계 과정에서 추론 습관을 보여 줄 것이라는 데 의견을 같이했다.

- **문제 분석**: 자료로 해결할 수 있는 질문(또는 질문들)은 무엇인가?
- **전략 실행**: 적절한 자료 수집 및 자료 표시 방법은 무엇인가?
- **연결 탐색 및 사용**: 자료에서 어떤 관계가 발견되는가?
- **해결책 되돌아보기**: 결과를 어떤 방법으로 해석할 수 있는가?

모든 학생은 추론과 센스메이킹을 사용하여 다음을 수행한다.

- 통계 실험의 기초가 되는 임의의 과정 이해 및 평가
  - CCSS.Math.Content.HSS-IC.A.1: 모집단의 무작위 표본을 기반으로 모집단 매개 변수에 대한 추론을 하는 과정으로서 통계를 이해하기
  - CCSS.Math.Content.HSS-IC.A.2: 지정된 모델이 주어진 자료 생성 과정의 결과와 일치하는지 결정하기
  - 표본 조사, 실험 및 관찰 연구로부터 추론을 하고 결론을 정당화하기
  - CCSS.Math.Content.HSS-IC.B.3: 표본 조사, 실험 및 관찰 연구의 목적과 차이점을 인식하기
  - CCSS.Math.Content.HSS-IC.B.4: 표본 조사의 자료를 사용하여 모집단 평균 또는 비율을 추정하기
  - CCSS.Math.Content.HSS-IC.B.5: 무작위 실험의 자료를 사용하여 두 가지 해결 방법을 비교하고, 시뮬레이션을 사용하여 매개 변수 간의 차이가 중요한지 여부를 결정하기
  - CCSS.Math.Content.HSS-IC.B.6 자료를 기반으로 보고서를 평가하기

단원 활동은 학생들이 다음과 같은 8가지 수학 실습 표준(MPS)을 시연할 수 있는 기회를 갖도록 설계될 것이다.

CCSS.Math.Practice.MPS:

1. 문제를 이해하고 인내심을 가지고 그것을 해결하기
2. 추상적이고 정량적으로 추론하기
3. 실행 가능한 논증을 구성하고 다른 사람들의 추론을 비판하기
4. 수학적인 모델을 만들기
5. 전략적으로 적절한 도구를 사용하기
6. 정밀도에 유의하기
7. 구조를 찾아보고 이용하기
8. 반복적인 추론에서 규칙성을 찾아보고 표현하기

자료 및 자원 개발, 조달 및 접근

Anthony는 자진해서 단어 벽을 위한 자료를 만들고 도식화를 수업에 활용하였다. 그 이유는 이런 과제들이 그녀가 자료를 분석하는 데 용이하기 때문이었다. 그러나 그녀는 Simpson에게 본인의 자료를 게시하고 사용하기 전에 정확성을 검토해 줄 것을 요청했다. 그녀는 또한 주정부의 기술 지원 및 자원 센터에 보조공학을 요청하여 대수학II 및 통계 관련 자료에 각색된 텍스트 사본을 확보했다. 그리고 그녀는 자원 센터에 큰 활자조판, 점자 및 디지털 교과서, 오디오 북, 그리고 다른 필요 기능이 삽입된 자료들을 포함한 통계 관련 도서가 대략 20권이나 되는 것에 놀라움을 감출 수가 없었다.

Simpson과 Anthony는 수업을 진행하면서 학생들이 여러 가지 방법으로 해당 과정과 단원 목표를 달성할 수 있는 내용에 다가갈 수 있는지 확인하기 위해 노력했다. 학생들은 실제 상황의 자료를 기반으로 신체적 · 시각적 전시공간뿐만 아니라 학급 홈페이지, 그림 벽에 붙인 어휘와 핵심 개념 포스터, 그래픽 조직자, 다양한 교과서, 온라인 내용 중심의 비디오, 웹 기반 어플리케이션, 다양한 자료 분석 소프트웨어 등을 비롯하여 여러 가지 방식으로 학습 내용을 표현해 볼 계획을 세웠다.

그리고 Simpson은 학습 과정 내의 모든 단원 관련 내용들을 사용할 수 있는 학급 홈

페이지를 개발했다. 이 홈페이지는 학생들이 교실 밖이나 가정에서도 학습 내용을 쉽게 접할 수 있게 구성되어 있다. 여기에는 키워드 용어 사전, 그래픽 조직자, 수업 중 활동에 대한 설명과 과제를 수행할 수 있는 링크를 포함한 공간, 그리고 학생들 개인이나 조별 과제물을 공유할 수 있는 방법들을 포함하였다. 뿐만 아니라 Simpson은 해당 교육청(교육구)의 IT부서를 통해 일선 고등학교의 이동식 컴퓨터 실습실에는 학생들이 실제 사용할 프로그램이 아닌 타 프로그램이 설치되어 있는 것에 대해 논의했다. 그는 학교 컴퓨터를 점검하여 각기 다른 웹사이트에 접속 가능 여부와 온라인 어플리케이션의 실행 가능 여부 또한 확인하였다.

결과 차이화: 단원 목표를 설명하기 위한 여러 가지 방법

협력교사 Simpson과 Anthony는 학생들이 학습한 것들을 다양한 방식으로 보여 줄 수 있도록 여러 번의 기회를 제공할 수 있게 만드는 활동들과 과제들을 구상했다. 그 활동들은 다양한 학습방식과 '전형적' 관심 영역들을 통합시켰다. 학생들은 교실 수준에서 수집된 자료, 온라인 출처의 사용 가능한 일련의 자료, 그들이 설계한 연구를 통해 수집된 자료를 포함한 다양한 자원의 일련의 '실제' 자료를 탐색했다.

실행

사전 지식 평가/숙달

각 학생들은 한 단원에 대한 간단한 진단평가를 실시했다. 그리고 Simpson과 Anthony는 보다 목표 지향적인 교육에 필요한 개념과 기술을 파악하기 위해 검토하였다. 그들은 또한 전체 그룹을 대상으로 수업을 실시하면서 사전 지식과 개념 숙달을 평가할 기회로 사용하였다. 특히 한 교사가 수업 전체에 대한 질문을 하면 다른 교사는 학생들의 반응(응답)을 기록하였고, 학생들이 질문에 대답하기 전에 교사는 학생들에게 질문이나 정보를 처리할 일정한 시간을 주었다. 그리고 학생들이 생각할 시간은 즉각적인 협력 구조 또는 파트너 활동 내용에 포함되었다(예: 7장의 〈표 7-5〉 참고).

협력교사는 학생들의 지식을 평가하기 위해서 Poll Everywhere(http://polleverywhere.com)를 사용하였다. 인터페이스 웹을 통해 Poll Everywhere는 컴퓨터, 태블릿PC 및 휴대전화를 사용하여 즉각적으로 피드백을 수집하였다. 이에 학생들이 동시에 반응하고 즉시 결과가 표시되었다. 교사는 학습 활동을 조정하기 위해 데이터를 사용했으며 향후 수업 활동에서 가능한 데이터 세트를 사용하기 위해 다운로드하여 저장하였다.

개념적 이해와 기초 능력 평가

Simpson과 Anthony는 학생들의 이해 수준을 파악하기 위해 개별 활동과 형식적 협동그룹 활동의 조합을 사용하였다. 이를테면, 다음에 나오는 단변량과 이변량 데이터 분석연습을 통해 학생 팀학습, 직소, 그리고 그룹 조사 협동그룹 구조(7장의 〈표 7-5〉에 설명됨)를 어떻게 사용하는지 보는 것이다.

핵심 개념 #1: 단변량(하나의 변수) 데이터 분석 및 표시

- **개인 활동**: 학생들은 Simpson이 만든 온라인 흥미검사를 실시하였다.
- **협동그룹 활동**: 교사는 학생들에게 그룹 학습 방법을 사용하여 공식적인 협동그룹 학습 구조 및 변형된 퍼즐 구조를 배우는 활동을 설계하였다. 학생들은 이질적인 집단에 허용되는 난수 생성기를 사용하여 분석 및 해석을 실시한 그룹에 임의로 배정되었다. 그리고 4명에서 5명으로 구성된 그룹에서 검사 결과 중 뚜렷하게 제시된 데이터들을 분석하고 해석하였다. 즉, 데이터 세트가 주어지면 각 그룹은 중심 경향, 확산 및 변동성에 대한 측정을 실시하고 결과를 조사했다. 그런 다음, 그룹은 공유된 정보에 따라 데이터를 제작하기 위하여 차트, 그래프 또는 히스토그램 등을 사용하여 잘 표시하고 만드는 방법을 결정하였다. 두 번째 협동그룹 편성에서는 각 팀의 구성원이 다른 팀의 구성원과 협력하였다. 새롭게 구성된 그룹은 각 구성원을 포함한 다른 팀의 구성원과 자신의 팀 데이터 결과를 공유하였다. Simpson과 Anthony는 학생들에게 이미 실시한 학습 방법과 유사한 협력교수 접근법을 사용하여 학생들에게 할당된 과제를 완료하기 위해 공동으로 작업하고 개별적으로 기여한 방식을 모니터링하였다. 이후, 협력교사는 각 학생들과의 개별

인터뷰를 통해 각 학생의 학습을 개별적으로 분석하고 평가하여 학생들에게 개별적인 피드백을 제공하였다.

핵심 개념 #2: 이변량(두 개의 변수) 데이터 분석 및 표시

- **개인 활동:** American Statistical Association 웹사이트의 Census at School Questionnaire 온라인 설문 조사(www.amstat.org/censusatschool/students.com에서 찾을 수 있음)를 실시하였다. 이 설문 조사는 학생들의 통계 결과를 바탕으로 문제 해결을 지원하기 위한 국제적 프로젝트이고, 중학생과 고등학생의 삶에 관련된 질문으로 구성되어 있다.
- **협동그룹 활동:** 교사는 조별 또는 모둠별 협동조사 학습 구조에 대해 분석하였다. 설문조사는 각 팀마다 4명에서 5명까지 실시하였고, 학교에 대한 설문조사를 실시하면서 각 주제 영역을 선택하였다. 주제 영역은 물리적 특성, 스포츠 및 레저, 미디어 및 기술, 초능력, 가족 시간 및 글로벌 이슈였다. 각 그룹은 해당 주제에 대한 학급의 조사 결과를 분석하고 이원분석표와 산포도를 사용하여 미국 및 다른 국가 학생들의 표본을 무작위로 선정하여 학급의 결과를 서로 비교·분석하였다. 그리고 통계 소프트웨어 및 온라인 응용 프로그램을 사용한 각 팀은 데이터에 대한 심층적인 분석 및 해석을 포함하는 보고서를 작성하도록 하였다. 그런 다음, 각 팀의 결과를 바탕으로 멀티미디어 수업에서 프레젠테이션을 하도록 하였다. 또한 협력교사들은 학생들이 팀에서 수행을 할 때 유사한 협력교수 접근에 대해 다시 논의하였으며, 활동이 완료되면 그룹마다 자신의 그룹이 목표에 대한 추론 습관을 사용했는지 평가하도록 하였다.

실제적 과제를 통한 평가

Simpson과 Anthony는 실제 상황에 대한 평가를 통해 학생들의 선택과 관심사를 통합하는 범위 내에서 프로젝트를 설계했다. 학생들은 짝을 짓고, 그들이 관심이 있는 영역을 확인하고 쉽게 측정 가능한 요소에 대해 브레인스토밍을 하였다. Simpson은 파트너가 자료를 수집하고 저장한 학교의 컴퓨터 네트워크에 디지털 프로젝트 사이트 폴더를 만들었다. 그리고 모든 학생에게 〈표 14-3〉에 나와 있는 프로젝트 점검표를 배

부 · 회수하였고, 또래 평가 및 교사 검토를 위한 점검사항이 포함된 프로젝트 단계를 제시하였다.

이 활동은 Simpson과 Anthony가 대규모 그룹과 일반그룹 그리고 개인 등에게 교육과정을 적용한 후 교육과정에서 돌출되는 정보를 수집함에 따라 차이화된 평가와 지원을 가능하게 하였다. 이 세 가지 다른 방식의 관찰을 통해 협력교사는 각 학생들의 수학에 대한 대략적인 수준의 개념적 이해와 통계 분석과 관련된 수학적 절차의 숙달 정도를 파악한 다음, 학생들이 프로젝트 단계를 완료할 때 차이화된 지침을 제공하기 위해 이 정보를 사용하였다.

협력학습의 일부 과정의 단계를 마무리한 몇몇 학생들은 추가적인 스캐폴딩을 받았다. 예를 들어, 단변량 데이터를 분석하는 경우, 일부 학생은 평균에 대한 표준편차를 찾는 데에 대한 추가 도움이 필요하였다. 그리고 해석이 어려운 몇몇 학생에게는 해석하기 쉬운 대체 데이터 세트가 주어졌다. 즉, 8명의 학생들이 산포도의 해석에 기초한 선형관계를 확인하도록 지원하였다. 모든 학생들에게 공통된 것은 추론 습관 사용에 대한 공식적이고 비공식적인 자기평가를 정기적으로 했다는 것이다.

〈표 14-3〉 통계 자료 수집, 분석 및 프로젝트 점검표

통계 자료 수집, 분석 및 프로젝트 점검표			
목록(과제)	마감일	또래 평가	Anthony/ Simpson 교사의 검토
질문 결정			
자료 수집			
무작위 표본 얻기			
심층 분석 수행			
자료 전 개발			
질문에 답하기			
다른 사람들과 공유			

학생의 추론 습관의 평가

단원에 대해 지도하는 과정 동안 몇 가지 부분에서 학생들의 추론 습관이 보였고 그런 습관들은 교사들에 의해 평가되었다. 일부 활동의 경우 학생들은 자기평가를 하고, 다른 활동을 할 때에는 협동그룹 구성원끼리 그들 각자의 그룹 평가에 대해 합의점을 찾기 위하여 서로 협력하기도 하였다. 일부 활동의 경우 협력교사들은 학생들에게 구체적인 피드백과 함께 평가 방법을 제공하였다. 그리고 교사들은 학생들의 다양한 반응을 모으기 위하여 다양한 방법을 사용하였다.

또한 학생들은 자신의 습관을 평가하기 위해 학생들에게 자신의 교실에 배치한 포스터의 포스트잇에 리커트 척도 '1~5' 등급(1은 '전혀 아님' 그리고 5는 '매우 확신함'을 의미)을 적었다. 이렇게 함으로써 학생의 자기평가가 즉각적이고 시각적으로 전시되었다. 그리고 다른 시간에 평가를 실시한 학생들은 손들기 활동을 통하여 '1~5'로 자기평가를 실시하였다. 교사들은 이런 학생들에게 설문 결과에 대해 항상 설명할 준비가 되어 있으며 학생들에게 설문 결과에 대한 등급을 부여하는 근거를 제시해야 했다. 뿐만 아니라 〈표 14-4〉는 학생들의 네 가지 추론 습관의 사용에 대한 평가를 공식적으로 기록하는 데 사용한 평가 양식이다.

과정 차이화

증거 기반 전략을 포함한 차이화 계획

네 번째이자 마지막 UDL 설계중점을 계획하면서 협력교사 Simpson과 Anthony는 학생들이 교육과정에 참여할 수 있는 여러 가지 방법을 구안하였다. 그들은 수업 방식과 수업 배치를 바꾸고 증거 기반 수업 전략을 사용하고자 하였다. 그들은 또한 수업을 하는 데 있어 사회적·물리적 환경이 학생들에게 반드시 긍정적이고, 능동적이며, 접근 가능하길 원했다.

여름 동안 교사들은 연구하고 더 나아가 학생들의 학업 성취도를 높이기 위한 9가지 연구 기반 전략에 대하여 독서를 하였다(Marzano, Pickering, & Pollock, 2001). 그들은

〈표 14-4〉 추론 습관에 대한 자기평가

추론 습관에 대한 자기평가		
날짜:	이름:	
수업기간	활동/과제	
추론 습관	1(낮음)~5(높음) 등급으로 평가	예시
문제 분석		
전략 실행		
연결 탐색 및 사용		
해결책 되돌아보기		
자신의 학습 평가		

〈표 14-5〉에 제시된 자료를 각각의 차시별 활동 사이에 의도적으로 적용하기로 결정하였다.

학생들이 각 단원 활동에서 추론 습관을 연습한 것처럼, 협력교사들도 네 가지 추론 습관을 사용하여 교육적 의사결정 과정의 틀을 만들기 위한 네 가지의 추론 습관을 적용하기로 결정하였다. 다시 말해, 그들은 공동으로 그리고 순차적으로 다음 내용을 적용하기로 한 것이다.

1. 문제 분석: 핵심 개념을 수립하고, 수업 목표를 확인한다.
2. 전략 실현: 개념과 절차를 모델링하고 설명한다.
3. 연결 탐색 및 사용: 사전 학습에 연결하여 실습을 제공한다.
4. 해결책 되돌아보기: 수업과 핵심 학습을 평가한다.

〈표 14-5〉 대수학II 단원에서 9가지 연구 기반 전략을 사용하는 방법

연구 기반 전략	전략 사용시기
1. 유사점과 차이점 구별하기	학생들의 자료 분석 및 제시의 유형을 비교하고 대조
2. 요약하기와 필기하기	수업 방식으로 작성 협동그룹 학습 활동으로 구축 추론 습관 평가에 내장
3. 노력 강화하기	교실 예상과 절차에 대한 설명의 강화 개별화를 통한 개념의 숙달 촉진
4. 적절한 난이도의 숙제와 연습	숙제에는 온라인 소개 비디오 및 오디오 설명이 포함된 텍스트 검토가 포함 개별 설계 프로젝트는 스캐폴딩 선택사항을 내장
5. 비언어적 표현과 그래픽 조직자 사용하기	전체 그룹 개념 소개 및 검토, 비언어적 표현은 자료 제시에 내재
6. 협동그룹 학습	이 부서에 할당된 시간의 절반 이상이 공식 협동학습
7. 목표 설정 및 피드백 제공	추론 습관에 고유한 수업 방식으로 구축
8. 가설 수립 및 검증	추론 습관에 내재
9. 단서, 질문 및 선행 조직자 제공하기	수업 웹사이트-용어집, 팁 활동지, FAQ 개별 프로젝트 점검표

차이화된 교육과정의 실행

Simpson과 Anthony는 수업에 대한 접근성을 높이기 위해서 교실의 학습 환경 영역을 구조화하였다. 다시 말하면, 수업 과정은 협동그룹에 대한 프로젝트 기반 학습에 의존하였고, 교사들은 협동그룹 구성원들끼리 얼굴을 마주 보며 상호작용할 수 있도록 공간을 마련하였다. 학생들 간 대화를 하는 동안 화이트보드의 시선을 차단하지 않도록 주의하였다.

교사들은 서로 다른 유형의 수업 방법과 기술을 적용하는 데 있어 효율적으로 이동할 수 있도록 모바일 컴퓨터실을 교실 한쪽에 위치시킨 후, iPad 모바일 장치 및 그래픽 계산기들을 다른 한쪽 영역에 배치하였다. 학생들은 그룹으로 수업을 할 때, 한 그룹 구성원은 기기들을 사용하는 역할로 지정되어 그룹별로 정렬된 책상 사이의 이동을 제한하였다.

수업을 시작하고 처음 며칠 동안, 학생들과 수업 목표 및 수업 절차를 공동으로 수립하면서 Simpson과 Anthony는 학생들에게 협력하고 서로 존중하는 문화가 형성되도록 만들었다. 교사들은 전체 그룹 토론(예: 손 들기) 중에 학생들이 반응하는 방법을 가르치고 시연했다. 학생들은 파트너 및 협동그룹 학습에서 자기가 해야 할 역할에 참여하였고, 소그룹 대인관계 기술(예: 적극적 경청, 교대, 자유로운 의견 차이)에도 참여하였다. 실시간 수업 중에 교사는 학생들에게 활동을 시작하기 전에 학습 절차에 대해 알려 주고 자기 역할에 대해 이해를 확인시켰다. 활동을 되돌아보고 정리하면서, 선생님은 학생들에게 무엇이 잘되고 무엇이 잘못되었는지 그리고 개선될 수 있는지에 대해 구체적으로 규정하고 설명하였다.

단원 전체에서, Simpson과 Anthony는 수업을 진행하면서 실시한 수업 방법으로 명시적 수업과 탐구 기반 수업을 혼합하여 사용하였다. 그들은 전체 그룹 수업을 통해 수업의 목적을 설명하고 개념과 활동에 대한 설명을 실시하였다. 그리고 교사들은 학생들에게 탐구 기반 활동을 잘하도록 하기 위해 그룹 간 협력학습을 사용하였다. 그리고 즉각적인 협력 구조(7장의 〈표 7-6〉에 설명됨)을 할 수 있도록 학생들이 사고력을 공유하고 학습을 강화할 수 있는 기회를 제공하기 위해 노력하였다. 학생들은 과제를 협력하여 함께 해결(수행)하거나 그들의 생각을 확인하기 위해 자주 협력하였고, 또한 개별적으로 단원을 마무리하고 결과를 정리하기 위해서 정해진 짝 활동이나 선생님의 확인 중에서도 개인적으로 과제를 해결하려 하였다.

협동그룹 활동은 언어, 논리/수학, 시각/공간, 대인관계 및 자기성찰 등 적어도 다섯 가지 다중지능의 전체론적 통합을 촉진하기 위해 명시적으로 조직시켰다. 협력학습 경험의 구성요소는 학생들이 문제를 함께 토론하고 해결하며(언어 지능, 논리/수학 지능), 결과를 보여 주는 시각적 전시를 만들고(시각/공간 지능), 다른 사람에게 그 결과를 설명한다(언어 지능, 대인관계 지능). 그러고 나서 학생들에게는 그룹(대인관계 지능)과 개인(자기성찰 지능)의 두 가지 면에서 서로 배운 것을 반영(피드백)하도록 요구하였다. 개념 및 수업 기술 구축 활동 역시 다중지능에 포함되었는데, 이를테면 학생들이 그래픽 조직자(시각/공간 지능)를 완료하고 그것을 파트너(대인관계 기술)와 함께 점검한 경우를 들 수 있다.

어느 한 단원 활동을 하면서 Simpson과 Anthony는 축구 경기장이 있는 운동장으로 일부 태블릿PC(iPad)를 가져갔다. iPad를 가져간 주된 목적은 학생들에게 자료를 표시하는 적절한 방법에 대한 지도를 하고자 하는 것이었다. 축구장에서 학생들에게 자료 유형에 대해 간략하게 설명을 하였다. 학생들은 제작해야 할 차트 또는 그래프의 종류를 결정한 다음, 재료를 활용하여 차트 또는 그래프를 직접 만들어야 했다. 그래서 사진 촬영을 맡았던 한 학생이 사진을 스탠드에서 가져와서 iPad와 블루투스를 통해 사진을 공유하여 앱에 업로드하였다. 그런 다음, 두 명의 학생들과 축구 경기장이나 관람석에 앉아 iPad를 통해 보이는 사진의 정확성을 평가하고 데이터 디스플레이를 학급 홈페이지 내 용어 사전에 자료를 업로드하였다. 이 활동은 자연친화 지능, 신체/운동 지능, 논리/수학 지능, 시각/공간 지능 및 언어 지능을 교육과정에 쉽게 통합시킬 수 있었다.

과학 기술 및 웹 기반 응용 프로그램 활용의 수업은 단원의 목표 달성에 성공적인 역할을 했다. 수업을 실시하기 이전에, 협력교사들은 '거꾸로 교실'(기존의 전통적 교육방식을 뒤집어 집에서 해 오는 과제로 여겨지던 교육 내용을 교실 밖 온라인상에서 습득하고 그 내용을 바탕으로 실제 교실에서 수행하게 하는 것)을 통하여 학생들에게 경험을 미리 맛볼 기회로 온라인 교육 영상을 시청하도록 하였다. 단원을 통틀어, 학생들은 컴퓨터 프로그램, 온라인 프로그램, 응용 프로그램, iPad, 휴대전화 및 그래프 계산기를 포함한 각각 다른 종류의 기술적 도구와 애플리케이션들을 사용하였다.

단원이 끝날 무렵, 각 학생들에게 전국 수학교사 협의회(2009)에서 확인한 주요 추론 습관을 반영(피드백)하기 위해 교사들이 제작한 추론 습관에 대한 자기평가표(〈표 14-4〉에 나와 있음)를 작성하도록 하였다. 교사들 역시 각 학생들을 평가하였고, Simpson은 이 두 가지 평가 모두의 결과를 수집하고 분석하였다. 마지막 수업에서, Anthony는 분석한 전체 결과를 학생들과 공유하였다. 그런 다음, 협력교사들에게는 학생들의 소그룹에서 나온 결과에 대한 해석을 할 수 있도록 하였다. 단원을 정리할 즈음에는 전체 학급이 다시 모여서 향후 작업을 위한 목표를 설정했다. 학생들은 협력교사들의 지도로, 각각의 학생들 또한 적어도 하나의 독립적인 학습 목표를 설정하게 되었다.

수업 계획안 사용

〈표 14-6〉은 협력교사들의 대수학II 단원 전체의 수업 계획을 보여 주고 있는데, 이것은 지적장애가 있는 학생을 포함하여 학생들의 협력학습 및 지식 평가를 통해 내용, 결과, 과정에서 학생들을 차이화하도록 특별히 고안된 것이다.

되돌아보기

협력교사들은 단원 전체를 수업하는 동안 잠시 협력학습 수업을 멈추고 되돌아보며 각 단원에서 요구되는 내용, 과정, 결과들을 조정할 시간을 가졌다. 그들은 또한 단원에서 멈추고 되돌아보기를 하는 시간과는 다른 방식으로 '점검사항'을 지정하였다. 점검사항은 학생들이 관심 목록에서 서로 공유된 배경과 경험에 대한 정보와 같은 특정 정보를 포착하기에 적절한 시간이었다. 이 정보를 통해 협력교사들은 방과 후에 만나서 그들의 UDL 계획 노트에 '학습자에 대한 정보'란을 더 채울 수 있었다.

그리고 교사들은 협력교수에 관하여 동료들의 의견을 듣길 원했다. 그래서 그들은 지역 교육당국의 수학 코디네이터인 Marcus 박사와 지역 통합자료 분석원인 Howard 교사의 참관을 요청했다. '점검사항' 결과에 대한 정보와 단원학습에서 얻은 다른 정보를 사용하여 협력교사 Simpson과 Anthony는 서로 만남을 통해 단원학습이 전반적으로 어떻게 진행되었는지 논의했다. 그런 다음, 그들은 해당 단원과 UDL 협력 계획 과정에 대한 의견을 나누기 위해 수학 코디네이터 및 자료 분석원을 만났다. 그 만남에서 Simpson은 단원학습이 잘 진행되어 왔고 그렇기에 협력교사들의 목표 역시 달성되었다고 밝혔다. 즉, 그들은 학생들의 개념적 이해를 평가하고, 새로운 개념을 교육하고, 기초적인 기술을 검토하고, 추론과 센스메이킹이라는 주제의 과정과 핵심 개념을 수립하는 것이 가능했었다는 것이다.

그 후 협력교사들은 UDL의 수업 방식의 네 가지 설계중점에 대해 논의하였고, 그 내용은 다음과 같다.

학습자 정보(사실)에 대한 고찰

Anthony는 학생들에 관해 배울 수 있었던 많은 정보에 상당히 기뻐하며 "우리는 지금 훨씬 더 많은 정보를 가지고 있다. 관심 목록 및 다중지능 조사 결과는 우리가 예상한 것과 비교적 일치하였다."라고 말했다.

내용 및 자료 차이화에 대한 고찰

Simpson은 Anthony에게서 배웠던 모든 전략을 높이 평가하였고, 학생들은 모두 수업 중 사용한 자료들과 정보가 제공되는 방식들을 이해하는 것처럼 보였다. 그들은 웹사이트를 사용했고, 2명의 학생들은 향후 프로젝트에 웹마스터로 참여해 달라는 제안을 받기도 하였다.

결과 및 평가 차이화에 대한 고찰

협력교사들은 일반적인 수학 단원 평가를 한 것보다 수학에 대한 학생들의 개념적 이해에 대해 훨씬 많은 정보를 가지고 있다는 데 동의하였다. Simpson은 "학생들 중 절반 이상이 1차 방정식을 목표로 해야 하는 것이 필요하다는 것을 알았죠."라고 미소를 지었고, Anthony는 다음과 같이 덧붙였다. "저는 TI-Nspire 계산기를 사용하는 방법에 대해서는 서비스가 필요할 정도이지 학생들은 제가 대수학II를 통과했을 때처럼 그런 도움조차 없었죠."라고 말했다.

수정 과정 차이화에 대한 고찰

두 교사는 첫 번째 협동그룹 활동이 이루어지는 동안 학생들이 다소 내성적인 모습을 보이는 것을 관찰하였다. Anthony는 학생들이 오답을 공유하는 것에 불편함을 느꼈을 것이라고 추측하였다. 그녀는 그들이 학생들의 불완전한 대답을 공유함으로써 안전하게 하기 위한 추론 습관과 구조 기회를 계속해서 강화할 것을 제안하였다. 이에 대해 Simpson은 동의하고 놀랐다. "그 활동은 실제로 생각을 늘리는 것처럼 보였어요. 하지만 그건 좋은 일이에요!"라고 하였다.

동료 관찰자 피드백 및 향후 목표

지역 수학 코디네이터인 Marcus 박사와 지역 통합자료 분석원인 Howard는 협력교사들이 처음으로 한 단원을 함께 계획하고 함께 가르쳤던 것을 반영한 것에 귀를 기울였다. 그러고 나서 그들은 관찰에 대한 피드백을 제시했다. Marcus는 협동그룹 활동 중에 발생한 높은 수준의 수학 추론에 대해 높게 평가하였고, Howard는 협력교사들에게 학생들의 수준 높은 수업 참여뿐만 아니라 관찰된 수업에도 다중지능이론이 얼마나 잘 주입되었는지에 대해 칭찬을 아끼지 않았다.

Marcus는 협력교사들에게 어떤 부분에서 차이를 두었는지 질문하였다. Simpson은 수업 설계 시간에 대해 언급하였는데, 그가 말하길 "우리가 함께 계획하는 데 약 6시간 정도를 소비했기 때문에 단원 수업이 너무 잘 진행되었습니다. 저는 이런 수업이 모든 단원에 적용된다는 건 상상할 수조차 없습니다."라고 했으며, Anthony도 이 말에 동의하였다.

> 나는 그것이 더 쉽고 빨라질 것이라고 확신한다. 우리는 우리 학생들에 대해 더 많이 알게 되었으며, 교사로서 서로를 알고 있다. 또한 우리는 단지 UDL, MI 및 연구 기반 교육 전략을 사용하는 방법만 배우는 중이었지만, 우리가 이제 알게 된 것처럼 더욱 다양한 학습들이 계속 이루어지고 있었다는 것이다.

두 명의 협력교사는 향후 목표가 그들의 질의 및 응답 기술을 더욱 다양하게 하는 것이라고 밝혔다. Anthony는 "학생들은 태블릿PC, 소프트웨어 등을 설정하는 데 번거로움이 있음에도 불구하고 온라인 응답 응용 프로그램(Poll Everywhere)을 사용하는 것을 정말 좋아했다." 이에 대해 Howard는 학생들에게 Poll Everywhere 또는 다른 웹 응용 프로그램에 대한 질문을 설정하여 기술 자료를 작성하는 데 도움이 될 수 있는 웹마스터로서 자신의 기술에 정통한 학생들을 참여시키고 질문을 만들고 질문하는 데 더 많은 시간을 할애할 것을 제안하였다. 교사를 위한 시간 및 회의는 두 명의 객원 관찰자가 첫 번째 협력학습 UDL 부서의 협력교사를 축하하고 다양한 학생 그룹에 대해 풍부한 차이화된 학습 경험을 설계하기 위해 계속 협력할 것을 권장하였다. 교사들은 그 과정이 강렬하면서도 가치 있고 재미있는 학습 과정이었으며 일부 학생들을 웹마스터 협력교사로 생각해 보도록 권유하였다.

〈표 14-6〉 차이화 수업에 따른 UDL 학습 계획안: 고등학교 수학

계획 단계	
단원 주제 및 단원명: 자료 수집, 분석 및 표시	내용 영역: 통계 및 확률
우리의 학생들은 누구인가? 우리는 다음과 같은 방법으로 학생들을 지도할 것입니다. • 수업이 시작하고 며칠 동안 학생들은 개인의 강점, 배경 및 관심사를 파악할 수 있는 몇 가지 활동에 참여하게 됩니다. • 수업 명단을 이용할 수 있으면 기록 검토(지역 교육청 수준의 평가 자료, *IEP*, 재활법 제504조 또는 중재 계획)를 실시할 것입니다. • 이 첫 번째 단원 수업 동안 개별 학생의 필요성을 평가합니다. 우리 학생들은 어떻게 배우는가? 우리 학생들은 최고로 배울 것입니다. • 학생들이 익숙한 실제 시나리오를 사용하거나 배경 지식과 정보를 제공함을 통해 • '전형적인' 학생의 관심과 관련된 과제 및 자료를 통해 • 대부분의 단원 활동에 걸쳐 다중지능의 통합을 통해 차이화에 대한 잠재적 필요성을 멈추고 되돌아보기(전문화된 지침) 내용, 결과 또는 학습 과정에서 차이화가 필요한 특성을 가진 학생이 있는가? 지원 및 스캐폴딩의 수준은 학생들의 요구사항의 관찰을 기반으로 증가합니다.	
내용 (학생들은 무엇을 배울 것인가?)	학생 성취를 보여주는 결과 (학생들은 자신의 성취를 어떻게 표현할 것인가?)
학습목표는 무엇인가? 어떤 내용 기준이 다루어지는가? 통계 과정 내에서 *NCTM*의 추론 습관 • 문제 분석-데이터로 해결할 수 있는 질문은 무엇인가? • 전략 수립-적절한 자료 수집 및 자료 표시 방법은 무엇인가? • 연결 탐색 및 사용-자료에서 어떤 관계가 발견되는가? • 해결책 되돌아보기-결과를 어떤 방법으로 해석할 수 있는가? 모든 학생들은 추론과 감각을 사용하여 다음을 수행한다. • 통계 실험의 기초가 되는 움직임의 과정 이해 및 평가	학습 결과는 어떤 방법으로 나타낼 수 있는가? • 전체 그룹 교육, 그룹 활동 및 개별 작업 중에 올바르게 응답하기 • 하나 및 두 개의 변수를 사용하여 자료를 분석하는 데 여러 가지 방법을 사용하기 • 관리도표, 점 도표, 히스토그램, 막대 그래프 및 상자 그림을 포함한 자료 세트에 대한 적절한 디스플레이를 사용하고 해석하기 • 기능적 관계를 확인하기 • 센터, z점수 및 표준편차를 측정하여 정규 분포를 설명하기

-CCSS.Math.Content.HSS-IC.A.1: 모집단의 무작위 표본을 기반으로 모집단 매개 변수에 대한 추론을 하는 과정으로서 통계를 이해하기
-CCSS.Math.Content.HSS-IC.A.2: 지정된 모델이 주어진 자료 생성 프로세스의 결과와 일치하는지 결정하기

• 표본 조사, 실험 및 관찰 연구로부터 추론을 하고 결론을 정당화한다.
-CCSS.Math.Content.HSS-IC.B.3: 표본 조사, 실험 및 관찰 연구의 목적과 차이점을 인식하기
-CCSS.Math.Content.HSS-IC.B.4: 표본 조사의 자료를 사용하여 모집단 평균 또는 비율을 추정하기
-CCSS.Math.Content.HSS-IC.B.5: 무작위 실험의 자료를 사용하여 두 가지 해결 방법을 비교하고, 시뮬레이션을 사용하여 매개 변수 간의 차이가 중요한지 여부를 결정하기
-CCSS.Math.Content.HSS-IC.B.6: 자료를 기반으로 보고서를 평가하기

단원 활동은 학생들이 다음과 같은 8가지 수학 실습 표준(CCSS.Math.Practice.MPS)을 시연할 수 있는 기회를 갖도록 설계될 것이다.
1. 문제를 이해하고 해결하는 데 인내심을 가지고 그것을 해결하기
2. 추상적이고 정량적으로 추론하기
3. 실행 가능한 논증을 구성하고 다른 사람들의 추론을 비판하기
4. 수학적인 모델을 만들기
5. 전략적으로 적절한 도구를 사용하기
6. 정밀도에 유의하기
7. 구조를 찾아보고 이용하기
8. 반복적인 추론에서 규칙성을 찾아보고 표현하기

• 산포도를 사용하여 선형 관계를 식별하기
• 가장 잘 맞는 선을 추정하고 기울기, y절편을 결정하기
• 최소 제곱 회귀선을 계산하기
• 자료의 해석을 기반으로 적절한 예측하기

차이화 고려사항

학생들이 그들의 이해를 표현할 수 있는 다양한 방법은 무엇인가?(예: 다중지능, 다단계 그리고/또는 다감각적 수행)

그래픽 조직화 완성하기
주요 개념을 시각적으로 표현하기
수학적 절차 또는 핵심 개념을 설명하는 노래를 만들기
자료 디스플레이의 물리적 표현을 구성하기
협동그룹 활동 중에 의견을 제공하기
서면, 말하기 또는 클릭을 통해 응답하기
그래프 용지에 그리거나 물체로 만들거나 기술로 고안하여 자료 디스플레이 생성하기
관심 목록에서 제공된 자료를 완성하고 사용하기

학생들이 산출한 실제적 결과에는 무엇이 있는가?

관심 및 배경 지식을 기반으로 자료 수집, 분석 및 제시 프로젝트를 설계 및 실행하기

교사가 결과를 평가하기 위해 사용하는 기준은 무엇인가?

추론 습관 평가 등급

개별화에 대한 잠재적 필요성을 멈추고 되돌아보기

필수적인 이해를 숙달시키기 위해 필요에 따라 스캐폴딩을 제공하기
작업 내의 절차 수를 제한하기

차이화 고려사항

모든 학생들이 내용에 접근할 수 있도록 다양한 전략이 사용되었다.
교실에서의 일상에 대한 행동 기대치를 가르치기
다양한 수준의 교과서 및 온라인 자료를 제공하기
물리적 모델을 제공하고 큰 인쇄물을 제공하기
시각 자료, 서면 지시사항 및 작업 요약을 제공하기
연상 프롬프트와 생각할 시간을 제공하고, 핵심 어휘와 그래픽 조직자를 확인하기

개별화에 대한 잠재적 필요성을 멈추고 되돌아보기

독특하거나 다단계적인 목표나 자료가 필요한 학생들을 위한 계획은 무엇인가?

우리는 정보가 제시되는 방식, 필요에 따라 정보와 자료의 복잡성 수준을 변경할 수 있다. 스캐폴딩을 제공한다.

수업 방식	수업 배치	수업 전략	사회적 · 물리적 환경	협력교수 접근(들)
우리는 다음을 사용할 것이다: 명시적 및 조사 기반 지시 21세기 기술 활동 기반 관심 기반 그룹 조사 그룹 공동작업 개별화된 지침	우리는 다음을 사용할 것이다: 전체 그룹 협동학습 그룹 파트너 개인	우리는 다음을 사용할 것이다: 그래픽 조직자 생각하기 시간 여러 학생들의 응답 협동그룹 학습 다중지능 고차원적 사고력과 추론은 모든 사람에게 적용된다. 시각적 스캐폴딩 자기평가 및 반성	우리는 다음을 할 것이다: 협동 모델 보이기 기대치 및 절차 가르치기 노력 강화 및 구체적인 피드백 제공 학생의 조언 및 의사결정의 기회 제공 통신 패턴 관리 도구 및 자원에 대한 웹사이트 액세스	우리는 다음과 같은 협력교수 접근을 사용할 것이다: 지원적 교수 평행교수 상보적 교수 팀티칭

잠재적 개별화에 대한 멈추고 되돌아보기

학습 과정에서보다 집중적인 차이화가 필요한 특성을 가진 학생들을 위한 계획은 무엇인가?

우리는 학생들이 수업 과정에서 어떻게 참여하고 상호작용하는지를 수정할 수 있습니다. 속도를 조정하고, 추가로 생각할 시간 전략을 제공하며, 응답 유형을 변경하고, 다양한 수준의 복잡성을 가진 질문을 제공하여 또래 지원을 용이하게 하였습니다.

⬇

실행 단계

협력교사: *Simpson, Anthony*

수업 날짜: *가을 학기의 첫 번째 단위*

협력교사들은 수업 전, 중, 후에 무엇을 수행하는가?

협력교사명	Simpson	Anthony
수업 전, 내가 수행할 구체적인 일들은 무엇인가?	*지역 IT 부서에 연락하여 단원 도구 및 자원으로 수업 웹사이트를 구성하기* *전체 그룹 발표 및 토론에 대한 내용 슬라이드 만들기* *협동학습 그룹을 위한 내용 질문을 개발하기* *교실의 실제 공간을 정리하기* *독립적인 프로젝트 점검표를 만들기* *온라인 설문 조사를 준비하고 자료 세트를 구성하기* *단위 수업 목표를 가르치는 데 필요한 수학 지식을 고려하고 공유하기* *멈추고 되돌아보기*	*자원(디지털, 오디오, 단순화된 언어)를 얻으려고 기술 지원(TA) 센터에 연락하기* *내용 슬라이드(조직, 언어, 시각자료)에 조언 제공하기* *협동학습 그룹을 위한 쓰기 지침 카드를 신속하게 지원하기* *그래픽 조직자와 핵심 개념 포스터를 개발하기* *추론 습관에 대한 자기평가표 만들기* *마감일이 있는 첫 번째 단위 활동에 대한 학부모 이메일 준비하기(학교 및 강의 웹사이트 링크를 공유하기)* *단위 내용을 고려하고 가능한 오해를 공유하기* *멈추고 되돌아보기*

수업 중, 내가 수행할 구체적인 일들은 무엇인가? (각 단계에서 사용된 협력교수 접근을 보라.)	단원 소개 팀-관심을 끌고, 단원의 목표와 목적을 설명하기-핵심 개념 사용하기 팀-파트너 활동의 모델 보이기 상보적 역할-소리 내어 생각하기로 그래픽 조직자 완성하기 안내하는(지원적) 역할-내용 파악을 점검하고 노력 강화하기 안내하는(지원적) 역할 - 협동그룹 활동 설정하기 평행-교실 및 운동장의 동쪽에 있는 협동그룹 모니터링하기/노력 강화하기 상보적-이변량 데이터 분석에 대한 내용 발표하고 전시하기 지원적-학생 반응 모니터링하기 지원적-자료에 접근 가능한지 확실히 하기 평행-교실과 옥외관람석의 서쪽에 있는 협동그룹을 모니터링하기-노력 강화하기 상보적-독립 프로젝트 설명하기 상보적-요약하기, 이해 확인하기, 피드백 제공하기	단원 소개 팀-관심을 끌고, 단원의 목표와 목적을 설명하기-핵심 개념 포스터 사용하기 팀-파트너 활동의 모델 보이기 상보적-일변량 데이터 분석에 대한 내용 발표하고 전시하기 지원적-학생 반응 모니터링하기 평행-교실과 옥외 관람석의 서쪽에 있는 협동그룹을 모니터링하기/노력 강화하기 상보적 역할-소리 내어 생각하기로 그래픽 조직자 완성하기 안내하는(지원적) 역할-내용 파악을 점검하기 안내하는(지원적) 역할-이변량 데이터 협동그룹 만들기 평행-교실 및 운동장의 동쪽에 있는 협동그룹 모니터링하기/노력 강화하기 상보적-이해 점검하기, 선택권 제공하기 상보적-추론 습관에 대한 전체 그룹 토론 유도하기
수업 후, 내가 수행할 구체적인 일들은 무엇인가?	개인, 파트너 및 관찰자가 멈추고 되돌아보기 프로젝트를 함께 평가하기 학급 웹사이트에 프로젝트 게시	개인, 파트너 및 관찰자가 멈추고 되돌아보기 프로젝트를 함께 평가하기 수집된 메모 및 정보 구성하기

반성 및 평가 단계
협력교사들은 언제, 어디에서 그리고 어떻게 그 단원의 수업 결과를 보고하고 평가하는가? 협력교사는 단원학습을 하는 내내 점검사항을 보고하고, 사고와 반성에 대해 파악합니다. 지역 수학 코디네이터인 *Marcus* 박사와 지역 통합자료 분석원인 *Howard* 교사는 단원학습을 관찰합니다. 단원학습이 끝난 후 협력교사는 지역 수학 코디네이터 및 지역 통합자료 분석원과 만나 단원의 결과를 보고하고 평가하였습니다.

15 맺음말

멈추고 되돌아보기

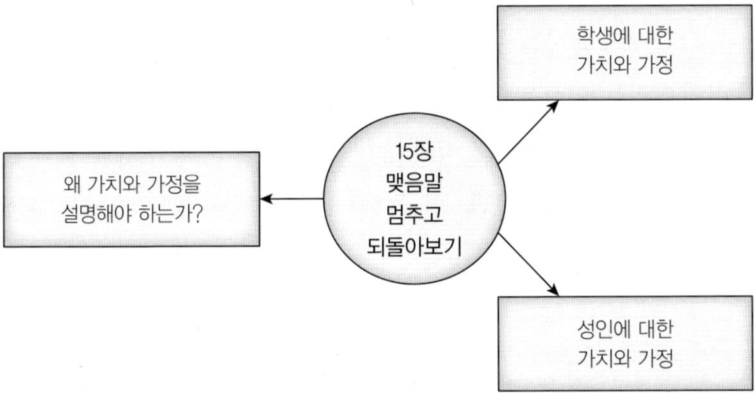

[그림 15-1] 15장의 내용 체계

우리가 아동의 다양성을 문제로 보는 것을 그만두지 않는 한, 결코 학교를 성공적으로 재구조화할 수 없다.

—Grant Wiggins, 작가, 컨설턴트, 평가 혁신가

이 책에서 우리는 차이화 수업을 위한 보편적 학습설계(UDL) 수업 계획 사이클 속에서 보편적 설계, 협력 계획, 평가의 원리와 실제를 통합해 왔는데([그림 15-2] 참고), UDL 수업 계획 사이클은 학생, 교육과정, 수업, 그리고 평가에 대해 교사들이 생각하는 방법을 바꿀 것이라고 희망하는 방법으로 상호 혁신적인 실제를 융합한다. UDL은 재조정 접근으로서 아동과 청소년의 다양성을 문제가 아니라 강점으로 보도록, 그리고 학생들을 수업 설계에서 마지막이 아니라 첫 번째로 두도록 하는 방법을 교육자에게 제공한다.

학생에 대한 가치와 가정

예를 들어, 11장에서 교사들은 Rosa의 이중 언어로 번역된 Martin Luther King, Jr.의 '나는 꿈이 있어요'라는 연설을 듣고 Rosa에 대한 인식을 학습자로 변경한 것을 기억하는가? 10장에서 교사가 Kevin의 강점과 흥미를 자극한 후에, 수업에 대한 Kevin의 반응이 변화되었던 것을 상기해 보라. 더군다나 12장에서 설명된 Tina와 13장에서 소개

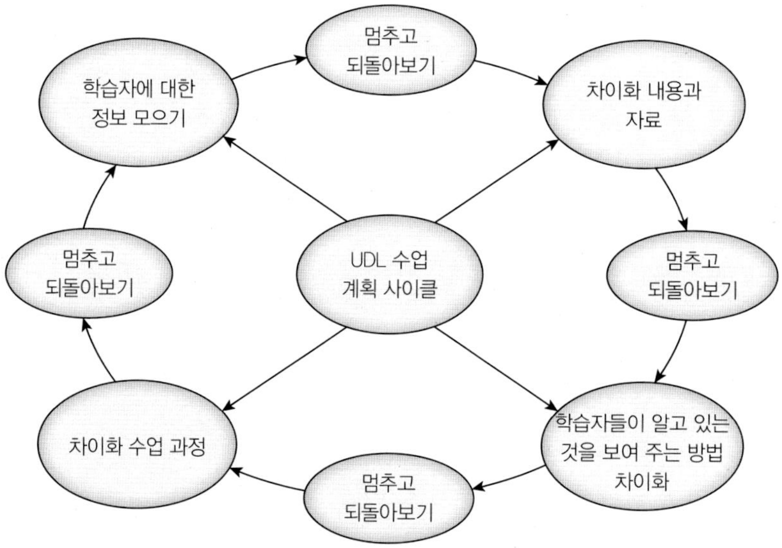

[그림 15-2] 차이화 수업을 위한 보편적 학습설계 수업 계획 사이클

된 Chang, Maarten, Deeandre, Yolanda의 변화는 모두 교사들이 보편적 설계의 원리를 사용하여 개발한 차이화된 수업 계획과 역동적으로 연관되어 있다. 궁극적으로, 협력교사를 염두에 두고, 우리는 예상된 학생들이(심각한 학습 차이가 있는 학생을 포함하여) 지역사회의 다양성을 반영할 것이라는 전제하에서 대수학II 단원의 자료와 평가, 수업 과정을 미리 차이화하기 위한 계획을 14장에서 소개하였다. 학생들의 차이점을 문제가 아닌 강점으로 봄으로써, 교사들은 학생들 모두에게 보다 의미 있고 풍부한 학습 경험을 제공했다.

성인에 대한 가치와 가정

이 책의 각 장을 마쳤을 때, 여러분은 어떤 가치를 탐지했는가? 보편적 설계 방법으로 생각하고 계획하기 위한 노력을 착수하는 데 있어서 기본으로 다가오는 어떤 신념이나 확신이 있었는가? 여러분이 이 책을 집필했다면, 교사와 관리자의 입장을 고려해서 무엇을 쓸 것인가? 여러분은 교사와 관리자, 그리고 다른 학교의 리더가 보편적으로 접근 가능한 수업과 단원을 설계하고 전달하기 위하여 해야 하는 협력 계획과 수행, 평가를 지원하기 위해서 요구하는 행위들에 대해 어떻게 생각하는가?

왜 가치와 가정을 설명해야 하는가

우리는 교육 분야에 대해 가치와 행위가 모든 학생들에게 학습에 대해 평등하게 접근하는 것을 보장할 수 있도록 함께 모여서 작업할 수 있는 본질적 전환점에 와 있음을 주장한다. 그러한 가치와 행위는 무엇인가? 우리에게 그 가치는 단순하다. 그 가치는 우리 모두가 들었거나 아마도 여러 번 인용했는지도 모른다. 이 글을 작성하는 여정을 통해 우리에게 안내된 아동과 청소년에 대한 가정 및 신념은 다음과 같다.

• 각 학생은 개인이며, 우리가 무슨 일을 하든지 간에 우리의 가장 중요한 책임은 학

생에게 해가 되지 않도록 하는 것이다.

- 각 학생은 배울 수 있고, 또한 배울 것이다. 항상 학생의 능력을 북돋워 주라.
- 각 학생은 효과적이고 동기가 부여되는 수업을 통해 배울 권리가 있고, 필요하다면 개인 숙박 시설을 제공받을 권리도 있다.
- 각 학생의 다양성은 학습에 대한 접근성을 제공하는 새로운 방법을 고안하는 촉매제이므로 선물이다.

성인에 대한 가정과 신념은 다음과 같다.

- 모든 교사는 배울 수 있고, 또한 배울 것이다.
- 모든 교사는 다양한 학습자에게 도움이 될 수 있는 새로운 교수 기법, 교육학, 응용 기술 및 사고 방법을 배워야 할 책임이 있다.
- 모든 관리자는 배울 수 있고, 또한 배울 것이다.
- 모든 관리자는 교사가 각 학생의 요구를 충족할 수 있도록 효과적인 지원과 전문성 개발 및 피드백을 제공할 책임이 있다.

왜 이 시점에서 우리의 가치관을 공유하는가? 첫째, 우리는 협력과 UDL 접근 방법을 채택하고 승인하는 것이 가치를 향한 결정이라고 생각하기 때문이다. 우리의 개인 역사를 교사와 관리자로서 보라. 많은 교사에게 UDL이나 협력교수는 초등학교나 고등학교 학생으로서 자신의 경험에 기초한 일부도 아니었으며, 교사가 되기 위한 공식적인 주요 절차도 아니었다. 우리 중 일부에게 UDL은 급격히 부상하고 있는 새로운 패러다임으로 보이며, 아마도 수업을 계획하고 구현하는 데 대한 외국의 사고방식으로 보일지도 모른다. 새로운 패러다임과 그에 수반되는 기술과 기법을 어떻게 구현할 것인가에 대한 깊은 이해를 발전시키기 위해서는 시간과 인지적 · 정서적 에너지가 필요하다는 것을 알고 있다. 따라서 UDL 구현을 시작하는 것, 그리고 바라건대 협력교수는 어느 정도 '각 학생은 배울 수 있고, 배우고자 하는 의지를 가진 개인이며, 또한 효과적이고 동기를 부여할 수 있는 수업을 받을 권리가 있다고 믿고 있기 때문에, 나는 시간과 노력이 필요할지라도 이것을 시도할 것'이라는 '믿음의 도약'이다.

우리는 또한 이 시점에서 교사와 관리자에 대한 우리의 믿음과 신념을 공유하고자 하는데, 왜냐하면 우리는 조직 변화의 연구로부터 교사와 관리자가 전문적인 지원과 개발의 인프라를 제공받는다면 혁신을 한다는 것을 알고 있기 때문이다. 연구자들(예: Fullan, 1993; Joyce & Showers, 1980)은 학교의 관행을 바꾸기 위해서는 새로운 아이디어에 단순히 노출되는 것 이상의 것을 요구한다는 점을 오랫동안 일관되게 보여 왔다. 학생들과 마찬가지로, 교사 혁신가들은 지속적인 모델링, 실제 지침, 자신의 방식대로 수행할 수 있는 권한을 필요로 하며, "성공한 교사들이 그들의 교실에서 전략 수행을 경험할 뿐 아니라 순전한 노력을 한 사람도 교실에서 실질적인 변화를 가져온다는 것을 알고 있다"(Marzano, Pickering, & Pollock, 2001, p. 157).

차이화된 수업과 같은 실제를 성공적으로 시행하기 위해서는 지속적인 전문가 개발이 필수적이다. Tomlinson(2005)은 차이화가 학생들에게 제공하는 경향과 실제를 생각하는 교사를 위해서 이론 및 모델을 제공하는 전문가를 개발할 것을 강력히 주장한다. 교사들은 실제가 어떻게 보이고 어떤 느낌인지, 그리고 그것이 개인에게 어떤 이익이 되는지에 대한 강력한 이미지를 경험하는 것이 중요하다. 사실, Learning Forward: The Professional Learning Association(이전의 National Staff Development Council)은 전문가 학습과 학생 성취 사이의 연관성을 보여 주는 증거를 조사하기 위해 활동적인 웹사이트를 운영한다(http://learningforward.org/publications/examining-the-evidence#.Uz3BEVfeQsE).

그러나 관리자는 어떻게 이러한 새로운 발전을 이미 짜여진 학교의 일일 계획, 주간 계획 및 연간 계획에 끼워 넣을 것인가? 물론 많은 전문가 개발 형식(예: 학교 전체의 연수 교육, 학급 내 코칭)이 있고, 교사는 다양한 선호도를 가진다. 우리는 관리자가 협력교수에 대한 책(Villa, Thousand, & Nevin, 2013)에서 설명하고 실제적으로 협력교수를 채택한 관리자들에 의해 사용되었던 1단계 접근 방법(bite-sized approach)을 고려할 것을 권장한다. 예를 들어, 관리자들은 아침 클럽, 전문가 학습 커뮤니티(PLCs), 또는 교사가 장별 장서 연구, 협력 계획, 강의 공유, 그리고 문제 해결에 체계적으로 참여할 수 있는 코칭 코너와 같은 간단하고, 빈번하고, 지속적인 이벤트를 조직해 왔다. 이러한 접근은 동기를 증가시키면서 스트레스를 감소시킬 수 있는 잠재력이 있는데, 그것은 실생활에서 적용되고, 면대면 상호작용을 통해 자연적인 대인관계를 지원하며, 그리고 효과적인 협동그룹의 특징인 개별적인 책무성을 수립하기 때문이다(Johnson & Johnson, 1999, 2002, 2009).

어떻게 시작해야 하는가? UDL 접근법의 네 가지 설계중점 중 첫 번째는 학생들에 대해 먼저 생각하는 것이다. 따라서 그렇게 하라! 시작하라! 위험을 무릅쓰고, UDL을 시도해 보라! 연구에 따르면 이러한 방법으로 학생들의 삶에 차이를 만들 수 있을 뿐 아니라, 그들은 또한 즐겁게 '하루를 자기의 날로 만들어' 갈 수 있다.

부록

부록 A | 학습자와 학급 요구에 대한 정보 수집

학습자에 대한 정보	학급 요구에 대한 정보
강점 배경지식과 경험 흥미 학습양식 다중지능 중요한 관계 기타: ____________ 기타: ____________	내용 요구 내용은 학습자에게 어떻게 이용되는가?

	과정 요구 교사는 학습자의 학습을 촉진하기 위해서 어떤 과정을 사용하는가?
목적 이 학습자는 학교 학습, 의사소통, 움직임, 영어 습득, 그리고/또는 사회정서적 기능과 관련된 어떤 특별한 목적을 가졌는가?	결과 요구 학습자들은 그들이 학습한 것을 어떻게 보여 주는가?
이 학습자에 대한 특별히 염려되는 점이 있는가?	학습자들은 어떻게 평가점수를 받는가?

부록 B | 보편적 학습설계 수업 계획안

<table>
<tr><th colspan="5">계획 단계</th></tr>
<tr><td colspan="5">수업 주제와 단원명: ____________ 내용 영역(들): ____________</td></tr>
<tr><td colspan="5">단계 #1: 학생 학습자에 대한 정보</td></tr>
<tr><td colspan="3">단계 #2: 내용(학생들은 무엇을 배울 것인가?)</td><td colspan="2">단계 #3: 결과(학생들은 자신의 성취를 어떻게 표현할 것인가?)</td></tr>
<tr><td colspan="5">단계 #4: 수업 과정 (학생들은 수업에 어떻게 참여할 것인가?)</td></tr>
<tr><td>수업 방식</td><td>수업 배치</td><td>수업 전략</td><td>사회적 · 물리적 환경</td><td>협력교수 접근</td></tr>
<tr><td></td><td></td><td></td><td></td><td></td></tr>
<tr><th colspan="3">실행 단계</th><th colspan="2">수업 날짜:</th></tr>
<tr><td colspan="5">협력교사? ____________ ____________ ____________ ____________
협력교사들은 수업 전, 중, 후에 무엇을 수행하는가?</td></tr>
<tr><td>협력교사명</td><td></td><td></td><td></td><td></td></tr>
<tr><td>수업 전, 내가 수행할 구체적인 일들은 무엇인가?
수업 중, 내가 수행할 구체적인 일들은 무엇인가?
수업 후, 내가 수행할 구체적인 일들은 무엇인가?</td><td></td><td></td><td></td><td></td></tr>
<tr><th colspan="5">반성 및 평가 단계</th></tr>
</table>

부록 C | 학생 성취를 증가시키는 최고의 9가지 연구 기반 전략

전략	전략 사용 시기
1. 유사점과 차이점 구별하기	
2. 말한 내용 요약하기와 기록하기	
3. 강화 효과	
4. 적절한 난이도의 숙제와 연습	
5. 비언어적 표현과 그래픽 조직자 사용하기	
6. 협동그룹 학습	
7. 목표 설정과 피드백 제공	
8. 가설 수립과 검증	
9. 질문, 단서와 선행 조직자 제공하기	

부록 D | 협력교수의 네 가지 접근 작성 양식

네 가지 접근 방법의 유사점			
지원적 교수의 차이점	평행교수의 차이점	상보적 교수의 차이점	팀티칭의 차이점
지원적 교수의 장점	평행교수의 장점	상보적 교수의 장점	팀티칭의 장점
지원적 교수의 주의사항	평행교수의 주의사항	상보적 교수의 주의사항	팀티칭의 주의사항

부록 E | 전문적인 협력학습 계획에 대한 제안

팀 구성원	
학교 이름	
학과(들)	
연구문제	
가설 원인	
제안된 해결책	
제안된 목표	
제안된 지구(역) 개선 활동 목표의 적합성	
제안된 활동 예상 시간	
예상 결과	
평가 조치	

부록 F | 수업 관찰 양식

수업자(들):	관찰자:	날짜:	장소:	기간/시간:	예정: □ 예 □ 아니요
학년:	과목:	전체 학생 수:	결석 인원:	IEP(개별화 교육 계획) 학생 수:	영어를 배우고 있는 학생 수:

내용 및 자료		
수업 목표/학습 결과:		
언어(교육) 목표: □ 읽기 □ 쓰기 □ 말하기 □ 듣기		
언급된 목표 □ 예 □ 아니요	제시된 목표 □ 예 □ 아니요	학생들에게 제공되는 이론적 근거 □ 예 □ 아니요
차이화 자료 □ 예 □ 아니요 자료의 예:		

결과 및 평가
□ 예 □ 아니요 학습 결과 지향의 수업 진행
□ 예 □ 아니요 복수의 방법으로 보여 주는 학습 결과 예:
□ 예 □ 아니요 성공 기준 제시
□ 예 □ 아니요 성공 기준의 측정 방법 제시
□ 예 □ 아니요 다양한 방식으로 학습 결과 측정

학습 과정			
협력교수 접근 방법	다중지능이론		발언 비중
□ 지원적 교수 □ 평행교수 □ 상보적 교수 □ 팀티칭 □ 해당 없음	□ 논리/수학 □ 언어 □ 자기성찰 □ 대인관계	□ 시각/공간 □ 신체/운동 □ 음악/리듬 □ 자연친화	□ 교사 주도의 발언 □ 교사와 학생의 동등한 발언 □ 학생 주도의 발언

학습방식
□ 전체 그룹 학습 □ 짝 학습 □ 공식 협동그룹 학습 □ 스테이션식 학습 □ 독립적 학습 □ 소그룹 학습 □ 교사 지정 그룹 학습 □ 즉각적인 협동 구조

교사와 학생 행동의 직접적인 관련성	
교사 행동	학생 행동
□ 명확하고 분명한 학문적 절차	□ 명확하고 분명한 학문적 절차를 따름
□ 생각할 시간 제공	□ 사고 활동에 참여
□ 명확한 방향 제시	□ 수업 방향의 이해도 입증
□ 수업 방향에 대한 이해 확인	□ 올바른 방향 설명
□ 개념, 원칙, 사실 이해 여부 확인	□ 여러 학생이 올바르게 응답
□ 발표하지 않는 학생을 확인	□ 발표하지 않은 학생이 정답을 말함
□ 완전한 문장의 답변 요구	□ 완전한 문장으로 말함
□ 그래픽 조직자 내용 제공	□ 그래픽 조직자를 사용함
□ 새로운 기술(21세기 기술) 사용	□ 새로운 기술(21세기 기술) 사용
□ 학문적 용어 사용	□ 학문적 용어 사용

추가적인 교사 행동	추가적인 학생 행동
□ 비언어적 표현 제공	□ 가설 설정 및 실험
□ 수업 동안 모든 학생을 모니터링	□ 유사점과 차이점 식별
□ 즉각적인 반응, 신호, 방향 수정, 반복지도 제공	□ 요약 및 메모
□ 구체적인 피드백 제공	□ 종이와 연필로 과제 수행
□ 동기 부여	□ 또래를 가르침
□ 행동 강화	□ 활동과 활동 사이의 원활한 전환

느낌, 어조, 분위기 ☐ 긍정적 ☐ 보통 ☐ 부정적	
☐ 'bell-to-bell' 교육 참여(수업시간 준수)	
☐ 협력교사의 원활한 (역할) 전환	
☐ 협력교수 시 협력교사의 의도적 모니터링	

인식 수준			학생 참여 수준	
	교사 발문	학생 반응	순간 최소 참여	순간 최대 참여
기억/이해	☐	☐	☐ 0~29%의 학생	☐ 0~29%의 학생
적용	☐	☐	☐ 30~49%의 학생	☐ 30~49%의 학생
분석/평가	☐	☐	☐ 50~69%의 학생	☐ 50~69%의 학생
창의성	☐	☐	☐ 70~89%의 학생	☐ 70~89%의 학생
메타인지	☐	☐	☐ 90~100%의 학생	☐ 90~100%의 학생

주의사항

부록 G | 수업 후 관찰 회의 양식

날짜:	시간:	협력교수 실행 기간:
수업의 성공적인 부분:	재수업 시 변경할 부분:	교사가 사용한 협력교수 접근 방법: ☐ 지원적 교수 ☐ 평행교수 ☐ 상보적 교수 ☐ 팀티칭 관찰자가 확인한 협력교수 접근 방법: ☐ 지원적 교수 ☐ 평행교수 ☐ 상보적 교수 ☐ 팀티칭 수업 계획 시간 기간: ____________ 빈도: ____________

관찰자 질의사항:	관찰자가 확인한 성공적인 부분:
제안점:	수업의 향후 계획/ 반영할 내용

부록 H | 수업 관찰 양식 용어 및 설명 해설

[관찰은 스냅샷 관찰(snapshot observation)[1]임을 기억하라.]

내용 및 자료	
수업 목표/학습 결과	학생들이 알고, 이해하고, 묘사하고, 설명하고, 적용하고 그리고/또는 다음 수업을 수행할 수 있을 것으로 기대되는 적어도 하나의 명시된 수업 목표 또는 학습 결과가 있다.
내용 목표	공통 핵심 국가 기준(대학 및 직업 준비 기준) 및 영어 개발 표준 및 틀과 연계된 내용 목표가 있다는 사실이 관찰자에게는 분명해야 한다.
언어 목표	배울 내용과 연결된 학생의 읽기, 쓰기, 듣기 또는 말하기와 관련된 별도의 언어 목표가 있다.
언급된 목표	강사는 관찰 기간 동안 목표를 언급한다.
제시된 목표	강사는 학습자가 볼 수있는 목표를 가시적으로 제시한다.
학생들에게 제공 또는 응답되는 이론적 근거	교사는 목표에 대한 학습이 왜 중요한지에 대한 이유를 설명하거나 학생의 응답을 요청한다.
차이화 자료 사용	자료는 개별 학생의 강점을 활용하고 학생 개개인의 요구를 지원하기 위해 차이화된다(예: 그래픽 구성 도우미, 조작법, 구조화된 노트, 다양한 수준의 읽기 자료, 비디오 사용). 학생들은 목표를 배우기 위한 여러 진입점을 가지고 있다.
결과 및 평가	
학습 결과 지향의 수업 진행	학생들은 학습 목표 또는 결과(예: 서면 결과물, 신호, 설명, 노래, 그룹 보고서, 연기, 구두 응답)에 대한 숙달 정도의 진전을 보여 준다.
복수의 방법으로 보여 주는 학습 결과	학생들은 여러 가지 방법(두 가지 이상)으로 학습 목표 또는 결과의 숙달 정도에 대한 진전을 보여 줄 기회를 얻는다. 여기에는 학생들이 자신이 알고 있는 것을 보여 주는 방법을 선택할 수 있는 기회가 포함될 수 있다.
성공 기준 제시	교사는 예상되는 숙달 정도와 관찰된 관련 행동을 명확하게 전달한다.
성공 기준의 측정 방법 제시	교사는 학생들의 숙달 정도를 결정하기 위해 평가한다.
다양한 방식으로 학습 결과 측정	교사는 두 가지 이상의 방법을 사용하여 학생들의 학습 방법, 프로젝트 가이드, 개별 가이드, 포트폴리오, 공학 사용(예: 클릭 연결자 사용, 텍스트 응답)을 평가한다.

1) 역자 주: 주로 어린 학생들을 대상으로 활용한다. 학생들 수업에 방해되지 않는 상황(교실 내외)에서 관찰하고자 목적하는 부분을 5분에서 10분 정도로 관찰 및 기록하는 것을 말한다. 기록은 〈부록 F〉 수업 관찰 양식을 활용하면 된다.

		학습 과정
협력교수 접근 방법	지원적	한 선생님이 이끌어 주고 다른 선생님은 학생들을 도와 지원을 제공한다.
	평행	두 명 이상의 사람들이 교실의 여러 섹션에서 서로 다른 그룹의 학생들과 함께 작업한다. 협력교사는 여러 그룹의 학생들을 가르치거나 모니터링하거나 촉진시킨다.
	상보적	교사 행동(예: 필기시험, 이해를 확인하기 위한 질문, 예제 또는 시각적인 스캐폴딩 지원)은 다른 교사가 제공한 수업을 향상시키기 위해 고안된다.
	팀	협력교사는 공평하게 계획, 지도 및 평가에서 리더십과 책임을 공유한다. 두 교사 모두 동등한 목소리와 권위를 갖고 있으며 내용을 전달하고 교육과정에 대한 접근을 용이하게 한다. 누가 내용 전문교사인지 누가 지도 전문교사인지 구분할 수 없다.
	없음	단 한 명의 교사가 교육을 제공한다. 두 번째 사람이 참석할 수도 있고 참석하지 않을 수도 있다. 두 번째 사람이 있는 경우 그 사람은 수업을 제공하지 못하거나 지도를 용이하게 하지 못한다.
다중지능이론	논리/수학 지능	개념 지향. 논리적 또는 수치적 패턴을 인지할 능력이 있다. 학생들이 수식을 적용하고, 문제를 해결하고, 과학적 방법을 사용하여 가설을 발견하거나 평가할 수 있는 과학적 또는 수적 특성을 지니고 있다. 이 정보를 가진 학생들은 종종 퍼즐, 외곽선, 수식, 실험실 실험, 패턴 및 유추를 좋아한다.
	언어 지능	단어 지향. 단어의 소리, 구조, 의미 및 기능에 민감하다. 스토리텔링, 글쓰기, 읽기 및 말하기 놀이(예: 농담, 말장난, 수수께끼)에 호감을 나타낼 수 있다. 이 학생들은 종종 연설, 토론, 토론, 낱말 맞추기, 읽기, 쓰기, 말하기 및 스토리텔링을 즐긴다.
	자기성찰 지능	직관 지향. 자신의 감정에 접근하고 해석할 수 있다. 강한 의지 또는 자기 동기가 있을 수 있다. 혼자 하는 활동을 선호할 수도 있다. 이 학습자는 종종 성찰일지, (특정주제)저널, 일기, 독립적인 독서 및 조용한 반성을 즐긴다.
	대인관계 지능	사회 지향. 강력한 중재 및 지도력이 있다. 다른 사람들을 가르치고 다른 사람들의 기분, 기질, 동기를 분별할 수 있다. 이러한 학습자는 종종 그룹 활동, 빠른 협력 구조, 공식 협동그룹, 회의, 토론 및 팀 컴퓨터 활동을 즐긴다.
	시각/공간 지능	이미지와 그림 지향. 시각적으로 세계를 인식하고 그러한 인식에 대한 변형을 수행할 수 있다. 백일몽과 예술적 · 디자이너적 · 발명적 특성을 입증할 수 있다. 이러한 학습자는 종종 수학 조작, 그래픽 구성 도우미, 포스터, 차트, 삽화, 정치 만화 및 연극 소품을 좋아한다.
	신체/운동 지능	신체 지향. 자기표현(행동, 춤, 무언극)을 위해 신체 움직임을 사용한다. 육상에 탁월하다. 촉감을 사용하여 환경을 해석한다. 정밀하게 운동능력이 요구되는 물건을 능숙하게 다룰 수 있다. 이 학습자는 종종 협동학습, 역할연기, 연기, 실험 및 운동을 좋아한다.
	음악/리듬 지능	리듬 · 멜로디 지향. 리듬, 피치, 음색 및 다양한 형태의 음악 표현을 제작하고 감상할 수 있다. 음악으로 움직이거나 진정될 수 있다. 이 학습자는 종종 랩, 방울, 시, 기억술 및 합창 반응을 만들기를 원한다.
	자연친화 지능	자연 분류 능력(도시, 교외, 농촌). 자연계에 존재하는 것에 대한 뛰어난 지식이나 민감성을 가지고 있다. 자연에서 패턴을 식별할 수 있는 능력이 있다. 이 학생들은 종종 자연, 생태, 자연 산책, 자연에 대한 이야기, 견학을 식별하는 것을 좋아한다.

발언 비중	교사 주도의 발언	교실에서 들리는 목소리는 주로 교사의 목소리이다. 교사는 학생들을 불러 모으고 있지만, 대다수의 학생은 교사와 서로 아이디어를 교환하고 있지 않다.
	교사와 학생의 동등한 발언	평균적으로 대화의 양은 교사와 학생들 간에 균등하게 분산되어 있으며, 대다수의 학생이 학술적인 대화와 아이디어 교환에 참여하고 있다.
	학생 주도의 발언	대부분의 학생은 학습 목표와 관련된 아이디어 교환을 통해 학업적 대화에 참여하고 있다.
학습 방식	전체 그룹	교사는 모든 학생들에게 동시에 지시한다.
	독립적	학생들은 독창적인 과제물 작성, 독서, 웹사이트 탐색, 조작 활동 등을 단독으로 수행한다.
	짝	각 학생은 다른 학생과 짝을 이루어 과제를 완수한다.
	소그룹	소그룹에서 함께 활동한다. [주의사항: 공식 협동그룹의 요소가 발견되지 않을 때 이 영역을 선택하라.]
	공식 협동그룹	교사는 다섯 가지 기본 협동학습 구성요소를 포함한다. 긍정적 상호의존성–학생들은 성공을 위해 서로를 필요로 한다는 것을 인식한다. 상호의존성은 노동, 물질, 자원 및 역할의 분리를 통해 창출될 수 있다. 개별 책무성–각 학생은 과제를 배우거나 수행할 책임이 있다. 학생들에게 사전에 책임감이 무엇인지, 어떻게 책임을 질 것인지를 지도한다(예: 개인 퀴즈, 학습지의 무작위 선택, 모둠에 대한 교사 모니터링). 그룹 활동–학생들은 소그룹 대인관계 기술뿐만 아니라 학업을 얼마나 잘 수행했는지 평가한다. 사회적 기술–사회적 기술은 수업에 통합되고, 가르쳐지고, 모델링된다. 이러한 기술은 학습 목표와 동등한 것으로 인식된다. 면대면 상호작용–학생들은 2에서 6까지 그룹으로 구성되며 일반적으로 선생님이 지정하고 이질적이다.
	교사 지정 그룹	교사는 소그룹과 협력하여 내용 지침이나 학습 활동을 안내한다.
	스테이션식	학생들은 돌아가면서 학습한다. 특정 기술이나 개념을 가르치거나 강화하거나 확장하기 위해 고안된 활동이나 자료 모음이 있다. 선생님이 각 스테이션에 참석할 수도 있고 참석하지 않을 수도 있다. 학생들은 내용 자료를 개별적으로 또는 소그룹으로 활동할 수 있다.
	즉각적인 협동 구조	즉각적인 비공식 협동그룹 구조(예: 생각하기–쓰기–짝 활동–공유하기, 회전목마, 번호가 새겨진 머리띠, 질문 던지기)는 학생들 간의 공동 대화 및 작업을 위해 수업시간 동안 활용된다. 즉각적인 구조는 일반적으로 약 5~7분 정도 짧다.

교사 및 학생 행동의 직접적인 관련성

교사 행동		학생 행동	
명확하고 분명한 학문적 절차로 지도	교사는 학습 행동 및/또는 교실 절차에 관한 수업을 제공하는 행동에서 관찰된다. 예를 들어, 과제를 완료하고, 그룹 행동을 묘사/모델링하며, 학생들에게 지원에 대한 기대치를 상기시키고, 전체 그룹에서 스테이션식으로 전환하는 방법을 알려 주는 단계를 제공한다.	명확하고 분명한 학문적 절차를 따름	관찰 결과를 토대로 학업 행동 절차가 적절하고 효율적이라는 것이 분명하다. 예를 들면, 대다수의 학생은 방에 들어와서 과제를 제출하고, 주의를 기울이고, 활동 간 전환을 하고, 소그룹에서 활동하는 것과 같은 일반적인 행동을 보여 준다.
생각할 시간 제공	질문은 학생들을 대상으로 하며 응답이 예상된다. 교사는 계속하기 전에 3~5초 정도 기다린다(주의사항: 20분 동안 세 번 이상 생각할 기회가 있도록 점검한다).	사고 활동에 참여	교사/동료 질문에 이어 3~5초 동안 응답을 멈춘다. 그동안은 학생들의 답을 요구하지 않는다.
명확한 방향 제시	각 활동 또는 활동요소는 자세히 설명되어 있으며 지시는 분명하고 명확하다.	수업 방향의 이해도 입증	학생들은 적시에 적절한 작업을 시작한다(몇 초 이내에).
수업 방향에 대한 이해 확인	지시를 제공한 후에 교사는 제공한 지시사항을 묘사하거나 설명하게 함으로써 학생 이해 정도를 평가한다.	올바른 방향 설명	학생들은 동료 또는 전체 그룹에 대한 지시사항을 올바르게 설명하거나 수정한다.
개념, 원칙, 사실 이해 여부 확인	교사는 다양한 수준의 학생들의 이해를 평가하기 위한 전략을 사용한다(예: 화이트보드, 질문에 대답, 신호).	여러 학생이 올바르게 응답	지목이 되면 한 명 이상의 학생이 올바르게 응답한다. 여러 학생(수업의 1/3 이상)이 구두로, 서면으로, 또는 공학을 사용하여 응답한다. 전체 그룹으로서, 학생들은 신호 또는 모두 함께 응답을 한다.
발표하지 않는 학생을 확인	교사가 질문을 하면 손을 들거나 지목된 학생뿐만 아니라 다양한 학생들로부터 응답을 구한다. 발표하지 않은 학생들에게 지목할 수 있는 기회는 여러 번 있다.	발표하지 않은 학생이 정답을 말함	손을 든 사람이나 외치는 사람뿐만 아니라 여러 학생이 응답한다. 모든 학생이 수업/당일 동안 어떤 시간에 반응하도록 응답할 학생을 선택하는 시스템이 있을 수 있다.

완전한 문장의 답변 요구	학생들은 완전한 문장으로 응답하거나 완전한 문장으로 대답하도록 요구받는다.
그래픽 조직자 내용 제공	교사는 시각적 단서(예: 개념도, 스토리 맵, 사전 조직자)를 제공한다.
새로운 기술(21세기 기술) 사용	교육은 21세기 기술(예: 대화형 화이트 보드, 웹사이트, 모바일 장치 및 디지털 미디어)을 통합한다.
학문적 용어를 가르침	선생님은 학문적 언어(예: 단어 벽, 단어 학습 및 직접 교육)의 사용을 가르치고 강화하기 위해 다양한 방법을 사용한다.
추가적인 교사 행동	
비언어적 표현 제공	개념과 관련된 그림, 기호, 그림을 제공한다.
수업 동안 학생들을 모니터링	모든 학생은 관찰과 질문을 통해 모니터링된다.
즉각적인 반응, 신호, 방향 수정, 반복지도 제공	학습 목표를 숙달하도록 학생들을 안내하기 위해 프롬프트, 단서, 방향 수정, 반복지도를 제공한다.
구체적인 피드백 제공	교사는 학생이 무엇을 하는지, 왜 그것이 옳고 그른지 설명한다. 학생의 반응을 재조명한다. 학생의 사고를 명확히 하거나 밝히는 질문을 한다.

완전한 문장으로 말함	학생들은 완전한 문장을 사용하여 질문에 응답하거나 글을 작성한다.
그래픽 조직자를 사용함	시각적 단서(예: 개념도, 스토리 맵, 사전 조직자)를 사용한다.
새로운 기술(21세기 기술) 사용	학생들은 학습 목표와 관련된 21세기 기술(예: iPad, 스마트폰, 스마트 보드, 컴퓨터 및 휴대전화)을 사용하고 있다.
학문적 용어 사용	여러 학생이 가르치고 기대되는 학업/내용 언어를 올바르게 사용하는지 관찰한다.
추가적인 학생 행동	
가설 설정 및 실험	학생들은 과학적 방법을 사용하고, 예측하고, 가설을 세우고, 다양한 내용 영역에서 합리성을 고려한다.
유사점과 차이점 식별	학생들은 상위 수준의 분석 기술을 사용하여 유사점 및 차이점을 기준으로 명명하거나 분류한다(예: 벤다이어그램).
요약 및 메모	혼자 또는 다른 사람들과 일하는 학생들은 구두로 자신의 말로 요약하거나 서면 또는 워드 작업으로 이해를 나타낸다.
종이와 연필로 과제 수행	학생들은 참 평가 또는 공학을 사용하는 대신 워크시트를 완성하거나 전통적인 방식(예: 종이 및 연필)으로 시험을 본다.

동기 부여	학업, 의사소통, 언어 또는 행동의 노력 및/또는 향상을 강화한다. 개선 및 성공이 노력에 기인한다는 것은 동기 부여를 증가시킨다.
행동 강화	객관적이고 세부적인 용어로 '학습' 행동을 기술하고 학생들에게 '바른 것'이 무엇인지 제시한다.
느낌, 어조, 분위기	느낌과 어조는 유지, 동기 부여 및 교실 분위기와 밀접한 관련이 있다. 느낌과 어조는 학생과의 상호작용에서 교사가 설정한다. 느낌과 어조는 신체 언어, 목소리 어조, 단어 선택 및 표정을 통해 전달된다.
'bell to bell' 교육 참여	학업 학습 시간은 관찰 기간 동안 발생한다. 행동 관리, 과제 관리 또는 길어진 전환에 시간을 낭비하지 않아야 한다.
협력교사의 원활한 (역할) 전환	교사 간의 역할 전환(예: 지도교사, 지원교사) 및 협력교수 접근 방법(즉, 지원적, 평행, 상보적, 팀티칭)은 원활하다.
협력교수 시 협력교사의 의도적 모니터링	협력교수를 할 때 적어도 한 명의 공동 교사가 정보 수집, 학생 진전 평가, 학업 또는 행동 지원 제공에 적극적으로 참여하고 있다.
또래를 가르침	학생들은 다양한 방법으로 서로를 가르친다. 그들은 학급 친구와 함께 개념, 사실, 절차의 단계 또는 어휘를 제시하고, 읽고, 공유할 수도 있다.
활동과 활동 사이의 원활한 전환	학생들은 적시에 새로운 활동이나 학습 배치로 전환한다(예: 15초 이내).

인식 수준	학생 참여 수준
기억/이해 예: 이름, 목록, 연결 짓기, 말하기, 설명	명시된 학습 목표와 관련하여 관찰 가능한 행동을 하는 학생의 비율 다음을 위한 관찰 프로토콜을 보라: 최저 참여도 = 0~100% 최고 참여도 = 0~100%
적용 예: 사용, 해결, 적용	
분석/평가 예: 비교/대비, 분류, 범주화, 방어, 판단, 논쟁	
창의성 예: 새로운 해결책을 발명, 창조, 상상, 합성, 개발	
메타인지 예: 결론을 내리는 과정을 설명하기, 특정 직책을 맡기, 의사결정하기	

참고문헌

Almond, P., Winter, P., Cameto, R., Russell, M., Sato, E., Clarke-Midura, J., . . . Lazarus, S. (2010). Technology-enabled and universally designed assessment: Considering access in measuring the achievement of students with disabilities-A foundation for research. *Journal of Technology, Learning, and Assessment, 10*(5). Retrieved from http://ejournals.bc.edu/ojs/index.php/jtla/article/view/1605/1453

American Statistical Association. (2000). *Census at school*. Retrieved from http://www.amstat.org/censusatschool

American Statistical Association. (2014). *Statistics education web* (STEW). Retrieved from http://www.amstat.org/education/stew/

Apple, M. W., & Beane, J. A. (Eds.). (2007). *Democratic schools: Lessons in powerful education* (2nd ed.). Portsmouth, NH: Heinemann.

Armstrong, T. (2009). *Multiple Intelligences in the classroom* (3rd ed.). Alexandria, VA: Association for Supervision and Curriculum Development.

Artiles, A. J., Harry, B., Reschly, D. J., & Chinn, P. C. (2002). Over-identification of students of color in special education: A critical overview. *Multicultural Perspectives, 4*(1), 3-10.

Artiles, A., Rueda, R., Salazar. J. J., & Hilgareda, I. (2005). Within-group diversity in minority disproportionate representation: English language learners in urban school districts.

Exceptional Children, 71(3), 283-300.

Barnett, H. (2003). *Investing in technology: The payoff in student learning* (ED479843). Washington, DC: ERIC Clearinghouse on Information & Technology. Retrieved from http://www.ericdigests.org/2005-2/technology.html

Bartolo, P., Ale, P., Calleja, C., Hofsäss, T., Humphrey, N., Janikova, V., . . . Wetso, G. (2005, October). *DTMp: A Comenius 2.1 project to produce a differentiated teaching module for primary school trainee teachers.* Proceedings of the 30th Annual Conference of the Association for Teacher Education Europe, Amsterdam, Netherlands. Retrieved from http://www.atee2005.nl/download/papers/04_ac.pdf

Bascobert, R. (2014). *BSCS biology: A human approach* (4th ed.). Dubuque, IA: Kendall-Hunt.

Beech, M. (2005). *IEP team guide to Florida's Comprehensive Achievement Test (FCAT) accommodations*. Tallahassee, FL: Florida Department of Education, Bureau of Exceptional Education and Student Services. Retrieved from http://www.fldoe.org/ese/pdf/fcatteam.pdf

Beecher, R. (2006). *Integrating the visual arts in first grade writing lessons*. Starksboro, VT: Robinson Elementary School.

Blankenship, C., & Lilly, M. S. (1981). *Mainstreaming students with learning and behavior problems*. New York: Holt, Rinehart and Winston.

Bloom, B. S. (1984). The two sigma problem: The search for methods of group instruction as effective as one-to-one tutoring. *Educational Researcher, 13*(6), 4-16.

Bloom, B. S., Englehart, M. B., Furst, E. J., Hill, W. H., & Krathwohl, D. R. (Eds.). (1956). *Taxonomy of educational objectives: The classification of educational goals. Handbook I: Cognitive domain.* New York: McKay.

Boykin, W., Albury, A., Tyler, K., Hurley, E., Bailey, C., & Miller, O. (2005). Culturebased perceptions of academic achievement among low-income elementary students. *Cultural Diversity and Ethnic Minority Psychology, 11*(4), 339-350.

Browder, D. M., Mims, P. J., Spooner, F., Algrim-Delzell, L., & Lee, A. (2009). Teaching elementary students with multiple disabilities to participate in shared stories. *Research and Practice for Persons with Severe Disabilities, 33*, 3-12.

Burgastahler, S. (2009). *Universal design of instruction (UDI): Definition, principles, guidelines, and examples.* Seattle: DO-IT, University of Washington. Retrieved from http://www.washington.edu/doit/Brochures/Academics/instruction.html

Buswell, B. E., & Schaffner, C. B. (2002). Families as creative and resourceful collaborators in inclusive schooling. In J. S. Thousand, R. A. Villa, & A. I. Nevin (Eds.), *Creativity and collaborative learning: The practical guide to empowering students, teachers, and families* (pp. 13-20). Baltimore, MD: Paul H. Brookes.

California Department of Education. (2014). *English Language Arts/English Language Development framework.* Sacramento, CA: CDE. Retrieved from http://www.cde.ca.gov/ci/rl/cf/elaeldfrmwrkchptrs2014.asp

Carr, E. G., & Ogle, D. (1987). K-W-L-plus: A strategy for comprehension and summarization. *Journal of Reading, 21*(8), 684-689.

Carter, C. (1997, March). Why reciprocal teaching? *Educational Leadership, 54*(6), 64-68.

Casbarro, J. (2013). *CCSS and UDL: Common core state standards and universal design for learning.* Port Chester, NY: National Professional Resources.

Center for Applied Special Technology (CAST). (2005). *Universal design for learning.* Retrieved from http://www.cast.org/about/index.html

Center for Applied Special Technology (CAST). (2008). *Universal design for learning guidelines version 1.0.* Wakefield: MA. Author. Retrieved from http://www.udlcenter.org/sites/udlcenter.org/files/guidelines.pdf

The Centers for Quality Teaching and Learning. (2012). Retrieved from http://www.qtlcenters.org/about-us.html

Chadwick, F., & Hood, A. (2005, October). *The infusion and confusion of standards: Visual and performing arts in the core curriculum.* Proceedings of the 30th Annual Conference of the Association for Teacher Education Europe, Amsterdam, The Netherlands.

Chadwick, F., Hood, A., Lorimer, M., Norman, K., Santamaria, L., Woo, K., & Stall, P. (2005, April). *Understanding through collaboration.* Paper presented at annual conference of the American Association for Educational Research, Montreal, Canada.

Clarke, S. (2009, Jan/Feb). Using curriculum-based measurement to improve achievement. *Principal,* 30-33. Retrieved from http://www.naesp.org/resources/2/Principal/2009/J-F_p30.pdf

Compton, M., Stratton, A., Maier, A., Meyers, C., Scott, H., & Tomlinson, T. (1998). It takes two: Co-teaching for deaf and hard of hearing students in rural schools. In *coming together: Preparing for rural special education in the 21st century* (ED 417901). Conference Proceedings of the American Council on Rural Special Education, Charleston, South Carolina.

Cramer, E. D., & Nevin, A. I. (2007). A mixed methodology analysis of co-teacher assessments: Implications for teacher education. *Teacher Education and Special Education, 29*(4), 261-274.

Cramer, E. D., Nevin, A., Salazar, L., & Landa, K. (2004, April). *Co-teachers who loop: A case study of an urban multicultural co-teaching team*. Paper presented at the Council for Exceptional Children, Baltimore, Maryland.

Cramer, E., Nevin, A., Salazar, L., & Landa, K. (2006). Co-teaching in an urban, multicultural setting (Research report). *Florida Educational Leadership, 7*(1), 42-50.

Cramer, E., Nevin, A., Voigt, J., & Salazar, L., (2006, April). *The accommodated learner in a multicultural setting*. Paper presented at the Council for Exceptional Children, Salt Lake City, Utah.

Crossley, R. (1997). *Speechless: Facilitating communication for people without voices*. New York: Dutton.

Daunci, A. P., Correa, V. I., & Reyes-Blanes, M. E. (2004). Teacher preparation for culturally diverse classrooms: Performance-based assessment of beginning teachers. *Teacher Education and Special Education, 27*(2), 105-118.

Davis, J. (2008). *School enrollment in the United States 2008-Population characteristics*. Washington, DC: U.S. Census Bureau. Retrieved from http://www.census.gov/prod/2011pubs/p20-564.pdf

Davis, K., Dieker, L., Pearl, C., & Kirkpatrick, R. (2012). Planning in the middle: Co-planning between general and special education. *Journal of Educational and Psychological Consultation, 22*(3), 208-226.

Dieker, L. (1998). Rationale for co-teaching. *Social Studies Review, 37*(2), 62-65.

Dieker, L., & Murawski, W. (2003). Co-teaching at the secondary level: Unique issues, current trends, and suggestions for success. *The High School Journal, 86*(4), 1-13.

Dill, E. M., & Boykin, A. W. (2005). The comparative influence of individual, peer tutoring, and communal learning contexts on the text recall of African American children. *Urban*

Education, 40(5), 521-549.

Dolan, R. P., Hall, T. E., Banerjee, M., Chun, E., & Strangman, N. (2005). Applying principles of universal design to test delivery: The effect of computer-based read aloud on test performance of high school students with learning disabilities. *Journal of Technology, Learning, and Assessment, 3*(7). Retrieved from http://files.eric.ed.gov/fulltext/EJ848517.pdf

Doyle, M. B. (2002). *The paraprofessional's guide to inclusive education: Working as a team* (2nd ed.). Baltimore, MD: Paul H. Brookes.

Duda, M., & Utley, C. (2006a). Culturally responsive techniques for positive behavior supports. *Multiple Voices*, 21-35.

Duda, M., & Utley, C. (2006b). Positive behavioral support for at-risk students: Promoting social competence in at-risk culturally diverse learners in urban schools. *Multiple Voices, 8*(1), 128-143.

Duguay, A., Massoud, L., Tabaku, L., Himmel, J., & Sugarman, J. (2013, September). *Implementing the Common Core for English learners-Responses to common questions* (Practitioner brief). Washington DC: Center for Applied Linguistics.

Dunn, R., & Dunn, K. (1987). Dispelling outmoded beliefs about student learning. *Educational Leadership, 44*(6), 55-61.

Dynamic Learning Maps Consortium. (2013). *Dynamic learning maps: Essential elements for mathematics*. Lawrence, KS: University of Kansas. Retrieved from http://dynamiclearningmaps.org/moreinfo/essential_elements

Echevarria, J., & Graves, A. (2003). *Sheltered content instruction: Teaching English language learners with diverse abilities* (2nd ed.). Boston, MA: Allyn & Bacon.

Echevarria, J., & McDonough, R. (1995). An alternative reading approach: Instructional conversations in a bilingual special education setting. *Learning Disabilities Research and Practice, 10*(2), 108-119.

Echevarria, J., & Short, D. (2010). Programs and practices for effective sheltered content instruction. In California Department of Education (Ed.), *Improving education for English learners: Research-based approaches* (pp. 250-321). Sacramento, CA: CDE Press.

Faltis, C. (1993). Critical issues in the use of sheltered content teaching in high school bilingual programs. *Peabody Journal of Education, 69*(1), 136-151.

Falvey, M., Forest, M., Rosenberg, R., & Pearpoint, J. (2002). Building connections. In J. S. Thousand, R. A. Villa, & A. I. Nevin (Eds.), *Creativity and collaborative learning: The practical guide to empowering students, teachers, and families* (pp. 29-54). Baltimore, MD: Paul H. Brookes.

Federal Register. (1999, March 12). *Rules and regulations, 64*(48). Washington, DC: U. S. Government Printing Office (GPO).

Fenna, E., Carpenter, T., Levi, L., Franke, M., & Empson, S. (1977). *Cognitively guided instruction: Professional development in primary mathematics*. Madison, WI: University of Wisconsin.

Fortini, M., & Fitzpatrick, M. (2000). The universal design for promoting selfdetermination. In R. Villa & J. Thousand (Eds.), *Restructuring for caring and effective education: Piecing the puzzle together* (2nd ed., pp. 575-589). Baltimore, MD: Paul H. Brookes.

Foster, M. (2002). *Using call-and-response to facilitate language mastery and literacy acquisition among African-American students*. (EDO-FL-02-04). Retrieved from http://www.ericdigests.org/2003-3/call.htm

Friend, M., Cook, L., Hurley-Chamberlain, D., & Shamberger, C. (2010). Co-teaching: An illustration of the complexity of collaboration in special education. *Journal of Educational and Psychological Consultation, 20*(1), 9-27.

Fuchs, L. S., & Fuchs, D. (1999). Monitoring student progress toward the development of reading competence: A review of three forms of classroom-based
assessment. *School Psychology Review, 28*(4), 659-671.

Fuchs, L. S., & Fuchs, D. (2007). A model for implementing response to intervention. *Teaching Exceptional Children, 39*(5), 14-20.

Fuchs, D., Fuchs, L., Mathes, P., & Martinez, E. (2002). Preliminary evidence on the social standing of students with learning disabilities in PALS and No-PALS classrooms. *Learning Disabilities Research and Practice, 17*(4), 205-215.

Fuchs, D., Fuchs, L., Thompson, A., Al Otaiba, S., Nyman, K., Yang, N., & Svenson, E. (2000). *Strengthening kindergartners' reading readiness in Title 1 and non-Title 1 schools*. Paper presented at the Pacific Coast Research Conference, La Jolla, California.

Fullan, M. G. (1993). *Change forces: Probing the depths of educational reform*. Bristol, PA:

Falmer.

Gansle, K., Noell, G., Vanderheyden, A., Slider, N., Hoffpauir, L., Whitmarsh, E., & Naquin, G. (2004). An examination of the criterion validity and sensitivity to brief intervention of alternate curriculum-based measures of writing skill. *Psychology in the Schools, 41*(3), 291-300.

Gardner, H. (1983). *Frames of mind: The theory of multiple intelligences*. New York: Basic Books.

Gardner, H. (1997). Are there additional intelligences? The case of naturalistic, spiritual, and existential intelligences. In J. Kane (Ed.), *Education, information, and transformation* (pp. 135-152). Upper Saddle River, NJ: Prentice Hall.

Gardner, H. (2000). *Intelligence reframed: Multiple intelligences for the 21st century*. New York: Basic Books.

Gardner, H. (2004). *Changing minds: The art and science of changing our own and other people's minds*. Watertown, MA: Harvard Business School Press.

Gardner, H. (2011). *Frames of mind: The theory of Multiple Intelligences* (3rd ed.). New York: Basic Books.

Garrigan, C. M., & Thousand, J. S. (2005, Summer). Enhancing literacy through co-teaching. *The New Hampshire Journal of Education, 8*, 56-60.

Gest, S., & Gest, J. (2005). Reading tutoring for students at academic and behavioral risk: Effects on time-on-task in the classroom. *Education and Treatment of Children, 28*(1), 25-47.

Giangreco, M. F., Cloninger, C. J., & Iverson, V. S. (2011). *Choosing outcomes and accommodations for children (COACH): A guide to educational planning for students with disabilities* (3rd ed.). Baltimore, MD: Paul H. Brookes.

Glasser, W. (1999). *Choice theory: A new psychology of personal freedom*. New York: Perennial.

Goff, E., & Highbee, J. L. (Eds.). (2008). *Pedagogy and student services for instructional transformation: Implementing universal design in higher education*. Minneapolis: Center for Research on Developmental Education and Urban Literacy, University of Minnesota.

Goldsmith, O. (Irish playwright, 1728-1774). Cited in Quotable Quotes. Retrieved from http://littlecalamity.tripod.com/Quotes/QRS.html

Good, T. L., & Brophy, J. G. (1997). *Looking into classrooms* (7th ed.). New York: Harper & Row.

Goode, T., & Jackson, V. (2003). *Getting started and moving on . . . Planning, implementing and evaluating cultural and linguistic competency for comprehensive community mental health services for children and families.* Washington, DC: National Center for Cultural Competence, Georgetown University Center for Child and Human Development.

Gregorc, A. F. (1982). *Gregorc style delineator: Development, technical, and administrative manual.* Maynard, MA: Gabriel Systems.

Gregory, G., & Chapman, C. (2013). *Differentiated instructional strategies: One size does not fit all* (3rd ed.). Thousand Oaks, CA: Corwin.

Gronlund, N. E. (1995). *How to write and use instructional objectives* (5th ed.). Englewood Cliffs, NJ: Merrill.

Grossman, H., Utley, C., & Obiakor, F. (2003). Multicultural learners with exceptionalities in general and special education settings. *Effective Education for Learners with Exceptionalities, 15*, 445-463.

Gudwin, D., & Salazar-Wallace, M. (2009). *Mentoring and coaching: A lifeline for teachers in a multicultural setting*. Thousand Oaks, CA: Corwin.

Hall, T., & Mengel, M. (2002). *Curriculum-based evaluations*. Wakefield, MA: National Center on Accessible Instructional Materials at Center for Applied Special Technology (CAST). Retrieved from http://www.cast.org/publications/ncac/ncac_curriculumbe.html

Hall, T., Strangman, N., & Meyer, A. (2011, January). *Differentiated instruction and implications for UDL implementation*. Wakefield, MA: National Center on Accessing the General Curriculum. Retrieved from http://aim.cast.org/learn/historyarchive/backgroundpapers/differentiated_instruction_udl#.U4zcMyi40LA

Harry, B. (1994). *The disproportionate representation of minority students in special education: Theories and recommendations* (Project FORUM Final Report). Miami, FL: University of Miami.

Hehir, T., & Katzman, L. (2012). *Effective inclusive schools: Designing successful schoolwide programs*. San Francisco, CA: Jossey-Bass.

Hess, M. A. (1999, March). *Teaching in mixed-ability classrooms: Teachers guide students down many paths to a common destination*. Newsletter of the Wisconsin Educational

Association Council. Retrieved from http://education .alberta.ca/apps/aisi/literature/pdfs/Final_Differentiated_Instruction.pdf

Horner, R. H., Albin, R. W., Todd, A. W., Newton, J. S., & Sprague, J. R. (2011). Designing and implementing individualized positive behavior support. In M. E. Snell & F. Brown (Eds.), *Instruction of students with severe disabilities* (7th ed., pp. 257-303). Boston, MA: Pearson.

Hourcade, J., & Bauwens, J. (2002). *Cooperative teaching: Re-building and sharing the schoolhouse*. Austin, TX: Pro-Ed.

Idol, L., Nevin, A., & Paolucci-Whitcomb, P. (1999). *Models of curriculum-based assessment* (3rd ed.). Austin, TX: Pro-Ed.

Individuals with Disabilities Education Improvement Act (IDEIA). (1990). 20 United States Congress 1412[a] [5] (Reauthorized 1997; 2004). Washington, DC: Government Printing Office.

The Individuals with Disabilities Education Improvement Act. (2004). 20 USC 1401 (P.L. 108-446, Part B, Sec. 682 [c] Findings [5]).

Johnson, D. W., & Johnson, F. P. (1997). *Joining together: Group theory and skills* (6th ed.). Needham Heights, MA: Allyn & Bacon.

Johnson, D. W., & Johnson, R. T. (1989). *Cooperation and competition: Theory and research*. Edina, MN: Interaction Book.

Johnson, D. W., & Johnson, R. T. (1996). The role of cooperative learning in assessing and communicating student learning. In T. R. Gusky (Ed.), *1996 ASCD yearbook: Communicating student learning* (pp. 25-46). Alexandria, VA: Association for Supervision and Curriculum Development.

Johnson, D. W., & Johnson, R. T. (1999). *Learning together and alone: Cooperative, competitive, and individualistic learning*. Boston, MA: Allyn & Bacon.

Johnson, D. W., & Johnson, R. T. (2002). Ensuring diversity is positive: Cooperative community, constructive conflict, and civic values. In J. S. Thousand, R. A. Villa, & A. I. Nevin (Eds.), *Creativity and collaborative learning: The practical guide to empowering students, teachers, and families* (2nd ed., pp. 197-208). Baltimore, MD: Paul H. Brookes.

Johnson, D. W., & Johnson, R. T. (2009). An educational psychology success story: Social interdependence theory and cooperative learning. *Educational Researcher, 38*(5), 365-379.

Joyce, B., & Showers, B. (1980). Improving inservice training: The messages of research. *Educational Leadership, 37*(5), 379-385.

Kagan, S. (1995). *Cooperative learning.* San Clemente, CA: Kagan.

Kagan, S., Kyle, P., & Scott, S. (2004). *Win-win discipline: Strategies for all discipline problems.* San Clemente, CA: Kagan.

Karayan, S., & Gathercoal, P. (2003). Service-learning: Empowering students with special needs. *Academic Exchange Quarterly,* 7(2), 151-157.

Keller, N., & Cravedi-Cheng, L. (2004). A retrospective on developing a shared voice through co-teaching. In R. A. Villa, J. S. Thousand, & A. I. Nevin (Eds.), *A guide to co-teaching: Practical tips for facilitating student learning* (pp. 103-110) Thousand Oaks, CA: Corwin.

King, Martin Luther, Jr. (1963). *I have a dream (Yo tengo un sueno . . .)* (Jose R. Tejada, Trans.). Retrieved from http://www.mlkonline.net/dream_spanish.html

King-Sears, M., Cummings, C., & Hullihen, S. (1994). *Curriculum-based assessment in special education.* Florence, KY: Wadsworth.

Kleiner, B., & Chapman, C. (1999). Youth service-learning and community service among 6th-12th grade students in the United States: 1996 and 1999. *Education Statistics Quarterly, 2*(2), 14-20.

Klingner, J., Artiles, A., Kozleski, E., Utley, C., Zion, S., Harry, B., Zamora-Duran, G., & Riley, D. (2004). *Theoretical assumptions for addressing the disproportionate representation of culturally and linguistically diverse students in special education.* Denver, CO: National Center for Culturally Responsive Educational Systems (NCCRES).

Klingner, J. K., & Edwards, P. (2006). Cultural considerations with response to intervention models. *Reading Research Quarterly, 41*(1), 108-117.

Klingner, J. K., Vaughn, S., Arguelles, M. E., Hughes, M. T., & Leftwich, S. A. (2004). Collaborative strategic reading: Real world lessons from classroom teachers. *Remedial and Special Education, 25*(5), 291-302.

Klingner, J. K., Vaughn, S., Hughes, S., Schumm, J., & Elbaum, B. (1998). Outcomes for students with and without learning disabilities in inclusive classrooms. *Learning Disabilities Research & Practice, 13,* 153-161.

Kluth, P., Diaz-Greenberg, R., Thousand, J., & Nevin, A. (2002). Teaching for liberation: Promising practices from critical pedagogy. In J. S. Thousand, R. A. Villa, & A. I. Nevin (Eds.), *Creativity and collaborative learning: The practical guide to empowering students, teachers, and families* (pp. 71-84). Baltimore, MD: Paul H. Brookes.

Kneedler, R., & Hallahan, D. (1981). Self-monitoring of on-task behavior with learning disabled children. *Attention Disorders: Implications for the Classroom, 2*(3), 73-82.

Kolb, D. (1984). *Experiential learning: Experience as the source of learning and development*. Englewood Cliffs, NJ: Prentice Hall.

Krathwohl, D. R., Bloom, B. S., & Masia, B. B. (1964). *Taxonomy of educational objectives: Handbook II: Affective domain*. New York: McKay.

Kunc, N., & Van der Klift, E. (1994). *Hell-bent on helping: Benevolence, friendship, and the politics of help*. Retrieved from http://www.broadreachtraining.com/articles/arhellbe.htm

Lane, D. (2011). Online statistics education. In M. Lovric (Ed.), *International Encyclopedia of Statistical Science. New York: Springer.* Retrieved from http://onlinestatbook.com/

Lieber, J., Horn, E., Palmer, S., & Fleming, K. (2008). Access to the general education curriculum for preschoolers with disabilities: Children's school success. *Exceptionality, 16*(1), 18-32.

Lloyd, J. (1982). Reactive effects of self-assessment and self-recording on attention to task and academic productivity. *Learning Disability Quarterly, 5*(3), 216-227.

Luckner, J. (1999). An examination of two co-teaching classrooms. *American Annals of the Deaf, 144*(1), 24-34.

Lyons, C. (1998). More than a decade of data. *Literacy Teaching and Learning: An International Journal of Early Reading and Writing, 3*(1). Retrieved from http://earlyliteracyinfo.com/documents/pdf/doc_120.pdf

Mager, R. F. (1997). *Preparing instrumental objectives*. Palo Alto, CA: Fearon.

Magiera, K., Smith, C., Zigmond, N., & Gabauer, K. (2005). Benefits of co-teaching in secondary mathematics classes. *Teaching Exceptional Children, 37*(3), 20-24.

Mahoney, M. (1997). Small victories in an inclusive classroom. *Educational Leadership, 54*(7), 59-62.

Marino, M. T. (2009). Understanding how adolescents with reading difficulties utilize technology-based tools. *Exceptionality, 17*(2), 88-102.

Marzano, R. (2000). *Designing a new taxonomy of educational objectives.* Thousand Oaks, CA: Corwin.

Marzano, R., Pickering, D., & Pollock, J. (2001). *Classroom instruction that works: Research-based strategies for increasing student achievement.* Alexandria, VA: Association for Supervision and Curriculum Development.

McCarthy, B. (1990). Using the 4MAT system to bring learning styles to the schools. *Educational Leadership, 48*(2), 31-37.

McDuffie, K. A., Mastropieri, M. A., & Scruggs, T. E. (2009). Differential effects of peer tutoring in co-taught and non-co-taught classes: Results for content learning and student-teacher interactions. *Exceptional Children, 75*(4), 493-510.

McIntyre, E., & Turner, J. D. (2013). Culturally-responsive literacy instruction. In B. M. Taylor & N. Duke (Eds.), *Handbook of literacy instruction* (pp. 137-161). New York: Guilford.

McMaster, K., Fuchs, D., & Fuchs, L. (2002). Using peer tutoring to prevent early reading failure. In J. S. Thousand, R. A. Villa, & A. I. Nevin (Eds.), *Creativity and collaborative learning: The practical guide to empowering students, teachers, and families* (pp. 235-246). Baltimore, MD: Paul H. Brookes.

McTighe, J., & Wiggins, G. (2004). *The understanding by design professional workbook.* Alexandria, VA: Association for Supervision and Curriculum Development.

McTighe, J., & Wiggins, G. (2012). *From Common Core to curriculum: Five big ideas.* Retrieved from http://grantwiggins.files.wordpress.com/2012/09/mctighe_wiggins_final_common_core_standards.pdf

McWilliams, P. (2000). *Life 101: Everything we wish we had learned about life in school-but didn't.* Los Angeles, CA: Prelude Press.

Melton, R. F. (1978). Resolution of conflicting claims concerning the effect of behavioral objectives on student learning. *Review of Educational Research, 48*(2), 291-302.

Meyer, A., & Rose, D. (2002, December). Universal design for individual differences. *Educational Leadership, 58*(3), 39-43.

Migration Policy Institute. (2010). *ELL Information Center: Fact sheet series-Vol. 1.* Retrieved from www.migrationinformation.org/ellinfo/FactSheet_ELL1.pdf

Miller, A., Valasky, W., & Molloy, P. (1998). Learning together: The evolution of an inclusive class. *Active Learner: A Foxfire Journal for Teachers, 3*(2), 14-16.

Morrocco, C., & Aguilar, C. (2002). Co-teaching for content understanding: A school-wide model. *Journal of Educational and Psychological Consultation, 13*(4), 315-347.

Multiple Intelligences Research and Consulting, Inc. (2005). *MIDAS: A professional manual.* Kent, OH: Author.

Murawski, W., & Dieker, L. (2004). Tips and strategies for co-teaching at the secondary level. *Teaching Exceptional Children, 36*(5), 53-58.

National Center for Educational Restructuring and Inclusion. (1995). *National Study on Inclusive Education*. New York: City University of New York.

National Center for Educational Statistics. (2013, March). *Racial/ethnic enrollment in public schools.* Retrieved from http://nces.ed.gov/programs/coe/indicator_cge.asp

National Center on Universal Design for Learning. (2010). *About UDL*. Retrieved from http://www.udlcenter.org/

National Council of Teachers of Mathematics. (2009). *Focus in high school mathematics: Fostering reasoning and sense making for all students.* Reston, VA: Author.

National Council of Teachers of Mathematics. (2014). *Illuminations: Interactives. Reston*, VA: Author. Retrieved from http://illuminations.nctm.org/

National Governors Association Center for Best Practices & Council of Chief State School Officers. (2010). *Common Core State Standards for English Language Arts & Literacy in History/Social Studies, Science, and Technical Subjects.* Washington, DC: Authors. Retrieved from http://www.corestandards.org/the-standards

National Governors Association Center for Best Practices & Council of Chief State School Officers. (2010). *Common Core State Standards for Mathematics. Washington*, DC: Authors. Retrieved from http://www.corestandards.org/Math

National Research Council. (2012). *A framework for K-12 science education: Practices, crosscutting concepts, and core ideas.* Washington, DC: The National Academies Press. Retrieved from http://www.nap.edu/catalog.php?record_id=13165

National Research Council. (2013). *Next generation science standards: For states, by states.* Washington, DC: The National Academies Press. Retrieved from http://www.nap.edu/NGSS/

Neal, L. I., McCray, A. D., Webb-Johnson, G., & Bridgest, S. T. (2003). *The effects of African*

American movement styles on teachers' perceptions and reactions. Journal of Special Education, 37, 49–57.

Nevin, A., Thousand, J., & Villa, R. (2009). *A guide to co-teaching with paraeducators: Practical tips for K-12 educators.* Thousand Oaks, CA: Corwin (a Joint Publication with the Council for Exceptional Children).

No Child Left Behind. (2001). *The 2001 reauthorization of the Elementary and Secondary Education Act (HB1).* Retrieved from http://www.ed.gov/policy/elsec/leg/esea02/beginning.html#sec1

Noddings, N. (1992). *The challenge to care in schools.* New York: Teachers College Press.

Nunley, K. (1998). *The layered curriculum.* Boston, MA: Author.

O'Neil, R. E., Horner, R. H., Albin, R. W., Sprague, J. R., Storey, K., & Newton, N. S. (1997). *Functional assessment and program development for problem behavior: A practical handbook.* Pacific Grove, CA: Brooks/Cole.

Orkwis, R., & McLane, K. (1998). A curriculum every student can use: Design principles for student access. (ERIC/OSEP Topical Brief # ED423654). Retrieved from http://www.washington.edu/doit/Brochures/Academics/ud_edu.html

Ortiz, A. (2001). *English language learners with special needs: Effective instructional strategies.* Washington, DC: ERIC Education Reports. Retrieved from http://eric.ed.gov/?id=ED469207

Padrón, Y., Waxman, H., & Rivera, H. (2002, August). *Educating Hispanic students: Effective instructional practices* (Practitioner Brief #5). Santa Cruz, CA: University of California, Center for Research on Education, Diversity & Excellence (CREDE). Retrieved from http://repositories.cdlib.org/crede/practbrfs/practi tioner_brief05/

Paige, R. (2004). *A guide to education and No Child Left Behind.* Washington, DC: U.S. Department of Education, Office of the Secretary, Office of Public Affairs.

Palinscar, A. S., & Brown, A. (1984). Reciprocal teaching of comprehension: Fostering and monitoring activities. *Cognition and Instruction, 1*(2), 117–175.

Palinscar, A. S., & Brown, A. (1988). Advances in improving the cognitive performance of handicapped students. In M. Wang, M. Reynolds, & H. Walberg (Eds.), *Handbook of special education* (Vol 1: Research and practice, pp. 93–112). New York: Pergamon Press.

Pardini, P. (2006). One voice: Mainstream and ELL teachers side-by-side in the classroom teaching language through context. *Journal of Staff Development, 27*(4), 20-25.

Peer-Assisted Learning Strategies (PALS). (2005). *Strategies for successful learning*. Nashville, TN: Author. Retrieved from http://kc.vanderbilt.edu/pals/

Pickett, N., & Dodge, B. (2001). *Rubrics for web lessons*. Retrieved from http://edweb.sdsu.edu/webquest/rubrics/weblessons.htm

Poplin, M. S., & Stone, S. (1992). Paradigm shifts in instructional strategies from reductionism to holistic/constructivism. In W. Stainback & S. Stainback (Eds.), *Controversial issues confronting special education: Divergent perspectives* (pp. 153-180). Boston, MA: Allyn & Bacon.

Public Law. (2008). *Higher Education Opportunity Act.* [HEOA, P.L. 110-315, §103(a)(24)].

Rao, K., Wook, O., & Bryant, B. (2014). A review of research on universal design educational models. *Remedial and Special Education, 35*(3), 153-166.

Reeve, J., Deci, E. L., & Ryan, R. M. (2004). Self-determination theory: A dialectical framework for understanding the sociocultural influences on student motivation. In D. M. McInerney & S. Van Etten (Eds.), *Research on sociocultural influences on motivation and learning: Big theories revisited* (Vol. 4, pp. 31-59). Greenwich, CT: Information Age Press.

Reeves, D. B. (2005, April 7). *Learning 24/7, Classroom Observation Study*. Study presented at the meeting of the National Conference on Standards and Assessment in Las Vegas, Nevada.

Reeves, D. B. (2006). *The learning leader: How to focus school improvement for better results.* Alexandria, VA: Association for Supervision and Curriculum Development.

Rice, D., & Zigmond, N. (1999, December). Co-teaching in secondary schools: Teacher reports of developments in Australia and American classrooms (ERIC Document Reproduction Service No. 432558). *Resources in Education, 15*(4), 190-197.

Ritter, S., & Morris, S. (2005, August). *Meeting the needs of diverse learners in the general education class.* Paper presented at the Inclusive and Supportive Education Congress, International Special Education Conference titled Inclusion: Celebrating Diversity? Glasgow, Scotland. Retrieved from http://www.isec2005.0rg.uk/isec/abstracts/papers_r/ritter_s.shtml

Rock, G., Gregg, M., Ellis, E., & Gale, R. (2008). REACH: A framework for differentiating classroom instruction. *Preventing School Failure, 52*(2), 31–47.

Salazar, L., & Nevin, A. (2005). Co-teachers in an urban multicultural school. *Florida Educational Leadership, 5*(2), 15–20.

Salend, S. (2005). Report card models that support communication and differentiation of instruction. *Teaching Exceptional Children, 37*(4), 28–34.

Santamaria, L. (2009). Culturally responsive differentiated instruction: Narrowing gaps between best pedagogical practices benefiting all learners. *Teachers College Record, 111*(1), 214–247.

Scheckley, B. G., & Keeton, M. T. (1997). Service learning: A theoretical model. In J. Shine (Ed.), *Service learning* (pp. 28–35). Chicago, IL: The National Society for the Study of Education.

Schumm, J. S., Vaughn, S., & Harris, H. (1997). Pyramid power for collaborative planning. *Teaching Exceptional Children, 26*(6), 62–66.

Schwab Learning. (2003). Collaboratively speaking: A study on effective ways to teach children with learning differences in the general education classroom. *The Special Edge, 16*(3), 1–4.

Science Learning Network. (1997). *Leonardo's perspective*. Retrieved from http://legacy.mos.org/sln/Leonardo/LeonardosPerspective.html

Scruggs, T. A., Mastropieri, M. A., & McDuffie, K. A. (2007). Co-teaching in inclusive classrooms: A metasynthesis of qualitative research. *Exceptional Children, 73*(4), 392–416.

Shepard, L. A. (2005). Linking formative assessment to scaffolding. *Educational Leadership, 63*(3), 66–70.

Shinn, M. (Ed.). (1998). *Advanced applications of curriculum-based measurement*. New York: Guilford.

Short, D., Echevarria, J., & Vogt, M. E. (2012). *Making content comprehensible for English learners: The SIOP model* (4th ed.). Boston, MA: Allyn & Bacon.

Shuflitowski, R. (2005). *Collecting data to correct classroom disruptive behavior* (Report submitted in partial fulfillment of requirements for EDP 7058: Behavioral Interventions Research and Evaluation). Miami, FL: Florida International University, College of

Education.

Silver, H., Strong, R., & Perini, M. (2000). *So each may learn: Integrating learning styles and multiple intelligences.* Alexandria, VA: Association for Supervision and Curriculum Development.

Simpson, E. J. (1972). *The classification of educational objectives: Psychomotor domain.* Urbana, IL: University of Illinois Press.

Skylar, A. A., Higgins, K., & Boone, R. (2007). Strategies for adapting WebQuests for students with learning disabilities. *Intervention in School Clinic, 43*(1), 20-28.

Slavin, R. (1994). *Cooperative learning: Theory, research, and practice* (2nd ed.). Boston, MA: Allyn & Bacon.

Stainback, S., & Stainback, W. (1996). *Inclusion: A guide for educators*. Baltimore, MD: Paul H. Brookes.

Starr, L. (2004). *Strategy of the week: Differentiated instruction.* Education World. Retrieved from http://www.education-world.com/a_curr/strategy/strategy042.shtml

Sternberg, R. (1997a). What does it mean to be smart? *Educational Leadership, 5*(6), 20-24.

Sternberg, R. J. (1997b). *Thinking styles*. New York: Cambridge University Press.

Strutchens, M., & Quander, J. (2011). *Focus in high school mathematics: Fostering reasoning and sense making for all students*. Reston, VA: National Council of Teachers of Mathematics.

Taba, H. (1962). *Curriculum and practice*. New York: Harcourt, Brace & World.

Tharp, R., & Gallimore, R. (1991). *The instructional conversation: Teaching and learning in social activity.* Santa Cruz, CA: National Center for Research on Culture Diversity and Second Language Learning.

Thomas, C., Correa, V., & Morsink, C. (1995). *Interactive teaming: Consultation and collaboration in special programs.* Englewood Cliffs, NJ: Prentice Hall.

Thousand, J. S., & Villa, R. A. (2000). Collaborative teaming: A powerful tool in school restructuring. In R. A. Villa & J. S. Thousand (Eds.), *Restructuring for caring and effective instruction: Piecing the puzzle together* (2nd ed., pp. 254-293). Baltimore, MD: Paul H. Brookes.

Thousand, J. S., Villa, R. A., & Nevin, A. I. (2002). *Creativity and collaborative learning: The practical guide to empowering students, teachers, and families.* Baltimore, MD: Paul H.

Brookes.

Thousand, J. S., Villa, R. A., Nevin, A. I., & Paolucci-Whitcomb, P. (1995). A rationale and vision for collaborative consultation. In W. Stainback & S. Stainback (Eds.), *Controversial issues confronting special education: Divergent perspectives* (2nd ed., pp. 223-232). Baltimore, MD: Paul H. Brookes.

Thurlow, M., Elliott, J., & Ysseldyke, J. (2003). *Testing students with disabilities: Practical strategies for complying with district and state mandates*. Thousand Oaks, CA: Corwin.

Tomlinson, C. A. (1995). Deciding to differentiate instruction in middle school: One school's journey. *Gifted Child Quarterly, 39*, 77-87.

Tomlinson, C. A. (1999). *The differentiated classroom: Responding to the needs of all learners*. Alexandria, VA: Association for Supervision and Curriculum Development.

Tomlinson, C. A. (2001a). Grading for success. *Educational Leadership, 58*(6), 12-15.

Tomlinson, C. A. (2001b). *How to differentiate instruction in mixed-ability classrooms* (2nd ed.). Alexandria, VA: Association for Supervision and Curriculum Development.

Tomlinson, C. A. (2002). Invitations to learn. *Educational Leadership, 60*, 6-10.

Tomlinson, C. A. (2005). Traveling the road to differentiation in staff development. *Journal of Staff Development, 26*(4), 8-12.

Tomlinson, C. A., & McTighe, J. (2006). *Integrating differentiated instruction & understanding by design* (2nd ed.). Alexandria, VA: Association for Supervision and Curriculum Development.

Townsend, B. (2002). Leave no teacher behind: A bold proposal for teacher education. *International Journal of Qualitative Studies in Education, 15*, 727-738.

Trent, S. (1998). *False starts and other dilemmas of a secondary general education collaborative teacher: A case study. Journal of Learning Disabilities, 31*(5), 503-513.

Udvari-Solner, A. (1996). Examining teacher thinking: Constructing a process to design curricular adaptations. *Remedial and Special Education, 17*(4), 245-254.

Udvari-Solner, A. (1998). Adapting curriculum. In M. Giangreco (Ed.), *Quick guides to inclusion 2: More ideas for educating students with disabilities* (pp. 1-27). Baltimore, MD: Paul H. Brookes.

Udvari-Solner, A., & Kluth, P. (2008). *Joyful learning: Active and collaborative learning in inclusive classrooms*. Thousand Oaks, CA: Corwin.

Udvari-Solner, A., Thousand, J. S., Villa, R. A., Quiocho, A., & Kelly, M. (2005). Promising practices that foster inclusion. In R. A. Villa & J. S. Thousand (Eds.), *Creating an inclusive school* (2nd ed., pp. 97-123). Alexandria, VA: Association for Supervision and Curriculum Development.

Udvari-Solner, A., Villa, R. A., & Thousand, J. S. (2002). Access to the general education curriculum for all: The universal design process. In J. S. Thousand, R. A. Villa, & A. I. Nevin (Eds.), *Creativity and collaborative learning: The practical guide to empowering students, teachers, and families* (2nd ed., pp. 85-103). Baltimore, MD: Paul H. Brookes.

Udvari-Solner, A., Villa, R. A., & Thousand, J. S. (2005). Access to the general education curriculum for all. In R. A. Villa & J. S. Thousand (Eds.), *Creating an inclusive school* (2nd ed., pp. 134-155). Alexandria, VA: Association for Supervision and Curriculum Development.

Universal Design for Learning. (2013). What it is, what it looks like, where to learn more. *The Special Edge, a California Services for Technical Assistance and Training publication, 26*(1), 2-3.

U.S. Department of Education. (2008). *Data accountability center*. Retrieved from https://www.ideadata.org

U.S. Department of Education. (2010, March). *Crossing the next bridge*. [Secretary Arne Duncan's remarks at the 45th anniversary of "bloody" Sunday at the Edmund Puttus bridge, Selma, Alabama]. Retrieved from http://www.ed.gov/news/speeches/crossing-next-bridge-secretary-arne-duncan's-remarks-45thanniversary-bloody-sunday-ed

U.S. Department of Education, National Center for Education Statistics. (2012). *Digest of Education Statistics, 2011* (NCES 2012-001, Chapter 2). Retrieved from http://www2.ed.gov/about/offices/list/oii/nonpublic/idea1.html

U.S. Department of Education, Office of Special Education and Rehabilitative Services. (1999). *IDEA '97: The regulations*. Washington, DC: Author. Retrieved from http://www.ed.gov/news/fedregister/finrule/1999-1.html

Van Den Broek, P., & Kremer, K. (2000). The mind in action: What it means to comprehend during reading. In B. Taylor, M. Graves, & P. Van Den Broek (Eds.), *Reading for meaning: Fostering comprehension in the middle grades, language and literacy series* (pp. 1-32). New York: Teachers College Press.

VanDerHayden, A., & Burns, M. (2005). Using curriculum-based measurement to guide instruction: Effect on individual and group accountability scores. *Assessment for Effective Intervention, 30*(3), 15-31.

Van der Klift, E., & Kunc, N. (2002). Beyond benevolence: Supporting genuine friendships in inclusive schools. In J. S. Thousand, R. A. Villa, & A. I. Nevin (Eds.), *Creativity and collaborative learning: The practical guide to empowering students, teachers, and families* (2nd ed., pp. 21-28). Baltimore, MD: Paul H. Brookes.

Villa, R. (2002). *Collaborative teaching: The co-teaching model* [Videotape]. Port Chester, New York: National Professional Resources.

Villa, R. A., & Thousand, J. (2011). *RTI: Co-teaching and differentiated instruction- The schoolhouse model.* Port Chester, NY: National Professional Resources.

Villa, R. A., Thousand, J. S., & Nevin, A. I. (2010a). *Collaborating with students in instruction and decision-making: The untapped resource*. Thousand Oaks, CA: Corwin.

Villa, R., Thousand, J., & Nevin, A. (2010b). Students as designers of their own learning. In R. A. Villa, J. S. Thousand, & A. I. Nevin (Eds), *Collaborating with students in instruction and decision-making: The untapped resource* (pp. 139-152). Thousand Oaks, CA: Corwin.

Villa, R. A., Thousand, J. S., & Nevin, A. I. (2013). *A guide to co-teaching: New lessons and strategies to facilitate student learning* (3rd ed.). Thousand Oaks, CA: Corwin.

Villa, R. A., Thousand, J. S., Nevin, A. I., & Liston, A. (2005). Successful inclusion practices in middle and secondary schools. *American Secondary Education Journal, 33*(3), 33-50.

Vygotsky, L. (1987). *The collected works of L. S. Vygotsky* (R. W. Rieber & A. S. Carton, Trans.). New York: Plenum Press. (Original works published in 1934, 1960)

Walter, T. (1998). *Amazing English!* New York: Addison-Wesley.

Webb-Johnson, G. C. (2002). Strategies for creating multicultural and pluralistic societies: A mind is a wonderful thing to develop. In J. S. Thousand, R. A. Villa, & A. I. Nevin (Eds.), *Creativity and collaborative learning: The practical guide to empowering students, teachers, and families* (2nd ed., pp. 55-70). Baltimore, MD: Paul H. Brookes.

Webb-Johnson, G. C. (2003). Behaving while black. *Beyond Behavior, 12*(2), 3-7.

Weiss, M., & Lloyd, J. (2002). Congruence between roles and actions of secondary special educators in co-taught and special education settings. *Journal of Special Education,*

36(2), 58-68.

Welch, M. (2000). *Descriptive analysis of team teaching in two elementary classrooms: A formative experimental approach*. Remedial and Special Education, 21(6), 366-376.

Weldall, K., & Panagopoulou-Stamatelatou, A. (1991). The effects of pupil selfrecording of on-task behavior on primary school children. *British Educational Research Journal, 17*(2), 113-127.

Wenger, K., Lubbes, T., Lazo, M., Azcarraga, I., Sharp, S., & Ernst-Slavit, G. (2004). Hidden teachers, invisible students: Lessons learned from exemplary bilingual paraprofessionals in secondary schools. *Teacher Education Quarterly, 31*(2), 89-111.

Wiggins, G. (1992). Foreword. In R. A. Villa, J. S. Thousand, W. Stainback, & S. Stainback (Eds.), *Restructuring for caring and effective education: An administrative guide to creating heterogeneous schools* (pp. xi-xvi). Baltimore, MD: Paul H. Brookes.

Wiggins, G., & McTighe, J. (2005). *Understanding by design* (2nd ed., expanded). Alexandria, VA: Association for Supervision and Curriculum Development.

Wiggins, G., & McTighe, J. (2012). *Essential questions: Opening doors to student understanding*. Alexandria, VA: Association for Supervision and Curriculum Development.

Willis, S., & Mann, L. (2000, Winter). *Curriculum update. Newsletter of the Association for Supervision and Curriculum Development*. Retrieved from www.ascd.org/publications/curriculum-update/winter2000/Differentiating-Instruction.aspx

Wisconsin Department of Public Instruction. (2005). *Social studies model academic standards*. Retrieved from http://standards.dpi.wi.gov/stn_ssb4 Wisconsin Department of Public Instruction. (2011). Common Core State Standards for literacy in all subjects. Retrieved from http://standards.dpi.wi.gov/stn_ssb4

찾아보기

인명

내용

저자 소개

Jacqueline S. Thousand는 샌프란시스코 캘리포니아 주립대학교의 교육대학 교수로, 특수교육 전문 준비 과정과 석사 과정을 편성한다. 그녀는 통합교육 촉진자(Inclusion Facilitator)*와 유아/특수교육 대학원 및 대학원 전문 준비 프로그램을 총괄하고 지역 학교에서 장애학생의 통합과 관련된 연방 보조금을 조정하였다. Thousand는 전국적으로 알려진 교사, 저자, 시스템 변경 컨설턴트 및 장애인 권리 및 통합교육 옹호자이다. 또한 통합교육, 조직 변화 전략, 차이화 수업 및 보편적 설계, 협동학습, 협력팀 및 협력교수, 창의적 문제 해결과 긍정적 행동 지원과 관련된 수많은 책과 연구논문의 저자이다. Thousand는 국제 교사 교육 및 통합교육 노력에 적극적으로 관여하며 여러 국가 및 국제 저널의 편집 위원으로 활동하고 있다.

Richard A. Villa는 Bayridge Consortium, Inc.의 사장이다. 그의 주요 전문 분야는 일반 교육 환경에서 모든 학생을 교육하기 위한 행정 및 교육 지원 시스템 개발이다. Villa는 다른 사람들과 협력하여 현재의 모범적인 교육 관행을 구현하고 고무시키는 교육 리더로서 인정받고 있다. 그가 일하고 상담하고 있는 학군에서는 그의 노력으로 심각한 인지적 · 육체적 · 정서적 문제가 있는 아동이 일반 교육 공동체의 정식적인 일원으로 통합되는 결과가 나타났다. Villa는 담임 교사, 특수교육 관리자, 학생 지원 종사자 디렉터(pupil personnel services director), 수업 디렉터로 활동했으며 4권의 서적과 100편 이상의 연구논문을 저술했다. 열정적이고 유머러스한 스타일로 유명한 Villa는 국제, 국가 및 주 교육 콘퍼런스에서 발표해 왔으며 미국, 캐나다, 베트남, 온두라스의 교육부 및 대학 직원, 공립학교 시스템, 부모 및 옹호 단체에 기술 지원을 제공했다. Villa 박사에 대한 추가 정보는 그의 웹 사이트 ravillabayridge.com에서 찾을 수 있다.

Ann I. Nevin은 애리조나 주립대학교의 명예교수이자 채프먼 대학교의 교수이다. 책과 수많은 연구논문을 저술한 그녀는 특별한 학습 요구가 있는 학생의 통합을 위해 교사에게 의미 있는, 실무 중심의 연구 기반 전략을 제공하기 위한 헌신과 학문으로 인정받고 있다. 1970년 이래, 교육과정 전반에 걸쳐 자기 결정력을 불어 넣기 위해 버몬트 컨설팅 교사 프로그램, 특수아동위원회가 후원하는 공동 협의 프로젝트 Re-Tool, 특수교육 전문가를 위한 애리조나 주립대학 프로그램과 플로리다 주립대학교의 Urban SEALS(특수교육 아카데미 리더) 박사과정을 비롯하여 직원들에게 영향력 있는 다양하고 혁신적인 교사교육 프로그램을 공동 개발했다. 그녀의 옹호, 연구 및 교육은 장애학생이 일반학교 환경에서 성공할 수 있도록 돕기 위해 38년 이상 다양한 사람들과 협력해 왔다. Nevin은 최적의 학습을 위해 자기성찰과 개인의 발견을 장려함으로써 참여자 개개인의 요구를 충족시키기 위해 고안된 활동-지향 프레젠테이션, 워크숍 및 수업으로 유명하다.

---

* 역자 주: 통합교육 촉진자는 장애학생을 가르치는 것 이상의 일을 하는 교육자이다.

역자 소개

민천식(MIN, Chun Sik) 문학박사

현) 대구교육대학교 특수통합교육과 교수, 교육대학원 원장

주요 논문: 「사회과학 패러다임 이동과 특수교육의 재구조화」 외 다수

주요 저 · 역서: 『특수교육의 패러다임』 『민주주의와 특수교육』 『차별화된 학급운영』 외 다수

권택환(KWON, Taeg Hwan) 교육학박사

현) 대구교육대학교 특수통합교육과 교수

주요 논문: 「교과용도서의 장애 관련 내용 적합화 과정 연구」 외 다수

주요 저 · 역서: 『특수교육법 해설』 『특수교육공학』 『맨발학교』 『맨발교실』 외 다수

조태곤(CHO, Tae Gon) 문학박사

현) 대구대실초등학교 교사

주요 논문: 「진단되지 않은 학습장애 학생의 학습경험과 그 의미에 관한 연구」 외

주요 저 · 역서: 『수학학습장애아동 교육』 『통합교육 실과교과 교수 자료』 『초등학교 통합교육 교수 · 학습 자료』

권영활(KWON, Young Hwal) 문학박사

현) 대구이현초등학교 교사

주요 논문: 「초등학교 통합학급 교사의 자폐성장애 학생 지도경험 연구」 외

주요 저 · 역서: 『초등학교 통합교육 교수 · 학습 자료』 『통합교육 컴퓨터교과 교수 자료』 『학교폭력 예방교육의 이론과 실제』

박외곤(PARK, Woe Gone) 문학박사

현) 대구남도초등학교 교사

주요 논문: 「통합교육환경에서 학습장애 학생과 또래의 교육적 상호작용」 외

주요 저 · 역서: 『통합교육 도덕교과 교수 자료』 『2015개정 특수교육 기본교육과정 초등학교 1~2학년군 안전한 생활』 『초등학교 통합교육 교수 · 학습 자료』

하성수(HA, Sung Soo) 문학박사
현) 경북대학교사범대학부설초등학교 교사
주요 논문: 「프로젝트 접근법이 비장애학생의 장애수용 태도변화 및 태도지속에 미치는 효과」 외
주요 저 · 역서: 『통합교육 실과교과 교수 자료』 『초등학교 통합교육 교수 · 학습 자료』 『2015개정 특수교육 기본교육과정 초등학교 1~2학년군 안전한 생활』

오명섭(OH, Myeong Seop) 박사수료
현) 경상북도교육청 장학사
주요 논문: 「정서 · 행동장애 학생 지원을 위한 Wee project 실태 및 인식조사」 외
주요 저 · 역서: 『초등학교 통합교육 교수 · 학습 자료』 『통합교육 체육교과 교수 자료』

이태형(LEE, Tae Hyung) 박사과정
현) 대구대곡초등학교 교사
주요 논문: 「초등학생들의 문제행동 기능에 대한 교사의 인식 연구」 외
주요 저 · 역서: 『통합교육 체육교과 교수 자료』

김경일(KIM, Gyeong Il) 문학박사
현) 대구삼영초등학교 교사
주요 논문: 「난독증 학생의 단어인지 특성에 따른 지도 프로그램 개발 및 타당성 검증」 외
주요 저 · 역서: 『수학학습장애아동 교육』 『통합교육 미술교과 교수 자료』 『초등학교 통합교육 교수 · 학습 자료』

박준태(PARK, Jun Tae) 이학박사
현) 대구서대구초등학교 교사
주요 논문: 「발달장애인과 특수체육에 대한 국내 학술분야의 연구동향」 외
주요 저 · 역서: 『미래 핵심 역량 강화를 위한 통합교육의 이론과 실제』

수업 차이화하기

: 보편적 학습설계와 통합교육 수업 계획

Differentiating Instruction (2nd ed.):
Planning for Universal Design and Teaching for College and Career Readiness

2019년 8월 20일 1판 1쇄 인쇄
2019년 9월 1일 1판 1쇄 발행

지은이 • Jacqueline S. Thousand · Richard A. Villa · Ann I. Nevin
옮긴이 • 민천식 · 권택환 · 조태곤 · 권영활 · 박외곤
하성수 · 오명섭 · 이태형 · 김경일 · 박준태
펴낸이 • 김진환
펴낸곳 • ㈜ 학지사
04031 서울특별시 마포구 양화로 15길 20 마인드월드빌딩
대표전화 • 02-330-5114 팩스 • 02-324-2345
등록번호 • 제313-2006-000265호

홈페이지 • http://www.hakjisa.co.kr
페이스북 • https://www.facebook.com/hakjisa

ISBN 978-89-997-1873-1 93370

정가 20,000원

이 도서의 국립중앙도서관 출판시도서목록(CIP)은 서지정보유통지원시스템 홈페이지(http://seoji.nl.go.kr)와 국가자료공동목록시스템(http://www.nl.go.kr/kolisnet)에서 이용하실 수 있습니다.
(CIP 제어번호: CIP2019029132)